乐游全球
跟团游系列 …… ①

欧 洲

Europe

实业之日本社海外版编辑部 ◎ 编著
王怡　杨欢　郭文雅 ◎ 译

北京·旅游教育出版社

欧洲

乐游全球
跟团游系列……1

Europe
CONTENTS

本书的用法……………………	4
本书为您介绍这些地方！…………	8

欧洲历史游记

- 欧洲的街道 …………… 10
- 欧洲的教堂建筑 ……… 12
- 欧洲的城堡 …………… 14
- 莱茵河下游，
  从美因茨到科布伦茨 … 30
- 到浪漫大道拜访中世纪风貌的街道与城镇 ……………………… 36
- 中世纪的建筑之美 …… 124
- 沿着遗迹，追溯古罗马历史 … 170
- 伦敦塔的亡灵 ………… 222

欧洲的节日 ………………………… 16

德国 17
Deutschland

德国的美食…………………………	19
德国的特产…………………………	19
法兰克福……………………………	20
海德堡………………………………	26
吕德斯海姆…………………………	34
维尔茨堡……………………………	38
罗腾堡………………………………	41
丁克尔斯比尔………………………	46
讷德林根……………………………	49
奥格斯堡……………………………	50
菲森和施望高………………………	53
新天鹅堡………………………	56
慕尼黑………………………………	58

瑞士 63
Schweiz

瑞士的美食…………………………	65
瑞士的特产…………………………	65
苏黎世………………………………	66
迈恩费尔德…………………………	70
卢塞恩………………………………	72
伯尔尼………………………………	74
高山植物图鉴………………………	78
少女峰周边…………………………	80
因特拉肯………………………	82
米伦……………………………	84
翁根……………………………	85
格林德尔瓦尔德………………	86
少女峰瞭望台…………………	89
采尔马特周边………………………	92
采尔马特………………………	94
日内瓦………………………………	100

法国 105
France

法国的美食…………………………	107
法国的特产…………………………	107
巴黎…………………………………	108
市内交通………………………	109
如何支配自由时间……………	122
观光……………………………	126
美食……………………………	138
购物……………………………	140
住宿……………………………	142
凡尔赛………………………………	144
圣米歇尔山…………………………	148
卢瓦尔河周边………………………	150

意大利 155
Italia

意大利的美食	157
意大利的特产	157
罗马	158
市内交通	159
如何支配自由时间	168
观光	172
美食	182
购物	184
住宿	186
佛罗伦萨	188
威尼斯	194
米兰	200

必看的博物馆

畅游罗浮宫博物馆	130
畅游梵蒂冈博物馆	180
畅游大英博物馆	230

旅行信息 243
Travel Information

●**中国篇**
研究出发日期一览表…244／出发前的信息收集…246／旅行必备品…247／现金的准备…248／服装和行李…250／出发前的健康提示…252

●**入出境篇**
欧洲入出境…254

●**当地篇**
欧洲各国的交通…256／德国当地信息…259／瑞士当地信息…262／法国当地信息…265／意大利当地信息…268／英国当地信息…271／当地的健康提示…274／当地的安全提示…276／索引…277

地图索引
MAP INDEX

●欧洲中心地区…6／●德国…18／法兰克福…22／海德堡…26／吕德斯海姆…34／维尔茨堡…39／罗腾堡中心地区…42／丁克尔斯比尔…47／奥格斯堡…51／菲森…54／施望高…55／慕尼黑…60●瑞士…64／苏黎世…67／迈恩费尔德…71／卢塞恩…73／伯尔尼…74／因特拉肯…82／米伦…84／翁根…85／格林德尔瓦尔德中心地区…87／采尔马特…94／日内瓦…101●法国…106／巴黎索引图…110／香榭丽舍大街…112／歌剧院／罗浮宫…114／西堤岛／雷阿勒区／玛莱区…116／圣日耳曼德普莱区／拉丁区…118／埃菲尔铁塔／荣军院…120／凡尔赛…145／圣米歇尔山…149／卢瓦尔河周边…151●意大利…156／罗马索引图…160／特米尼／奎里纳勒山…162／梵蒂冈／圣天使堡…164／古罗马广场…166／佛罗伦萨…190／威尼斯…196／米兰中心地区…202●英国…208／伦敦索引图…212／威斯敏斯特周边…214／伦敦城—伦敦塔…216／苏荷…218／格林尼治…239／温莎…240／牛津…241／埃文河畔斯特拉福…242

英国 207
Great Britain

英国的美食	209
英国的特产	209
伦敦	210
市内交通	211
如何支配自由时间	220
观光·漫步	224
美食	232
购物	234
住宿	236
伦敦近郊	238

本书的用法

●关于本书中的数据

本书所刊载的各种数据，如费用、营业时间、规定休息日、电话号码以及交通工具的始发时间等，都是依据在当地搜集获取的信息，再经修订确认所得出的数据。

这些数据随着时间推移会发生变化，因而可能会影响您在当地的实际使用，特此进行说明。其中比较重要的数据，建议您随时在酒店的信息台以及观光导游处进行确认。

●关于本书中的地图

●地图图例
- H…酒店
- R…餐厅
- S…商店
- …咖啡厅
- N…酒吧
- …邮局
- B…银行
- P…停车场
- …巴士站
- …学校
- …飞机场
- …医院
- …教堂
- …观光导游处
- …警察局
- ▲…山
- U…地铁（德国）
- M…地铁（法国）
- …地铁（英国）
- ——铁道

●这个颜色的建筑表示酒店
●这个颜色的建筑表示百货商场
●这个颜色的建筑表示主要的观光区域

●示意地图的标题会显示比例尺和所包括的地区

●大的城市在地图上都会配有相应的索引图，有时还会用蓝线圈出部分地区，在后文设计放大图

●对于有观光价值的有名的观光地区，图中会用红色底色的方块明显地标注出来

HOW TO USE

Sightseeing

Pantheon
万神殿

地图 p.162-I、p.165-L

→ 必看标志

●从纳沃纳广场出发，步行5分钟
●8:30~19:30（周日9:00~18:00，节假日9:00~13:00）开放

看点 壮丽且技术水准高超的古代建筑

这座神庙是在罗马的首位皇帝奥古斯都大帝的将军**阿格里帕**的命令下，于公元前25年建成的。之后遭遇过火灾，公元120年左右，由熟知建筑学的哈德良皇帝重新修建。

整个外部采用无味、干燥的材质建造而成。进入庙内，当人们看到巨大拱顶的壮丽豪华时，均为之震惊，这个设计被米开朗琪罗称赞为"天使之设计"。

阿格里帕
罗马首位皇帝奥古斯都大帝的得力武将。当时的军事战绩大部分都是由他取得的，之后他迎娶了皇帝的女儿朱利娅，拟成为皇位的继承人，但由于皇帝的第三任妻子利维娅的算计而遭到暗杀。

文中注释

文中红字标注的词语，都会通过"**文中注释**"一栏在旁边单独列出来，并作出相应的解释。

必看标志…在"观光"这一板块中所介绍的各种景点，尤其是书中特别推荐的，都会加上此标记。并且 ⓘ 的数量越多，表示推荐度越高。
（推荐度分为 ⓘ、ⓘⓘ、ⓘⓘⓘ 3个层次）

被选为世界遗产的景点会加注这一标志。柏林、巴黎、圣米歇尔山、罗马、佛罗伦萨、威尼斯等城市的全部或一部分被认定为世界遗产，所以会在城市名称旁边加注此标志。

"观光""美食""住宿" 图例代码一览

交	从最近的车站或地点出发所需要的时间
✉	地址
☎	电话号码
FAX	传真号码
营	营业时间
休	规定休息日
HP	网址
预	需要预约
英👤	可以用英语沟通
英📖	提供英文菜单
👗	需穿正装
€ CHF £	费用（餐厅费用为预算）
室	酒店的客房数
★★★	酒店的级别以★到★★★★★来表示

本书的用法

●其他的特别说明
* 本书中所刊载的餐厅预算费用只是一个大概的数目。
* 本书中刊载的各旅馆的住宿费用，是指一间双人间（除了酒店套房这样的特殊房间以外）的税前的价格。
* 本书中的地名等专有名词，部分保留了英文或其他语言，以方便读者使用。
* 本书中所有出现的地图插图，均为原版图书插图，书中不再一一标出。

本书为您介绍这些地方！

本书是专为想通过跟团旅游周游欧洲的人所准备的旅行指南。因此书中所介绍的相关信息并未将欧洲的旅游景区全部列出，而是重点对旅行团观光较多的精华景区进行介绍。

下面，就对本书中所选取的欧洲国家以及这些国家的观光地区，进行总括性的介绍！

英国

英国的游览胜地最为集中的地方就要数伦敦了。书中以大英博物馆和伦敦塔为重点，对这些地方的旅游区、餐厅、百货商场进行了详细的导游说明。另外，还为大家介绍了几条自由观光精品路线。

郊外的里士满、温莎城，都是自由观光的好去处，当天就能够往返。另外，牛津与斯特拉福等伦敦近郊的观光区在书中也有所介绍。

法国

本书在介绍法国最大的旅游城市巴黎时，也提供了餐厅和商店的相关信息，它们在巴黎之旅的过程中可是扮演着"重要角色"的！另外还附有自助游的方法，以及罗浮宫博物馆的详细导游信息。这些信息提示，相信会为您的旅行带来更多的便利。另外，不同的地区配有详细的索引地图，让您出游更为方便。

除了巴黎，本书还选取了仅次于巴黎的旅游胜地——凡尔赛，罕见的与岛屿连为一体的圣米歇尔山，以及有无数美丽小城点缀的卢瓦尔河周边地区，为您进行介绍。

德国

德国有"浪漫大道"等数条旅游线路，贯穿各大城市，在全世界都拥有颇高的人气。本书带您浏览德国中世纪氛围浓厚的街道、教堂与城堡，详细的介绍让您仿佛身临其境。其中，重点对德国最具人气的观光线路"浪漫大道"以及广为人知的新天鹅堡进行介绍。

除此之外，对于同样享有盛名的莱茵河下流区域，吸引游客最多的法兰克福和古都海德堡，以及南部的大城市慕尼黑，我们也为您准备了详尽的旅游信息。

瑞士

说到瑞士的观光胜地，首屈一指的莫过于阿尔卑斯山了。此外，鼎鼎大名的瑞士少女峰也不可不提，这里之所以有名，是因为欧洲海拔最高的车站少女峰观景台就坐落于此。另外，选入本书解说范围的还有马特峰的观光据点——采尔马特。对于这些地区，本书多配以地图进行详细的介绍。

常被游人视为休闲胜地的古都卢塞恩，瑞士最大的城市苏黎世，首都伯尔尼，以及拥有200多个国际机构的国际大都市日内瓦，本书都会为您一一导游。

意大利

罗马教廷所在地梵蒂冈，坐落于意大利的历史名城罗马。本书网罗了罗马城中体现不同时代特征的历史性观光景点。另外还为您准备了梵蒂冈美术馆和罗马广场的详细解说，并设计了适合您逛街的精品路线，为您的自由观光之旅带来更多的便利。

除了罗马，文艺复兴的文化发祥地佛罗伦萨、水城威尼斯、世界时尚潮流发源地米兰，这三座颇具人气的城市的旅游信息，也为您精心呈上！

本书为您介绍这些地方！

欧洲历史游记

欧洲的街道

红山雪夫

悠闲惬意地游走在极富古代历史色彩的欧洲小镇，不禁感叹：这里真的是步行者的天堂。我一边逛街、一边拍照，累了就坐下来享受美食，小憩一下。这些都成为我永生难忘的旅行记忆。为了更好地利用这有限的自由时间，还是先抓住重点，向目的地出发吧！

首先来到旧城的中心

与伦敦、巴黎、罗马这样的大城市相比，我认为规模小一些的小城镇更具有欧式魅力。在这里，我先从小城镇说起，对于大城市，后面再逐一进行补充介绍。

开始的时候，我大致看了一下这本书中绘有城市街道的地图。我发现，旧城的中心基本上都是位于市政府前的广场，并且周围一带的街道大部分都发展成为商业街，常被人称为"步行者的天堂"。这些地方即使在地图上也会用不同的颜色与其他的地区区分开，所以我很快就能找到它们的具体位置。在日本，"步行者的天堂"这一景象，一般只有在休息日才有可能出现。而在欧洲，人们每天都能够享受到"步行"的乐趣，并且到处都能看到被称为"步行者的天堂"的地方，这让我着实感到兴奋。

这里的行车道与人行道的界线已经渐渐消失，道路上铺满了漂亮精致的地石，周围安放着供游人休憩的长椅和鲜花盛放的花池。到处可见餐厅和咖啡厅的餐桌摆在街边的场景，这种感觉是与日本完全不同的，让人不经意间就想拿出相机来捕捉这美好的瞬间，而那些回家途中疲惫的人们，则会很自然地想到这里喝一杯，小憩一下。

一般来说，主要的商业街也都会集中在这个广场，方便人们直接去购物。

以市民活动为源头

中世纪的欧洲各城是因商人和手工业者等的市民活动而发展起来的。以城堡为中心发展起来的城镇，在大教堂、修道院前形成的街区等，各种各样的城镇都不例外。当时，有势力的市民联合起来组成市议会，掌握实权，与国王和诸侯共同拥有管理城市的特权，并建造城墙，通过"市民皆兵"的制度保卫城市，促进商业和手工业的发展。市议会还铸造了自己的货币，广泛使用于民间。

在现今的德语国家圈中，还有些国家将市政府称为市议会，也就是市参事会，这是保留传统的典型表现。其他非德语国家圈的国家也存在这种情况。这与之前让市民们为之骄傲的象征自治的市政府已经有所不同了。中世纪以来，各个城镇都在花费大量的财力建造雄伟的市政府大楼，即使以前的大楼规模上看似不够用了，也不会轻易地破坏掉，或将市政府迁移到别的地方去，而是在此重新设计建造出另一处大楼。而这些充满传统特色的市政府建筑，也往往成为摄影师

面向集市广场而建的罗滕堡市政厅（德国）

们最喜欢的地方。

搭乘出租车的时候，如果你只跟司机说"我要去旧城"，司机师傅会一脸茫然，然后拿出地图和你确认。可以说，还是"市政府前广场"的说法更为常见。在乘坐地铁和路面电车时，你经常能看到或听到"市政府前广场"这种说法。

还有一些旧城区，不是以市政府前广场为中心，而是以大教堂前广场为中心，一看地图就很容易找到。

去早市看一看

德语圈的国家中，"市政府前广场"与"大教堂前广场"的说法很常见，通常都会与"市场"这个词联系起来。中世纪时，这些地方吸引了远近各地的商人来此投资做生意。现在，这里已经发展成为贩卖蔬菜、水果、鲜花、奶酪、面包、香肠等商品的早市。

在非德语圈的其他国家，人们可能不会经常将"市政府前广场"、"大教堂前广场"与"市场"一词联系到一起，但情况大致相同。本书介绍了主要广场的早市的一些信息。来到这些商品丰富多彩、无处不洋溢着生活气息的地方，我想你不知不觉地就会拿出手中的照相机，拍个照，留下最珍贵的纪念。

拥有厚重历史积淀的城墙和城门

环城而建的城墙和城门也被叫做"市墙"和"市门"。这些城墙和城门中完好保留下来的已经微乎其微，大多都是残缺不全的。也正是这种残缺不全，才更好地表现出城市的历史感与沧桑感。同时这里也往往会成为很好的摄影取材之地。遗憾的是，到了19世纪，这些城墙和城门被认为是阻碍交通的主要原因，于是大部分的城墙被拆毁，留下了主要城门作为纪念。

来到德国的罗腾堡，一定要到城墙上走一圈，登上城墙上最高的塔远眺，这时整个旧城的美景便会尽收眼底。

在大城市

在伦敦、巴黎、罗马等城市中，旧城的范围一般都很广阔，很多广场和大街构成了这些城市的中心地区。如果有时间的话，最好到这些城市的中心广场去逛逛。

通过查看本书的文字信息和地图信息，我直接就能确定适合自己的旅游路线。我通常都会选择自己最想去的博物馆啊，特色小店啊，特色商业街等，这些地方一般都是非常好找的，搭乘出租车和地铁就可以直接过去，非常方便。

到了这些最想去的地方，心情也会变得轻松（之所以只说心情放轻，也许是购物太多，身上的负担太重的缘故吧，哈哈）。之后再去周边的地方走走，这就是有效利用自由时间的关键。在伦敦、巴黎、罗马等城市，可以闲庭信步、充分享受城市风光的地方很多。如果不停地闲逛，不考虑时间，那很有可能刚走完预订计划一半的路程，剩下的时间就已经不多了。

伯尔尼的早市（瑞士）

罗腾堡的勒德城门（Rödertor）（德国）

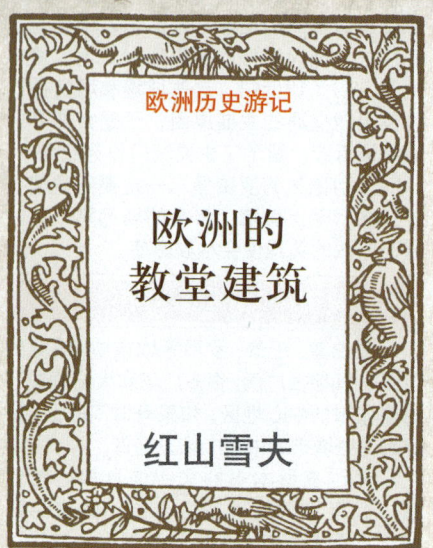

欧洲历史游记

欧洲的教堂建筑

红山雪夫

这次去欧洲旅行，好像每天都要去参观教堂似的。就像在国内旅行，常常要去参观寺庙一样。在欧洲，基督教是文化的基础。参观教堂建筑，你会从中发掘出绘画、雕刻、彩绘玻璃等各种宗教艺术的魅力之所在。各个时代的手工匠人、艺术家的心血都凝聚在这些艺术品中。同时，这些艺术品还反映出随着时代的变化而不断改变的人们的各种喜好。

如果觉得"参观教堂很没意思"，但其实并不带任何偏见，只是抱着"还是要去看一看"的心情去参观的话，你也会意外地收获很多新的发现。如果本来就对教堂很有兴趣，去教堂膜拜真的是一件乐事。这就是参加欧洲之旅的游客的两种不同的心态模式。

从住宅的利用到"巴西利卡式"

在基督教遭到迫害的时代，公开建设教堂是不被允许的。当时信徒们只能集中在他们中间比较富裕的人的家里，秘密地进行礼拜。

罗马时代后期，公元313年，基督教的合法地位才得到认可。教堂作为信徒们聚集礼拜的场所，开始建造起来。其样本是当时作为罗马人审判案件、公私集会场所的"巴西利卡"。"巴西利卡"是一种平面为长方形的建筑物，其较短的一侧设有入口。左右为立柱，最里面突出的半圆形部位（称为半圆形壁龛）设有讲台。教堂保留了"巴西利卡"原有的形式，只是讲台被祭坛所代替。这就是早期的教堂形式——巴西利卡式建筑。罗马的大圣母教堂以及城墙外的圣保罗大教堂就是巴西利卡式建筑的代表。

虽然教堂的建筑形式不断变化，但这种巴西利卡式建筑作为教堂的基本形式仍被保留至今。

古雅的"罗马式"

罗马帝国灭亡后，进入中世纪，最初并没有建造出规模较大的教堂。因为凭当时社会的经济发展水平，想要建造出大规模的教堂是不可能的。

从公元1000年开始，各地逐渐建立起新兴样式的大规模的教堂。伴随着当时经济的高速发展，以及人们对世界末日的担心，公元1000年过去了。当时教堂的建筑形式以法国修道院为代表，不断向各地普及开来。最终人们将其命名为"罗马式"。"罗马式"的半圆形的拱结构是参照古罗马建筑建造的。

这种建筑本身就流露出一种质朴的感

维尔茨堡的大教堂表现出"罗马式"的优雅（德国）

觉。教堂中的基督、圣母玛利亚以及众圣人的画像，表现《圣经》传说、奇特的怪物、动植物形象的雕刻等各种各样的装饰物，也无不洋溢着典雅和质朴的气息。这也是"罗马式"教堂的主要特征。

"罗马式"在英国被称为"诺曼式"。

"哥特式"及其发展

公元1150年，"哥特式"教堂最早出现于法国北部，随之流行于欧洲各地。

与窗口小而低且只利用壁画点缀的"罗马式"教堂相比，"哥特式"教堂配有高大明亮、用彩色玻璃镶嵌的花窗。可以说正是因为"哥特式"教堂善于采用各种新兴技术，才使这些成为可能。"哥特式"教堂呈现出更加高耸坚挺的姿态、庄严肃穆的风格、精湛灵巧的雕刻技艺。

进入后"哥特式"时代，法国的教堂出现了火焰式哥特建筑，教堂的窗框上和外壁的浮雕上都采用火焰纹进行装饰。

英国出现了垂直线条式装饰。除了使用夸张的垂直线条外，教堂的天花板常使用一种肋状拱顶，看上去就像是无数华丽的伞撑开在教堂的屋顶上，景象十分壮美。

"文艺复兴式"和"巴洛克式"

哥特式教堂总体上显得庄严神圣，但从另一个角度来看，过多的装饰显得有些不自然和繁乱。15世纪在意大利兴起的"文艺复兴式"教堂与"哥特式"教堂有所不同，"文艺复兴式"继承了古建筑明快的造型特征，多采用流畅的直线与正圆形的图案进行装饰。

直到16世纪，人们开始觉得"文艺复兴式"建筑的造型过于端正，随后便更加青睐追求戏剧效果、充满动感的建筑样式，"巴洛克式"建筑应运而生。这种教堂建筑更多地采用曲线与椭圆的元素来代替直线与正圆进行装饰，色彩绚烂，祭坛的建造以及教堂内的雕刻无不彰显绚丽与豪华之美。

"古典式"与"洛可可式"

到了18世纪，建筑艺术特色回归古典之风盛行一时。随后就出现了"古典式"建筑，教堂建筑中很多都采用了这种艺术样式。

同时期，以法国宫殿、住宅建筑为基础发展起来的"洛可可式"风格逐渐传到欧洲，并运用于教堂建筑中。华丽中带有内敛是"洛可可式"建筑的主要特色。

奥尔良的圣克鲁瓦大教堂美丽的「哥特式」尖顶（法国）

克里斯托弗·雷恩设计的「文艺复兴式」建筑——伦敦的圣保罗大教堂（英国）

欧洲历史游记

欧洲的城堡

红山雪夫

欧洲有很多城堡，这些城堡大都拥有悠久的历史。这里的很多城堡还保留着当年战争的遗迹，但这丝毫没有影响到城堡的美观，反而使得城堡愈加散发出一种独特的威严与魅力。正是由于人们在建筑技术和美术工艺上的不断钻研，才使得欧洲的城堡有了今天的面貌。所以说，来欧洲旅游，一定要首先将欧洲城堡之旅列上行程，好好地去探究欧洲城堡的无穷魅力！

众多目的

城堡建设有两大目的，一是作为军事据点来使用，二是为了确保君主有安全的居住地。另外，也有的城堡是为了炫耀君主的权威、统治人民、征收过境税而建立的。

拿海德堡城堡来说，城堡位于山上，可俯瞰交通要塞内卡河谷，是一座由幽深的枯壕、高耸的城墙和塔门镇守的坚固城池。如今乘坐公交车就可以直接到达城堡的最里端，似乎让人很难产生所谓的"坚固城池"之感。但其实在过去，只有从街边沿着蜿蜒的坡道才能登上城堡，途中均为层层叠叠的城墙与城门，那真的可以说是戒备森严。站在城堡的露台向下面的街道和河流望去，这种感觉会更加明显。

换一个角度站在对岸向上看去，城堡的壮观风貌亦跃然于眼前。从这个角度拍照留念真的是个不错的选择。来到城堡里，会看到很多巨大的酒桶，因为海德堡是有名的葡萄酒盛产地。之所以用这么大的酒桶来储存葡萄酒，是因为当地的农民需要上缴葡萄酒，这些大酒桶就是用来大量储存葡萄酒的。在拜访这座名城的时候，一边游览着各处的景色，一边想着书中介绍的这些有趣的细节，无疑会为旅行平添更多的乐趣。

莱茵河周边分布着很多城堡，除了作为军事据点和君主居住地以外，还有的是为了向往来于莱茵河的船只征收过境税而建立的。在当时群雄割据的状态下，莱茵河的周边有54个地方都设立了征收过境税的场所。过境税是向旅客和货物两方面征收的，在当时的情况下，对于被征税者来说，真的是苦不堪言。可以说，再浪漫的城堡也有它的黑暗面。

从城塞向府宅宫殿的演变

到法国卢瓦尔河周边巡游是很有趣的事情。这个地方之所以会有这么多城堡，是中世纪诸侯征战、割据纷争、到处建城的结果。直到中世纪末期，国王的权力确立之后，诸侯纷争也就不复存在了。当然，这种为了战争而建造的城堡——城塞，自然也失去了存在的必要，取而代之的是优雅的为了居住而建造的城堡——府宅宫殿。

巡游卢瓦尔河时，会看到布卢瓦城堡，它就是其中的一个典型。最初这里也

位于卡尔·特奥多桥对面的海德堡城堡（德国）

是防备坚固的城塞，历史上圣女贞德率领军队与英国大军作战并首战告捷的事件就发生在这里。幽深的枯壕和高大的城墙仿佛在诉说着当时的历史。但是走进城里，你会被优雅的宫殿所吸引，而完全忘记了这里过去还是一座城塞。

著名的"舍农索桥上城堡"也是这样。城中只有一座塔还保留有城塞的特点，其余都是后来人们修建的拥有美丽庭园的居所。

尚博尔城堡，从最开始就是作为居所而建立的，所以看不出一点儿城塞的样子，当然也没有为打仗而建造的各种设施。

德国的新天鹅堡也是如此。在这里，我要告诉大家一个观赏欧洲城堡的技巧，就是在出发之前最好提前了解一下城堡的相关知识，因为在亚洲是不可能见到这种

阁的下边都设有落石这种装置。在欧洲城堡的城门、城墙和塔顶上都能看到落石的影子，但形状与日本不同，装饰作用更多一些。在日本，落石至今也没有消失，只是很多日本人都不知道落石本来的用途。

在城门和城墙的正下方设置阻碍敌军攻城的设备是非常困难的。站在城墙上的士兵只要探出身子来，便会被敌军的弓箭手射中。因此，城墙上的士兵不能直接探出身来，而是要从上面向敌兵扔下石头、倒热水或射箭。这就是落石的用途。如果看到那时的场面，你一定会了解落石存在的必要。有落石装置的地方经常成为摄影家的取材之地。

城门上设计的可落下的格子在日本是没有的。沉重的铁制格子，顶端非常尖

卢瓦尔最大规模的城堡——尚博尔城堡（法国）

城堡的。所以说，提前了解欧洲城堡的相关知识非常重要。

还要关注一下城堡的构造

这里主要说的是城塞。在构造方面，欧洲的城堡也与日本的城堡有很多不同之处。首先就是城门前横跨护城河而设的吊桥。它是由左右两根可以移动的桥梁通过铁锁链吊起来搭建而成的。敌人袭城之时，吊桥瞬间吊起，作为城门的一部分，将其严实地堵上。

城堡不再作为战场之后，很多吊桥也被石桥所取代。城墙上还能清晰地看到当时固定吊桥可动梁的纵沟。看到这些纵沟的痕迹，你就会想到当时吊桥吊在这里的景象。

日本的一些城池，城门正上方和天守

利。平时不用的时候用卷扬机卷起来。从上面落下来的铁格子可以刺穿敌兵的身体，并瞬间关闭城门。以上这些关于城堡构造的介绍，要先有所了解。好了，我们可以出发去观城了！

红山雪夫

1927年出生于大阪府丰中市。毕业于东京大学法学部。在旅行公司工作之后，就一直从事于为想要出国旅行的人撰写图书的工作。同时也是日本旅行作家协会前理事。

主要著作有《环莱茵河之旅》（实业之日本社），《法国城市和街道》、《意大利的古城和街道》（以上均为游记），《欧洲之旅与基督教》（创元社），《欧洲无所不知游记》（"神话·基督教编"、"生活与美食编"、"建筑·美术工艺编"、"城市与中世纪都市编"），《德国无所不知游记》（以上出自新潮文库），还有很多作品，这里不一一赘述。

欧洲的节日

- 节日的日期并不完全固定，每年都有所变动。
- 除了以下的节日以外，各国按照地域的不同还有一些特有的节日。

	德国	瑞士	法国	意大利	英国	
1月1日	新年	新年	新年	新年	新年	
1月6日				主显节		
3~4月	耶稣受难日	耶稣受难日			耶稣受难日	**耶稣受难日** 耶稣受难的日子，复活节来临之前的周五。
	复活节	复活节	复活节	复活节	复活节	
	复活节次日	复活节次日	复活节次日	复活节次日	复活节次日	**复活节** 春分后刚刚满月之后的周日。
4月25日				意大利解放日		
5月1日	劳动节		劳动节	劳动节		**复活节次日** 复活节的第二天。
5月8日			第二次世界大战战胜纪念日			
5~6月					5月银行假日	**5月银行假日** 5月第一周的周一。
	耶稣升天节	耶稣升天节	耶稣升天节		春季银行假日	
	圣灵降临日	圣灵降临日	圣灵降临日			**春季银行假日** 5月最后一周的周一。
	圣灵降临日次日	圣灵降临日次日				
		圣体节				**耶稣升天节** 复活节后的第40日。
6月2日				国庆节		
7月14日			大革命胜利纪念日			**圣灵降临日** 复活节后的第50日。也称为五旬节。
8月1日		建国纪念日				
8月15日			圣母升天日	圣母升天日		**圣灵降临日次日** 圣灵降临日的第二天。
8月					夏季银行假日	
10月3日	德国统一纪念日					**夏季银行假日** 8月的最后一个周一。
11月1日			万圣节	万圣节		
11月11日			第一次世界大战停战纪念日			
12月8日				圣母受胎节		
12月25日	圣诞节	圣诞节	圣诞节	圣诞节	圣诞节	
12月26日	圣诞节	圣诞节		圣斯特凡诺日	节礼日	

德国

Deutschland

基本信息

国名：德意志联邦共和国
首都：柏林
面积：35.7万平方公里
人口：8175.2万人（2010年）
与中国的时差：7小时（夏令时间是6小时）

自然	湿度低，夏季气候舒适。国土位于欧洲中部，冬季一过下午4点天就会变黑。
政治	由16个州组成的联邦共和制。总统是国家的元首。议会由联邦议院和联邦参议院组成。
经济	东西德国统一后，出现了经济萧条、失业等混乱现象。通过政府实施的各种相关政策，经济状况有所恢复，现在正处于缓慢的经济复苏过程中。
宗教	大部分人信仰基督教。作为宗教改革的发祥地，新教的信徒约占36%。天主教信徒约占35%。另外，还有移民带来的伊斯兰教等。
民族	主要是日耳曼人为主体的德意志民族。最近东欧和土耳其的移民不断增加，发展到全国人数的约10%。
语言	德语。方言众多，发音乃至语言本身的差异都很大。因此，创造出作为通用语的标准德语。
治安	德国是欧洲中部治安最好的国家。但是在大城市人口集中的地方，还是要警惕扒窃、掉包、抢劫等行为。

●货币兑换、小费、公共卫生间等当地的相关信息，参见p.259~。

德国的美食

有名的是香肠和面包，种类繁多，很难挑选！

◆ 酸菜
德国的酸菜是香肠大餐中不可缺少的配菜。也被译为"酸卷心菜"，其酸味并不很浓厚，是盐和香辛料腌制发酵出来的酸味。

◆ 猪脚
慢火精心烤制的猪脚十分美味。

葡萄酒味道香醇

德国的白葡萄酒拥有世界一流的品质。另外，这里是葡萄酒产地中最北边的地区，所以红葡萄酒的产量很少。

● 摩泽尔葡萄酒
品质上等，酒质清透，口感甘爽。

● 莱茵葡萄酒
口感顺滑。

● 巴登葡萄酒
辛辣香醇。

● 弗兰肯葡萄酒
浓烈香醇。

◆ 香肠
德国的香肠有400余种。可以烤着吃，也可以蒸着吃，吃法非常多样。在美食方面无比考究的德国，由专家制作的香肠是绝对的美味。

◆ 煎肉饼
肉饼的一种，巴伐利亚地区的乡土美食。

◆ 面包
说到德国的面包，全国就有200余种，挑选起来真的非常令人迷惑。图片显示的是咸味的碱水扭结面包。

德国——啤酒的天堂

德国国内共有约1300个啤酒酿造厂，从啤酒的品种来分共有约5000种。在德国一种叫做"比尔森"的淡色啤酒很受欢迎。点餐的时候只要说"比尔森"，服务员就能够听明白。

德国的特产

德国的特产要数香肠、葡萄酒，另外，经典的泰迪熊可爱度也堪称No.1。

◆ 罐装香肠
德国的罐装香肠非常美味，并且价格便宜，到处都可以买得到。有的罐装产品为免税品，因而最适宜作为土特产带回家去。

◆ 蜂窝蜡做的蜡烛
在德国的早市等一些市场都可以买得到。是一种利用蜂窝蜡做成的蜡烛。

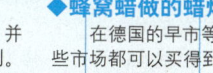

◆ 交通信号小绿人钥匙扣
原本是旧东德时代作为交通信号使用的一种标志。现在这种小绿人标志的钥匙扣成为很受追捧和欢迎的一种纪念品。

◆ 葡萄酒
图片显示的是一种叫做"Bocksbeutel"的扁圆形状的葡萄酒瓶。酒喝完后，瓶子也可以作为纪念品保存。

◆ 泰迪熊
最可爱、最具人气、最经典的泰迪熊。限量版很多，对于收藏者来说可能会有惊喜。

◆ 木刻玩偶
厄尔士（Erzgebirge）山脉地区生产的木刻玩偶畅销德国。图片中显示的玩偶是一种非常有趣的玩偶。只要在它的体内点上香料，玩偶就会从口中吐出烟气，看上去特别有意思。

◆ 精油
这里的精油主要用于芳香疗法、按摩和洗浴。很小的瓶子，买多了也不占地方，值得推荐。

恬静闲适的罗马广场

摩天高楼建筑群与中世纪文化交相辉映的城市。

看点
- 罗马广场 ❓❓❓
- 施塔德尔美术馆 ❓❓❓
- 歌德故居 ❓❓❓

🚌 **去往法兰克福的交通**
飞机 ◐ 从北京直飞约需10小时30分钟。
铁路（ICE）◐ 从慕尼黑出发约3小时30分钟，从柏林出发约4小时。

ℹ️ **旅游咨询处**
● 法兰克福中央车站/8:00~21:00（周六、周日、节假日9:00~18:00，12/24、12/31至13:00）办公，1/1、12/25、12/26休息
● 罗马广场/9:30~17:30（周六、周日、节假日10:00~16:00，12/24、12/31至13:00）办公，1/1、12/25、12/26休息

法兰克福
Frankfurt Am Main

城市概况 about FRANKFURT AM MAIN

　　法兰克福这一地名本意为"法兰克人的渡口"。渔业和水运是法兰克福的地方特色产业。中世纪时期，这里是帝国自由城市，之后利用其得天独厚的水运条件发展成为商业城市。神圣罗马帝国时代，此地还进行过皇帝的选举和加冕仪式。18世纪，城市在犹太居民区商人出身的银行家罗斯柴尔德的带领下，结束了绝对王权及经济萧条所引发的世纪末的混乱，得以闻名。正是当时金融业的发展，奠定了城市此后进一步繁荣发展的基础。如今，这座城市拥有超过400家的银行，同时世界十大金融机构中的9家也设立于此。欧盟货币统一之后的欧洲中央银行也建在法兰克福。

🔺 贴心小提示
地名"法兰克福"

　　在车站买票的时候，有些车站是不认同"法兰克福"这一说法的。因为这与旧东德国境边上的一个城镇同名。所以，在这种情况下，我们还是记住"美因河畔法兰克福"（Frankfurt Am Main）这一正式名称更加妥当。

城市亮点 Highlight

　　与其他的城市相同，法兰克福也有新旧两个市区。中心区的繁华街道离中央车站大约有1公里的路程。旧市区的中心坐落于罗马广场的周边。在地图上以此地为中心，以美因河作为底边，一个略微变形的五角星形的绿色公园地带便会浮现在眼前。这里就是过去建造城墙的地方。现在这里也保留了很多具有历史特色的观光区。

　　旧市区最热闹的地方要数以豪普特瓦赫为中心的蔡尔大街以及周边地区了。在这里，百货商店、餐厅、电影院应有尽有。想要游览高端品牌商品区，就一定要去歌德大街。文豪歌德就诞生于此，并在这里度过了他多愁善感的青春岁月。若想了解更多信息，可以到歌德故居去实地参观一番。

　　美因河南岸是被称为博物馆街的文化区。拥有"酒店一条街"克拉珀街的萨克森豪森区就在美因河南岸的对面。

　　另外，德国还有很多世界罕见的高层建筑。其中超过100米的高楼就有20栋之多。当然，摩天大楼群本身就很有观光的价值。

法兰克福的摩天大楼鳞次栉比

观光 Sightseeing

Römer
罗马大楼
地图 p.23-G

- U4罗马广场车站（Römer）附近
- 门票2欧元，10:00~13:00、14:00~17:00开放，举行仪式的日子不能参观（需要确认）

面对着罗马广场，建有三座颇具情趣的建筑物。这些是贵族公馆，过去被用做市政厅。1562年，神圣罗马帝国正值国力强盛时期，当时为庆祝新皇帝即位的仪式就选择在这里举行，这里有非常豪华的仪式会场。现在墙面上还装饰着德国出身的52位皇帝的肖像画，仿佛在缅怀神圣罗马帝国的辉煌岁月。

从左侧狭窄的入口（Kaisersaal）进去就能到达仪式会场的大厅

Städelmuseum
施塔德尔美术馆
地图 p.22-J

- U1、2、3，瑞士广场车站（Schweizer Platz）出发，步行10分钟
- 门票10欧元，10:00~18:00（周三、周四至21:00）开放，周一、12/24、12/31闭馆

正面的建筑物是美术学校，里面右手边的是美术馆

馆藏品达10万件，是欧洲很重要也很有名的美术馆。馆藏大量拉斐尔、波提切利等著名的意大利文艺复兴时期绘画大师的作品。鲁本斯的宗教画，伦勃朗、莫奈和雷诺阿的印象派作品，20世纪初期德国表现主义的杰作，都是值得观赏的。这里还展示有维米尔创作的风俗画杰作《地理学家》（1669年）。

Main Tower
主塔
地图 p.22-F

- S1~9，陶努斯安拉格（Taunusanlage）车站出发，步行10分钟
- 门票5欧元，10:00~21:00（周五、周六至23:00；冬季的周日~周四至19:00，周五、周六至21:00）开放，恶劣天气和大风天气不开放

塔高达200米，费时三年修建完成。站在塔顶可将法兰克福的城市美景一览无余，晴朗的天气观光效果会更好。乘坐高速电梯就可以直达位于54层的观望台。

贴心小提示
萨克森豪森的苹果酒

建议步行去品尝一下萨克森豪森的苹果酒。苹果酒（Apfelwein）（用当地方言来说是"Ebbelwei"）是由苹果榨汁慢慢发酵而成的。酒精含量在5.5%。人们从很早就开始喝这种苹果酒了，并且大部分都是自家酿制的。从酒馆门前经过，不知是本地常客还是慕名而来的游客，笑声此起彼伏，不绝于耳。初次来到这里的人也会受到当地人的欢迎，与他们同桌共饮，不知不觉间会变得像朋友般亲切。可以说，这里将德国人开朗直爽、待人亲切的气质表现得淋漓尽致。这里的酒馆到了吃饭时间就热闹起来，所以不妨在下午3点左右的时间来这里坐一坐，会更加惬意。这里也经常能看到购物归来的女人们聚集在一起，倒上几杯苹果酒，轻松惬意地聊天的场景。

快速将苹果酒倒入杯中

常客很多

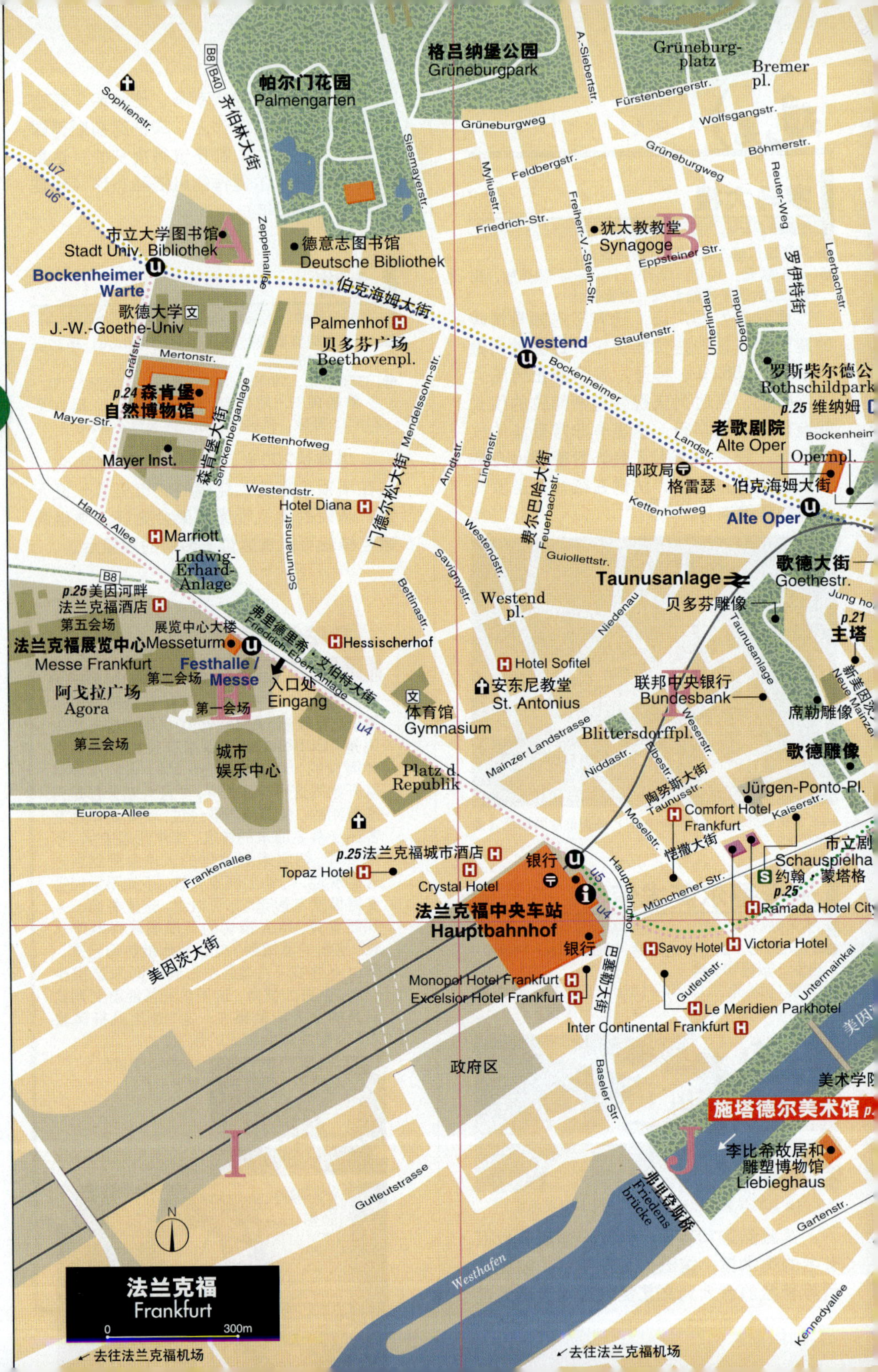

法兰克福
Frankfurt

0   300m

— 去往法兰克福机场

主要地点（按图中标注）：

- Sophienstr.
- 帕尔门花园 Palmengarten
- 格吕纳堡公园 Grüneburgpark
- Grüneburg-platz
- Bremer pl.
- 齐柏林大街 Zeppelinallee
- Grüneburgweg
- Wolfgangstr.
- Fürstenbergerstr.
- A.-Slaberstr.
- Böhmerstr.
- Reuter-Weg
- Myliusstr.
- Feldbergstr.
- Freiherr-V.-Stein-Str.
- Grüneburgweg
- 市立大学图书馆 Stadt Univ. Bibliothek
- 德意志图书馆 Deutsche Bibliothek
- 犹太教教堂 Synagoge
- Eppsteiner Str.
- Unterlindau
- Oberlindau
- Leerbachstr.
- 罗伊特街
- Bockenheimer Warte
- 伯克海姆大街 Bockenheimer
- Westend
- Staufenstr.
- 罗斯柴尔德公园 Rothschildpark
- 歌德大学 J.-W.-Goethe-Univ.
- Palmenhof
- 贝多芬广场 Beethovenpl.
- p.25 维纳姆
- Mertonstr.
- 老歌剧院 Alte Oper
- p.24 森肯堡自然博物馆
- Mendelssohn-str.
- Landstr.
- Bockenheimer
- Opernpl.
- Mayer-Str.
- Kettenhofweg
- Arndtstr.
- Lindenstr.
- 费厄尔巴哈大街 Feuerbachstr.
- Kettenhofweg
- 邮政局
- 格雷瑟·伯克海姆大街
- Mayer Inst.
- 森肯堡大街 Senckenberganlage
- Westendstr.
- 门德尔松大街
- Alte Oper
- Hamb. Allee
- Hotel Diana
- 歌德大街 Goethestr.
- Schumannstr.
- Savignystr.
- Guiollettstr.
- 贝多芬雕像
- Marriott
- Hessischerhof
- Westend pl.
- Taunusanlage
- Jung ho.
- Ludwig-Erhard-Anlage
- Bertharstr.
- Niedenau
- p.21 主塔
- p.25 美因河畔法兰克福酒店 第五会场
- 法兰克福展览中心 Messe Frankfurt 展览中心大楼 Messeturm
- 弗里德里希·艾伯特大街 Friedrich-Ebert-Anlage
- Hotel Sofitel
- 联邦中央银行 Bundesbank
- 席勒雕像
- 第二会场 Festhalle / Messe
- 安东尼教堂 St. Antonius
- 入口处 Eingang
- U4
- 阿戈拉广场 Agora 第一会场
- 体育馆 Gymnasium
- 歌德雕像
- 第三会场
- Mainzer Landstrasse
- Taunusstr.
- Niddastr.
- Blittersdorffpl.
- Jürgen-Ponto-Pl.
- 城市娱乐中心
- Platz d. Republik
- 陶努斯大街
- Moselstr.
- Kaiserstr.
- Comfort Hotel Frankfurt
- 凯撒大街
- 市立剧院 Schauspielha
- Europa-Allee
- p.25 法兰克福城市酒店
- 银行
- U5 U4
- Hauptbahnhof
- Münchener Str.
- p.25 约翰·蒙塔纳
- Topaz Hotel
- Crystal Hotel
- 法兰克福中央车站 Hauptbahnhof
- Ramada Hotel City
- Frankenallee
- 美因茨大街
- 银行
- 巴塞勒大街
- Savoy Hotel
- Victoria Hotel
- Monopol Hotel Frankfurt
- Gutleutstr.
- 美因河
- Excelsior Hotel Frankfurt
- Le Meridien Parkhotel
- Inter Continental Frankfurt
- Untermainkai
- 政府区
- 美术学院
- Baseler Str.
- 施塔德尔美术馆
- Gutleutstrasse
- 李比希故居和雕塑博物馆 Liebieghaus
- Friedens-brücke
- 非比德雷街
- Gartenstr.
- Westhafen
- Kennedyallee

Dom
大教堂
地图 p.23-G

- U4，在罗马广场车站（Römer）的附近
- 8:00~12:00、14:30~18:00开放，周五上午和举行宗教仪式时闭馆

大教堂的外墙颜色已褪成红褐色，但其哥特式建筑风格仍然引人注目。大教堂是9世纪中期开始建立的。从1562年开始的230年间，这里一直是为神圣罗马帝国皇帝举行加冕仪式的地方，由此闻名于世。

Goethe-Haus
歌德故居
地图 p.23-G

- U1、2、3、6、7／S1~6、8，Hauptwache站出发，步行5分钟
- 门票5欧元，10:00~18:00（周日、节日至17:30，11/26至17:30）开放，1/1、12/24、12/25、12/31、周五休息

诗人歌德（Johann Wolfgang von Goethe）1749年8月28日诞生于此地。父亲是皇室高官，母亲是市长的女儿。从小在富裕家庭长大的歌德，在这里度过了他多愁善感的青春年代。

受到父亲约翰的影响，少年时代的歌德就很喜欢读书，并且和妹妹柯尔内莉亚一起自己创作玩偶剧。当时的那个小型玩偶剧场就搭建在3楼角落一个小小的房间里。歌德出生在2楼最里面的那个房间。而就是在3楼左手边的那个房间里，歌德专心创作出了成名作《少年维特之烦恼》和代表作《浮士德》。

这里虽然在第二次世界大战期间受到战火的侵袭，但最终还是在市民的强烈要求下得以复原。歌德当时使用的一些物品在战争时期被转移到了别的地方，由此才得以完好地保存下来。在售票处还能买到外语版的观光指南用书。

可以联想到当时富裕的一家人的生活场景

"通过这些各式各样的窗户可以望见庭院的景象，心情很舒畅。"——歌德

Museums-ufer
博物馆大街
地图 p.23-K

- 由罗马广场步行5~10分钟即可到达
- ☎ 069-9612200（咨询）

美因河南岸是各种美术馆、博物馆聚集的文化场所，甚至这里的大街也被称为"博物馆大街"。手工艺博物馆展出各种各样的收藏品，如包豪斯时期所设计的日用品、家具等。从民族博物馆再往前走，走过一条街，在一个角落里，坐落着1984年成的电影博物馆。电影博物馆展示了战前UFA电影公司全盛时期和拍摄初期默片名作《大都市》时使用的摄影器材。由电影博物馆向前走，就能看到建筑博物馆、邮政博物馆和施塔德尔美术馆。

展品丰富的电影博物馆

Naturmuseum Senckenberg
森肯堡自然博物馆
地图 p.22-A

- U4、6、7，Bockenheimer Warte车站出发，步行2分钟
- 门票6欧元，9:00~17:00（周三至20:00，周六、周日、节日至18:00）开放，12/24、12/31、1/1、举行仪式的日子闭馆

是德国展品数量最多的自然博物馆。这里最吸引人的是按原骨骼复原的恐龙标本展示。标本展示的动物包括猛犸象和霸王龙，这些标本逼真地再现了动物们在远古时代胜者为王的气势。2003年博物馆改建。即便在欧洲，这座博物馆在同类型的博物馆中也是数一数二的。

神圣罗马帝国

962年，奥托一世由罗马教皇加冕称帝。从此古罗马帝国的传统得以恢复。皇帝在基督教世界曾经拥有绝对的权力，但之后不断被形式化，这种情况到1806年由拿破仑打破。

UFA

比好莱坞更早的世界电影产业的始祖，是德国最大的电影公司。创作了从无声电影时代的佳作到《卡利加里博士》等多部经典影片。后来被上台执政的纳粹党利用进行宣传，从而走向没落。

美食・购物 Eating & Shopping

住宿 Stay

葡萄酒、餐厅

Vinum
维纳姆

地图 p.22-B

英🍴 英🍷

🚇 U6、7，老歌剧院站（Alte Oper）出发，步行5分钟
☎ Kl.Hochstr.9　069-293037　营 16:00~第二日1:00（周六18:00~第二日1:00）　休 周日　€ 20欧元~

是19世纪末由葡萄酒储藏仓库改造而成的餐厅，店内还保留着当时的特有气氛。精心挑选的葡萄酒有50种以上。除葡萄酒之外，还提供可口的料理。

传统德国料理

Der Gasthof
客栈餐厅

地图 p.23-G

预 英🍴

🚇 罗马广场地铁站（Römer）出发，步行2分钟　📍 Braubachstr. 35
☎ 069-283491　营 11:00~23:00　休 无　€ 白天10欧元~、晚上25欧元~

这里是拥有500余年传统的德国乡土料理餐厅。其中最具人气的是用300度高温加热的石头烤制而成的厚厚的烤鱼块。

迈森陶瓷器

JOHN MONTAG
约翰・蒙塔格

地图 p.22-F

🚇 法兰克福中央车站（Fankfurt Hauptbahnhof）出发，步行10分钟　📍 Kaiserstr.41　☎ 069-233032
营 9:00~19:00（周六至16:00）　休 周日、节日

这家店是约100年前创立的迈森陶瓷器专营店。货源由当地窑场直接供应。店铺的地下层设有成色很好的B级品打折专柜，还可以办理免税手续。

Messe车站周边 ★★★★

Maritim Hotel Frankfurt　地图 p.22-E

美因河畔法兰克福酒店

美因河畔法兰克福酒店是德国最高级别的酒店。酒店的服务质量绝对有保证。游泳池、健身设备应有尽有。当地游客经常光顾这里的餐厅和酒吧，非常热闹。

🚇 U4，Festhalle/Messe车站出发，步行2分钟
€ 300欧元~
室 543间
☎ 069-75780
FAX 069-75781000
✉ Theodor-Heuss Allee 3　HP http://www.maritim.de

威利勃兰特广场车站周边 ★★★★★

Steigenberger Frankfurter Hof　地图 p.23-G

施特恩贝格法兰克福酒店

施特恩贝格法兰克福酒店以威严庄重的外观享有盛名。酒店位于旧市区的中心，交通十分便利。这里还有常驻的外国员工，会为外国游客的旅行带来便利。

🚇 U4，由威利勃兰特广场车站（Willy-Brandt-pl.）步行1分钟即可到达　€ 445欧元~　室 332间　☎ 069-21502
FAX 069-215900
✉ Am Kaiserplatz　HP http://www.steigenberger.com

法兰克福车站周边 ★★★

InterCityHotel Frankfurt　地图 p.22-E

法兰克福城市酒店

法兰克福城市酒店多服务于商务人士。各种功能性的设备较为齐全。离车站很近，大厅的屏幕还播放列车时刻表，为旅客提供各种便利。

🚇 法兰克福中央车站（Fankfurt Hauptbahnhof）北口　€ 134欧元~　室 384间
☎ 069-273910　FAX 069-27391999　✉ Poststr.8
HP http://www.intercityhotel.de

德国　法兰克福

旧市区成排的房屋建筑和内卡河畔的桥与塔

学者辈出、诗人盛赞的城市。

看点
- 海德堡城堡 ❓❓
- 学生监狱 ❓❓
- 普法尔茨选帝侯博物馆 ❓❓

去往海德堡的交通
铁路 ▶ 从法兰克福出发，乘坐IC50分钟。
巴士 ▶ 在法兰克福机场坐机场往返巴士大约75分钟。

旅游咨询处
● 中央车站前／Willy-Brandt-Platz 1
9:00~19:00（周日、节日10:00~18:00）、
11~3月 9:00~18:00办公，周日、节日休息

海德堡
Heidelberg

城市概况 about HEIDELBERG ❓

德国国内古城的数量超过2万座，这个数字很令人震惊。其中尤以内卡河流域的"古城之路"的数量最多。

通过『哲学家之道』可以眺望到城镇、河流、旧城区的景象

位于曼海姆与纽伦堡之间的古城之路是东西德冷战后的1994年建设的，经由班贝格和拜罗伊特一直延伸至捷克首都布拉格境内，总长达1000公里。在大学城中，海德堡是仅次于曼海姆的城市，因培养出大量的优秀学者很早就名扬四方。

城市亮点 Highlight 🚶

作为世界有名的观光城市，海德堡有着名城所特有的成熟气质和不断发展进取的精神内涵。名胜古迹、乡土风情的餐厅、各种百货商店应有尽有，能够满足游客的各种需求。来到海德堡的游客必定会去到这里的小城镇和博物馆逛上一圈，因此建议您提前留好充足的游览时间。如果购买海德堡的城市卡，到以上这些游览场所参观，入场券都可以享受打折优惠。一日通行证需要11欧元，两日通行证需13欧元。城市卡在旅游局、酒店、普法尔茨选帝侯博物馆等地都可以买到。

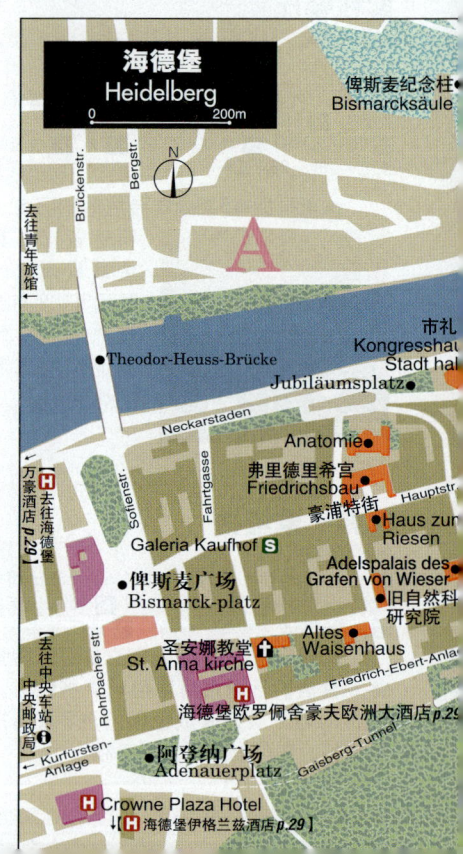

观光 Sightseeing

海德堡城堡
Schloss Heidelberg
地图 p.27-C

●由集市广场步行然后坐缆车15分钟即可到达
●门票5欧元，导游陪同游览4欧元，9:30~18:00（11~2月10:00~17:00）开放

弗里德里希宫的小教堂里还可以举办婚礼仪式

海德堡城堡总是不能给人一种完整的感觉，因为它是城墙、塔楼、庭院，连同各个时代选帝侯围绕中庭而建的各种城堡的集合体。其中较为重要的建筑要数中庭东侧的奥托·海因里希宫，以及北侧的通称英国馆的弗里德里希宫。继三十年战争和普法尔茨继承之战后，城堡又受到雷击和火灾的破坏。但是人们仍努力使古堡的原貌保留完好。1934年，人们对拥有哥特式内部装饰风格的王后宫中的王之殿进行了重建。

用一般入场券就能够参观中庭和美丽的城堡庭院，到弗里德里希宫的阳台上远眺古城全貌，另外还可以参观世界上最大的、可以装下22升葡萄酒的大酒桶，以及药物学博物馆。其他的城堡可以一边听导游的讲解一边参观。葡萄酒桶中的一杯葡萄酒需要3欧元（带玻璃酒杯），一枚原产的葡萄酒商标需要9欧元。中庭卖门票的地方设有葡萄酒吧。夏季这里有音乐会和戏剧表演。

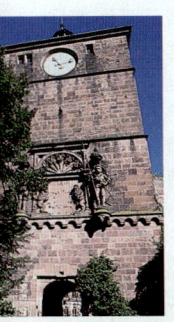

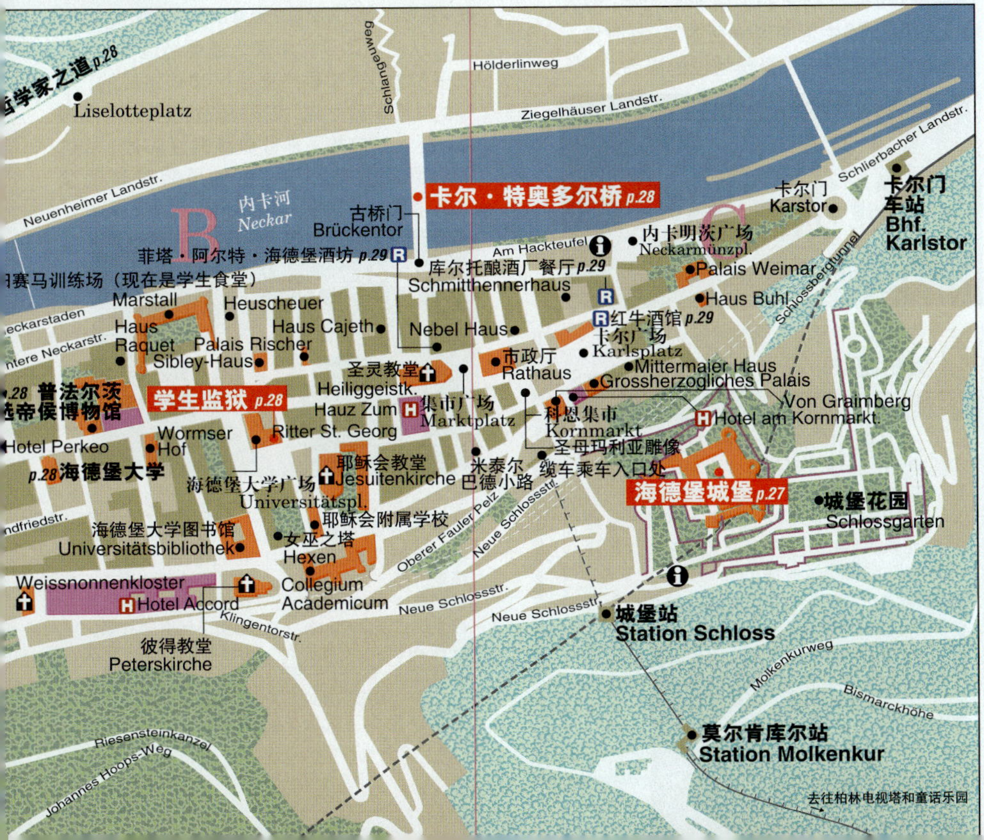

从此城门穿过即可到达海德堡城堡

右边靠里的那部作品叫做《十二使者祭坛》，是里门施奈德之作

Heidelberg Universität
海德堡大学
地图 p.27-B

●集市广场出发，步行5分钟
●大学内的商店10:00~18:00（10~3月至16:00）营业，周日、周一、节日休息

　　1386年由普法尔茨选帝侯路德维希一世创立。海德堡大学拥有600多年历史，是德国最古老的大学。其中物理、化学、医学等与科学相关的专业评价度很高。海德堡大学毕业的7名学子曾经获得过诺贝尔奖。

Studentenkarzer
学生监狱
地图 p.27-B

●集市广场出发，步行5分钟即可到达
●门票3欧元（学生2.50欧元，其中包括讲堂和大学博物馆的入场券，持海德堡城市卡免费），10:00~18:00（10~3月至16:00）开放，4~10月以外的节日休息

　　过去，德国的大学拥有独立裁判权，并设有学生监狱。旧校舍的地下监狱在1778年被转移到奥古斯蒂娜胡同，并一直使用到1914年。过去监狱里的生活非常悲惨，但转移之后的监狱生活变得舒适多了，那时候，入狱仿佛象征着一种身份地位的提高。

墙壁、天花板上到处是学生们的「艺术」作品

摄影秘诀
可以看到市区的展望台

　　上午来到展望台眺望旧城区，沿着"哲学家之道"能够看到各种桥梁和城市整体风貌。在夕阳的柔光下，城区显得更加美丽。另外，根据当地信息统计，这里被外国人忽略的观光景点包括山上的电视塔、圣灵教堂塔和能够眺望到市区风貌的展望台。

去电视塔的路线：坐缆车到达终点站再步行3分钟

Kurpfälzisches Museum
普法尔茨选帝侯博物馆
地图 p.27-B

●集市广场出发，步行10分钟
●门票3欧元，10:00~18:00开放，周一、节日闭馆

　　普法尔茨选帝侯博物馆展示了海德堡周边挖掘出来的文物，以及里门施奈德的作品《十二使者祭坛》等中世纪浪漫派风格的美术作品。普法尔茨选帝侯博物馆建于1712年，是具有代表性的漂亮的巴洛克式建筑。豪华的宴会厅和接待大厅都是其中的亮点。

Karl-Theodor-Brücke~Philosophenweg
卡尔·特奥多尔桥至哲学家之道
地图 p.27-B/C

●从集市广场到哲学家之道需步行20分钟

　　从旧城区到哲学家之道要经过卡尔·特奥多尔桥。桥和桥门都是1788年建成的。对岸的"哲学家之道"四季都被花草树木点缀着，是人们放松下来散散步的好去处。从这里看到的城镇和旧城区的风貌就是戏剧《阿尔特·海德堡》里面所描述的世界。

现在是第五代桥梁，最初是用石头建造的

里门施奈德
　　是维尔茨堡有名的中世纪雕刻家。凭借精湛的技艺为后人留下了很多杰作。还曾经当选为维尔茨堡市市长。后因拥护宗教改革而遭到迫害，这段历史是令人永远无法忘怀的。直到19世纪其价值才重新被发掘。

《阿尔特·海德堡》
　　威廉梅亚法斯特的作品。讲述了德国某一公国的王子在游学的地方与一位酒吧女子相恋的故事。1901年在柏林首次演出，之后被拍成电影和音乐剧等，大受好评。

文中注释

美食 *Eating*

酒吧／乡土料理餐厅

Zum Roten Ochsen
红牛酒馆

地图 p.27-C

英🙂英

交 卡尔广场附近
✉ Hauptstrasse 217　☎ 06221-20977
营 11:00～14:30、17:00～24:00（周六11:30～24:00、周日11:00～14:30）、11月～复活节17:00～24:00、周六、周日11:30～14:30）　休 无　€ 14欧元～

这是一家建于1703年的酒馆，就像戏剧《阿尔特·海德堡》中所描述的酒吧那样。大学社团成员经常在这里聚集。印有红牛的招牌非常醒目。

啤酒、餐厅

Vetter Alt Heidelberger Brauhaus
菲塔·阿尔特·海德堡酒坊

地图 p.27-B

英🙂英

交 集市广场出发，步行1分钟
✉ Steingasse 9　☎ 06221-165850
营 11:30～24:00（周五、周六至第二天2:00，供餐至23:00）　休 无　€ 10欧元～

店内有酿酒的大锅，酿出的生啤酒酒精含量很高。这里料理的分量也很足。来餐厅用餐之前要预约。

乡土料理餐厅

KulturBrauerei
库尔托酿酒厂餐厅

地图 p.27-C

英🙂英

交 内卡明茨广场附近　✉ Leyergasse 6
☎ 06221-502980　营 7:00～第二天1:00（周五、周六～第二天3:00）　休 12/24　€ 20欧元～

自家酿造厂就在餐厅附近。除了普通的比尔森啤酒外，还能够喝到新鲜特制的四季应时的美味啤酒。另外，喝完之后还可以把瓶子带回去留作纪念。

住宿 *Stay*

中央车站周边　★★★

Heidelberg Marriott Hotel　地图 p.26-A外
海德堡万豪酒店

酒店虽然离旧城区有些远，但地处中央车站附近的地理位置还是很便利的。这里有知名的啤酒和葡萄酒酒吧。游泳池和健身设施也很完备。

交 海德堡站出发，步行10分钟　€ 98欧元～
室 248间　☎ 06221-9080　FAX 06221-908660
✉ Vangerow Str.16
HP http://www.marriott.de

俾斯麦广场周边　★★★★

Der Europäische Hof Hotel Europa　地图 p.26-A
海德堡欧罗佩舍豪夫欧洲大酒店

海德堡欧罗佩舍豪夫欧洲大酒店是海德堡最高级的酒店。从大厅到客房无不散发着欧洲气息。带有喷水池的中庭和17世纪建筑风格的餐厅都受到游客的好评。

交 由集市广场步行25分钟即可到达　€ 318欧元～
室 118间　☎ 06221-5150
FAX 06221-515506
✉ Friedrich-Ebert-Anlage 1
HP http://www.europaeischerhof.com

阿登纳广场（Adenauerplatz）　★★★

Exzellenz Hotel Heidelberg　地图 p.26-A外
海德堡伊格兰兹酒店

建成至今已有100年的历史。是传统与现代相结合的酒店。客房设置既雅致又舒适。服务员态度友好，会爽快地为你解答旅游当中遇到的各种问题。

交 集市广场出发，步行30分钟
€ 115欧元～　室 30间
☎ 06221-9150
FAX 06221-164272
✉ Rohbacher Str.29
HP http://www.exzellenzhotel.de

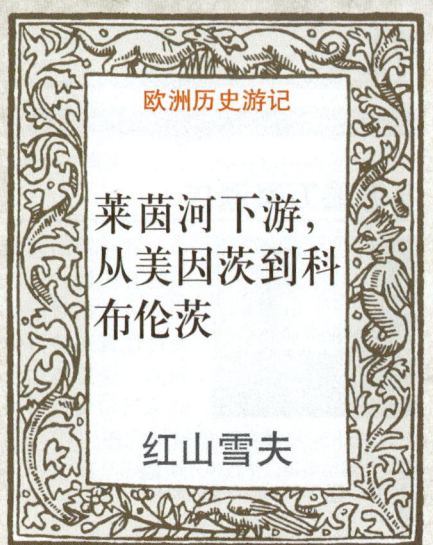

欧洲历史游记

莱茵河下游，从美因茨到科布伦茨

红山雪夫

在欧洲西部，莱茵河是仅次于多瑙河的第二长河。莱茵河发源于瑞士的阿尔卑斯山，全长1320公里。河流的70%经由德国或是德国与别国交界处流过，最终在荷兰注入北海。因其便于船只航行，很早就成为人员、物品流通的大动脉，并被亲切地称为"父亲莱茵河"。特别是美因茨到科布伦茨这一段，景色更加优美，古城与美丽的街道点缀其间，因此又得名"浪漫莱茵河"。下面就让我们泛舟莱茵河下游，开始我们美妙的莱茵之旅吧！

莱茵河上的观光船，后面能够看到的是奥夫森堡

美因茨　Mainz

从罗马时代起就是一座古城，大教堂（Dom）和旁边的古腾堡博物馆（Gutenberg Museum）都是值得一去的地方。现在的大教堂是975年开始建造，1239年竣工的，为莱茵式仿罗马建筑，东西两个袖廊，并排矗立着六个基塔，显得那么壮丽庄严。

古腾堡是这里的市民。1450年，他在欧洲首次成功研制了活字印刷术。在古腾堡博物馆中还保存着他经过苦心研究最终制造出来的印刷机，以及他的工作室。楼上还陈列着第一本《圣经》的印刷版。

威严神圣的美因茨大教堂

古腾堡活字印刷术

中国很早就开始使用纸张，雕版印刷和活字印刷的方法也很早就普及开来。但在欧洲，人们还在使用在羊皮纸上抄写的方法，不仅成本高，而且效率低，保存下来的书籍并没有多少。虽然在12世纪，雕版印刷书籍的方法已经传到了欧洲，但并没有取代欧洲人用羊皮纸抄写书籍的方法，因此他们保存下来的书籍依然非常稀少，而且成本昂贵。在当时也已经有很多人尝试改良印刷术，古腾堡可以说是其中的集大成者。他不断地研究活字的铸造和印刷机的改良，终于使活字印刷术成为现实可用的技术。各种书籍等一系列的印刷物品，都变得既便宜又可以保证大量的供给。这大大促进了宗教的改革和科学知识的发展，并成为历史变革的原动力。

莱茵河下游地区
浪漫莱茵

三大主教和选帝侯制度

　　莱茵河沿岸的美因茨、科隆以及莱茵河支流摩泽尔河沿岸的特里尔，在古罗马时代末期就设置了主教。中世纪升级为大主教，并称为三大主教。大主教可以在其管辖区内对所有教堂和修道院进行监督，另外，对于俗世的君主和人民，以及与基督教相关的一切事物，都享有极大的控制权。10世纪皇帝给予三大主教大主教区的统治权，于是大主教就变成了所谓的大主教领主，辖域内的各个城镇和宫殿的建造都归大主教领主管理。在德国，皇位很早就不再传承卡尔大帝的血统，皇帝则是通过选举制来选出的。拥有被选举权的是所有的诸侯。拥有选举权的只限于包括三大主教在内的圣俗七大诸侯，即所称的选帝侯。总之，身为三大主教意味着同一个人一并拥有基督教的高级圣职人员、领主和选帝侯三种地位。

　　来到莱茵河旅游，一定会听到有关大主教城啊、大主教宫殿啊的说法，事先了解一下，在听讲解时才更容易明白。这种领主和选帝侯的制度，到拿破仑时代被废除。直到现在，三大主教只是单纯地指基督教的高级圣职人员。

威斯巴登 Wiesbaden

从罗马时代开始就是具有悠久历史的温泉保养地。宽敞的庭院内设有豪华的温泉旅馆。

吕德斯海姆 Rüdesheim

吕德斯海姆是因葡萄酒交易而闻名的美丽小镇。沿着有名的"画眉鸟小巷"，你会看到整条街都是葡萄酒酿酒厂酒馆风情的餐厅。想要坐船到莱茵河下游，几乎都要在这里登船。

吕德斯海姆的"画眉鸟小巷"

观光船只的码头

莱茵高 Rheingau

莱茵河沿岸的很多地方都是葡萄酒的产地，其中以生产顶级葡萄酒而闻名的是莱茵高。从位于莱茵河下游地区稍微靠下位置的希斯泰因（Schierstein），一直到吕德斯海姆下游的阿斯曼斯豪森（Assmannshausen），都属于莱茵高葡萄酒产地。埃尔特维勒（Eltville）就是其中的中心地区之一。莱茵河畔古城遍布，旧城区的很多地方还保留有古老建筑风格的居民房屋。

再向下游一点儿的丘陵地区有古老的埃伯巴赫修道院，这里因盛产德国顶级的葡萄酒而闻名。修道士们种植葡萄，酿造葡萄酒，兄弟会的会员们再将所产的葡萄酒卖出，以此作为修道院平时的宗教活动和社会福利活动的资金。直到拿破仑时代这一切才被世俗化，现今这里已经成为葡萄酒酿造厂兼博物馆。城墙围建起来的广阔区域内是过去的修道院建筑群，不管是把它看成历史性的建筑物还是葡萄酒酿造博物馆，都别有一番趣味。

宾根 Bingen

位于莱茵河左岸，是城市后山上的克洛普堡（Burg Klopp）和对岸的埃伦费尔斯堡（Burg Ehrenfels），以及中洲的莫泽塔（Mäuseturm，通称为鼠塔）。这些都是美因茨大主教的管辖区域，并成为向过往莱茵河的船只征收税费的据点。关于鼠塔，还有一个有关强横无情的大主教的传说。

埃伦费尔斯堡　鼠塔

巴赫拉赫五城 Bachrach

走出宾根，会看到左岸的五座错落有致

眺望阿斯曼斯豪森的风景

> **鼠塔的传说**
>
> 968年，美因茨大主教哈托二世（历史上确有其人），向辖区内的人民征收苛捐杂税，在饥荒之时把粮食一并买下并抬高价格卖给人民，人民怨声载道。饱受饥荒之苦的人民没有办法，只得哀求大主教便宜卖一些粮食给他们，主教不但不卖，还把人们骗到堆放干草的仓库，硬是赶了进去，还在外面点了火。听到人们的哀哭声，大主教还放话"老鼠都会被惊扰到"。于是，成群的老鼠从仓库窜了出来，扑向大主教。落荒而逃的大主教被逼进了中洲的莫泽塔，老鼠们吃了他的肉，喝了他的血，大主教变成了一堆白骨。这就是鼠塔的传说。

的古堡。它们是莱茵石城堡（Burg Rheinstein）、莱玄斯坦堡（Burg Rheichenstein）、素角城堡（Burg Sooneck）、海姆堡（Heimburg）、菲斯滕伯格堡（Burg Furstenberg）。巴赫拉赫城就在其环抱之中。城市是由与塔并立的城墙围砌起来的。城市的后山上是钢角城堡（Burg Stahleck），雄伟的外观让人流连忘返。

且水中还藏有暗礁，过去就经常有船只在这里失事（现在暗礁已经被除去）。站在船头，一边目测以避开暗礁，一边逆流航行，如果恰逢夕阳的余晖映在崖壁和水面上，很容易因为目测失误而发生危险。这时再受到女巫的歌声的诱惑，船只很容易改变方向，触碰暗礁，沉入海底。洛勒莱女巫传说就是这样得来的。

穿过洛勒莱，在通常情况下会选择左岸的圣戈尔（St. Goar）或是右岸的圣戈尔阿斯豪森（St. Goarshausen）下船，结束莱茵河下游之旅。

在这附近，有左岸的莱茵费尔斯城堡和右岸的卡茨城堡。卡茨城堡是取城主的家族姓名而得名的。正确来说，应该叫做卡茨伯格城堡（Katzenelnbogen）。因为名字太长，人们给这座城堡起了个绰号叫做"猫堡"。

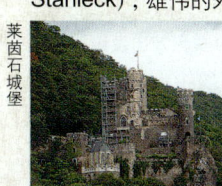
莱茵石城堡

素角城堡

菲斯滕伯格堡

钢角城堡

巴赫拉赫城

普法尔茨 Die Pfalz

接下来来到莱茵河的中洲，眼前的船形建筑就是普法尔茨城堡，后面的山上是古藤费尔斯城堡（Burg Gutenfels），就像下面图片中显示的一样。

古藤费尔斯城堡

洛勒莱 Lorelei

走过位于左岸的欧本威舍（Oberwesel）城镇和奥夫森堡（Auf Schönburg），就能看到洛勒莱岩石。这座岩石山右边突起，形成高132米的悬崖。莱茵河流到这里，水势湍急，并

洛勒莱岩石

莱茵费尔斯古堡

猫堡

马克斯堡 Marksburg

右岸的布劳巴赫（Braubach）小镇的后面矗立着马克斯堡（Marksburg）。它是莱茵河谷的众多在后世遭到破坏的城堡中，唯一保留下来的一座城堡。城堡至今仍保留着中世纪的风貌。

科布伦茨 Koblenz

莱茵河与葡萄酒圣地摩泽尔河的交汇处，矗立着罗马时代的古都科布伦茨。因为受到战争的破坏，这里并没有留下任何历史性的建筑物。但来到此地，仍有值得观赏的地方，那就是位于河流交汇处的公园，以及坐落在对岸高台上的埃伦布赖特施泰因要塞（Festung Ehrenbreitstein）。

非常狭窄的街道"画眉鸟小巷"的繁华

吕德斯海姆
Rüdesheim

作为"浪漫莱茵"的起点城市，因生产水果味白葡萄酒而闻名。

看点
"画眉鸟小巷" ★★★
自动演奏乐器博物馆（布雷瑟馆）★★

去往吕德斯海姆的交通
铁路◎ 从法兰克福出发乘坐RE约1小时30分钟。
KD公司莱茵河观光船◎ 从美因茨出发约2小时30分钟。

旅游咨询处
●盖森海默大街／Geisenheimerstr.22　8:30~18:30，周六、周日10:00~16:00（11~3月、圣诞节民俗市场期间的周六、周日11:00~15:00）办公

城市概况和亮点
about RÜDESHEIM Highlight

莱茵河下游的亮点"浪漫莱茵"，就是指由吕德斯海姆到科布伦茨这一区间。这里是有名的果味白葡萄酒（雷司令葡萄酒）的产地。城市中还有很多供应葡萄酒的酒吧和生产葡萄酒的酒窖。

144米的"画眉鸟小巷"（Drosselgasse）是这里有名的观光区。狭窄的街道两侧到处都是各种各样的小酒馆。夜晚来临之际，在原生态乐队的伴奏之下，人们跳舞的跳舞，唱歌的唱歌，一片热闹繁荣的景象。如果你不喜欢热闹的话，那就到周边的葡萄酒酒窖，斟两杯葡萄酒，悉心品味葡萄酒的酒香，也是别有一番乐趣的。在雅各布·克里斯（Jakob Christ）(16:00~23:00，周四、周五、9月~次年6月暂停营业，营业时间依据葡萄的收获季节会有所变化）这样的家庭酒窖里，不但可以品尝到自家酿造的葡萄酒（一杯葡

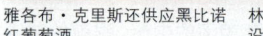
雅各布·克里斯还供应黑比诺红葡萄酒　　林德那伍塔楼的中庭还设有餐席

远离喧嚣，来到无名的小路走一走也很有乐趣

萄酒约1.80欧元起），还可以品尝这里的风味快餐、小吃。喜欢乡土料理的可以去林德那伍塔楼（Zur Lindenau）(Löhrstr.9, 8:00~22:00营业，1~2月暂停营业）。这里的煎锅煎荷包蛋（Winzerpfanne, 7欧元）很受欢迎。

另外，我们还可以去有1000余年历史的古城布雷瑟城堡（Rrömserburg）城内的葡萄酒博物馆（5欧元，10:00~18:00开放，入馆截至17:15，11月~次年3月只限团体游）看一看。

贴心小提示

坐缆车游览尼德瓦尔特！
欣赏葡萄园和莱茵河美景

在城市的后面，你会看到绿绒毯似的平坦舒缓的丘陵区，这里是广阔的葡萄种植区。丘陵之上设有观景台，丘陵区的对面是尼德瓦尔特（森林）。可以乘坐缆车过去。

坐缆车从葡萄园经过并远眺四周，景色真的是美不胜收啊！为纪念德意志帝国重建（1871年）而建造的日耳曼女神的雕像矗立在山顶。从西侧的雅库特城堡（Jagdschloss）前乘坐缆车，可以到达旁边的阿斯曼斯豪森城（Assmannshausen）。

距山顶1.4公里，大约10分钟可以到达

远望莱茵河的景色也很美

观光 · 住宿 Sightseeing & Stay

Siegfried's Mechanisches Musikkabinett
自动演奏乐器博物馆（布雷瑟馆）
地图 p.34-A

● 吕德斯海姆（Rüdesheim）车站出发，步行7分钟
● 门票6欧元，10:00~18:00开放，1~2月闭馆

曾经的贵族博物馆。收藏18世纪以后珍贵的自动演奏乐器达350种以上，号称德国最大的博物馆。馆中还藏有1908年制的八音盒。八音盒到现在还保存完好，并可以弹奏出声音来。其实，即使你没有专业演奏乐器的知识，也同样能够享受游馆的乐趣。

吕德斯海姆车站周边　★★★★

Rüdesheimer Schloss　地图 p.34-A
吕德斯海姆城堡酒店

每个房间的设计都有所不同，但统一采用了非常华丽而时尚的设计风格。酒店对面是"画眉鸟小巷"。酒店准备了300余种葡萄酒供客人享用。

交 吕德斯海姆车站出发，步行7分钟
€ 115欧元~ 室 26间 ☎ 06722-90500 FAX 06722-905050
✉ Steingasse 10
HP http://www.ruedesheimer-schloss.de 休 12/20~1/6

吕德斯海姆车站周边　★★★

Hotel Lindenwirt　地图 p.34-A
林登彼尔德酒店

这是一家位于"画眉鸟小巷"的非常便利且颇具人气的酒店。其中有6个房间摆放有葡萄酒酒桶，葡萄酒起价27欧元。酒店最有名的是来自莱茵河沿岸葡萄酒酒窖的自制葡萄酒。

交 吕德斯海姆车站出发，步行7分钟
€ 38欧元~ 室 100间
☎ 06722-9130
FAX 06722-47585
✉ Drosselgasse
HP http://www.lindenwirt.com

欧洲历史游记

到浪漫大道拜访中世纪风貌的街道与城镇

红山雪夫

浪漫大道（Die Romantische Strasse），从临近莱茵河支流美因河的维尔茨堡一直延伸至德国阿尔卑斯山区下的菲森，全长约350公里。有中世纪特色的城墙，排列着很多木质住宅建筑的街道和古城，这里是德国最具人气的旅游胜地。

维尔茨堡 Würzburg

是以主教为统治者的主教城市，依靠美因河水运发展起来。高高耸立于美因河畔高台上的是坚固的玛利亚城堡要塞。如今要塞已经变为图书馆，在这里可以欣赏到德国最著名的哥特式雕刻家里门施奈德的很多作品。室内还有华丽的巴洛克式皇宫建筑（Residenz）可供观赏。

巴特梅根特海姆 Bad Mergentheim

著名的温泉疗养地，设有温泉疗养院，可以洗浴。另外，如果你是一个历史爱好者的话，德国骑士团博物馆（Deutschordensmuseum）也不失为一个很棒的游览胜地。

罗腾堡 Rothenburg

古城由中世纪风貌的城墙包围起来，到处可见木质结构的住房建筑，以及充满诗情画意的街道。位于城市中心的是集市广场（Marktplatz）。广场对面是市议会宴会馆，宴会馆的窗子一天之内要打开很多次。这里还流传着原市长努什（Nusch）一口气喝下一大杯酒，拯救了整个城镇的故事。后人通过制作时钟人偶再现了当时的故事情景。三十年战争时期，城市本由新教徒控制，旧教徒即将攻陷这里，市政议员也将被斩首，整个城市面临着烧毁殆尽的崩溃边缘。当时努什被迫将一个3.25升的大酒杯中的葡萄酒一饮而尽，以求敌军放过市政议员和这座城市。另外，想要提醒大家的是，罗腾堡的城墙和一些城门也是值得一看的好去处。

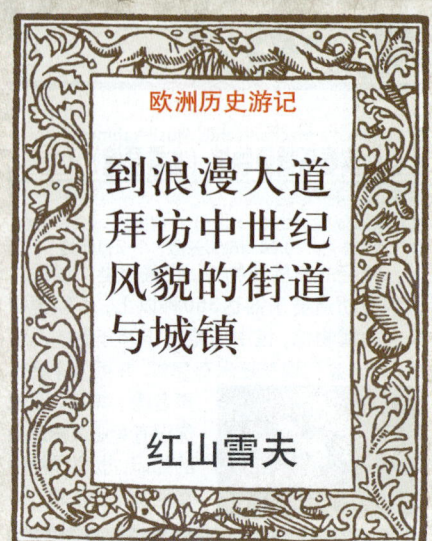

罗腾堡的街道

丁克尔斯比尔 Dinkelsbühl

比罗腾堡面积要小很多的魅力小城。城墙和木质结构的建筑是摄影的好题材。壮丽的木质结构建筑德意志之家（Deutsches Haus），是500余年前一直保留至今的一家酒店。

讷德林根 Nördlingen

城市风格简单、质朴。保存完整的城墙和木质建筑林立的街道都是观光的好地方。

哈尔堡 Harburg

位于平缓的山丘上，山丘下面修建了新的隧道。据记载，这座城堡是由施陶芬（Staufen）家族在1150年建立的，1295年开始由厄廷根伯爵（Oettingen）继承，直到现在。

奥格斯堡 Augsburg

公元前15年，罗马人修建的殖民城市奥格斯达·宾格里可姆是这座城市的前身。中世纪因与意大利的贸易往来而得以繁荣发展。特别是富格尔家族，因与王侯进行金融交易而暴富。另外，值得一看的地方还有大教堂（Dom），以及

由富格尔家族于1519年建成的世界上第一个社会福利住宅区——"富格尔之家"(Fuggerei)。

兰茨贝格 Landsberg

兰茨贝格是一座小城市,保留着中世纪以来的城墙和街道。整座城市充满了令人愉悦的氛围。

维斯教堂 Wieskirche

维斯教堂位于施泰因加登镇(Steingaden)东南方向约5公里的维斯村。维斯教堂是位于牧草地上的朝圣教堂。相传一位农家主妇看到修道院中的耶稣木质雕像布满了灰尘,想要拿去清理的时候,突然看到雕像的眼中流出了眼泪,人们为了安置此雕像,修建了这座教堂。这里也因此引来了礼拜和朝圣的人潮。教堂是由建筑家齐默尔曼于1754年设计完成的。教堂的设计充满了洛可可式建筑的梦幻之美。

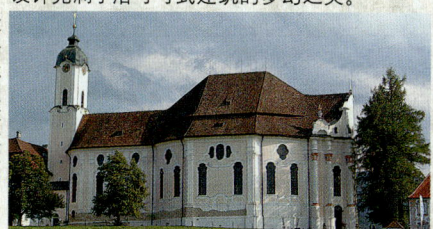

洛可可式的维斯教堂

新天鹅堡和高天鹅堡 Neuschwanstein u. Hohenschwangau

新天鹅堡的建立者是巴伐利亚国王路德维希二世。城堡是1869年开始施工,1886年建成的。高高耸立在岩石上的城堡里建有安放国王宝座的大厅、歌剧表演大厅,以及其他一些富丽堂皇的建筑,令人目不暇接。路德维希国王只在这座城堡中待过100多天,最后被发现死于施塔恩贝格湖中,国王之死至今还是个谜。

高天鹅堡位于新天鹅堡山下的丘陵区,是路德维希二世的父亲马克西米利安二世于1836年建造的。因为城堡设计风格较为质朴,所以来这里参观的人也比较少。不过,以骑士故事为主题的壁画装饰还是值得一看的。

菲森 Füssen

位于奥地利与德国边境的菲森,城市近郊山岳和湖泊较多。城市中保留着城墙和堡垒,旧城区壁画装饰的教堂也是很好的观光场所。

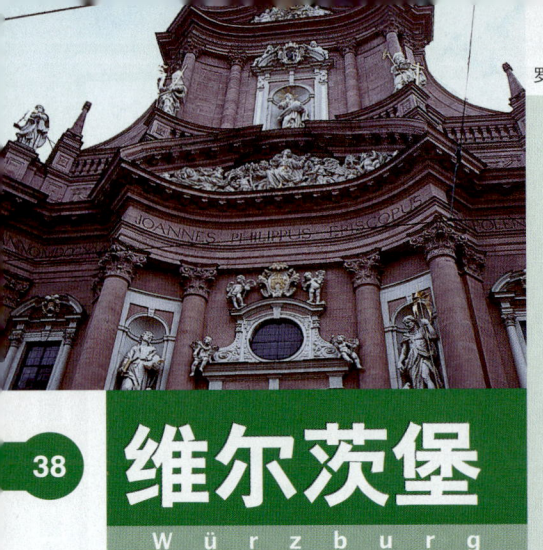

罗马式建筑风格的新明斯特教堂

维尔茨堡
Würzburg

38

保留着中世纪街道的巴洛克情调的古都。

看点
- 侯爵大主教宫 ❷❷❷
- 老美因桥 ❷❷
- 玛利亚城堡要塞 ❷❷❷

去往维尔茨堡的交通
铁路◎由法兰克福乘坐ICE大约1小时10分，然后在罗腾堡换乘RB约1小时。
欧洲巴士◎由法兰克福出发大约1小时30分钟。

旅游咨询处
●集市广场附近／Haus zum Falken, am Marktplatz　10:00～16:00（周六至13:00、4~12月的周六至14:00）、5~10月的周日、节假日10:00~14:00办公，12/24、12/31休息

城市概况和亮点
about WÜRZBURG Highlight

维尔茨堡是浪漫大道的起点城市。约公元前1000年已经有日耳曼人在这里定居，可以说维尔茨堡是一座古老的城市。中世纪时这里由大主教统治，因而极大地受到基督教的影响。大教堂和新明斯特教堂等都是保留有罗马式建筑风格的重要的教堂。

维尔茨堡临美因河而建，大教堂正面通向老美因桥的街道叫做大教堂街（Domstr.）。这条街是直插旧城区的一条街道。游走于大教堂街，旧城区的风貌一览无余。这条街道和集市广场是维尔茨堡主要的步行街区。与车站相连接的恺撒大街（Kaiserstr.）有很多百货商店和当地特色小店，非常热闹。如果想要在时尚的咖啡店里小憩一下的话，推荐去尤利乌斯林荫道（Juliuspro-menade）。
在维尔茨堡除了玛利亚城堡要塞以外，其他著名的观光景点都比较近，只需从集市广场出发，步行不到10分钟。另外，这里还是弗兰肯葡萄酒的主要产地，同时也是独特的扁圆葡萄酒瓶的原产地。

观光 Sightseeing

侯爵大主教宫 Residenz ❷❷❷ 世界遗产
地图 p.39-B

● 由集市广场步行约8分钟
● 门票7欧元，9:00~18:00（11~3月10:00~16:30）开放，1/1、12/24、12/31、逢节解日的周五休息

600平方米的天花板绘满了湿壁画

侯爵大主教宫是巴洛克式建筑的杰出代表作，被列入联合国教科文组织世界遗产名录。18世纪，一直住在玛利亚城堡要塞的大主教想要把居住地向市中心迁移，于是便建造了这座宫殿。宫殿是由当时年轻的天才建筑师巴尔塔萨·诺伊曼所设计的。后来拿破仑也感叹说"这里是欧洲最漂亮的主教居所"。

进入宫殿，左手边是一段高高的楼梯，这里便是楼梯大厅。拱形的屋顶上面绘满了壮美的湿壁画，有天空中飞舞的各方神圣，还有将四大洲人格化的女神像。这些壁画均出自乔凡尼·巴蒂斯塔·提埃坡罗之手，据说他运用上升脚手架这一简易工具，耗时13个月才完成了这些作品。2楼皇帝大厅中的湿

夕阳映衬下的美因河畔，坐落在山丘上的是玛利亚城堡要塞

壁画也是由他绘制完成的。

　　利用白色灰浆装饰的白色印象大厅，以及金碧辉煌的洛可可式皇帝大厅，在每年的6月份都会邀请国内外一流的音乐家参加在此举办的莫扎特音乐会。再往宫殿的里面走一点儿，会看到由黄金装饰且四周挂满镜子的镜子大厅。

大量使用黄金装饰的皇帝大厅

桥在战争中遭到破坏，现已经修复成原样

Alte Mainbrücke
老美因桥
地图 p.39-A

● 由集市广场步行4分钟

　　是横跨美因河两岸，架设在河岸的玛利亚城堡要塞山脚下的石桥。这里伫立着12尊砂岩雕像，其中包括基督教传教士圣基利安以及与当地相关的一些圣人。老美因桥规模较小，但是采用了与布拉格的查理大桥相同的建筑样式，所以外观也非常漂亮。

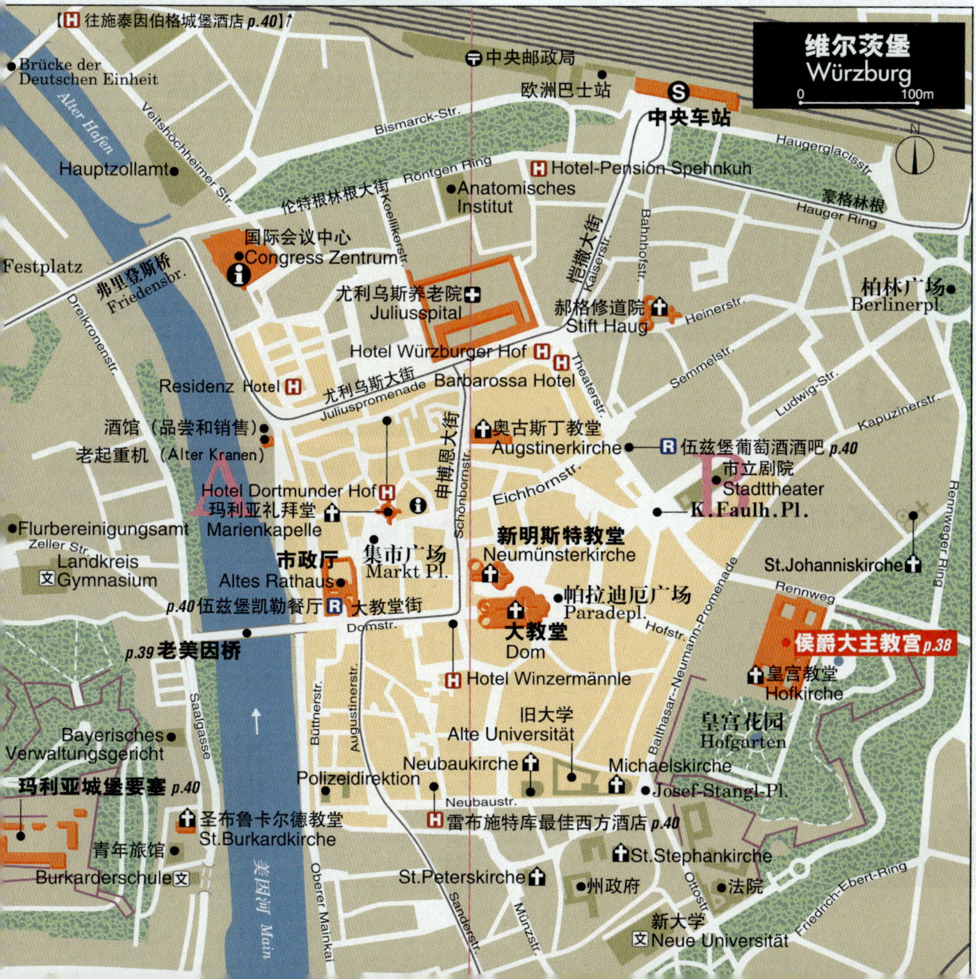

维尔茨堡 Würzburg

Festung Marienberg
玛利亚城堡要塞
地图 p.39-A

- 由集市广场步行25分钟
- 三馆通票4欧元，10:00~17:00（11~3月至16:00）开放，周日休息

玛利亚城堡要塞位于美因河对岸的丘陵上，是城市的标志性建筑。建于13世纪初期，起初是围绕玛利亚教堂修建的要塞。后来在17世纪，由当时的主教尤利乌斯（Julius Echter von Mespelbrunn）改建成为文艺复兴样式的城堡，现在保留下来的建筑物大多都是当时的产物。一直到1719年，这里都是历代主教的居住地。武器库遗址美因·弗兰肯地区博物馆（Mainfrankisches Museum）收藏了巴洛克时期的绘画和雕像。另外，南边的领主博物馆（Fürstenbaumuseum）二楼保留着以前的主教居住过的房间。

要塞修建在丘陵上，所以登上要塞会有些困难

美食 Eating

酒馆
Bürgerspital Wieinstuben
伍兹堡葡萄酒酒吧
地图 p.39-B

英 英

- 由集市广场步行7分钟
- Theater-Str.19　0931-352880
- 10:00~24:00　休 无　15欧元~

1319年创立的老店。店内提供出色的葡萄酒，味辣但是口味独特、纯正，口感顺滑。价格也适中。店内还设有独特的坐席，即将餐桌放置于葡萄酒发酵用的大酒桶中。

餐厅
Würzburger Ratskeller
伍兹堡凯勒餐厅
地图 p.39-A

英 英

- 由集市广场步行2分钟
- Langgasse 1　0931-13021
- 10:00~24:00　休 无　15欧元~

位于市政厅内，"门槛"较低，但餐厅的品质绝对高级。这里装饰有伦茨（Lenz）绘制的壁画的地下餐厅也同样出色。

住宿 Stay

中央车站后面的山丘上　★★★★
Schlosshotel Steinburg
斯泰因伯格城堡酒店
地图 p.39-A外

位于中央车站后面的山丘上。因酒店在古城中，店内的装饰都采用了中世纪优美的设计样式。酒店最吸引人的是乡土料理餐厅，以及能够观赏到美丽夜景的阳台。

- 中央车站前坐出租车约15分钟
- 130欧元~　室 50间
- 0931-97020
- FAX 0931-97121
- Auf dem Steinburg
- HP http://www.steinburg.com

集市广场周边　★★★★
Best Western Premier Hotel Rebstock
雷布施特库最佳西方酒店
地图 p.39-A

是1408年创建的历史悠久的酒店。现在看到的洛可可式的外观样式，是18世纪改建而成的。15世纪以来，酒店就不停地进行改建，直到变成现在的风貌。酒店的服务和室内装潢都是一流的。

- 由集市广场步行8分钟
- 183欧元~　室 70间
- 0931-30930
- FAX 0931-3093100
- Neubaustr.7
- HP http://www.rebstock.com

罗腾堡的旧城区

时光倒流，带你回味中世纪街道的景象。

看点
- 中世纪犯罪博物馆 ???
- 人偶和玩具博物馆 ??
- 帝国城市博物馆 ??

去往罗腾堡的交通
铁路◐ 从法兰克福乘坐ICE再换乘RB，大约需要2小时30分钟；从慕尼黑乘坐IC再换乘RB，大约需要2小时40分钟。
欧洲巴士◐ 由法兰克福出发大约需要3小时50分钟，由慕尼黑出发大约需要5小时。

旅游咨询处
●法兰克福广场附近／Marktplatz 2 9:00～19:00、周六、周日10:00～17:00（11～4月至17:00、周六10:00～13:00、周日休息）办公

罗腾堡
Rothenburg Ob Der Tauber

城市概况 about ROTHENBURG OB DER TAUBER

罗腾堡的历史可以追溯到9世纪，13世纪被认定为帝国自由城市，从而发展起来，之后直到17世纪，罗腾堡都一直被视为手工业者的城市，后因商业的发展而得以兴盛。

这里最大的魅力要属美丽的中世纪街区风貌。虽然在第二次世界大战中，城市有40%都遭到破坏，但随后很快得以重建。值得一提的是，人们心中所描绘出的中世纪的街道的样子，在这里以近乎完美的形态保存了下来。

每年圣灵节的周六至周日（5月下旬到6月）举行的"胜负一饮（Meistertrunk）"历史节，是以再现历史为目的的民俗纪念日。传说三十年战争时，占领了城市的旧教徒一派的皇帝军将军看着一大杯斟满了的葡萄酒，对罗腾堡当时的市长挑衅地说："把这杯酒一口气喝下去我就放你们一条活路。"于是当时的市长努什举起3.25升的酒杯一饮而尽，最终整个城市得救了。9月的第一个周末举行的帝国自由城市节的活动，与"胜负一饮"历史节的活动是相同的。

浪漫的街道景象

城市亮点 Highlight

这里是德国全境数一数二的人气观光地。城市面积不是很大，从这头走到那头大约15分钟。集市广场是城市的中心，围绕广场四周建有市政厅（Rathaus）和市议会宴会厅（Ratsherrn-Trinkstube）。走近市政厅，眼前的建筑是16世纪建成的带有文艺复兴风格的建筑。尖塔（高约60米）部分是13世纪采用哥特建筑风格所建造的。总的来说，将不同的艺术形式很好地融合到一起，是市政厅的建筑特色。站在塔顶上，能够眺望到美丽的城市风景。

广场的最里面是罗腾堡的主教堂——圣雅各教堂（Sr.Jacobskirche）。来到这里的游客们都要去看看里门施奈德的雕刻作品《圣血的祭坛》。

把广场边上的台阶当做椅子坐下来休息的人很多

圣雅各教堂中《圣血的祭坛》雕像全部出自于里门施奈德之手

伯格公园（Burggarten）到陶伯河谷这段路程也是绝佳的徒步观光路线。从公园的侧门朝着陶伯河的河谷方向出发，河谷的底部可以看到石制的双层桥（Doppelbrücke）。站在桥上望向绿色的丘陵，整个城市的风貌浮现在眼前，着实打动人心。围绕城市修建的3.4千米长的城墙的一部分，现在已变成带屋顶的供警卫使用的通道。经过这里时，总会感觉到一股探险的气息。从不同的角度观赏这座城市，会有不同的乐趣。

市议会宴会厅的机械时钟也非常有趣。11:00～15:00的每个整点和21:00、22:00，时钟旁边的窗子就会自动打开，接着里面的人偶便会端起酒杯一饮而尽。在名胜古迹中，这种会动的人偶设计是不多见的。

市议会宴会厅的机械时钟

如何支配自由时间 enjoy Freetime

这里只介绍几个在旅游胜地支配自由时间的方法，方法是很多的！

享受购物

在罗腾堡美丽的欧洲中世纪风格的街道上，一边享受美食，一边逛逛土特产小店，这种悠闲自在的感觉真好。

这里的餐厅和当地特色小店主要集中在集市广场南侧东西延伸的主街绅士大街（Herrngasse）和集市广场往南一直到普勒恩（Plöenlein）的街道上。特别是绅士大街，这里是城市发展的中心所在，街道上排列着众多古老的商铺。

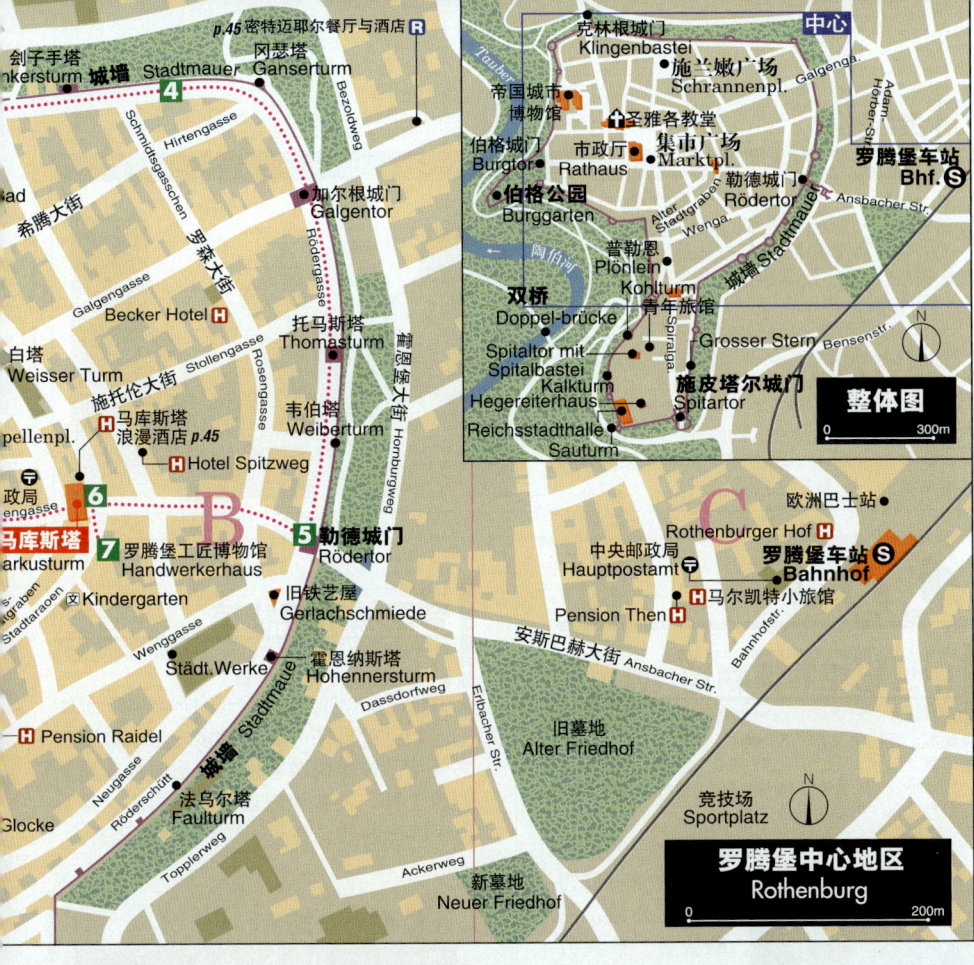

城市漫步

1 圣雅各教堂

由集市广场出发，沿绅士大街向右拐就到了圣雅各教堂。这里的主祭坛和里门施奈德的杰作《圣血的祭坛》等值得观赏之处很多。

2 帝国城市博物馆　○p.44

由圣雅各教堂向西北走即到。

3 克林根城门

从博物馆出来，沿着克林根街（Klingengasse）一直走到尽头，有一座由高塔组成的坚固城墙。除城门之外，这附近的街区也很有情趣。

4 城墙

从克林根城门登上城墙，顺时针走，沿途会看到加尔根城门（Garlgentor）和托马斯塔。

5 勒德城门（Rödertor）

再走一会儿就到了勒德城门。这是一种高塔式的坚固城门。登上塔顶，街区和城墙的景象尽收眼底。城墙周围的沟渠现在依然保留着。

6 马库斯塔的拱门

从勒德城门出来，沿着哈芬街（Hafengasse）向下走，西面就是时钟塔的拱门。这附近有漂亮的瓦片屋顶楼阁和木质结构的住宅建筑。

7 罗腾堡工匠博物馆（Handwerkerhaus）

马库斯塔前面左侧位置上是罗腾堡工匠博物馆，馆中陈列着以前使用过的家具和办公用品。令人吃惊的是这些藏品还几乎保留着原样。从手工艺馆出来可回到马库斯塔，再沿着哈芬街就可以重新回到集市广场。

📷 摄影秘诀

美丽如画的普勒恩岔路（Plöenlein）

被称为"中世纪宝库"的罗腾堡，可以说任何一个地方的风景都如同画卷般美丽。在这些浪漫的景观中，人们公认最美的地方，就是普勒恩岔路。所谓的普勒恩岔路，就像这样一个地方：当你在坡道上艰难行走，突然发现一个可以让你歇歇脚喘喘气的平缓之处。从集市广场出发，向着圣约翰尼斯教堂（St. Johanniskirche）的方向直走南下。走过教堂，道路分成了两条，右边一条通向考博采拉城门，左边一条通向赛博斯钟塔（Siebersturm）。这里就是罗腾堡最美丽如画的地方——普勒恩岔路。

观光 Sightseeing

Mittelalterliches Kriminalmuseum
中世纪犯罪博物馆
地图 p.42-A

- 集市广场出发，步行3分钟
- 门票4欧元，10:00~18:00（1月、2月、11月 14:00~16:00，3月13:00~16:00，4月11:00~17:00，12月13:00~16:00）开放

博物馆里有关于欧洲在过去700余年中的法律与刑罚的历史介绍。从断头台、砍头刀到贞操带和示众面具，这些独特的展品馆内收藏有300多种。另外，馆内的各种解说文字还设有外文文本。

中世纪犯罪博物馆的猪头面具是过去的一种惩罚工具

Puppen-und Spielzeug Museum
人偶和玩具博物馆
地图 p.42-A

- 集市广场出发，步行2分钟
- 门票4欧元，9:30~18:00（1~2月11:00~17:00）开放

这里有热心的收藏家凯瑟琳娜（Katharina Engels）40多年收集的贵重的玩具收藏品。主要展出的是1780年到1940年德国制造的玩偶。从玩偶的服饰可以了解到当时的流行趋势。

Reichsstadtmuseum
帝国城市博物馆
地图 p.42-A

- 集市广场出发，步行3分钟
- 门票4欧元，10:00~17:00（11~3月13:00~16:00）开放

13世纪以来一直当做多米尼加修道院来使用。这里向游客展示了当时的家具和农用工具，还有德国最古老的厨房。最吸引人眼球的是"胜利一饮"的大号酒杯。

🟢 贴心小提示

带有童话气息的著名点心

与浪漫的古都气氛格外相宜，这就是童话般的点心施奈巴尔（Shneeball）。用英语来说是"Snowball"，也就是"雪球"的意思。将带状的面片捏成团放入锅里炸，炸好后再在表面撒一层砂糖粉，所有工序就完成了。做出来的点心真的跟雪球似的非常可爱。据说，以前这种点心经常在一些庆祝仪式上供大家享用，例如结婚典礼、庆祝宴席等。有时，点心表面还会加上一些不同口味的作料，如巧克力、咖啡、坚果等。一个点心的售价约1.50欧元起。口味不是很甜。

味纯松香脆，正，嚼劲十足，自然，口

美食·购物 Eating & Shopping

餐厅

Mittermeier Restaurant und Hotel
密特迈耶尔餐厅与酒店
地图 p.43-B

英 英菜

交 集市广场出发，步行10分钟
Vorm Würzburger Tor 9　09861-94540
营 12:00～14:00、18:00～21:30　休 周日、周一
€ 61欧元～

餐厅聘用欧洲年轻天才厨师俱乐部Jeunes的重量级厨师为主厨，以精致细腻的口味著称。

葡萄酒酒吧

Zur Höll
荷兰人餐厅
地图 p.42-A

英 英菜

交 集市广场出发，步行3分钟
Burggasse 8　09861-4229
营 17:00～23:00　休 无　€ 10欧元～

位于这座城市中最古老的建筑中，是拥有1000余年历史的老店。这里的地方特色料理、葡萄酒、啤酒在当地小有名气。店铺的商标是"恶魔之印"。

泰迪熊店

Teddys Love Rothenburg
"泰迪熊爱罗腾堡"（泰迪熊专卖店）
地图 p.42-A

交 集市广场出发，步行1分钟
Obere Schmiedgasse 1　09861-933444
营 9:00～20:00（1～4月至18:00）
休 1～3月的周日、1/1、12/25、12/26、节日

说到泰迪熊，一定要来这家店看看。这里有经典款、原创款泰迪熊，甚至别的店没有的珍藏款和艺术品款泰迪熊都应有尽有。

住宿 Stay

集市广场周边　★★★★

Hotel Eisenhut
艾伊森伏特酒店
地图 p.42-A

前身是16世纪建造的贵族馆。室内巴洛克情调的装潢和充满古典美的风格稳重典雅的生活用品，都别具特色。这是一家曾经接待过贵族和皇帝下榻的顶级酒店。酒店还设置了露天啤酒店，供客人一边畅饮啤酒，一边享受美景。

交 集市广场出发，步行3分钟　€ 100欧元～　室 78间
09861-7050　FAX 09861-70545
Herrngasse 3-5/7　HP http://www.eisenhut.com

集市广场附近　★★★

Romantik-Hotel Markusturm
马库斯塔浪漫酒店
地图 p.43-B

酒店的前身是1264年所建的税务署。这座建筑物现今已有700余年的历史。即使作为酒店迎客，也有500多年的历史。值得骄傲的是，这里至今还保留着当时的一部分墙壁。

交 集市广场出发，步行3分钟　€ 125欧元～　室 25间
09861-94280　FAX 09861-9428113　Rödergasse 1
HP http://www.markusturm.de

集市广场周边　★★★

Hotel Roter Hahn
罗特·哈恩酒店
地图 p.42-A

这里是传说中市长居住过的酒店。值得一提的是酒店古朴的装饰风格，连木质构造部分都有600多年的历史。

交 集市广场出发，步行4分钟
€ 59欧元起　室 27间　09861-9740
FAX 09861-974111　Obere Schmiedgasse 21
HP http://www.roterhahn.com

德国　罗腾堡

德意志之家酒店，左右两边是木质结构的住宅建筑

质朴、真实。因为没有受到战争的破坏，所以称得上是真正传承中世纪风貌的城市。

看点
- 圣乔治教堂 ② ② ②
- 历史博物馆 ②
- 3-D美术馆 ②

去往丁克尔斯比尔的交通
欧洲巴士 ● 由法兰克福出发大约4小时25分钟，由慕尼黑出发大约8小时25分钟。

旅游咨询处
● 集市广场／Marktplatz　9:00~18:00（周六、周日、节假日10:00~17:00），11~4月10:00~17:00办公

丁克尔斯比尔
Dinkelsbühl

46

about DINKELSBÜHL 城市概况 ?

罗腾堡是遭受战争破坏后又重新建立的城市，而丁克尔斯比尔则逃过了战火之灾，是真正保留了中世纪风貌的城市。美丽的城市周边有城墙和护城河包围着，城市中400多年前建造的古老的木质住宅建筑到处可见。如果乘坐地方巴士进城的话，只能到达城墙外面，不能直接进入城里，这一点要特别提醒大家。若是乘坐欧洲巴士，可以直接到达市政厅后面的广场。另外，还要提醒大家，没有铁路通往这座城市。

为最美的木框白墙结构（Fachwerk）建造的。来到丁克尔斯比尔，一定要看看德意志之家酒店独特的建筑结构。

另外，游走于小巷或是沿城墙漫步也是丁克尔斯比尔之游的绝佳选择。城墙的18座塔完整地保存了下来。

从罗腾堡城门（Rothenburger Tor）走出来，左边是罗腾堡池塘。在这里特别要推荐的是，罗腾堡池塘是远望城墙和塔楼的

最佳位置。来到池塘前的公园，坐在水边的坐椅上，看着在池水中嬉戏的家鸭和野鸭，既悠闲又惬意。

城墙外的景色，面前的是护城河

Highlight 城市亮点

丁克尔斯比尔比罗腾堡的面积小。主街道塞格林根大街（Segringer-str.）从头走到尾只有10分钟的路程。集市广场是城市的中心。圣乔治教堂与德意志之家酒店（Deutsche Haus）（参照p.48）面对面伫立在广场中。德意志之家酒店是采用一种被认

💡 贴心小提示
儿童表演节（Kinderzeche）

丁克尔斯比尔还有著名的节日——儿童表演节（儿童节）。传说三十年战争的时候，新教徒方的瑞典军队攻入城中，准备燃火烧街的时候，孩子们和一个叫罗莱的女人将自己的生命置之度外，苦苦地哀求敌军放过这个城市，敌军被感动并决定撤兵。就是这样一个故事。从此以后，为了纪念那些曾经拯救城市的孩子们，每年7月的第三个周末都会举行儿童节游行，游行队伍中都是穿着民俗服装的可爱的孩子们。

观光 Sightseeing

St. Georgkirche
圣乔治教堂
地图 p.47-B

- 集市广场
- 门票：塔2欧元（教堂内免费）；教堂9:00~12:00、14:00~19:00 (11~4月9:00~12:00、14:00~17:00) 开放，塔14:00~17:00开放；周一~周五、11~4月不开放

祭坛后门的彩绘玻璃也是一处美景

与讷德林根的教堂（参见p.49）一样，是由建筑师尼古拉·埃泽拉设计建造的。这座会堂型的教堂堪称德国南部最美的教堂。内部高大、庄严的大厅是教堂的特色所在。后期巴洛克的建筑样式也堪称典型，建材则选用了砂石。教堂的塔楼（后期罗马样式）有222层高。当然，塔顶的景色更加令人神往。

会堂型的圣乔治教堂

  贴心小提示

值夜人出场

披着大斗篷、提着灯、吹着号角，一身中世纪风打扮的老人，他们正是保卫城市的值夜人。每天晚上（出班时间为4~10月的21:00）都会在教堂前面看到他们的身影。值夜人通常也被称为夜警。他们走过各条小巷，一边唱歌，一边还会给行人指路（免费）。另外，在到达每一个巡逻的地方还会惬意地喝上一杯。餐厅门前的值夜人，之后他们还会在店里喝上一杯。

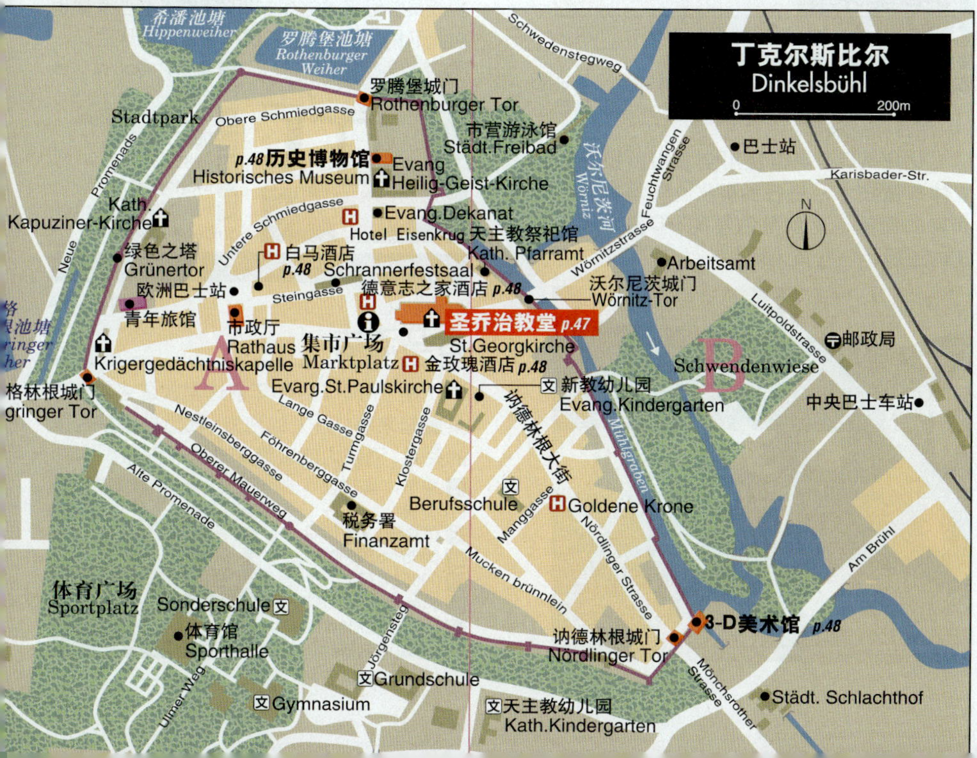

德国 47 丁克尔斯比尔

丁克尔斯比尔 Dinkelsbühl

Historisches Museum
历史博物馆
地图 p.47-A

●集市广场出发，步行3分钟
●门票4欧元，9:00~18:00（周六、周日，11~4月10:00~17:00）开放

这里曾经是一间施疗院（1280年建）。馆中收藏有中世纪时期的生活用品和美术作品。还有三十年战争时期市民的肖像画，非常有趣。

武器、家具、农具等展品

Museum 3. Dimension
3-D美术馆
地图 p.47-B

●集市广场出发，步行5分钟
●门票10欧元，10:00~18:00（11~3月的周六、周日11:00~16:00）开放，11~3月的周一~周五闭馆（12/26~1/6除外）

这座3-D美术馆使用全息摄影技术和立体成像技术，将各种事物立体地展现在大家的面前。这就是独特的3-D美术馆。馆内还展示一些成人照片。

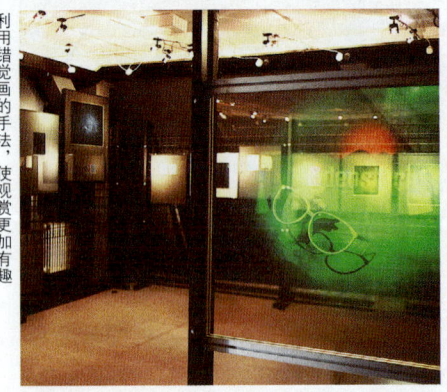

利用错觉画的手法，使观赏更加有趣

住宿 *Stay*

集市广场周边 ★★★★
Hotel Deutsches Haus
德意志之家酒店
地图 p.47-A

这家酒店位于集市广场对面，是可爱的木质结构建筑。酒店建于1440年，采用数节阶梯重叠式的文艺复兴式建筑外观，成为街道的一大亮点。酒店内设有餐厅。

交 集市广场出发，步行1分钟　€ 89欧元~
室 10间　☎ 09851-6058
FAX 09851-7911
✉ Weinmarkt 3
HP http://www.deutsches-haus-dkb.de

集市广场周边 ★★★
Hotel Goldene Rose
金玫瑰酒店
地图 p.47-A

建于1450年，是整个德国都数一数二的历史悠久的酒店。据说世界上某些国家的王室成员曾经来过这里。1892年维多利亚女皇也在此下榻。现在店里还保存着当时的照片。

交 集市广场出发，步行1分钟
€ 70欧元~　室 34间
☎ 09851-57750
FAX 09851-577575
✉ Marktplatz 4
HP http://www.hotel-goldene-rose.com

集市广场周边 ★★★
Weisses Ross
白马酒店
地图 p.47-A

建于450年，100年前这里曾是艺术家们集聚起来举办沙龙的地方。因为是家族经营的关系，酒店内部装潢都非常有创意。

交 集市广场出发，步行2分钟
€ 78欧元~　室 15间
☎ 09851-579890
FAX 09851-6770
✉ Steingasse12/17
HP http://hotel-weisses-ross.de

从达尼埃尔塔上俯视街景

完整地保留了中世纪城墙的城市。

看点
- 里斯陨石坑博物馆
- 乡土博物馆

去往讷德林根的交通

铁路 ● 由法兰克福出发，通过换乘ICE和RE、RB大约需要3小时25分钟；由慕尼黑出发，通过换乘IC和RE、RB大约需要1小时30分钟。

欧洲巴士 ● 由法兰克福出发（经由丁克尔斯比尔）约6小时，由慕尼黑出发约7小时30分钟，由罗腾堡出发（经由丁克尔斯比尔）约2小时10分钟。

旅游咨询处
● 集市广场附近／Marktplatz 2　9:00~18:00（周五至16:30，周六9:30~13:00，周日10:00~13:00）、11~3月9:00~17:00（周五~15:30）办公，11~3月的周六、周日休息

讷德林根
Nördlingen

城市概况和亮点
about NÖRDLINGEN Highlight

上古时代，一块直径超过1.2千米的巨大的陨石从天而降，砸下地面，形成了里斯盆地，讷德林根就位于里斯盆地中，是方圆只有1公里的小城市。中世纪的城墙还很好地保留在这座城市中。

采用后期哥特式建筑风格的圣乔治教堂（St.Georgkirche）位于城市的中心。教堂的塔楼叫做"达尼埃尔"，塔楼高约90米，由350级台阶组成。从上空俯视，可以看到圆形的城墙，形状非常有趣。登上教堂塔楼的最顶端，整个里斯盆地的美景便呈现在你的眼前。

城市虽不大，但这里的博物馆数量非常多，这也是其特色所在。据说美国国家航空航天局的飞行员还在这里接受过培训。市内的里斯陨石坑博物馆内还藏有月球上的石头。乡土博物馆是一座四层楼的建筑，规模很大。其中作为城门之一的洛普辛格城门（Löpsinger Torturm）现已成为城墙博物馆。如果购买3日有效的讷德林根旅游卡（9.95欧元），就可以在进入这些博物馆和设施时享受打折（部分免费）。

圣乔治教堂，塔内部是直上直下式的空间，让人感觉非常惊险刺激。（塔楼€2，4~10月9:00~19:00，11~3月至17:00）

观光 Sightseeing

Rieskrater Museum
里斯陨石坑博物馆

● 集市广场出发，步行4分钟
● 门票4欧元，10:00~16:30（11~4月10:00~12:00、13:00~16:30）开放，周一、圣周五、1/1、12/25、12/31休息

馆中有关于约1500年前因为陨石撞击而形成里斯盆地的相关解说。同时还向人们展示了撞击时形成的碎石片，以及阿波罗16号带回来的月球表面的石头。

月球表面的石头，如果在这个地方有一次完美的邂逅，那该多美妙！

Stadtmuseum
乡土博物馆

● 集市广场出发，步行3分钟
● 门票4欧元（学生1.50欧元），13:30~16:30开放，周一、11~2月休息

这个地方值得一看的是15~16世纪的宗教画，以及与当地有很深的渊源的画家们的作品。

乡土博物馆展出很多中世纪的宗教画

站在佩拉赫塔上俯视市区，左边是市政厅

拥有2000年历史，至今仍站在时代前端的潜力无穷的城市。

看点
- 富格尔之家 ???
- 舍茨勒宫殿 ???
- 市政厅 ?

去往奥格斯堡的交通
铁路 ○ 由法兰克福乘坐ICE，然后换乘IC，约3小时；由慕尼黑乘坐ICE、U或IC需要3小时50分钟。

旅游咨询处
●马克西米连大道／Maximilian Strasse 57
9:00～18:00，周六10:00～17:00，周日至15:00
（11～3月9:00～17:00，周六、周日至15:00）
办公

奥格斯堡
Augsburg

城市概况和亮点
about AUGSBURG Highlight

奥格斯堡与特里尔并称为德国最古老的城市。奥格斯堡是公元前15世纪由罗马皇帝**奥古斯都**所建立的都城，因作为古代交通要塞得以繁荣发展。13世纪升级为帝国自由城市。15世纪之后，大富翁富格尔的势力逐渐扩大，使这里成为文艺复兴文化的舞台。置身于富格尔城市宫殿（Fugger Stadtpalast），能够让人追忆起城市当时的繁荣景象。

奥格斯堡现在是巴伐利亚州的第三大城市，城市中一片热闹的景象。市政厅广场是城市的中心，广场正面是市政厅（参照p.51）和佩拉赫塔（Perlachthrm）。天气好的日子，站在塔上还可眺望到阿尔卑斯山的美景。市政厅前南北走向的大街马克西米连大道（Maximilianstr.）是城市的主干道。城市中还装饰着很多喷水池，除了广场上的奥古斯都像喷水池，还有赫拉克勒斯像喷水池和墨丘利像喷水池。

另外，这里还曾经是路德**宗教改革**的舞台。街道的南端矗立着宗教和议的象征——圣乌尔利希和阿弗拉教堂（St. Ulrich & Afra）。阿弗拉教堂是少数代表新旧两教共存的教堂之一。

1602年建造的赫拉克勒斯像喷水池，雕像是青铜雕塑

观光 Sightseeing

Fuggerei
富格尔之家 ???
地图 p.51-B

●市政厅广场出发，步行7分钟
●门票4欧元，9:00～18:00（4～9月8:00～20:00）开放

富格尔之家是雅各布二世建造的世界上最早的社会福利性住宅。房子四周是围墙围起来的，古老的墙壁上爬满了爬山虎。现在住宅的一部分已经作为博物馆来使用。

好像城中城的感觉

奥古斯都
奥古斯都是恺撒大帝遗嘱认定的皇位继承人，因此成为罗马帝国开国皇帝。原名盖乌斯·屋大维乌斯·图里努斯（Gaius Octavius Thurinus）。奥古斯都是从元老院得来的称号，是"神圣者"的意思。奥古斯都在制定帝国防卫对策方面有卓越的贡献。

宗教改革
是德国修道士路德针对中世纪末期的罗马天主教兴起的改革运动。运动遍及整个欧洲。新教的产生，使得新教与旧教之间发生冲突，才引发了宗教战争。

文中注释

舍茨勒宫殿的祭祀大厅

Rathaus
市政厅
地图 p.51-B

- 市政厅广场出发，步行1分钟
- 门票2欧元，7:30~16:30（周四至17:30、周五至12:00）开放，举行特殊活动的时候闭馆

　　是1620年由建筑师埃利亚斯霍尔指挥建造的。它是阿尔卑斯山以北地区重要的文艺复兴样式的建筑物。尤以三楼的黄金大厅（Goldener Saal）绚烂豪华的天花板而闻名。

最大的看点——黄金大厅

Schäzler Palais
舍茨勒宫殿
地图 p.51-C/D

- 市政厅广场出发，步行7分钟
- 门票7欧元，10:00~17:00（周二至20:00）开放，周一不开放

　　是洛可可式的贵族宫殿。现在还一并设立了州立绘画馆，展示了阿尔布雷特·丢勒（Albrecht Dürer）的很多绘画作品。

美食・住宿

施瓦本料理
Bauerntanz
"农夫的舞蹈"餐厅
地图 p.51-B

🚇 市政厅广场出发，步行5分钟　📧 Bauerntanz-gässchen 1　☎ 0821-153644　🕐 11:00~23:30
※就餐至23:00　休 12/24　€ 9.80欧元~

1572年创建，是位于旧城区的家庭式施瓦本料理老店。传说莫扎特曾经来过这里。这里最具人气的是施瓦本风味的奶酪鸡蛋面疙瘩。

Klinkertorstrasse Auf dem kreuz ★★★
Romantik-Hotel Augsburger Hof
地图 p.51-A
奥格斯堡霍夫浪漫酒店

喜欢浪漫的人一定要来这里。这里的餐厅也大受好评。夏天还会开放中庭。

🚇 由Mozarthaus站（2路电车）步行1分钟
€ 85欧元~　🛏 36间
☎ 0821-343050
📠 0821-3430555
📍 Auf dem Kreuz 2
🌐 http://www.augsburger-hof.de

马克西米连大街 ★★★★
Steigenberger Drei Mohren
地图 p.51-D
施泰根贝格尔・德雷伊・莫伦酒店

酒店位于整个街道的中央，也是地势最高的位置，称得上奥格斯堡最气派的酒店。街道对面是一些法式情调的时尚小酒馆。

🚇 市政厅广场出发，步行10分钟
€ 158欧元~　🛏 105间
☎ 0821-50360　📠 0821-157864　📧 Maximilian-Str.40　🌐 http://www.steigenberger.com

弗拉温特大街 ★★★
Dom Hotel
地图 p.51-B
大教堂酒店

外表和室内都采用风格时尚的装潢设计。整个酒店给人舒适、安静的感觉。从带有阳台的房间可以看到大教堂。另外，温水的游泳池、桑拿浴都为住客免费开放。

🚇 Stadtwerke站（2路电车）出发，步行1分钟
€ 89欧元~　🛏 54间　☎ 0821-343930　📠 0821-34393200　📧 Frauentorstr.8
🌐 http://www.domhotel-augsburg.de

贴心小提示
牧场的奇迹——维斯教堂
世界遗产

维斯教堂（Wieskirche）是1746年为膜拜村中流下眼泪的耶稣雕像而建造的教堂。教堂是由最出色的洛可可风格设计师齐默尔曼（Zimmermann）设计建造的，并被世人看作他一生中最杰出的作品。齐默尔曼在完成教堂的设计之后，在这个村中度过了他的余生。象征天上世界的屋顶湿壁画作品是整个设计的亮点。从菲森乘坐巴士到这里非常方便。

🚌 由菲森乘坐巴士约45分钟　☎ 08862-932930
🕐 8:00~19:00（10~4月至17:00）
🌐 http://www.wieskirche.de

在霍恩施望高村仰望新天鹅堡

菲森和施望高
Füssen & Schwanga

新天鹅堡所在的城市。

看点
- 新天鹅堡 ★★★
- 高天鹅堡 ★★
- 主教夏宫 ★★

去往菲森和施望高的交通
铁路 ● 在奥格斯堡乘坐RE约1小时55分钟，在慕尼黑乘坐RE约2小时6分钟。
欧洲巴士 ● 由法兰克福出发（经由丁克尔斯比尔）约11小时40分钟。

旅游咨询处
● 菲森 / Kaiser Maximilian Platz 1
9:00～17:00，周六10:00～14:00，周日10:00～12:00（随季节的变化会有少许变动）办公，10～4月的周日不办公

城市概况和亮点
about FÜSSEN & SCHWANGAU Highlight

菲森是浪漫大道的终点。最具人气的新天鹅堡就坐落在这座城市。城市周围多是位于湖泊、森林、草原周边的高级疗养院。如果再往远处走一走，还能领略到莱希河（Lech）和佛根湖（Forggensee）的美丽风光。

城市最热闹的街道要数赖兴街（Reichenstr.）。这里有吸引众多游客的特产小店、咖啡店和餐厅，是城市的主干道，同时又是步行者的天堂。

值得一看的地方还有主教夏宫（Hohe

赖兴街上摆放着露天咖啡椅

Schloss，参照p.54）和圣芒修道院（Klosters St.Mang）。修道院的内部是市立博物馆（现正处于维修工程中）。从这里乘巴士可以到达洛可可式教堂中的经典——维斯教堂。

菲森是可以让你放松心情的城市，也是疗养的好去处。如果你的时间还有富余，还可以尝试去巴特·法乌伦巴赫（Bad Faulenbach，参照p.55）看一看。走过圣芒修道院大街，再沿着莱希河步行，大约10分钟就能到达。这里说不上有什么特别的地方，但最里面与山谷相连接的自然保护区还是一个有一定观赏价值的好去处。

想要去新天鹅堡游玩，我要推荐你选择霍恩施望高（Hohenschwangau）作为落脚处。佛根湖畔的节庆大剧院（Festspielhaus Neuschwanstein）经常上演歌剧、演奏会、音乐剧等。

8月13～15日是举行游行活动的皇帝节日。9月初，新天鹅堡的音乐大厅会举办音乐节。

站在坦格堡山（Tegelberg）山上远眺美景，条条山路显得非常壮美

观光 Sightseeing

Schloss Neuschwanstein
新天鹅堡
地图 p.55

参照p.56

Schloss Hohenschwangau
高天鹅堡
地图 p.55

- 高天鹅堡巴士站出发，步行15分钟
- 门票9欧元（包括新天鹅堡的通票），9:00~18:00（10~3月10:00~16:00）开放，12/24不开放

路德维希二世在这座城堡中度过了他的少年时期。他的父亲马克西米利安二世于1832年买下荒城，并将其按照新哥特样式重新改造。入场券可以在售票处买到。

从高天鹅堡的瞭望台能够很好地观赏到新天鹅堡的美景

Hohes Schloss
主教夏宫
地图 p.54-B

- 菲森车站出发，步行13分钟
- 门票2.50欧元（包括室内博物馆的通票是3欧元），11:00~17:00（11~3月13:00~16:00）开放，周一不开放

位于小山丘上，曾经是大主教的离宫。现在变成州立绘画美术馆。馆中收藏了慕尼黑画家的作品，以及后哥特时期的绘画作品。

文化小典故
路德维希二世的死亡之谜

路德维希二世是巴伐利亚王国的第四代国王。他很早就痴迷于文学，尤其对瓦格纳的作品和音乐颇感兴趣，观赏了歌剧《罗恩格林》之后开始狂热地崇拜瓦格纳。他是个名副其实的艺术爱好者。

在18岁正值年轻之时，他继承了王位。因无法承担于普鲁士的战争和贵族诸侯之间的纷争的压力，他很快逃开了人们的视线，躲进了自己的梦想世界。使其梦想世界中的中世纪骑士传说变为现实的，就是新天鹅堡。因为修建城堡费用巨大，导致国家财政一度崩溃。最终，他身边的亲信都离他远去，而他也因精神状况遭人怀疑而隐居在郊外的城堡中。

最后，他在城堡附近的施塔恩贝格湖中溺死。关于他的死因，有人说是意外事故，有人说是自杀，也有人说是被人谋害。死因的真相至今还是个谜。

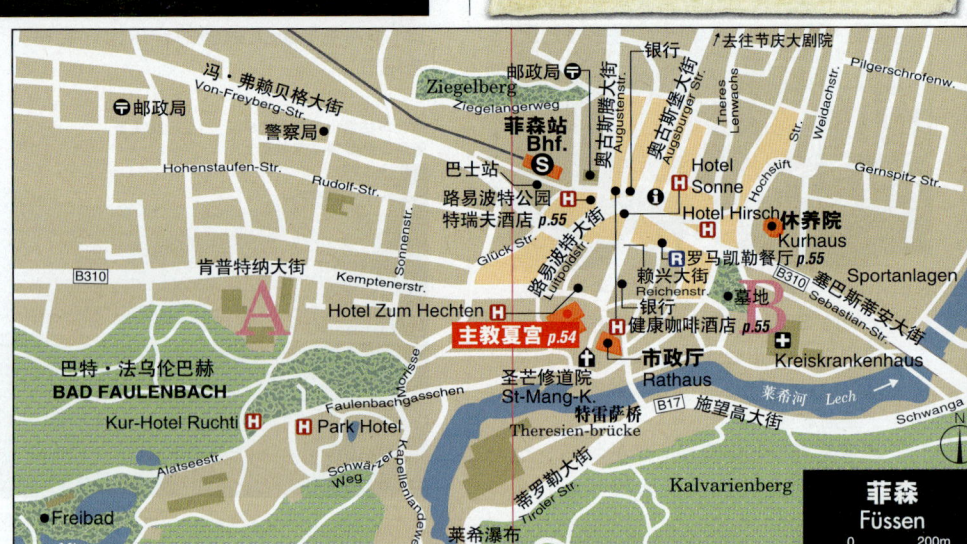

菲森 Füssen

美食·住宿 Eating & Stay

乡土料理

Römerkeller
罗马凯勒餐厅
地图 p.54-B

英🍴 英

🚌 菲森车站出发，步行7分钟 ✉ Drehergasse48
☎ 08362-8838425 🕐 11:00~14:30、17:00~21:00
休 周日 € 20欧元~

喜欢乡土料理的人一定要来这里。主要供应像德国馄饨（Maultasche）这样的品种多样的施瓦本料理。另外，像"Allgäuer Grillpfanderl"这样的肉类料理也非常美味。

菲森车站周边　　　　　　　★★★

Treff Hotel Luitpoldpark　　地图 p.54-A/B
路易波特公园特瑞夫酒店

这是菲森最高级的酒店，餐厅、酒吧就不用说了，游泳池、桑拿浴等各种健身设施也应有尽有。每个房间都有浴室，非常便利。

🚌 菲森车站出发，步行1分钟 € 118欧元~ 室 131间
☎ 08362-9040
FAX 08362-904678
✉ Bahnhofstr.1-3
HP http://www.luitpoldpark-hotel.de

菲森车站周边　　　　　　　★★★★

Hotel Kurcafe　　地图 p.54-B
健康咖啡酒店

1896年创建。地上楼层有咖啡蛋糕店，据说奥地利的茜茜王妃曾来此品尝，堪称王室御用小店。店内还提供外文菜单。

🚌 菲森车站出发，步行3分钟
€ 99欧元~ 室 30间
☎ 08362-930180
FAX 08362-9301850
✉ Prinzregenten-Platz 4 HP http://www.kurcafe.com

德国 55 菲森和施望高

💡 贴心小提示
来到巴特·法乌伦巴赫体验一下吧！

在巴特·法乌伦巴赫（Bad Faulenbach）有很多设有小型洗浴设施的小旅馆。当然这就意味着可以根据自己的喜好选择不同的治疗方法。克耐普疗法是水疗法的一种，是一种重视自然治愈的疗法。另外还可选择将身体浸泡在黑炭中的泥炭浴。追求美容与健康的朋友不妨来这里尝试一下。

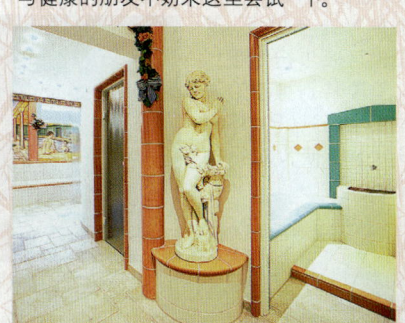

公园酒店的洗浴设施

另外，附近的药店还可以购买到含有松树成分的按摩精油（Latschenkiefer，4.50欧元），可以作为土特产品带回家去。

按摩精油

新天鹅堡

Schloss Neuschwanstein 地图p.55

浪漫大道的终点，便是迪斯尼乐园中"灰姑娘城堡"的原型——新天鹅堡。这是一座梦想之城，将童话的世界展现在人们面前！

那座小时候经常在图画书中看到，总在不知不觉中勾起人们无限回忆的城堡，就是新天鹅堡（1869年始建，1886年建成）。将这座城堡建在高天鹅堡附近的是巴伐利亚王国的第四代国王路德维希二世。

国王醉心于瓦格纳的歌剧《罗恩格林》和《唐豪瑟》（Tann-häuse），甚至想要通过建造这座城堡来实现舞台上上演的中世纪骑士的传说世界。

路德维希二世

城堡游览路线

首先，在山脚下的售票处购买入场券。如果想参加配备中文导游的导览行程，就要在买票的时候注意中文导览开始的时间。还可以选择中文音频导览器，这样就可以一边听着中文讲解，一边自在地游览城堡了。

城堡建在险峻的山区岩石地带。向着城堡出发之前，首先要在山脚下的旅游咨询处（巴士站前）确认行进路线。有三种路线可供选择。第一，乘巴士从里斯鲁酒店（Hotel Lisl）前到玛丽安大桥（Marienbrücke）（1.80欧元、下行1欧元、往返2.60欧元）；第二，坐马车从米勒酒店（Hotel Müeller）直接到达城堡（5欧元、下行2.50欧元）；第三，自己步行前往（免费）。天气好的话，还是推荐徒步旅行，返程也可以步行的哦！这里要特别推荐沿波拉特峡谷（Pollat Gorge）徒步旅行的路线。

沿着河流向上攀登到达波拉特峡谷

去往城堡的交通

✉ Neuschwansteinstr.20 🕘 8:00~19:00（10~3月9:00~15:30） 休 1/1、12/24、12/25、12/31
💶 9欧元（学生8欧元）、与高天鹅堡的通票 17欧元 ※在售票处买票的时候一定要确认游览编号和集合时间。确保在集合时间之前能够登上城堡。如果早些买票的话，在到达傍晚的集合时间以前还能够有自由的时间支配。可通过电话、传真、网络进行预约。通票的游览路线是从高天鹅堡开始的。☎ 08362-930830 📠 08362-9308320 🌐 http://www.hohenschwangau.de/ticketcenter.o.html

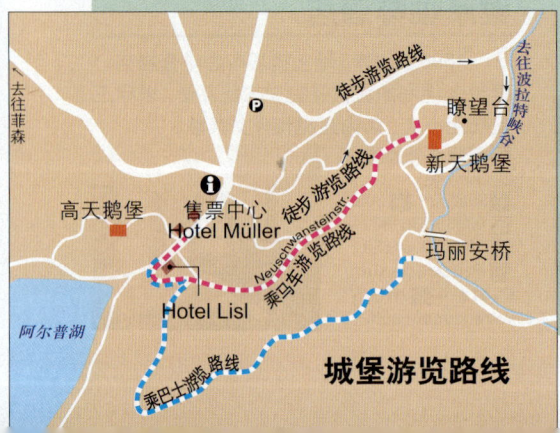

城堡游览路线

登堡之前要在 ❶ 的标志牌处确认好路线。选择乘巴士前往的人,在登堡之前还可以先去玛丽安大桥游览一番。离城堡越近,越不容易观赏到城堡的整体景致。站在此处可眺望城堡全景,是最佳的观赏地点。

城堡内的看点

装有重达900千克的光彩夺目的枝形吊灯的"王座大厅"是必看之处。原设想是用黄金和象牙来建造王座,很遗憾并没有完成。城堡内采用仿拜占庭式教堂的装饰,既豪华又显庄严,对游客来说,很有观赏价值。绚烂辉煌的金色墙壁上画满天使和十二使徒。地板采用的是以动植物形象为主的木块拼花工艺。

王座大厅

从王座大厅继续向前走,有几间哥特风格的国王生活起居室。室内装饰着以特里斯坦(Tristan)、伊索尔德(Isolde)、罗恩格林等瓦格纳作品中的中世纪传说为题材的壁画。

国王床榻的华盖是用橡木制成的。据说是由14位雕刻家利用14年的时间才得以完成。在这里可以领略到哥特式风格精致的雕刻技艺。床单和椅背都选用青色的布料,配以金色刺绣的装饰,这也是路德维希最喜欢的颜色。青色是巴伐利亚王族的颜色。

国王的卧室

国王的居室和办公场所,都是根据唐豪瑟(Tannhäuser)传说用人工钟乳洞装饰的。国王曾经还想在这里建造小型的瀑布和池塘,并想安装包括利用最新科技制作的电灯和旋转有色玻璃的照明设施,但最终都未能完成。

歌唱家大厅

沿着阶梯向上走到第五层,这里是"歌唱家大厅"。是模拟中世纪时经常举行歌唱比赛的瓦尔特堡城堡的大厅建造的,堪称极尽华丽地体现了国王梦想的杰作。

最后来到一层的厨房大厅。令人感到意外的是,对中世纪无限向往的国王在建造厨房大厅时却引进了最新的科学技术。这里有现在仍在使用的烤炉、烹饪台和利用余热为餐具保温的架台,这些都非常有趣。

城堡从开工到大部分完成并投入使用,经历了17个年头。但国王路德维希二世在城堡中只度过了102天。

摄影秘诀
一览城堡风貌的玛丽安桥

从城堡向南走大约15分钟,我们来到了玛丽安桥(高92米)。站在这座大桥上,可以找到将新天鹅堡尽收画面的最佳摄影角度。登上对面的坦格堡山(Tegelberg),还可以从正面的角度捕捉到城堡的美景。

慕尼黑的新市政厅前的广场经常引来八方游客，非常热闹

巴伐利亚州的州府、德国第三大城市、南部德国观光的亮点。

看点
- 新市政厅 ⭐⭐⭐
- 慕尼黑皇宫区 ⭐⭐⭐
- 宁芬堡城堡 ⭐⭐⭐

去往慕尼黑的交通
铁路 ◐ 从法兰克福乘坐ICE约3小时40分钟，从纽伦堡乘坐ICE约1小时40分钟。

旅游咨询处
●慕尼黑中央车站南口/ 9:00~20:00（周日、节假日10:00~18:00，11~3月除周末和节假日的日子9:30起）办公
●新市政厅内/10:00~20:00（周六至16:00，周日、节假日至14:00）办公

慕尼黑
München

about MÜNCHEN
城市概况 ❓

慕尼黑早先是因伊萨尔河畔的修道士逐渐移民到这里发展起来的。"慕尼黑"这一名称来源于"munichen"，是小修道士的意思。12世纪由维特尔斯·巴赫家族统治，作为食盐贸易和货物集散的中转地得以繁荣发展。尤其是1328年成为神圣罗马帝国皇帝的路德维希国王执政时期，城市发展更为迅速。19世纪初期建立了巴伐利亚王国。历代国王都表现出了对艺术的热爱，因而这里逐渐建立了很多美术馆和剧院。巴伐利亚王国长年独立发展，拥有独特的文化。

Highlight 城市亮点 🚶

慕尼黑是啤酒的城市。10月份举办的啤酒节吸引了来自全世界的600万啤酒爱好者。节日当天，啤酒店还会举办演奏会，坐在餐桌前与朋友们共同感受热闹的气氛，真是一种享受啊！

大型啤酒公司还会开设与公司同名的啤酒店，味道绝对一流。其中最著名的是皇家啤酒馆（Hofbräuhaus，参照p.62）。另外，宝拉娜（Paulaner）、奥古斯丁（Augustiner）和莱温酒坊（Löwenbräu）也同样颇受好评。小麦啤酒（Weizenbier）在节日期间也颇具人气。

观光 Sightseeing

Neues Rathaus
新市政厅 ⭐⭐⭐
地图 p.61-G

●S1等，Marienpl.站附近
●参观塔楼2欧元，10:00~17:00（周五至13:00）开放

是20世纪初建成的新哥特式建筑。每天上午11点、正午时分、下午5点来这里观看时钟的人络绎不绝。时钟内装置了会活动的等身大的人偶。时钟的上层展示的是威廉五世的婚礼，下层展示的是狂欢节的舞蹈。

Pinakothek der Moderne
现代绘画陈列馆 ⭐⭐⭐
地图 p.61-G

●U2、8，Königspl.车站或路面有轨电车美术馆站（Pinakothek）附近
●门票10欧元（周日1欧元），10:00~18:00（周四至20:00）开放，周一不开放

馆内展览方式新颖、规模宏大、展品丰富。是德国极受欢迎的最大的现代美术馆。

又高又大的圆柱形空间的大厅

Residenz
慕尼黑皇宫区
地图 p.61-G

- U3、6，Odeonspl.车站出发，步行3分钟
- 门票6欧元，9:00~18:00（10月中旬~3月10:00~16:00）开放 ※开放场所上午和下午会有所不同，还有一部分场所节假日不开放

这里是巴伐利亚的统治者维特尔斯·巴赫王族的居所。14世纪开始建造，随后不断扩建，最后由路德维希一世于19世纪中期完成。来到这里必定要去"先祖画画廊"看一看。画廊展示了包括神话时代在内的121个历代国王的肖像画。整个画廊以金色装饰为主旋律，豪华之感令人震惊。另外，文艺复兴样式的古物陈列馆（Antiquarium）大厅还装饰着古代的雕刻。地上层最里面的是老皇宫歌剧院（Cuvilliés Theater），这里也美得令人窒息。宝物大殿陈列着宝石，这些宝石可谓完美无瑕，连细节部位都甚为精致。除此之外还有与龙对战的圣乔治（Georgius）的雕像。

吉塞拉女王的十字架

先祖画画廊

Alte Pinakothek
古代绘画陈列馆
地图 p.61-G

- U2、8，Königspl.车站附近，或乘坐路面有轨电车27号，Theresienstr. / Alte Pinakothek站附近
- 门票7欧元（周日1欧元），10:00~18:00（周二至20:00）开放，周一不开放

享有世界六大美术馆之一的美誉，馆内收藏品极为丰富。在这里可以自由自在地欣赏名画。这里收藏有文艺复兴时期著名的绘画作品，包括拉斐尔的《圣母子像》和伦勃朗的《自画像》等。另外，著名的西班牙绘画作品也很多。

Neue Pinakothek
新绘画陈列馆
地图 p.61-G

- U2、8，Königspl.车站附近，或乘坐路面有轨电车27号，Theresienstr. / Alte Pinakothek站附近
- 门票7欧元（周日1欧元），10:00~18:00（周三至20:00）开放，周二、1/5、12/24、12/25、12/31休息

主要展出19世纪以后的绘画作品。特别是19世纪末期的新艺术唯美作品，其中有很多优秀的作品。

Deutsches Museum
德国博物馆
地图 p.61-K

- U1、2，乘坐路面有轨电车17、18号或巴士131号，在博物馆站下车
- 门票8.50欧元，9:00~17:00（12月第2个周三至12:00）开放，1/1、狂欢节的最后一日、耶稣受难日、5/1、11/1、12/24、12/25、12/31闭馆

每年都有多达140余万的游客来到这里。德国博物馆拥有5.5万平方米的规模，堪称欧洲最大的科学技术博物馆。博物馆还有一个吸引人的地方，就是在这里可以一边亲自操纵按钮和遥控杆，一边观看展示物。

Schloss Nymphenburg
宁芬堡城堡
地图 p.60-E

- 乘坐路面有轨电车17号或巴士51号在Schloss Ngmphenburg站下车，再步行5分钟
- 包括所有设施的通票10欧元（只参观城堡5欧元），9:00~18:00（10月中旬~3月10:00~16:00）开放

宁芬堡城堡曾经是维特尔斯·巴赫王族夏季的离宫。因入口处大厅天花板上绘有"宁芬"（女神）而得名。主楼左手边是美女画画廊，其中倾城美女劳拉的画像非常有名。

巴洛克风格与洛可可风格和谐统一

慕尼黑
München

0 500m

穆萨奇站 Moosach
穆萨奇 MOOSACH

Georg-Brauchle-Ring

奥林匹克体育场 Olympia-Stadion

奥伯门齐宁 OBER MENZING

西墓地 Westfriedhof

Gasroerk

A

丹特体育场 Dantestadion

奥伯门齐宁站 Obermenzing

宁芬堡瓷器工厂 Porz. Manuf. Nymphenburg

宁芬堡运河 Nymphenburger Kanal

B

60

植物园 Botanischer Garten

玛格达勒娜之家 Magdalenenklause

宁芬诺伊豪森 NYMPHEN-NEUHAUSEN

罗萨·卢森堡广场 Rosa-Luxemburg-P.

帕戈登堡 Pagodenburg

Nördliche Auffahrtsallee
Südliche Auffahrtsallee

胡贝图斯喷泉 Dom Pedro / Dom-Pedro-Str. Hubertusbrunnen

城堡公园 Schloss Park

阿波罗神殿 Apollotempel

阿玛琳宫 Amalienburg

马车博物馆 Marstallmuseum

Grünwaldpark

巴登堡 Badenburg

宁芬堡城堡 p.59

Nibelunger-Str.

罗特克罗伊茨广场站 Rotkreuzpl.

Wotanstr.

Hirschgarten

Arnulfstr.

玛伊林格大街站 Maillingerstr.

雷姆站 LAIM

邮政站 Postbahnhof

去往帕辛站

E

s1·s2·s3·s4·s5·s6·s8

弗里登海默桥 Friedenheimer Brücke

多纳斯贝格桥 Donnersbergerbr

F

Donnersbergbr.

Bavoria Ruhmeshalle

Agnes-Bernauer-Str.

雷姆 LAIM

Landsberger Str.

Gotthardstr.

Eisenheimerstr.

施旺勒站 Schwanthalerhöhe

拉莫广场站 Laimer Pl.

Fürstenrieder Str.

弗里登海默站 Friedenheimer Str.

Zschokkestr.

韦斯滕德站 Westendstr

u4

Ganghoferstr.

u5

海默兰广场站 Heimeranpl.

德国博物馆 (交通博物馆)

展览中心 Messegelände

慕尼黑周边
München Umgebung

0 10km

Rudi Sedimayer Halle Rudi-Sedimayer-Halle

西园 Westpark

去往奥格斯堡

楠霍芬站 Nannhofen

A9 E52

A8 E52

A92

弗赖辛 Freising

B11

达豪集中营

B13 E45

B471

B2

A8

达豪站 Dachau

嘉兴 Garching

慕尼黑机场 Flughafen München

埃尔丁 Erding

温德米特森德林 UNTERMITTERSENDLING

法特施泰滕 Fürstenfeldbruck

上施莱斯海姆 Oberschleissheim

B388

因普拉大街站 Implerstr.

帕辛站 Pasing

慕尼黑 MÜNCHEN

A94

帕特纳特广场站 Partnachpl.

哈拉斯站 Harras

A96 E54

s5

中央车站 Hauptbahnhof

s5

维特施泰因 Vaterstettenstr.

去往萨尔茨堡

Alber Rosshaupterstr.

哈拉斯站 Harras

u6

阿默湖 Ammersee

Hotel Gautinger Hof

安德希斯修道院

巴伐利亚电影村

A99 E52 E45

B304

布鲁德米尔站 Brudermühlstr.

黑尔兴站 Herrsching

蒂森 Diessen

施塔恩贝格 Starnberg

雪堡 Schloss Berg

格伦瓦尔德 Grünwald

谢弗拉特拉伦 Schäftlarn

谢弗拉特拉伦修道院

霍福丁森林 Hofoldinger Forst

米特森德林站 Mittersendling

B11

安德希斯 Andechs

施塔恩贝格湖 Starnberger See

美食 *Eating*

啤酒馆

Hofbräuhaus am Platzl
皇家啤酒馆
地图 p.61-G

英 英
- 交 玛丽安广场(Marienplatz)出发，步行6分钟
- Platzl 9 089-290136100
- 营 9:00~23:30 休 无 10欧元~

　　开业于1607年，是世界有名的啤酒店。据说莫扎特和列宁都曾是这里的常客。如今酒店也常有来自世界各地的客人光临，大家相聚一桌，一边痛快畅饮，一边侧耳聆听乐团的演奏，那感觉是非常愉快的。

猪肉料理

Haxnbauer
哈克森巴瓦餐厅
地图 p.61-G

英 英
- 交 玛丽安广场出发，步行5分钟
- Sparkassenstr.6 089-2166540
- 营 11:00~24:00 休 无 27欧元~

　　这是城市中最有名且最专业的猪肉料理餐厅。门口烧烤架上转来转去的猪腿肉非常诱人。经过这里的游人还没到店门口，就会被诱人的香味吸引过来，迫不及待地想要尝一尝这里有名的猪肉料理。

乡土料理餐厅

Donisl
德尼兹尔
地图 p.61-G

英 英
- 交 玛丽安广场附近
- Weinstr.1 089-96264
- 营 9:00~24:00 休 无 11欧元~

　　创店至今已经280多年了，是一家让人感觉非常舒适惬意的小店。小店的齐特琴和手风琴的现场表演是亮点。

住宿 *Stay*

歌剧院周边 ★★★

Platzl Hotel
普拉茨尔酒店
地图 p.61-G

　　酒店位于市中心，有着相当优雅的环境。酒店讲求节水和垃圾分类等环保理念。所有的客房都配有浴室，非常舒适。

- 交 歌剧院出发，步行3分钟
- 200欧元~
- 室 167间
- 089-237030
- FAX 089-23703800
- Sparkassenstr.10
- HP http://www.platzl.de

中央车站周边 ★★★★

Hotel Königshof
宫廷酒店
地图 p.61-G

　　酒店规模不大，地理位置优越，室内装饰豪华，服务一流。是全市数一数二的高级酒店，还曾被评为最佳酒店。

- 交 中央车站出发，步行5分钟 260欧元~
- 室 100间
- 089-551360
- FAX 089-55136113
- Karlsplatz 25
- HP http://www.geisel-privathotel.de

中央车站周边 ★★★★

anna hotel
安娜酒店
地图 p.61-G

　　服务热情，住宿价格还很便宜。新颖的室内装潢和各种全新的设施，都令人称赞不已。酒店还设有外国美食餐厅，如日本料理餐厅等。

- 交 中央车站出发，步行5分钟 275欧元~
- 室 73间
- 089-599940
- FAX 089-59994333
- Schützen Str.1
- HP http://www.geisel-privathotels.de

瑞士

Schweiz

基本信息

国名：瑞士联邦
首都：伯尔尼
面积：41 284平方公里
人口：779万人（2010年）
与中国的时差：7小时（夏令时间是6小时）

自然 位于阿尔卑斯山系中部，周边4000余米高的山脉绵延不绝。瑞士是四季分明的温带国家，湿度较小，白天和黑夜的温差较大。夏季的日落时间是21时，冬季是16时左右。

政治 保留直接民主制的传统，实行由26个主权州组成的联邦共和制。全国范围内的联邦议会实行国民议会和全州议会的两院制。

经济 各种精密器械的加工与制造工业在世界拥有领先水平，另外，金融业和旅游产业也处于世界领先地位。瑞士还是世界上国民收入和生活水平最高的国家。

宗教 绝大部分人信仰基督教，天主教教徒占46%，新教教徒占40%。不同的地区划分的方法会有所不同。大部分的城市和乡村都设有两种宗教的教堂。

民族 最初在瑞士定居的是凯尔特人，之后随着日耳曼人的大量迁移，几支日耳曼人的民族进入瑞士境内。

语言 德语、法语、意大利语是三种公用语。另外还有拉丁罗曼语。地域不同，使用的语言也有所不同。学校里至少要求必修两种语言。

治安 瑞士是世界上治安最好的国家之一。但在人多的地方还是要谨防扒窃、掉包、抢劫等行为。

●货币兑换、小费、公共卫生间等当地的相关信息，参见p.262~。

瑞士的美食

来到以乳畜业为主的瑞士，可以品尝到地道的牛肉料理和种类繁多的奶酪制品。

◆香肠
香肠是瑞士餐桌上不可缺少的食物，而且种类多样，分量都很大。

◆风干牛肉 (Bundner Fleisch)
将牛肉块干燥以后，切成像纸一样的薄片。常作为开胃菜。

◆奶酪、干酪火锅
火锅内放入奶酪，再倒入白葡萄酒和樱桃白兰地酒将其融化。可用小片的面包蘸着吃，是瑞士非常有名的美食。

◆苏黎世小牛肉 (Geschnetzeltes)
将嫩牛肉和蘑菇奶油沙司放在一起煮。

◆葡萄酒
因为生产量少，对出口量有一定的限制，所以一定要来当地品尝这里纯正的葡萄酒。

乳畜国瑞士的乳制产品

●奶酪
种类繁多的奶酪是瑞士餐桌上不可或缺的佐餐佳品。

●冰激凌
用牛奶含量丰富的冰激凌和鲜奶制成的各式各样的冰糕，是这里的特色美食。

●巧克力
瑞士人都很喜欢吃巧克力。新鲜的牛奶制成的巧克力是这里有名的土特产品。

瑞士的特产

具有瑞士独特的设计感，结实耐用，百看不厌。

◆瑞士军刀
户外旅行中使用起来非常便利。这是瑞士军人也经常使用的一种刀具。

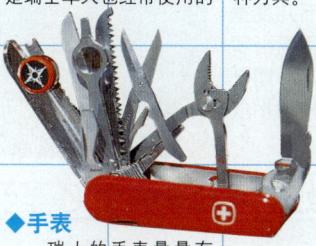

◆手表
瑞士的手表鼎鼎有名。从独特的贴合手形的军用手表到世界顶级手表，真可谓品种多样丰富多彩。

◆八音盒
能够弹奏出清透精准的音乐声的八音盒也是瑞士独具特色的艺术品。

◆刺绣制品
过去瑞士人经常利用漫漫寒冬的闲暇时间制作手工艺品，这里要介绍的精美刺绣制品就是由此产生的。

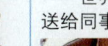

◆巧克力
世界有名的瑞士巧克力，是最适合送给同事和邻居的礼物。

◆水壶
瑞士有种类非常多的旅行用品。这里要特别推荐外观时尚漂亮的瑞士水壶。

◆香草制品
瑞士是香草的出产国。食醋和精油等香草产品非常丰富。

庄重威严的格罗斯大教堂

古代遗产与新兴文化大融合的城市。

看点
- 格罗斯大教堂（苏黎世大教堂）😊😊😊
- 馥劳大教堂（苏黎世圣母大教堂）😊😊😊
- 国家博物馆 😊😊😊

去往苏黎世的交通
铁路 ▶ 乘坐从苏黎世国际机场（Zürich Flughafen）到苏黎世中央车站（Zürich HB, Haupt Bahnhof）的直通列车约10分钟。
出租车 ▶ 从苏黎世国际机场到苏黎世市中心，搭乘出租车约15分钟。

苏黎世旅游服务中心（旅游局）
●苏黎世中央车站／5月~10月的周一~周六8:00~20:30，周日8:30~18:30，11月~4月的周一~周六8:30~19:00，周日9:00~18:00办公

苏黎世
Zürich

城市概况和亮点
about ZÜRICH Highlight

　　苏黎世以金融业和工商业为支柱产业，是瑞士最繁荣的城市，同时还是苏黎世州的州府。因苏黎世国际机场而被称为"瑞士的大门"。来经商和旅游的客人多在这里集散。苏黎世以利马特河（Limmat）为中心，分为西岸（新城区）和东岸（旧城区）两个区域。

　　另一方面，城市中还保留着很多中世纪时期的建筑物，可以说是一座古老与现代结合得非常完美的城市。

　　瑞士最大的罗马式大教堂是格罗斯大教堂，由画家夏加尔制作的彩色玻璃装饰的圣母大教堂（馥劳大教堂）也值得一去。从馆藏品众多的国家博物馆就可以了解到瑞士的历史。另外，藏有瑞士本土乃至来自欧洲的各种展品的市立美术馆也是值得推荐的地方。

观光 Sightseeing

Gross-münster
格罗斯大教堂（苏黎世大教堂）😊😊😊
地图 p.67-D

●位于利马特河东岸，走过明斯特大桥即到
●游览：夏季9:00~18:00，冬季10:00~16:00

　　位于河东岸，隔河与馥劳大教堂交相呼应。这是瑞士最大的罗马式教堂建筑，庄重威严的外观让人印象深刻。教堂曾因遭受火灾而几度重修。如今呈现出罗马式建筑与后期哥特式建筑相辅相成的风格。

Frau-münster
馥劳大教堂（苏黎世圣母大教堂）😊😊😊
地图 p.67-C

●位于利马特河西岸，走过明斯特大桥即到
●游览：10:00~18:00（周日11:00起）、11~3月10:00~16:00（周日11:00起）

　　教堂建于河西岸，时钟塔的青铜色屋顶给人留下深刻的印象。教堂内部保留了很多夏加尔老年时期的玻璃彩绘作品。夏加尔的仰慕者一定要来这里看看哦！

夏加尔制作的玻璃彩绘

贴心小提示
市场

　　一到夏天，市内各广场的露天小市场就红火了起来。其中，以街道南端、苏黎世湖畔的比克利广场（Bürkli-platz）最为热闹。周二、周五的上午6:00到11:00是花卉、食材的早市。周六上午9:00到下午16:00是跳蚤市场。

热闹的跳蚤市场

中世纪建筑物风格的外观

国家博物馆
Schweizerisches Landes-museum
地图 p.67-A

- 苏黎世中央车站（Zürich HB）北侧
- 门票10瑞士法郎，10:00~17:00开放，周一闭馆

位于中央车站北侧，坐落在美丽的公园中央。博物馆的馆藏量相当惊人。馆藏品涉及瑞士文化的各个领域，每一个藏品都值得我们细细品味。

2009年，博物馆的两个常设展设计完成。其中有关瑞士的移居、定居史、宗教史、政治史、纤维、纺织产业以及旅游业、金融业等经济史的部分分不同区域向游客展出。参观这些经济史展厅，对了解瑞士的产业发展很有帮助。另外，要特别向大家推荐的是瑞士非常有名的拥有82件藏品的"收藏廊"。

市立美术馆
Kunsthaus
地图 p.67-D

- 从贝尔维尤广场出发，Rämi大街沿路
- 特殊展览10~14瑞士法郎，10:00~20:00（周六、周日、周二至18:00）开放，周一闭馆

美术馆展出雷诺阿、马蒂斯、塞尚等著名印象派画家的很多作品。夏加尔的专门展厅展出夏加尔的非常珍贵的14件展品，夏加尔的仰慕者一定不要错过！

贴心小提示
苏黎世湖观光船

参加苏黎世湖观光船之旅，首先，你会乘坐蒸汽轮船绕苏黎世湖游览一周。其次，可以参加为你精心准备的舞会，享用火锅晚餐。此外，6~8月的周三19:30还为游人提供可以穿梭利马特河并可享用鸡尾酒的游览路线。如果对路线、时间表有疑问，请咨询ZSG（☎044-487-1333 / http://www.zsg.ch），也可查询有关登船地点、旅游局和住宿饭店的信息。

美食  Eating

瑞士料理
Zeughauskeller
军火库餐厅
地图 p.67-C

交 阅兵广场附近，沿着班霍夫大街再穿过一个窄小的胡同（In-gassen）即到
✉ Bahnhof-strasse 28a ☎ 044-211-2690
营 11:30~23:00　休 无　CHF 50瑞士法郎~

餐厅是由中世纪兵器库改造而成的。非正式的小酒馆餐厅一样的气氛吸引了很多游客，甚是热闹。味道纯正的瑞士料理是这里的特色。

火锅
Chuchi
楚奇奶酪火锅
地图 p.67-D

交 尼德多夫大街上的阿德勒酒店0F　✉ Rosengasse 10
☎ 044-266-9696（酒店代表处）　营 11:30~23:15
休 无　CHF 50瑞士法郎~

在当地的年轻人中非常受欢迎，是旧市区一家专业的奶酪火锅店。除了原味奶酪火锅，在这里还能品尝到各种口味的奶酪火锅。

咖啡店
Teecafé Schwarzenbach
施瓦岑巴赫咖啡厅
地图 p.67-D

交 从格罗斯大教堂出发，步行2分钟
✉ Münstergasse 19　☎ 044-261-1380
营 8:00~19:00（周六9:00~17:30）　休 周日

由19世纪的邮局改造而成，是一家家庭式的环境优雅的咖啡店。店内有用南美和非洲进口的可可豆磨制的咖啡以及口感纯正的红茶。

购物 Shopping

名品

Bally Capitol
巴利

地图 p.67-C

- 交 班霍夫大街街道中段
- ✉ Bahnhof-strasse 66 ☎ 044-224-3939
- 营 9:30~19:00（周四至20:00，周六10:00~18:00）
- 休 周日、节假日、1/1、12/25、12/26

是瑞士有名的皮鞋品牌"巴利"的总店。从地下一层到地上六层全部都是这一品牌的商品。除了鞋子以外，商场内还有经营各种小物件和时装的商店。在这里工作的外国店员也很多。

巧克力

Sprüngli
斯普荣利巧克力店

地图 p.67-C

- 交 阅兵广场（Parade-platz）旁边
- ✉ Bahnhof-strasse 21 ☎ 044-224-4646
- 营 7:30~18:30（周六8:00~17:00）
- 休 周日、节假日

这是一家品种丰富、历史悠久的大型巧克力专营店。汉堡包形杏仁饼（Luxemburgerli，100克约售11.60瑞士法郎）是本店的招牌食品。中央车站和机场都设有分店。

手工艺品

Heimatwerk
海曼特威克

地图 p.67-D

- 交 利马特河上的鲁道夫布伦桥旁边
- ✉ Uraniastrasse 1 ☎ 044-222-1955
- 营 9:00~20:00（周六至18:00）休 周日

店内经营全瑞士最精良的手工艺品，包括刺绣制品、八音盒、陶瓷制品、编织物等。还有连锁店开在班霍夫大街、中央车站、苏黎世机场。

店内所有商品都是瑞士制造的。

住宿 Stay

苏黎世湖周边 ★★★★★
Baur au Lac
博尔奥拉克酒店

地图 p.67-E

这家酒店建于1844年，位于苏黎世河畔。店内柔和的色调与酒店上等、典雅的气质相得益彰。阳光明媚的日子，若是来到树荫下的咖啡座小酌一杯，那感觉真是无比的惬意。

- 交 苏黎世湖畔、比克利广场旁边 CHF 720瑞士法郎~（早餐除外）
- 室 124间
- ☎ 044-220-5020
- FAX 044-220-5044
- ✉ Tal-strasse 1
- HP http://www.bauraulac.ch

旧市区周边 ★★★
Adler
阿德勒酒店

地图 p.67-D

是沿尼德多夫大街建立的中等级别的酒店。店内干净整洁。0F还有著名的专业奶酪火锅店楚奇（Chuchi）。

- 交 尼德多夫大街沿街，旧市区的正中央
- CHF 210瑞士法郎~（内含早餐）
- 室 52间
- ☎ 044-266-9696
- FAX 044-266-9669
- ✉ Rosen-gasse 10
- HP http://www.hotel-adler.ch

苏黎世湖周边 ★★★★★
Eden au Lac
伊甸园悠乐酒店

地图 p.67-F

1909年建于苏黎世湖畔。这家酒店怀旧的情调和家庭般的温暖招来了不少回头客。

- 交 苏黎世湖东岸，湖岸上的步行道旁边
- CHF 690瑞士法郎~（早餐除外）
- 室 53间
- ☎ 044-266-2525
- FAX 044-266-2500
- ✉ Uto-quai 45
- HP http://www.edenaulac.ch

新巴洛克式的外观

葡萄田中的小山村——迈恩费尔德

迈恩费尔德
Maienfeld

阿尔卑斯山的少女"海蒂"的故乡。

看点
- 市政厅广场 ❓❓
- 海蒂村 ❓❓❓
- 海蒂草原 ❓❓❓

去往迈恩费尔德的交通
铁路 ○从巴特拉加茨乘坐普通列车坐一站地，约2分钟。下车后走路至村落的中心，大约6分钟。
邮政巴士 ○乘坐邮政巴士从巴特拉加茨邮局到迈恩费尔德邮局（村落中心），大约8分钟。
自驾车 ○从巴特拉加茨出发沿着迈恩费尔德街（Maienfelder-strasse）直行约3公里。

旅游局 Heididorf
●海蒂村／Heididorf
3~11月10:00~17:00

村镇概况和亮点 about MAIENFELD Highlight

一座很不起眼的小村落，后因瑞士女作家约翰娜·施皮里（Johanna Spyri, 1827~1901）的名作《海蒂》（Heidi）而闻名。《海蒂》的创作灵感正是来自于这座小村落。施皮里的这部作品于1880年问世后，先后在世界上50多个国家出版发行。当时施皮里就居住在邻村珍尼斯（Jenins），经常来这里散步，最终完成了《海蒂》的构想。

另外，以《海蒂》的原作改编的日本动画片《阿尔卑斯山的少女海蒂》中的背景画面，描绘的正是这里的场景。

观光 Sightseeing

Städtli-platz
市政厅广场 ❓❓
地图 p.71-A

●从迈恩费尔德车站（Maienfeld）出来，沿着火车站街（Bahnhof）往前走大约6分钟

市政厅广场位于村落的中心。邮局和旅游局都集中在这里。经过广场旁边，看到的鲜花装饰的喷泉的风景，正是动画片《阿尔卑斯山的少女海蒂》中的画面。

Heidihof Hotel
海蒂霍夫酒店 ❓❓
地图 p.71-B

●从迈恩费尔德车站出发，乘坐海蒂巴士

酒店建在村外的高地上，同时经营旅店和餐厅。这里被称作去海蒂村和海蒂草原观光旅行的根据地。沿着酒店停车场旁边的小路走5分钟左右，就能到达海蒂村。

通往玛兰斯教堂的道路（通往动画片中描述的村落多尔夫村的小路）

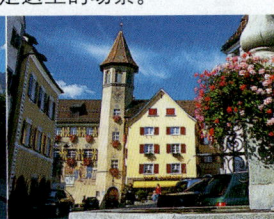

村落中心的市政厅广场（大叔买奶酪经常去的那座山脚下的城镇的广场）

巴特拉加茨的多尔夫·巴特温泉中心（海蒂的朋友克拉拉疗养时去的温泉城市）

海蒂夏天的家（海蒂和大叔居住的山间小屋）

Heididorf (Oberrofels)
海蒂村
地图 p.71-B

● 海蒂霍夫酒店出发，步行5分钟

海蒂夏天就跑到山中生活，冬天又回到村里。村中有名的观光景点有：模仿"海蒂冬之家"建造的海蒂博物馆（Museum Heidihaus）、纪念品商店（Dorflada）、海蒂草原和徒步去往"海蒂夏之家"的登山口。

海蒂博物馆的0F是入口和储藏室。一层是厨房、食堂和出口。二层是卧室，里面摆设着干草做的床。博物馆中还收藏有来自世界各地的《海蒂》图画册。有趣的是，不同国家所描绘出的海蒂形象也有所不同。3~11月每天的10:00~17:00开馆。入场费5瑞士法郎。入场券可以在纪念品商店买到。

旅行途中还能看到告示板和纪念碑

模仿海蒂冬之家建造的海蒂博物馆

在夏之家向外看到的景色

Heidialp (Ochsenberg)
海蒂草原
地图 p.71-B

● 沿着海蒂村向上走

动画片《阿尔卑斯山的少女海蒂》中，海蒂夏天生活在山上的草原小屋里。片中山上的草原和小屋是给人留下最深刻印象的地方。动画片中的草原和小屋确实是以这里的海拔1111米的草原（Heidialp）和草原上的"夏之家"（Heidihütte）为原型的。

想要真正目睹草原和"夏之家"的风采，可以选择与"海蒂"相关的三条旅行路线的其中一条——"海蒂草原游"路线。草原游往返需要2小时，一般情况下步行大约需要两个半小时以上。考虑到在小屋里的休息时间，最好留出4个小时的时间。

瑞士 71 迈恩费尔德

迈恩费尔德 Maienfeld

- 海蒂草原（Ochsenberg）p.71 1111m
- p.70 海蒂霍夫酒店 664m
- 海蒂草原游的路线 Erlebnisweg
- 海蒂泉 Heidibrunnen 591m
- A 葡萄田
- Kleiner Heidiweg
- 海蒂村（Oberrofels）p.71 658m
- B
- Unterrofels 617m
- 特拉加茨站 Bad Ragaz Bahnhof
- 市政厅广场 p.70 518m
- 迈恩费尔德站 Maienfeld Bahnhof 504m
- Grosser Heidiweg
- 约翰娜·施皮里长廊 Der von Johanna Spyri
- 珍尼斯村 Jenins 635m
- 巴特拉加茨度假村 Bad Ragaz Resort
- 去往达沃斯

像回廊一样的卡帕尔桥

中世纪风情的古都。

看点
- 卡帕尔桥 ???
- 斯普罗伊尔桥 ???

🚌 **去往卢塞恩的交通**
铁路 从苏黎世中央车站（Zürich HB）出发，乘坐开往卢塞恩的特快IR大约需要50分钟。
自驾车 从苏黎世上高速1号线，然后换4a号线，再换14号线，从卢塞恩的出口出来。

ℹ️ **旅游局Tourist Information Luzern**
●卢塞恩车站（Luzern）站内／5/1～10/31周一～周五8:30～18:30，周六、周日9:00起；11/1～4/30周一～周五8:30～17:30，周六9:00～17:00、周日9:00～13:00

卢塞恩
Luzern (Lucerne)

城市概况和亮点 *about LUZERN Highlight*

卢塞恩是瑞士数一数二的旅游名城，风光明媚、景色怡人。卢塞恩用德语写作"Luzern"，用法语写作"Lucerne"。

罗伊斯河穿过城市的中心。河上建有外观优雅并带有顶棚的大桥。旧城区的北侧还保留着曾经为保卫全城而建的城墙，以及美丽的巴洛克式教堂，从这些景点就可以领略到这里所拥有的中世纪古城的特色。其次，还有瑞吉山（Rigi）和皮拉图斯山（Piratousu）上的阿尔卑斯山瞭望台，从19世纪起就是著名的旅游胜地，并吸引了很多游客。瑞士威廉泰尔快线（Wilhelm Tell Express）途经的小镇以及城市周边，也有很多著名的旅游景点。

 摄影秘诀

一览卢塞恩美景的瞭望台

向着卢塞恩四森林州湖对岸的方向看去，你能看到左手边平缓的山丘上有一栋像白宫一样的建筑。那里就是Château Gütsch瞭望台的所在地。站在这里，可以将罗伊斯河、四森林州湖、卡帕尔桥和旧市区这些地方的景色尽收眼底。最佳的观赏时间是下午较晚的时候，一直到黄昏时分，因为上午和午后的较早的时间会受到逆光的影响，因而不适宜观景。去瞭望台可以坐缆车，大约需要5分钟。

在瞭望台上观赏到的卢塞恩市内的景色

观光 Sightseeing

Kapell-brücke
卡帕尔桥 ???
地图 p.73-B

●车站前广场上的See-Brücke桥西边

卡帕尔桥建在四森林州湖与罗伊斯河交汇处，是为抵御湖边敌人入侵，于14世纪初建造的带顶棚的木桥。全长200米，是欧洲最长的木桥。桥的中段建有带灯台的瞭望塔。

Spreuer-brücke
斯普罗伊尔桥 ???
地图 p.73-A

●卡帕尔桥往西的第三座桥

卡帕尔桥的下游的另一座带顶桥。1408年建成，后经历暴风雨遭到破坏，于1568年重新建造。盖顶的顶梁上有17世纪的版画作品《死亡的舞蹈》。版画以疫病为题材，表达了骷髅死神肆虐的情景，反映了人们当时的生死观。

《死亡的舞蹈》系列版画

Löwen-denkmal
狮子纪念碑
地图 p.73-B

● 从霍夫教堂附近的雷威广场（Löwen-platz）向北边走，右手边上的小公园内

公园池塘对面的岩石上刻着"濒临死亡的狮子"的字样。这里就是有名的狮子纪念碑。在法国革命最盛时期的1792年，有786名瑞士佣兵为保护巴黎杜伊勒里宫的路易十六以及玛丽安托瓦内特王妃一家而死去。纪念碑就是为了悼念这些牺牲的佣兵而建的。十字形的盾牌和折断的枪支旁边，是被射穿心脏倒在地上的狮子，象征着战死疆场、衷心为国的瑞士佣兵。

Verkehrshaus der Schweiz
瑞士交通博物馆
地图 p.73-B外

● 在卢塞恩车站（Luzern）前坐6、8、24号公交车，约10分钟，在Verkehrshaus站下车
● 门票27瑞士法郎，10:00~18:00（11~3月至17:00）

交通博物馆展示了瑞士各式各样的交通工具，如登山列车、缆车、空中索道和观光船。偌大的博物馆中，陈列着包括蒸汽机车和古董汽车等3000多件展品。此外，这里的氢气球（Hiflyer）还提供给游客试坐。游客还可以通过IMAX影院的大屏幕观赏有关阿尔卑斯山的电影。总之，在这里，不管是小孩还是大人，都可以美美地玩上一天。

阿勒河围绕着的美丽城市

瑞士的首都，旧市区景色优美。

看点
- 贝伦广场 ★★
- 大教堂 ★★★

去往伯尔尼的交通
铁路 ● 从苏黎世中央车站（Zürich HB）出发，乘坐特快IC约1小时10分钟。从日内瓦科尔纳万站（Genève Cornavin）出发，乘坐特快IC约2小时。从因特拉肯东站（Interlaken Ost）出发，乘坐特快IC约50分钟。

旅游局 Bern Tourismus
● 伯尔尼中央车站（Bern HB）站内
9:00~19:00、周日10:00~18:00办公

伯尔尼
世界遗产
伯尔尼旧市区
Bern（Berne）

about BERN 城市概况

伯尔尼曾是瑞士最具军事实力的州的州府，在1848年成为瑞士联邦的首都。这里的旧市区街道已载入联合国科教文组织的世界遗产名录下。来到这里，你会被城市厚重的历史感所打动。

阿勒河呈巨大的V字形环绕在旧市区的周边。从城市的西端到东端，步行大约只需20分钟。

马尔克特大街（Markt-gasse）两侧是石制的拱廊，街道尽头是时钟塔

Highlight 城市亮点

石制的拱廊和石板小路都充满了古典风情，即使一天的时间都在这里闲庭信步，也只有惬意而并无丝毫厌烦之感。旧市区具有厚重历史感的监狱塔、时钟塔和大教堂等，都是值得观赏的地方。即使不去那些地方，来到主街区的几块石板地上，观赏这里堆满鲜花的喷水池，也足以让你放松心情，尽兴而归。如果你还想更深一步地了解瑞士的自然和历史，可到当地众多的自然历史博物馆去一探究竟。

伯尔尼 Bern
0 100m

部分属于旧市区

观光) Sightseeing

Bären-platz
贝伦广场
地图 p.75-B/E

● 中央车站（Bern HB）出发，步行5分钟

　　上午的市场和午后的露天餐厅是广场一天中最热闹的地方。广场北面顶部尖尖的建筑是监狱塔（Käfig-turm）。1256年的城市扩张之日起的约100年间，监狱塔一直都被当做城市的西门（在这之前时钟塔是城市的西门）。因为后来这里变成了监狱，所以改名为监狱塔。广场的南边是屹立在联邦广场的联邦国会大厦（也称为国会议事堂）。

一整天都很热闹的贝伦广场

Zeitglocken-turm
时钟塔
地图 p.75-B

● 中央车站步行10分钟，马尔克特大街的东端

　　时钟塔是伯尔尼的象征，同时也是伯尔尼最古老的建筑之一。装设的时钟每天一到整点的前四分钟就开始报时。伴随着钟声的还有小鸡报时、小熊阅兵式、小丑的滑稽表演，非常有趣，不妨来这里亲自体验一下吧！

瑞士 75 伯尔尼

Münster
大教堂
地图 p.75-E/F

● 中央车站（Bern HB）出发，步行15分钟，明斯特广场旁边

Bären-graben
熊公园
地图 p.75-C/F

● 中央车站（Bern HB）出发，步行20分钟
● 夏季8:00~17:00开放

是1421年建造的后巴洛克式大教堂，直至1893年才完全建成，教堂的塔尖高达100米（瑞士最高的教堂）。教堂的大门上装饰着米开朗琪罗的《最后的审判》作品中的圣人雕像（这里装饰的雕像只是复制品，原作品收藏在伯尔尼的历史博物馆中）。来到大教堂，就一定要登上塔顶，因为这里可以观赏到旧市区的全景。

从16世纪起就有饲养熊的历史。向游客乞讨食物的可爱的小熊是伯尔尼的吉祥物。

Kunst-museum Bern
伯尔尼市立美术馆
地图 p.75-B

● 中央车站（Bern HB）出发，步行7分钟
● 门票7瑞士法郎，10:00~17:00（周二至21:00）开放，周一闭馆

这里展示了毕加索、乔治·布拉克（Georges Braque）、康定斯基等19~20世纪画家的很多代表作，还有印象派画家塞尚、雷诺阿的作品。美术馆规模不大，但展品十分丰富，非常具有观赏价值。与保罗·克利齐名的伯尔尼当地画家霍德勒的作品也有很多。（要想欣赏保罗·克利的作品，可以到伯尔尼郊外的保罗·克利中心。）

大教堂的正门壮美至极

摄影秘诀
站在平缓小山丘上的玫瑰公园向远处眺望

玫瑰公园位于平缓的小山丘上，200余株1800多株的玫瑰花开满在绿色的草坪上，仿佛要淹没整个草地。这里是观赏旧市区和围城河阿勒河全貌的最佳地点，即使不是玫瑰盛开的季节，这里也颇具游赏价值。午后会渐渐地出现逆光的现象，所以还是推荐上午来这里观赏。

Naturhistorisches Museum
自然史博物馆
地图 p.75-E

● Helvetia-platz广场周边
● 门票8瑞士法郎，9:00~17:00（周三至18:00，周一14:00起，周六、周日10:00起）开放

自然史博物馆是瑞士最大规模的以自然为题材的博物馆。这里最具特色的是各种动物的标本。值得一提的是，这里还能身临其境地感受到动物原本生存的自然环境，因为人们已经将动物们当时的生存环境重新复制在博物馆中。具有如此规模的全景动物标本博物馆，在整个欧洲也是屈指可数的。现今馆藏有200余种栩栩如生的动物标本。动物的种类不仅仅局限于瑞士，还包括非洲、亚洲等世界各地的多种动物。因此，这里是观赏价值极高的旅游景点。

濒临灭绝的非洲象标本

Historisches Museum Bern
伯尔尼历史博物馆

地图 p.75-E

- Helvetia-platz广场周边
- 门票13瑞士法郎，10:00~17:00开放，周一闭馆

《最后的审判》中的圣人雕像

像城堡一样的外观非常引人注目。因为伯尔尼在历史上是军事力量较强的州，所以这里的博物馆中也收藏着不少武器和军旗。地下一层摆放着与大教堂一样的《最后的审判》中的圣人雕像，不过这里的是原作品。

Schweizerisches Alpines Museum
瑞士山岳博物馆

地图 p.75-E

- Helvetia-platz广场周边
- 门票9瑞士法郎，10:00~17:30（周一14:00起）开放

馆藏各种阿尔卑斯地方民俗展品，多角度地向人们展示了阿尔卑斯山脉的历史、人类的登山历史，以及人类与阿尔卑斯山有关的众多历史事件。

贴心小提示
为什么伯尔尼街道上到处都是"熊"？

走在伯尔尼的大街上，到处都可以看到熊形象的物品，如熊的布制玩偶、熊形状的巧克力。商店的橱窗中也摆放着很多带有熊形象的物品，甚至伯尔尼州的州旗上都有熊的标志。

其实很久以前，建立这座城市的王子（策林根公爵贝托尔德五世）决定用打猎中最先猎到的动物来为这座城市命名，结果最先射中的是熊（熊在德语中称作"Bär"）。于是，从那以后，熊就作为伯尔尼的标志沿用至今。

州旗上熊的样式

熊形状的垃圾桶

美食·住宿
Eating & Stay

●地中海料理
Kornhauskeller
百年地窖餐厅

地图 p.75-B
预

交 旧市区，Kornhaus-platz ☎ 031-327-7272
营 周一~周六11:45~14:30，18:00~第二天0:30（冬季至23:00），周日18:00~23:30（冬季11:45~14:30营业） 休 无 CHF 80瑞士法郎~

是由18世纪的粮食仓库改造而来的餐厅和酒吧。店内拱形的空间设计，以及绘满湿壁画等各种壁画的屋顶和墙壁，都非常有特色。

●日本料理
Japigo
贾皮高餐厅

地图 p.75-B

交 中央车站步行7分钟，在马尔克特大街
☎ 031-302-0100 营 10:00~23:00
休 周日、周一 CHF 50瑞士法郎~

是一家日本料理店，店内的工作人员全是日本人。寿司、生鱼片、天妇罗、啤酒和其他酒类，全部是纯正的日本口味。午餐寿司20瑞士法郎起价。点餐时间截至晚上9:30。

中央车站周边　★★★★
Schweizerhof　地图 p.74-A
施瓦茨霍夫酒店

是1859年建立的具有悠久历史的酒店。从酒店出发，到车站前的贝伦广场和马尔克特大街，只需步行几分钟，非常便利。酒店0F是伯尔尼有名的石制连拱廊。

交 中央车站前 CHF 550瑞士法郎~（早餐除外） 室 84间
☎ 031-326-8080 FAX 031-326-8083
✉ Bahnhofplatz 11
HP http://www.schweizerhof-bern.ch

高山植物图鉴

瑞士阿尔卑斯山是世界上为数不多的高山植物宝库。这里一到夏天，五颜六色的花朵就竞相绽放，美不胜收。当然，花朵虽然美丽，也不能随意采摘和破坏，这里保护自然的措施也实施得相当到位。如果在游览之前，想在当地购买有关高山植物图鉴的介绍，还是推荐您购买英文版本的，因为英文版本是按花色将各种植物区分开来的，这样在实际观赏的时候更好辨认。

雪绒花　Edelweiss

属雏菊科。高5~20厘米。生长在海拔1800~3500米的地方，每年7~9月开花。白色的部分是花苞。中间黄色的是花蕊。

报春花龙胆
Gentiana verna

属龙胆科。高3~8厘米。一般生长在海拔800~3000米的地方，每年的3~7月开花。别名"春天的龙胆"。

心叶球花
Globularia cordifolia

桔梗科紫斑风铃草属。总高3~15厘米。生长在海拔1800~2500米的多岩石或塌坡地带，每年5~8月开花。

高山刺芹
Eryngium alpinum

胡萝卜科。高40~100厘米。生长在海拔1200~2400米的地方，7~9月开花。别名"阿尔卑斯的女王"。

阿尔卑斯柳穿鱼
Linaria alpina

北玄参科。高5~10厘米。生长在1500~3000米的多岩石地带，每年6~7月开花。

欧洲金莲花
Trollius europaeus

金凤花科。高10~70厘米。生长在700~2400米的广阔平地上，6~7月开花。其他国家这种植物还叫做"宽瓣金莲草"。

球花牧根草
Phyteuma orbiculare

桔梗科。高15~50厘米。生长在海拔800~2600米的地方，每年5~9月开花。青紫色的花瓣似鹰爪。

无茎刺苞木　Carline acaulis

雏菊科。高5~25厘米。生长在平原或海拔约2800米的地方。每年7~9月开花。整个花盘直径6~12厘米，与向日葵十分相像。

高山植物图鉴

高山玫瑰杜鹃
Rhododendron ferrugineum

杜鹃科。高20~100厘米。属灌木类。生长在海拔1500~3000米的地方，6~8月开花。花朵呈粉色或红色。别名是"阿尔卑斯的玫瑰"。

黄龙胆
Gentiana lutea

龙胆科。高30~130厘米。生长在1100~2500米高的地方，每年的7~8月开花。粗粗的茎和椭圆形的二叶结构是其显著特点。

阿尔卑斯高山钟花
Soldanella alpina

樱草科报春花属。高5~15厘米。生长在海拔1200~2800米的湿地上。每年4~8月开花。

高山白头翁
Pulsatilla alpina

金凤花科。高15~50厘米。生长在海拔1500~2700米的石灰土壤中。5~7月开花。与银莲花很像。

风铃草
Campanula scheuchzeri

桔梗科龙胆属。高8~30厘米。生长在800~3000米高的地方，每年的7~9月开花。花朵呈铃铛形，花瓣很薄。

假龙胆
Gentianella germanica

龙胆科。高5~40厘米。生长在平原或约2800米高的地方，6~10月开花。一般有紫色、浅紫色、粉色这三种颜色。

红门兰
Orchis mascula

兰科。高20~60厘米。生长在800~1800米高的地方，5~8月开花。一株茎上长满了絮状的小花。

Jungfrau
少女峰周边

少女峰—阿莱奇冰川 世界遗产

Around Jungfrau

少女峰周边地区是整个阿尔卑斯地区具有代表性的游览胜地，同时也是伯尔尼高地（Bernese Oberland）地区最值得观赏的地方。这里有欧洲海拔最高的火车站和少女峰瞭望台。从山脚下的因特拉肯出发，乘坐登山火车和电梯，就可以直接到达海拔3571米的瞭望台。站在瞭望台上，可以观赏到整个欧洲阿尔卑斯山的美景。

地区概况 about JUNGFRAU

"Jungfrau"在德语中是"年轻的姑娘"的意思。少女峰周边（伯恩兹阿尔卑斯山脉地区，即伯尔尼州的高地地区）包括少女峰（4158米）、僧侣峰（Mönch，德语中是"牧师"的意思，4107米）和以北边绝壁著称的艾格峰（Eiger, 3970米）这三座名山。这里自古以来就是阿尔卑斯的旅游胜地。这里有众多阿尔卑斯疗养胜地，可供游人尽情地享受自然美景，同时，山上完善的交通也为游人登山旅行提供了更多的便利和乐趣。

因特拉肯被称为通往少女峰的大门，是位于少女峰脚下的一个城市。站在山脚下的因特拉肯城，眺望远处三座名山，也是别有一番风情的。除此之外，这里也有其他的旅游胜地供游人游赏。从这里出发，乘坐少女峰列车向西走，行至半山腰，你会看到一个小村庄，名叫"翁根"（Wengen）。这里堪称少女峰最美的地方。再往前走就到了"米伦"（Mürren）。米伦是一座安静且充满风情的小村落。这里紧邻三座山峰，特别是僧侣峰和艾格峰，是这两峰绝佳的观赏地点。

想要去最具人气的疗养胜地格林德尔瓦尔德（Grindelwald），只要从因特拉肯出发，乘坐少女峰火车向东走就可以了。这里热闹繁华，而且外国游客很多，还设置了外语观光指导处，这对游客来说非常便利。

从格林德尔瓦尔德再次乘坐火车往前走，就到了最为著名的少女峰瞭望台。

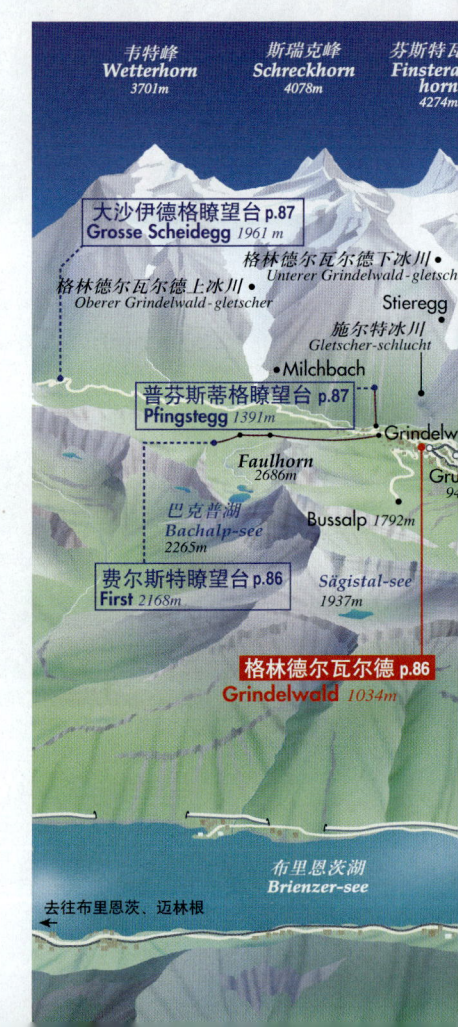

地区亮点

这里的阿尔卑斯休养地数量很多，且各具特色。你可以根据自己的爱好选择适合自己且方便出行的地方，作为此行的休憩地。

因特拉肯处于交通要道的位置，所以从这里出发，到哪里都特别便利。出行路线可以选择少女峰东西两路铁路环线。周边的村落和村落的近郊区都值得一去。另外，如果你有雅兴，还可以坐上观光船，享受一下游湖的乐趣。

米伦和翁根都是位于山腰的小村落。可以想象，一边沉浸在牧场的美妙歌声中，一边欣赏阿尔卑斯山的美景，是怎样一种怡然自得的心情。并且，这里的村落离阿尔卑斯休养地、格林德尔瓦尔德瞭望台以及费尔斯特瞭望台（First）、巴克普湖（Bachalp-see）都非常近，想去这些地方游玩也非常便利。

下面将隆重介绍的是此行最值得一去的少女峰瞭望台。少女峰上设有欧洲海拔最高的铁路车站。坐上火车，穿越在山间，途经冰川险峻的艾格山冰川站，再经过位于艾格山山中隧道的艾格山北边悬崖站，就到了少女峰瞭望台。从车站出来，乘坐大型电梯到斯芬克斯瞭望楼，360度全方位立体式的壮美雪景和冰川的世界即刻就会展现在你的眼前。另外，除了斯芬克斯瞭望楼，少女峰雪原、冰宫、高原瞭望台（Plateau）也是十分具有观赏价值的旅游景点。

因特拉肯
Interlaken

少女峰周边观光的出发地点。

去往因特拉肯的交通
铁路◐ 从苏黎世中央车站（Zürich HB）乘坐特快IC，途中经由伯尔尼站，最后在因特拉肯东站出站，一共需要2小时15分钟。

旅游局Interlaken Tourismus
●Métropole Hotel酒店地下一层0F／10～4月8:00～12:00、13:30～18:00（周六9:00～12:00），5～6月8:00～18:00（周六至16:00），7～8月8:00～19:00（周六至17:00，周日10:00～12:00、17:00～19:00），9月8:00～18:00（周六9:00～13:00）办公；7～8月以外的周日休息

主街道——何维克街

河（Aare）沿岸的阿尔卑斯山休养地。因特拉肯是通往少女峰周边观光区的大门，处于这种出发点的位置，交通当然十分便利。何维克街（Höhe-weg）是横穿整个城市的主干道，每年都会吸引很多世界各地的游客来这里旅游观光。此外，城市中独具风情的旧城区也是休闲散步的好去处。

因特拉肯具有位于两湖中间的地理优势，所以来到这里的游客可以尽情享受泛舟于两湖的无限乐趣。另外，城市中的威廉泰尔露天剧场也是一个不能不去的地方，来到这里，一定要去欣赏一下名叫《威廉泰尔故事》的独特戏剧表演，据说这是一个有名的与瑞士建国相关的传说。

从荷黑马特公园远眺少女峰的景象

城市概况和亮点 about INTERLAKEN Highlight

"Interlaken"是"湖的中间"的意思。因特拉肯州位于布里恩茨湖（Brienzer-see）与图恩湖（Thuner-see）之间，是阿勒

观光 Sightseeing

Brienzer-see Schiff
布里恩茨湖观光船
地图 p.82-B
● 东站站内

布里恩茨湖畔保留着原生态的自然环境，到处都充满了神秘的气息。乘观光船到位于湖东端的布里恩茨，大约需要1小时10分钟。

Thuner-see Schiff
图恩湖观光船
地图 p.82-A
● 西站站内

图恩湖比布里恩茨湖面积稍大一些。图恩湖景色迷人，翠绿色的湖面倒映着湖畔之上的美丽风景，吸引了很多游客在这里驻足。从图恩湖到呈现12世纪古城风貌的图恩大约需要2小时10分钟。

Tell Freilichtspiele
威廉泰尔露天剧场
地图 p.82-A

● 从站前街（Bahnfohstrasse）出发，经过Gentral-strasse、Hauptstrasse
● 咨询：旅游局内（Tellbüro）☎033-822-3722/http://www.tellspiele.ch

是以原始森林为背景，以木头房屋和广场为舞台的露天剧场。每年夏天，有关瑞士国英雄的戏剧《威廉泰尔故事》都会在这里上演。如果某个夏天你来到了因特拉肯，一定不要忘了来剧场看一看。

第九幕的场景

Alpengarten Schynige Platte
施尼格普拉特高山植物园
地图

● 因特拉肯东站（Interlaken Ost）出发，乘坐开往劳特布龙嫩（Lauterbrunnen）或格林德尔瓦尔德（Grindelwald）的BOB登山火车，在维尔德斯维尔站（Wilderswil）下车，然后换乘开往施尼格普拉特（Schynige Platte）瞭望台的SPB登山火车。
● 费用中包括门票，可免费入园，6~10月中旬 8:30~18:00开放

将500多种高山植物移植到植物园原生态的丘陵上。这里每株植物的旁边都立有说明牌。

可爱的雪绒花

住宿 Stay

何维克街 ★★★★★

VICTORIA-JUNGFRAU Grand Hotel & Spa 地图 p.82-A
维多利亚少女峰温泉大酒店

1865年创立的名门酒店。酒店是横向很长的石质建筑。从一端走到另一端约有10分钟的路程。店内1992年进行了大整修，现在室内装潢采用时尚简练的设计理念。

🚋 何维克街边，荷黑马特公园对面 CHF 690瑞士法郎~（早餐除外）
🛏 220间
☎ 033-828-2828
FAX 033-828-2880
✉ Höheweg 41 3800
HP http://www.victoria-jungfrau.ch

因特拉肯东站周边 ★★★★★

Lindner Grand Hotel Beau Rivage 地图 p.82-B
林德波尔河酒店

1896年建立，是一家古典风格的酒店。酒店一直以来都是个人经营，近年被德国的林德集团收购。酒店的最大特色是其独特的风格和连锁店的优质服务。

🚋 东站附近，阿勒河周边
CHF 310瑞士法郎~（内含早餐）
🛏 359间
☎ 033-826-7007
FAX 033-826-7008
✉ Höheweg 211 3800
HP http://www.lindner.de

因特拉肯东站周边 ★★★★

Hotel Interlaken 地图 p.82-B
因特拉肯酒店

创立于14世纪，酒店充满怀旧的气息。过去曾是世界各国登山运动员的指定住宿酒店。酒店旁边还有日式风格的庭园。

🚋 东站附近，何维克街边
CHF 220瑞士法郎~（内含早餐）
🛏 61间
☎ 033-826-6868
FAX 033-826-6868
✉ Höheweg 74 3800
HP http://www.hotelinter-laken.ch

瑞士 83 少女峰周边

米伦 Mürren

山崖上充满风情的小村镇。

去往米伦的交通
铁路 因特拉肯东站到劳特布龙嫩站（Lauterbrunnen），乘坐BOB登山火车，大约需要20分钟。从劳特布龙嫩站到Grütschalp站，乘坐BLM登山缆车，大约需要10分钟。Grütschalp站到米伦，乘坐BLM登山火车，大约20分钟。

旅游局 Tourist Information Mürren
●体育中心（Sportzentrum）内／办公时间不确定，需提前确认
HP http://www.myjungfrau.ch/en.cfm/kontakt/

村镇概况 about MÜRREN 和亮点 Highlight

米伦是屹立在劳特布龙嫩山谷后方山崖峭壁上的小村镇。村里没有道路与外界相通，甚至连一辆汽车都没有。也正因如此，小村镇才流露出世外桃源般美好且宁静闲适的独特气息。唯一不足的是，到村镇上可能要花费一些时间，尽管如此，这里仍有旅游爱好者时常拜访，颇具人气。

村镇的主街道上集中了小巧雅致又具时尚风格的酒店和住宅建筑。到了夏天，五颜六色的小花装点着庭院和窗边，让人不知不觉间心生爱怜。小村镇离少女峰、僧侣峰、艾格峰这三座山的距离都很近，特别是僧侣峰和艾格峰。所以这里自然就成了观赏僧侣峰、艾格峰的绝佳位置。

观光・漫步 Sightseeing & Walking

Schilthorn
雪朗峰瞭望台
地图 p.81、p.84-A外

●乘坐空中缆车从米伦的雪朗峰瞭望台站到LSMS Schilthornbahn站，需17分钟

位于海拔2971米的高山上的瞭望台，全名为"Schilthorn Piz Gloria"。这里曾是电影《007之女皇密使》的主要外景拍摄地，也因此而闻名于世界。瞭望台上设有旋转餐厅，1小时能旋转360度。在餐厅里可以一边享用美食一边全景观赏韦特峰（Wetterhorn）、艾格峰、僧侣峰、少女峰和冰川角（Gletscher Horn）的景色。这里招牌菜的菜名是"詹姆斯邦德的早餐"。

米伦到雪朗峰的首班车时间是7:40（6:46从劳特布龙嫩出发）。雪朗峰到米伦的末班车时间是17:48。米伦、雪朗峰往返需71.40瑞士法郎。劳特布龙嫩、雪朗峰往返需91.80瑞士法郎。

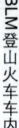
BLM登山火车车内

满目绿意、舒适宜人的村庄

翁根
Wengen

旅游爱好者的人气聚集地。

去往翁根的交通
铁路 因特拉肯东站乘坐BOB登山火车，到劳特布龙嫩站约20分钟。劳特布龙嫩站乘坐WAB登山火车，到翁根站约15分钟。

旅游局 Tourist Information Wengen
● 位于艾格酒店（Eiger Hotel）拐角处，多尔夫街（Dorf-strasse），办公时间不确定，需事先确认
HP http://www.mywengen.ch/en.cfm/kontakt/

村镇概况和亮点 about WENGEN Highlight

翁根是少女峰铁路网西环线上的一站。与米伦隔着劳特布龙嫩U形谷相对，是一座满目绿意、舒适宜人的村庄。这里不仅可以观赏到少女峰的美景，同时还可以一览谷底劳特布龙嫩村和崖上米伦村的全貌。

翁根本身是一个普普通通的不被外人知晓的村庄，但其地理位置重要，交通也十分便利。从这里乘坐LWM空中缆车到梅利菲瞭望台（Mannlichen）只需5分钟。因此，旅游爱好者经常将这里作为根据地。

沿着翁根站前的斜坡向上走，位于艾格酒店拐角处的多尔夫街道（Dorf-strasse）是村庄的主街道。街道左侧有邮政局和旅游局，右侧是开往梅利菲瞭望台的LWM空中缆车入口处。从翁根车站到村头走路只需15分钟左右。也可乘坐电动汽车和出租车。

翁根车站

住宿 Stay

翁根车站周边 ★★★★
Regina 地图 p.85
里贾纳酒店
建于1894年，位于登山铁路沿线的高台上，是一家具有高级古典风的雅致酒店。

交 翁根车站东侧，登山铁路沿线
CHF 260瑞士法郎~（内含早餐）
室 79间 ☎ 033-856-5858
FAX 033-856-5850
✉ CH-3823 Wengen
HP http://www.hotelregina.ch
休 10月中旬~12月上旬

翁根车站周边 ★★★
Sunstar Hotel Wengen 地图 p.85
翁根太阳星酒店
组团游游客经常在这里落脚。店内设施齐全。

交 多尔夫街（Dorf-strasse）街边，空中缆车入口处附近
CHF 230瑞士法郎~（内含早餐）
室 76间 ☎ 033-856-5200
FAX 033-856-5300 ✉ CH-3823 Wengen
HP http://www.sunstar.ch/wengen
休 10月中旬~12月上旬

瑞士 85 少女峰周边

坐落在绿色山间斜坡上的格林德尔瓦尔德

格林德尔瓦尔德
Grindelwald

瑞士风情的小村镇。

去往格林德尔瓦尔德的交通
铁路 ▶ 在因特拉肯东站乘坐开往格林德尔瓦尔德的BOB登山火车，大约需要36分钟。

旅游局 Grindelwald Tourismus
● Haupt-strasse街道中段的体育中心（Sport-zentrum）内／周一～周五8:00～12:00、13:30～18:00；周六、周日9:00～12:00、13:30～17:00

天气预报
有线电视台（Info-Grindelwald）播放来自各个瞭望台的实况画面。另外，你还可以通过旅游局的首页来查看天气预报和各个瞭望台的实况画面。

村镇概况 about GRINDELWALD 和 亮点 Highlight

格林德尔瓦尔德位于少女峰铁路网的东环线上。站在村落间可以观赏到艾格峰和韦特峰（Wetterhorn）的美景。走进格林德尔瓦尔德，映入眼帘的是绿油油的田野和点缀其间的瑞士农舍，这里就是少女峰周边地区最为热闹的休养地。来这里旅游的外国游客很多，并设有外语观光导游处。

格林德尔瓦尔德车站前的主街（Haupt-strasse）是村中的主干道。旅店

主街和韦特峰

和特产小店都集中在这里。村庄面积不大，要在村子里面逛一逛的话，步行即可，若想要去郊外，需乘坐村营巴士。

来到阿尔卑斯山最大的乐趣是什么呢？就是徒步旅行。从村落出发，乘坐登山火车和空中缆车就可以到达你想要去的任何一个瞭望台，非常便利。因此，来阿尔卑斯山的任何人都可以轻松地享受徒步旅行的乐趣。另外，从格林德尔瓦尔德出发，风景更加迷人，所以一定要亲自来到这里尝试一下。

观光·漫步 Sightseeing & Walking

Heimat-museum
乡土博物馆
地图 p.87-B

● 主街的东端，多尔夫教堂（Dorf-kirche）附近
● 门票4瑞士法郎；1月的周五，2～3月的周二、周五，6～9月的周二～周五15:00～18:00，周日15:00～18:00

是古老的瑞士农舍改造而成的充满风情的建筑。馆内再现了过去山上小屋的生活场景，还向游人展示了与阿尔卑斯生活相关的各种物品。1921年日本登山运动员槇有恒第一个登上了艾格峰的东岭，馆内还收藏着这位运动员的相关物品。

乡土博物馆

First
费尔斯特瞭望台
地图 p.80、p.87-B外

● 在主街东侧的开往费尔斯特瞭望台的BGF空中缆车的入口处，乘坐BGF空中缆车，约需30分钟

瞭望台设在海拔2168米的高山上。站在这里，韦特峰（3701米）、斯瑞克峰（Schreckhorn，4078米）、艾格峰（3970米）都可以看得很清楚。同时还可以欣赏到韦特峰与斯瑞克峰之间的上冰川，以及斯瑞克峰、艾格峰之间的下冰川横亘眼前的壮美景象。

夏天BGF空中缆车上山的首班时间是8:00，下山的末班时间是18:00。

站在费尔斯特瞭望台上看到的雄伟壮观的景象

Grosse Scheidegg
大沙伊德格瞭望台
地图 p.80、p.87-B外

●从站前的巴士总站，乘坐开往大沙伊德格瞭望台的格林德尔瓦尔德巴士，约35分钟

瞭望台位于海拔1916米的山上。在这里观赏韦特峰，会因为离得太近而产生一种压迫感。另外，在这里观赏到的艾格峰，也因为与在格林德尔瓦尔德观赏的角度不同，景象有所不同。总之，要想观赏到最美的景色，一定要在阳光普照的上午来观赏。

天气好的时候，还是推荐从这里步行至费尔斯特瞭望台。虽然是从1961米上升至2168米的地方，但并不会有登山的吃力感，而是会感受到如履平地般的惬意自在。大约2小时就可以走到。返程则可以在费尔斯特瞭望台直接乘坐空中缆车，回到格林德尔瓦尔德。

在大沙伊德格瞭望台上可以悠闲自在地游玩

Pfingstegg
普芬斯蒂格瞭望台
地图 p.80、p.87-B外

●在村庄东边开往普芬斯蒂格瞭望台的LGP空中缆车的入口处，乘坐LGP空中缆车，约15分钟

普芬斯蒂格瞭望台位于海拔1391米的马特恩伯格山（Mattenberg）的山腰间。因为处于山腰的位置，想要在这里360度全景观赏就会产生障碍，但仍能领略到俯瞰艾格峰和格林德尔瓦尔德全景的魅力。另外值得一提的是，这里还是"上冰川旅游线"和"下冰川旅游线"的起点位置。

很轻松就能登上普芬斯蒂格瞭望台

瑞士 少女峰周边 87

Mannlichen
梅利菲瞭望台

地图 p.81、p.85、p.87-A外

● 从格林德尔瓦尔德出发,乘坐开往小沙伊德格瞭望台(Kleine Scheidegg)的WAB登山火车,约6分钟,在第一站Ground站下车,再从Ground站乘坐梅利菲的GGM空中缆车,约30分钟

　　这座海拔2230米的瞭望台,位于这一带的中心位置。在这里可以享受到360度全景观赏的乐趣。

　　夏季GGM空中缆车上山的首班车时间是8:00,下山的末班车时间是17:30。翁根始发的LWM空中缆车也经过这里。

开往梅利菲瞭望台的GGM空中缆车

美食・住宿 Eating & Stay

▶瑞士料理

Rendez Vous
约会餐厅

地图 p.87-A

交 主街边,空中缆车入口处对面的右侧　CH-3818 Grindelwald　033-853-1181　营 9:00~23:00　休 周二、5月的2周、11月　CHF 30瑞士法郎~

店内除了特色干酪火锅外,还有炸猪排和牛肉火锅等日本风味料理,种类非常多样。午餐与正餐时间之外也可用餐,十分便利。店内提供外文菜单。

格林德尔瓦尔德车站周边　★★★★

Romantik Hotel Schweizerhof
瑞士浪漫酒店

地图 p.87-A

深棕色的木质外墙配上红色的百叶窗装饰,是一家阿尔卑斯瑞士农舍风情的酒店。店内进行过改装,非常干净整洁。客房以及店内的各个角落的装修都颇具人性化色彩,相应的服务也很周到、细致。

交 格林德尔瓦尔德站前的Spillstatt-str.向西　CHF 460瑞士法郎~　室 50间　033-854-5858　FAX 033-853-5859　CH-3818 Grindelwald　HP http://www.hotel-schweizerhof.com　休 3月下旬~5月下旬

格林德尔瓦尔德车站周边　★★★

Kreuz & Post
克罗伊茨和波斯特酒店

地图 p.87-A

　　全年无休的老牌酒店。酒店内充满瑞士风情。

交 格林德尔瓦尔德站前,巴士总站对面
CHF 220瑞士法郎~(不含早餐)
室 42室　033-854-5492
FAX 033-854-5499
　 CH-3818 Grindelwald
HP http://www.kreuz-post.ch

艾格峰、僧侣峰、少女峰的优美景致

少女峰瞭望台
Jungfraujoch

每个人都向往的雪与冰的壮美世界。

去往少女峰的交通
- 由因特拉肯出发大约需要2小时。从因特拉肯到少女峰有两条路线可以选择。一条是绕铁路东环线经由格林德尔瓦尔德的路线，一条是绕铁路西环线经由劳特布龙嫩的路线。两条路线都要换乘两次。
- 由格林德尔瓦尔德出发大约需要1小时25分钟。从格林德尔瓦尔德乘坐WAB登山火车到达小沙伊德格（Kleine Scheidegg）（约35分钟），再从小沙伊德格换乘JB登山火车到达少女峰（约50分钟）。

地区概况和亮点
about JUNGFRAUJOCH Highlight

少女峰瞭望台建在海拔3454米的高山上，是欧洲海拔最高的火车站。只需乘坐登山火车，就可以到达3000米以上的白雪与冰川的世界，尽情欣赏那里的雄壮景色，真不愧是瑞士最著名的观光景点。

这里的登山铁路是1912年开始铺设的，就这一点已经着实令人震惊。自从开通了铁路，瑞士山上的各个瞭望台就成为人们争相观光的旅游景点。少女峰和阿莱奇冰川（Aletsch Glacier）已于2001年载入联合国教科文组织的世界自然遗产名录。

另外，少女峰铁路路线、最新列车时刻表以及各种费用表的详细信息，请参照网页http://www.jungfraubahn.cn。

瑞士木制长号角的演奏表演

观光 Sightseeing

Kleine Scheidegg
小沙伊德格瞭望台
地图 p.81
- WAB登山火车与开往少女峰瞭望台的JB登山火车的换乘站

从格林德尔瓦尔德和劳特布龙嫩坐上WAB登山火车，中途在小沙伊德格瞭望台站换乘开往少女峰瞭望台的JB登山火车。小沙伊德格瞭望台海拔2061米。这里的火车非常准时，换乘时间完全可以参照列车时刻表的安排。

另外，小沙伊德格瞭望台还是艾格峰、僧侣峰、少女峰三峰的最佳观赏地点。所以，如果时间允许的话，可以放缓行程，慢慢地、认真地欣赏一下这里的美景，哪怕延后一班列车也是值得的。车站的上方（Eiger Nordwand餐厅前方）也设置了瞭望台，这里可以近距离地观赏到艾格峰北边悬崖危险陡峭的逼人气势。这里还设有登崖路线图标示牌，显示了过去几年中成功登顶艾格峰北壁的各种路线。

艾格峰北边悬崖登崖路线图标示牌

贴心小提示
米特里吉小屋（Mittellegihütte）

来自世界很多国家和地区的登山家都试图挑战艾格峰北壁米特里吉岭（Mittellegi）路线。其中，日本的登山家槙有恒于1921年成功实现了初次登顶，为了纪念这一壮举，三年后在米特里吉岭上修建了一座小屋，就是米特里吉小屋。2001年，小屋经过改装，移建到了艾格冰川站（Eigergletscher）上的小山丘上。内部的装饰也保留了1920年时的样子。这之后小屋就作为观光景点免费向游人开放。

少女峰周边

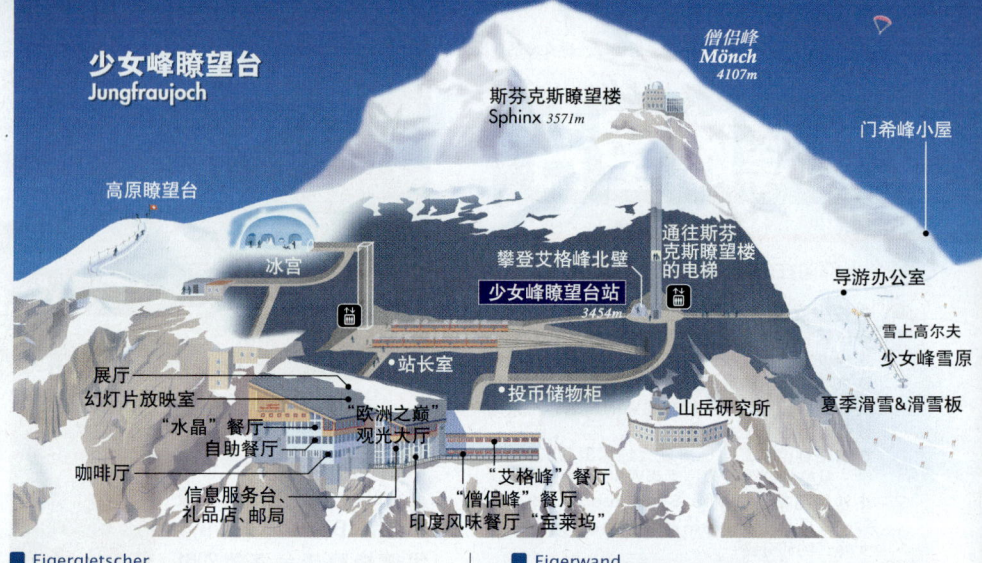

少女峰瞭望台
Jungfraujoch

- 高原瞭望台
- 冰宫
- 攀登艾格峰北壁
- 斯芬克斯瞭望楼 Sphinx 3571m
- 通往斯芬克斯瞭望楼的电梯
- 僧侣峰 Mönch 4107m
- 门希峰小屋
- 少女峰瞭望台站 3454m
- 导游办公室
- 雪上高尔夫
- 少女峰雪原
- 夏季滑雪&滑雪板
- 展厅
- 幻灯片放映室
- "水晶"餐厅
- 自助餐厅
- 咖啡厅
- 信息服务台、礼品店、邮局
- 站长室
- "欧洲之巅"观光大厅
- 投币储物柜
- 山岳研究所
- "艾格峰"餐厅
- "僧侣峰"餐厅
- 印度风味餐厅"宝莱坞"

Eigergletscher
艾格冰川站 ☺☺

艾格冰川站海拔2320米，是小沙伊德格瞭望台的上一站。险峻的艾格峰冰川就在眼前。这里不仅有位于车站上方的艾格冰川旅馆（Eigergletscher Gasthaus），还有一条著名的观光路线，即乘坐穿越艾格峰北边悬崖正下方的WAB登山火车，下至艾尔皮格勒恩（Alpiglen，海拔1615米）车站的路线。这条路线的起点就是艾格冰川站。

车站前方是绵延的艾格冰川

Eigerwand
艾格北边悬崖站 ☺☺

乘坐JB登山火车，经过艾格冰川站之后，就进入了横穿艾格峰岩层的隧道。整个隧道中设有两个车站。第一站是海拔2865米的艾格北边悬崖站（Eigerwand）。在这一站会停车3分钟左右，停车的空当可以好好利用，在车站内的瞭望窗欣赏一下外面的景色。你会有一种不可思议的满足感，因为此时的你正位于陡峭难攀的艾格北边悬崖的山体中向外眺望。

接下来将要停靠的车站是海拔3160米的冰海站。同样停车3分钟左右。再往前走就到了终点站少女峰瞭望台站。

在艾格北边悬崖站的瞭望窗眺望美景

Jungfraujoch
少女峰瞭望台站 ☺☺☺
地图 p.81

少女峰瞭望台站是一个地下车站，海拔3454米。车站有通向四面八方的旅游景点的道路。这些旅游景点包括斯芬克斯瞭望楼、少女峰雪原、冰宫（Eispalast）、高原瞭望台（Plateau）、观光大厅（Berghaus）等。有指引标志，不用担心会迷路。

站在斯芬克斯瞭望楼眺望到的银白世界

Sphinx
斯芬克斯瞭望楼

　　斯芬克斯瞭望楼建在海拔3571米的高山上。这里既是天文台，又是气象研究所，充分发挥着少女峰瞭望台的主要作用。乘坐车站旁边的大型高速电梯便可以直接到达斯芬克斯瞭望楼。瞭望楼包括玻璃窗装饰的室内瞭望间，以及四周被包围起来的室外露天瞭望台两个部分。可以360度全景欣赏广袤的银白世界，置身其中，能感受到一种凛然和神秘之感。瞭望楼的西边屹立着少女峰主峰（4158米）和罗塔尔峰（Rottalhorn）（3692米）。东边是僧侣峰（4107米）。南边是长23千米的阿莱奇冰川（Grosser Aletschgletscher），这是欧洲最长的冰川。

斯芬克斯瞭望楼的室外瞭望台

室内瞭望间

Jungfraufirn
少女峰雪原

　　少女峰雪原是阿莱奇冰川的一部分。夏季来临之际，可以在这里尽情体验一些好玩的活动。例如，坐上哈士奇狗拉雪橇"Husky Sledging"（绕一周收费8瑞士法郎）；用圆盘形的塑料板垫在屁股底下，从铺满雪的斜坡上滑下来的"Snow Disk"（免费）；以及"Summer Ski & Summer Snow Board"（工具租用和缆车票共33瑞士法郎）。另外，还有雪地高尔夫（Hole in One Top of Europe），一次收费10瑞士法郎。一杆进洞可获得皮亚杰高级腕表一块作为奖励（价值80万人民币）。详细内容请咨询雪原导游处（Information Desk）。

Eispalast
冰宫

　　沿去少女峰雪原相反的方向走就到了冰宫，冰宫是建在冰川内部的冰宫殿。1934年由两位山岳导游初建，后被不断扩大规模，如今已经变成了规模巨大的冰宫。内部冰制的天花板、墙壁、柱子和地板散发出淡淡的蓝色光泽，非常美丽。此外，冰宫内还有各种冰雕的展示。冰宫内部温度较低，请务必穿着保暖的衣物前往。

Plateau
高原瞭望台

　　高原瞭望台与少女峰雪原相对，是建在室外的瞭望台。来到这里可以身临其境地感受到踩在松软的雪地上、置身于冰天雪地的奇妙感觉。另外，这里还可以观赏到与斯芬克斯瞭望楼角度不同的景象。

可以直接踩在雪地上的室外瞭望台

Berghaus "Top of Europe"
"欧洲之巅"大厅

　　这是与车站并设的一处观光大厅，内部不仅有餐厅和咖啡厅，还设有天文、气象资料展览室，幻灯片放映室，纪念品商店。另外，这里还有欧洲海拔最高的邮局，很多游客都会来到这里游玩，然后顺便从邮局买了明信片寄出去。

在采尔马特周边风景区,玩滑翔伞很盛行

Zermatt

采尔马特周边
Around Zermatt

采尔马特高山度假村所在地——著名的高原地形的瓦莱州(Walls),就是山地国家瑞士的最佳象征。其中以有名的玫瑰山(Monte Rosa,4634米)、多姆山(Dom,4545米)、马特峰(4478米)、少女峰(4158米)为代表的瑞士前15高的山峰,都位于瓦莱州(少女峰横跨瓦莱州和伯尔尼州)。

地区概况 about ZERMATT

瓦莱州以浓厚的田园气息著称。有人曾说过,"没有来过瓦莱州就等于没有来过瑞士"。是这样的,只要你踏上这片土地,你便会为这里独特的魅力所倾倒。除了观赏大自然的景观,还能感受到这里多晴朗干燥天气的独特气候。

放眼望去,小小的村落映衬于崇山峻岭之下,再加上安装防鼠装置的高地式谷物仓库和大雪压顶仍然结实不倒的木质农舍,形成了这里独具特色的风景。弯曲绵延的山路一到初夏就热闹起来,到处都是出售当地特产杏子的露天摊。奶酪板烧(土豆蘸着融化了的奶酪吃)是这里的特色美食。

罗纳河穿越瓦莱州中央,是横贯东西的一条长河。罗纳河最终注入日内瓦湖,直至地中海。罗纳河流经的V字形谷地区称为罗纳河谷(Vallés du Rhône)。与罗纳河谷成直角相交的是呈梳齿形的条条小河谷。瓦莱州的大部分城镇与村落就分布在这些河谷中。

沿着罗纳河谷而建的城镇逐渐地发展起来。只是支流小河谷上的村镇一直都保留着自己的传统特色。即使在近些年,还会有这样的村落,一到冬天大雪就将村落道路封锁,与其他的城镇和村落隔离开来,影响人们的出行。这种情况在当地不足为奇。另外,这里还有通过口头代代相传保存下来的很多民间故事,你会充分地

玫瑰山 Monte Rosa Dufourspitze 4634m
利斯卡姆峰 Liskamm 4527m
双子峰 Zwillinge Castor 4228m Pollux 4092m
Zwillingsgletscher
Schwarzegletscher
Grenzgletscher
Gornergletscher
Stockhorn 3532m

●●●●● p.98 的徒步旅行路线
── 登山铁路
── 空中缆车
---- 滑雪缆车
☕ 咖啡厅

上古时代由冰川侵蚀作用形成的V字形河谷——罗纳河谷

领略到大放异彩的民俗文化。生活在这里的人们大多都是虔诚的天主教教徒，宗教祭祀活动也是多种多样。

Highlight 地区亮点

来到这里的游客大多会以采尔马特（参照p.94）和锡永（Sion）为根据地。

采尔马特是位于马特峰山脚下的高山度假村，同时也是马特峰的观光基地。如果要问："你最喜欢瑞士的哪一个村庄？"很多人都会回答是采尔马特。这里是在外国游客中颇受欢迎的冰川特快的发车地点（冰川特快到圣莫里茨大约270公里，运行8个小时）。

巍峨美丽的马特峰也是颇具魅力的旅游胜地。山上碧绿的原野上牛群悠闲地觅食，牛的脖子上系着铃铛，清脆的铃声不绝于耳。排排木制的农舍充满了瑞士风情，农舍的窗台上都装饰着红色和粉红色的天竺葵，与绿色的草坪交相呼应，景色真是美不胜收。

另一个根据地锡永是瓦莱州的州府。锡

采尔马特的全景

永本身不是一个观光城市，但它的地理位置非常重要，是通向瓦莱州各地的交通要道。

有很多条旅游路线都是以锡永为出发点的。如艾朗峡谷，这里独具传统特色的村落是值得游览的景点。另外还有高山植物宝库克莱恩·蒙塔纳，中世纪以来就很有名的温泉休养地洛伊克巴德，以及因举办面具狂欢节而出名的勒申谷地（Lötschental）等多条旅游线路。

采尔马特
Zermatt

村庄建在马特菲斯帕河（Mattervispa）沿岸的斜坡上

马特峰的观光基地。

去往采尔马特的交通
铁路 ◯ 瑞士各地都可乘坐国铁在布里格（Brig）站下，再乘坐私营铁路马特峰圣哥达列车在采尔马特站下车。
自驾车 ◯ 村内禁止车辆进入。

旅游局 Zermatt Tourismus
● 采尔马特车站前／夏季8:30~18:00，冬季周一~周五8:30~12:00、13:30~18:00，周六8:30~18:00，周日9:30~12:00、16:00~18:00

村镇概况和亮点
about ZERMATT Highlight

车站前面停放着前往各个酒店接送客人的马车和电动汽车

马特峰（Matterhorn，4478米）和日本的富士山一样，是单独的一座金字塔形状山峰，因其巍峨凛然的气势被人们称作"阿尔卑斯山的女王"。高山度假村采尔马特是去往马特峰的唯一观光基地。这里有晴空当顶、白云浮动的马特峰，有牛群悠闲觅食的碧绿原野，还有鲜花装饰的瑞士风情木质农舍。这里所有的一切仿佛都能够成为入画的风景，明媚多姿，因此吸引了来自世界各地的游人前来游玩观赏。

季，这里就变得热闹非凡。因村内禁止车辆通行，这条街就自然而然地成为名副其实的"步行者天堂"。偶尔会看到马车和电动汽车经过，也成为街道的一处风景。另外，夏季早上的9点到9点半和傍晚的5点到5点半，还会看到牧民赶着羊群在山上与山下的牧草地间往返。羊群在班霍夫大街经过，也是这里的一道独特风景线。

　　大约在街道中段的地方，是采尔马特五星级的大酒店蒙特契尔维宫酒店（Mont

羊群从班霍夫大街经过

观光·漫步
Sightseeing & Walking

Bahnhof-strasse
班霍夫大街
地图 p.95-C

● 连接采尔马特站与教堂的长约500米的街道

　　这条连接采尔马特站与教堂的长约500米的街道，正是采尔马特的主干道班霍夫大街。街道两侧大多是酒店和各式各样的商店。到了夏季和冬季的旅游旺

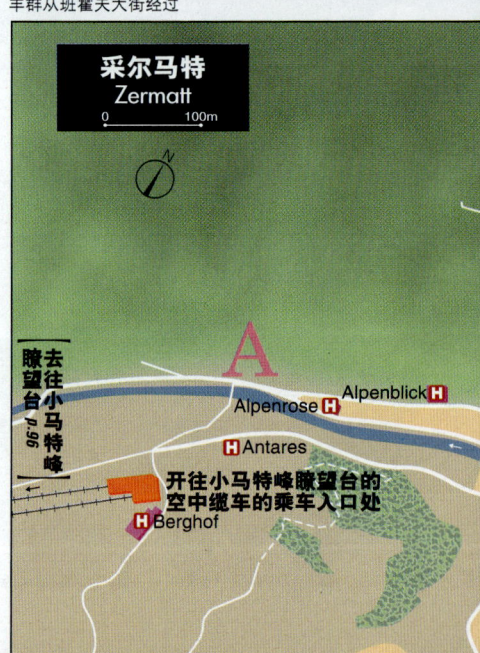

Cervin Palace），酒店前面是登山向导协会（Alpin Center）。再往前走是马特峰博物馆（Matterhorn Museum）。博物馆内展示了有关登顶马特峰的历史资料，比如，首次成功登顶马特峰的爱德华·怀伯尔一行人下山遇难之际所留下的"断了的绳索"。博物馆的开馆时间是7/1~9/30的11:00~18:00，从复活节开始，直至6/30以及10月的14:00~18:00。入场券为10瑞士法郎。

街道西侧是天主教教堂（Katholische Kirche），教堂天花板上以诺亚方舟为主题的画很吸引人。走进教堂与采尔马特酒店（Zermatterhof）中间夹着的小胡同，会看到登顶马特峰遇难的登山家的墓地。

从墓地出发，走过马特菲斯帕河（Mattervispa）上的大桥，再沿着河边的小道走，就到了开往小马特峰（Klein Matterhorn）的空中缆车的起始站点。这时也已经走到了村子的外围。

史尼加瞭望台
Sunnegga

地图 p.93、p.95-C外

● 在开往史尼加瞭望台缆车的乘车地点乘坐地下缆车（Sunnegga Express），大约需要5分钟
● 费用23瑞士法郎（往返）

虽然瞭望台建在海拔2288米的地方，

史尼加瞭望台可以观赏到马特峰的美景

但却一点儿不用担心登上去会有困难。乘坐登山缆车就可以很快到达目的地。登上史尼加瞭望台，你还会有一种无比幸福的感觉——因为在这里你可以一边悠闲地品着茶，一边欣赏着马特峰的无限美景。

有时间的话，最好再去位于瞭望台左下方的勒伊湖（Lei-see）游览一番。清澈的湖水像是一面明镜，风和日丽的好天气里，便可以欣赏到整个马特峰倒映在湖面上的壮观景象。

还要说明一下，从史尼加瞭望台到勒伊湖，再到山下的采尔马特，是一条徒步旅游线路（请参照p.98），途中风景优美，所以一定要向大家推荐。

戈尔内格拉特瞭望台可以全方位欣赏到4000米以上的高山和冰川的美景

Gornergrat
戈尔内格拉特瞭望台
地图 p.93、p.95-C外

- 在采尔马特站前的戈尔内格拉特登山火车站内乘坐登山火车,约33分钟
- 费用76瑞士法郎(往返)

瞭望台的海拔为3130米。站在戈尔内格拉特瞭望台上,可以近距离地观赏到马特峰等一些海拔在4000米以上的高山和冰川的独特美感。

坐上登山火车,你会发现起初马特峰还在你的右前方,不一会儿又折回头来跑到了你的后面。这样经过几站之后,就到了一片四周都是矮坡的地带。

登山火车终点到达戈尔内格拉特站(Gornergrat),不知不觉间游客已经上升到海拔3089米。从车站出来,沿着坡道向上走,就到了瞭望台。瞭望台正面对着马特峰的东侧山体(4478米),左手边依次为小马特峰(Klein Matterhorn)瞭望台(3883米)、布来特峰(Breithorn,4527米)、利斯卡姆峰(Liskamm,4479米),以及瑞士的最高峰玫瑰山(Monte Rosa,4634米)。想要来戈尔内格拉特瞭望台观光的游客,一定要选择早晨太阳出来后到太阳未下山之前的时间,因为这个时间段内阳光照射比较充足,更适合观景。

摄影秘诀
更好地观赏马特峰

班霍夫大街西侧的教堂与采尔马特酒店中间的小胡同里,有一处登山家墓地,墓地前面的马特菲斯帕河大桥,是采尔马特村内观赏马特峰的最佳地点。

因为站在大桥上,可以正面观赏到马特峰的美景,所以这里不仅成为游览胜地,也成了绝佳的摄影取材之地。上午时分,沐浴在阳光中的马特峰更加美丽。

另外,从教堂出发,沿着班霍夫大街直走,走5分钟左右,也能观赏到马特峰的全景。

Klein Matterhorn
小马特峰瞭望台
地图 p.93、p.94-A外

- 在位于采尔马特外的开往小马特峰瞭望台的车站内,乘坐登山缆车(夏季7:00~16:30),途中要在Furi和TrockenerSteg进行换乘,总共需要花费50分钟的时间
- 费用90瑞士法郎(往返)

小马特峰瞭望台位于马特峰旁边的布来特峰上。海拔3883米,是欧洲最高的瞭望台。

小马特峰瞭望台的缆车车站内,餐厅、咖啡厅等各种设施非常齐全。另外,夏季滑雪场的出入口处、冰河洞窟(Gletschergrotte)、布来特峰登山口的出入口处,以及登上瞭望台的电梯都在这里。

布来特峰（左）和小马特峰瞭望台（右）

站在小马特峰瞭望台，仿佛伸手就能碰到蓝天一样，周围4000余米高的壮美的山峰和冰川也好像近在手边，因而来到这里最大的乐趣就是360度全方位地观赏周边的一座座高山。如旁边浑圆鼓起的布来特峰，一到夏季积雪融化就露出岩石山体的马特峰南壁，还有与马特峰形状相似的魏斯峰（Weisshorn，4506米）。这里还要提醒大家，由于海拔高，空气稀薄，动作要尽量缓慢，谨防剧烈运动。

欧洲最高的瞭望台——小马特峰瞭望台

Paragliding Zermatt
采尔马特滑翔伞

在采尔马特，从瞭望台等高处乘坐降落伞和滑翔伞在游客中颇受欢迎。

想想看，从马特峰跳下，在蓝蓝的天空中飞翔的感觉，着实让人感到刺激、痛快。当然，如果是初次跳降落伞和滑翔伞，还是要在教练的指导下跳出"Tandem Flight"，才更能享受其中的乐趣。

公司名称：Paragliding Zermatt。玩一次滑翔伞需120~190瑞士法郎。如有需要请打电话咨询。☎079-628-9787 FAX 027-967-6745 HP www.paragliding-zermatt.ch/

贴心小提示
瓦莱州地方名小吃和葡萄酒

奶酪加土豆　Raclette

店员忙碌地制作奶酪加土豆的场景

说到瓦莱州有名的小吃，就要数采尔马特等地的奶酪加土豆了。将瓦莱州特制的圆盘形奶酪切成两半，将切面用火或电热器加热，一边加热一边将融化的部分刮下来，用煮熟的土豆蘸着吃。

一次刮下来的融化了的奶酪只有4~5口的量，吃完如果觉得不够，还可以继续要4~5口量的奶酪。在苏黎世和日内瓦也有一些瑞士风味餐厅，花一次钱只允许吃一次（一盘）。一般情况下，都是随便吃几次都行。对于不太适应奶酪的亚洲人来说，一般要2~3次就吃饱了。瑞士当地人一般要吃6~8次才能吃够。

吃奶酪加土豆的时候，一般要就着白葡萄酒和温热的红茶吃，以免奶酪在肚子里凝结成块，影响消化。

海达　Heida

采尔马特周边海拔1400~1600米的斜坡上种植着世界上最高的葡萄田。葡萄田产出的葡萄制成的葡萄酒称为"海达"。因为这种葡萄酒的产量有限，所以要想品尝"海达"这种美味珍贵的葡萄酒，一定要亲自来采尔马特品尝。"Medium Dry"是一种水果香味的白葡萄酒。

马特峰映在勒伊湖上的美丽倒影

徒步旅行路线2

罗登博登→
Rotenboden（2815米）
利菲尔阿尔卑
Riffelalp（2211米）　●需要2小时

这条路线是指从海拔2815米的车站向下走，走到海拔2211米的利菲尔阿尔卑车站（参照p.93全景图）。途中可以体验原始的山野风情。只是遇上恶劣天气要更加谨慎，以防失足坠落山下，发生危险。

下面具体介绍一下这条路线的行程。首先，还是在采尔马特乘坐去往戈尔内格拉特瞭望台的登山火车，在终点站前一站的罗登博登站下车。从车站出来右手边是马特峰，正对面是戈尔内冰河（Gorner Gletscher）和布来特峰，左手边是玫瑰山。

欣赏完这里的风景，我们接着往车站的下方走去，首先看的是利菲尔湖（Riffelsee）。

利菲尔湖中面积较大的湖泊

这里的坡面较为倾斜，行走时要多加小心。利菲尔湖是由大小两个面积不等的湖泊组成。走过利菲尔湖，道路也在此分成了两条。右边是一条一直向下的小路，左边是一条平坦的小路，我们选择走左边平坦的小路。沿着这条小路再往前走，道路又分成了两个方向，这次要向右走。沿着这条路直走，很快就可看到利菲尔伯格车站。从罗登博登车站走到中间的利菲尔伯格车站，需要1小时的时间。如果还想再往下走，走到下一个车站利菲尔阿尔卑站同样也需要1小时。

徒步旅行路线1

史尼加瞭望台→
Sunnegga（2288米）
采尔马特
Zermatt（1620米）　　●需要2小时

这条路线是从海拔2288米的史尼加瞭望台一路走到海拔1620米的采尔马特（参照p.93全景图）。从瞭望台走下来，直到到达目的地采尔马特，一路上马特峰始终都在眼前，可边走边领略马特峰的巍峨雄姿和周边美丽的风景，真是一条值得推荐的徒步旅行线路。如果按照正确的路线行走，途中能看到四家供游客休息的咖啡餐厅。这条路线更适合于初次登山者和年纪比较大的登山者。

下面向大家介绍这条线路的具体行程。首先，要从采尔马特乘坐地下缆车登上瞭望台。然后从瞭望台出来向左走，左下方是碧绿的勒伊湖（Lei-see），若是赶上晴朗无风的天气，还能顺便欣赏到马特峰倒映在湖面上的美丽景象。沿着湖边向下走，道路被分成了两条，我们选择通往芬德恩村（Findeln）的那一条。

走出芬德恩村，又会出现左右两条通向不同方向的小路，并且两条路的路标上都写着"通向采尔马特"。右边的一条需要花费更长的时间，所以还是要选择左边的那条距离稍近些的小路。沿着左边的小路一直走，经过一片森林，再穿过戈尔内格拉特登山铁路的岔道口，再往前走就是采尔马特村的外沿。

通常走完全程需要2小时，加上途中休息的时间，最好准备4小时的时间。

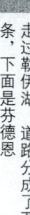
走过勒伊湖，下面是芬德恩，道路分成了两条

贴心小提示

直升机观光

我们总是站在山脚下仰望马特峰的雄姿，想想看，如果从空中俯视马特峰又是一番怎样的风景呢？能够帮助你解答这一疑问的是Air Zermatt直升机公司。公司主要从事的是用直升机解救被困者的相关业务。乘坐该公司的直升机在采尔马特上方游览一周，20分钟，总共需要支付210瑞士法郎。公司还安排冰川夏季滑雪和满足游客不同需求的滑翔伞飞行等相关事宜。
●Air Zermatt
☎027-966-8686
HP http://www.air-zermatt.ch

从芬德恩村出来不久，就走到了前方的森林地带

美食 Eating

瑞士料理

Schwyzer Stübli
瑞士餐厅

地图 p.95-C

交 采尔马特车站附近，位于班霍夫大街的瑞士酒店的0F
Bahnhof-strasse 5　027-966-0000（酒店代表）营 11:30~22:00 休 4月中旬~5月中旬、10月上旬~12月上旬 CHF 40瑞士法郎~

是位于瑞士酒店内的瑞士风味餐厅。采用山间小屋的装饰风格，走进餐厅就能感受到一种轻松亲切的气氛。餐厅里还有原生态民俗音乐的演奏表演。

瑞士料理与意大利料理

Walliser Kanne
瓦利斯坎内餐厅

地图 p.95-B

交 班霍夫大街中段
027-966-4610 营 12:00~14:00、18:00~22:00, Pizzaria 11:30~23:00 CHF 25瑞士法郎~

除了奶酪火锅等瑞士特色的小吃以外，餐厅还提供意大利面食、比萨等意大利风味小吃。在这种盛名经久不衰的老字号餐厅里，哪怕只是点一杯茶，也同样轻松自在。

日本料理

Fuji
富士

地图 p.95-B

交 Albana Real酒店内
4S Schluhmattstrasse 19　027-966-6161
FAX 027-966-6162 营 12:00~14:00、18:30~22:00
休 5月、10月、11月 CHF 80瑞士法郎~

酒店内设有日式料理餐厅。除了提供寿司、生鱼片这样的单品之外，餐厅还特别设有多种套餐供大家选择。例如，包括味增汤、金枪鱼牛排、黄瓜寿司、饺子在内的"月套餐"只要52瑞士法郎，价格适中。

住宿 Stay

班霍夫大街　★★★★★

Mont Cervin Palace
蒙特契尔维宫酒店

地图 p.95-B

这是采尔马特名副其实的主人萨依拉家族经营的酒店。客房在阳光的照射下显得更加宽敞明亮。酒店整体给人精致优雅的感觉。酒店为旅客提供的各种设施、环境、服务都无可挑剔。

交 班霍夫大街中段 CHF 405瑞士法郎~（含早餐）室 165间
027-966-8888 FAX 027-966-8899　Bahnhof-strasse 31
HP http://www.seilerhotels.ch/mont-cervin-palace/ 休 10~11月、5月~6月中旬

班霍夫大街　★★★★

Hotel Monte Rosa
玫瑰山酒店

地图 p.95-B

这是1839年萨依拉家族在采尔马特创立的第一家酒店。据说首次成功登顶马特峰的登山家怀伯尔曾经在这里下榻。

交 班霍夫大街西段
CHF 半食宿505瑞士法郎~
室 47间　027-966-0333 FAX 027-966-0330
Bahnhof-strasse 80 HP http://www.seilerhotels.ch/monte-rosa/ 休 4月中旬~6月中旬、10月~12月中旬

班霍夫大街　★★★★

Schweizerhof
瑞士酒店

地图 p.95-C

酒店建在车站附近，交通十分便利。采用瑞士农舍式的建筑风格，给人浓浓的亲切感。0F还设有商店。

交 采尔马特车站附近
CHF 450瑞士法郎~（含早餐）
室 113间　027-966-0000
FAX 027-966-0066
Bahnhof-strasse 5
HP http://www.seilerhotels.ch/schweizerhof
休 10月中旬~12月中旬

左上方河的北岸是勃朗峰大街，老城区分布在对面的南岸

充满法国风情的国际大都市。

| 看点 | 英国公园 ❓❓ |
| | 老城区 ❓❓❓ |

🚌 **去往日内瓦的交通**
铁路◎从苏黎世中央车站（Zürich HB）乘坐特快IC，到Gare de Cornavin站大约需要3小时

ℹ️ **旅游局Genève Tourisme**
●总局：班霍夫大街的邮政局大楼（Hôtel des Postes）的0F右侧
分局：罗纳河上Pont de la Machine桥的中之岛、Gare de Cornavin站内、日内瓦国际机场内。9:00~18:00（周一10:00起、周日10:00~16:00）办公，9~6月的周日不办公。

日内瓦
Genève

about GENÈVE 城市概况 ❓

地形呈新月形状，位于莱芒湖畔西岸的就是日内瓦。日内瓦从瑞士的版图上突出来，三面都与法国接壤，因而法语在日内瓦是通用语。1798年开始的16年间均由法国统治，受法国的影响深远，并充满了浓重的法国文化色彩。

日内瓦州的州徽是由一只雕的半边身体和一把黄金的钥匙组成的。州徽显示了日内瓦曾经作为神圣罗马帝国城市，同时又是主教城市的历史。日内瓦还是宗教改革发起人加尔文建立的新教派的中心，以及卢梭等著名思想家的故居所在地。1815年，以第22个加盟州的名义成为瑞士联邦的一员。

日内瓦设有日内瓦国际机场，有发往世界各地的国际航班。日内瓦同时又是发往欧洲各地的国际列车的始发站。它被亲切地称为"瑞士的西大门"。

莱芒湖畔的游泳场，以及日内瓦的象征——日内瓦大喷泉

Highlight 城市亮点 🚶

日内瓦是著名的旅游胜地。以大教堂为中心的老城区、品牌名店聚集区、充满历史色彩的商店等丰富多彩的观光热地，经常会吸引来自世界各地的游客。另外，日内瓦还是世界有名的国际大都市，很多国际性的会议和商业会谈都在这里举行，酒店通常是满员的状态，预订都非常困难。所以，要想更好地享受自己的旅游假期，还是选择流动人员较少的周末来日内瓦观光游玩比较合适。

从日内瓦出发，到达欧洲最高峰勃朗峰（4807米）的观光基地夏蒙尼，乘坐巴士只需1小时30分钟。夏蒙尼周边是法国的统辖区，需携带护照前往。夏蒙尼是观赏勃朗峰的绝佳位置。要想当天回到日内瓦也是很容易的事情，一般游客都会将这条路线作为自己一日游的路线。

🔶 文化小典故
日内瓦的国际机构

瑞士是永久中立国家，而日内瓦又处于瑞士的中枢地带，因此世界上的很多国际机构都选择设在日内瓦。日内瓦是仅次于苏黎世和巴塞尔的瑞士第三大城市。除了联合国欧洲总部（ONU）、1863年建立的国际红十字委员会总部（CICR）、联合国难民事务高级专员办事处（UNHCR）以外，世界上200多个国际性机构以及非政府机关都设在日内瓦。日内瓦一直以中立并维护世界和平的姿态屹立于世界外交舞台上。

日内瓦 Genève

瑞士
101
日内瓦

至伯尔尼、洛桑

City Hostel
Royal Manotel
Auteuil Manotel
阿里亚纳陶器博物馆 p.103
赫兹（汽车租用公司）Hertz
Place J.-Marteau
Place de la Navigation
Place de l'Ancien Port
Hotel Edelweiss Manotel
勃朗峰湖岸大街 Quai du Mont-Blanc
莱芒湖游泳场 Pâquis-Plage Bains
Gare de Cornavin 科尔纳万车站
Place de Cornavin
Bernina
Warwick
网吧
Hotel Le Paris Hilton
安吉拉特瑞酒店 p.104
Cornavin
Cristal
Suisse
邮局
Place des Alpes
Le Richemond Hotel
美丽海岸酒店 p.104
莱芒湖观光船、定期船登船口
Brunswick
瑞士角 p.104
穿着长筒靴的猫 p.103 Pâquis Pier
英格兰教堂 Eglise Anglaise
日内瓦大喷泉 Jet d'Eau
四季酒店 p.104
Place des Bergues
前往格朗日公园
Place de Grenus
Ambassador
卢梭岛 Ile Rousseau
莱芒湖 Lac Léman
Pl. St. Gervais
贝尔格大桥 Pont des Bergues
勃朗峰大桥 Pont du Mont-Blanc
依勒桥
Pont de l'Ile
依勒塔
Le Rhône 罗纳河
English Garden Pier
贝莱尔广场 Place Bel-Air
Pl. du Rhône
Promenade du Lac
花钟
Place du Port
英国公园 p.102
罗纳 p.104
罗纳街
Quai Général Guisan
Rue du Rhône
Place de la Fusterie
Globus
Swissotel Metropole Hotel
Place du Molard
联合购物中心 p.104
Pl. Grand-Mézel
格兰街 Grand-Rue
马德莱娜教堂
盔甲餐厅 p.103
Hôtel Les Armures
剧院 Théâtre
圣日耳曼教堂
歌 p.103 Le Lyrique
旧军械库
圣皮埃尔大教堂
市政厅
加尔文讲堂
法院
加尔文学院
里瓦广场
宗教改革纪念碑
Place du Bourg-de-Four
日内瓦大学 Université
老城区 p.102
让·雅克·卢梭博物馆
美术历史博物馆 p.102
俄罗斯东正教教堂
自然史博物馆 Musée d'histoire naturelle
Place Emile-Guyénot
李斯特广场 Place Franz List
Rond-Point de Plainpalais
Ecole de Chimie
Place des Philosophes
Place Ed.-Claparède

部分属于老城区

观光 Sightseeing

Jardin Anglais
英国公园
地图 p.101-D

● 在莱芒湖注入罗纳河的地方搭建的勃朗峰大桥（Pont du Mont-Blanc）南侧

　　是英国庭院式的公园，日内瓦的市民经常到这里散步。公园里有大片大片的绿地，绿地对面是碧绿的莱芒湖。每年5~6月份的时候，玫瑰园中直径5米的大花钟都会吸引很多游客驻足观赏。

La Vieille Ville
老城区
地图 p.101-E

● 老城区分布在罗纳河南岸的平缓的丘陵地区

　　老城区并不算大，徒步绕老城区一周是一种很好的观光方式。夏季还向游客提供"Tramway Tours"，即乘坐电车观赏老城区。如需要了解详细情况，请咨询住宿的酒店或是当地的旅游局。

格兰街 Grand Rue

　　罗纳河南岸的丘陵地区有一条通向山峰地区的街道，这条石板铺成的街道曾经是日内瓦市区的主干道。街道上至今仍保留着15~18世纪时期的建筑物。

卢梭故居 Espace Rousseau

　　格兰街40号是思想家**让·雅克·卢梭**的出生地。现今这里已成为收藏卢梭各种作品的展览室。开放时间是周二~周日11:00~17:30。入场券5瑞士法郎。配有外语音频导游。

卢梭故居与一般民宅并无两样

圣皮埃尔大教堂
Cathédrale Saint-Pierre

　　是老城区有名的名胜古迹。是建立于12~13

老城区的格兰街

采用多种建筑样式的圣皮埃尔大教堂

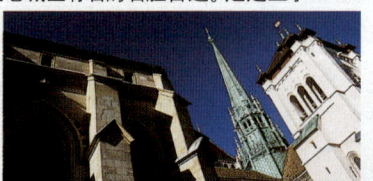

礼拜堂的湿壁画和彩绘玻璃装饰

世纪的新教教堂。之后进行了多次重修和改装，变成了如今具有罗马式与哥特式混搭艺术风格的建筑。正堂右手边靠里有一个礼拜堂，礼拜堂内美丽的湿壁画和彩绘玻璃装饰非常具有观赏价值。开放时间是夏季周一~周六9:30~18:30、周日12:00起；冬季周一~周六10:00~12:00、14:00~17:30，周日12:00~17:30。尖塔的入场券需4瑞士法郎。

加尔文讲堂 Auditoire de Calvin

　　从1577年起的数年时间内，**加尔文**每天早上7点都会在讲堂传播福音主义（新教）的讲义，并与前来听讲义的人展开讨论。

Musée d'art et d'histoire
美术历史博物馆
地图 p.101-F

● 沿老城区东端高架桥往前走
● 特殊物品展览的门票5瑞士法郎，10:00~18:00开放，周一闭馆

　　是日内瓦最具代表性的博物馆。厚重的建筑风格从1910年一直延续至今。馆内收藏品包括史前时代的出土文物，古代埃及、希腊、罗马时代的雕刻作品，以及现代的各种美术作品。尤其是0F展示的考古学资料和1F的绘画收藏品，都属于镇馆级收藏品。

让·雅克·卢梭

　　著名的思想家、文学家。在其著作《论人类不平等的起源和基础》中第一次向世人描绘了乌托邦的形态。其著作还有批判法国绝对主义和民主主义的《社会契约论》和阐述新兴教育理念的《爱弥儿》等。卢梭的作品对后世产生了很大的影响。

加尔文

　　法国著名的宗教改革家。著有新教徒最初的神学著作，并创立了日内瓦大学，经过不断的努力奠定了新教的基础。加尔文的新教教义对法国、荷兰、英国等地影响深远。

文中注释

Musée Ariana
阿里亚纳陶器博物馆
地图 p.101-B外

●从市中心乘坐出租车需5分钟，位于联合国欧洲总部附近 ●特殊物品展览的门票是5瑞士法郎，10:00~17:00开放，周二闭馆

博物馆采用圆形屋顶和漂亮的新巴洛克式建筑风格，周边被广阔的绿地所包围，仅是博物馆的建筑外观就已经能够吸引到很多游客的注意。馆中的地下1F展览的是一些特殊物品，0F展览16世纪中国的陶器收藏品，1F是瑞士和欧洲的各种陶器收藏品。驻足欣赏各式各样的藏品间，也能成为一次很好的学习经历。

Patek Philippe Museum
百达翡丽钟表博物馆
地图 p.101-E外

●沿着罗纳街徒步行走约15分钟，普兰帕雷公园（Plaine de Plainpalais）的旁边 ●费用10瑞士法郎，14:00~18:00（周六10:00起）开放，周日、周一、节假日休息

百达翡丽钟表博物馆向人们展示了16~19世纪500余种机械钟表和珠宝钟表，这些都是珠宝钟表百达翡丽公司的总裁菲利普·斯特恩多年来收藏的。

1F展览着百达翡丽公司制造的钟表。2F收藏机械钟表和珠宝钟表。3F是资料馆。来到这里可以先坐电梯到博物馆的3F，按照从0F到3F、2F、1F的顺序参观。

摄影秘诀
不同颜色的两条河流的汇合点

这里所谓的汇合点，是指从莱芒湖流出的青色的罗纳河，同从法国勃朗峰流下的褐色的阿尔夫河（l'Arve）的交汇处。但是两条河流并没有融合到一起。须臾间看到两股不同颜色的河水一同流淌，堪称一处独特的风景。

此景点的最佳观赏地点是在Pont de la Jonction桥上。从市中心坐出租车约10分钟便可以到达。

左半边是罗纳河，右半边是阿尔夫河

美食 Eating

瑞士料理

Les Armures
盔甲餐厅
地图 p.101-C

交 老城区旧兵器库附近，Les Armures酒店的0F和-1F，酒店入口处的另一面就是餐厅的入口处
✉ Puits-St-Pierre 1　☎ 022-310-3442
营 11:45~24:00　休 无　CHF 30瑞士法郎~

是创立于17世纪的瑞士最古老的餐厅。香肠、乳酪火锅、嫩牛肉炖锅都是这里的特色美食。如果你喜欢质朴的家乡风味料理，就一定要来这里尝一尝。

法国料理

Le Chat Botté
穿着长筒靴的猫
地图 p.101-B
预

交 勃朗峰湖畔的街道上，莱芒湖观光船、定期船的登船口附近，美丽海岸酒店1F　✉ Quai du Mont-Blanc 13
☎ 022-716-6920　营 12:00~14:00、19:00~22:00
休 无　CHF 150瑞士法郎~

店名"Le Chat botté"的意思是"穿着长筒靴的猫"。店内主营清淡的日内瓦风味料理。夏季到来之际，可以坐在店外的露天阳台上，一边欣赏莱芒湖的美景，一边品尝美味。

海鲜

Le Lyrique
歌
地图 p.101-C

交 老城区西侧的剧院门前
✉ Boulevard du Théâtre 12　☎ 022-328-0095
营 12:00~14:00、18:30~22:00（剧院公演的日子至24:00）　休 周六、周日　CHF 46瑞士法郎~

专营莱芒湖的淡水鱼制成的海鲜料理。内设有餐厅和啤酒屋。

购物 Shopping

购物中心
Confédération Centre
联合购物中心
地图 p.101-C

交 Confédération街道　营 购物中心内的各个商铺各不相同　休 周日

整个购物中心内共有50家商铺和餐厅，是日内瓦一家具有代表性的购物中心。走进购物中心，中间是直通顶部的大厅，既宽敞又明亮。购物环境优雅舒适。在这里还可以找到回转寿司的店铺。

民间艺术品
Swiss Corner
瑞士角
地图 p.101-A

交 与勃朗峰街并行的阿尔卑斯街街边，Brunswick公园前面　☎ 022-731-0684　营 9:00~19:00　休 周日（6~9月的周二营业，周日不定期休息）

是一家大规模的专营瑞士民间艺术品的店铺。布谷鸟时钟、八音盒、瑞士军刀、刺绣制品、木雕工艺品等瑞士特色的手工艺品应有尽有。想买件瑞士特有的艺术品带回家，那就来这里逛逛吧！

巧克力
Du Rhône
罗纳
地图 p.101-C

交 Confédération街道　☎ 022-311-4654　营 周一~周五7:30~18:30、周六8:30~17:30　休 周日

小店创立于1875年，是日内瓦最古老的巧克力专卖店。这里最有名的是"Moccas Glacés"。这家店的巧克力全部采用手工制作，老板这么多年来一直坚持使用这种传统工艺的精神，十分难得。很多游客品尝完美味的巧克力之后，还会再挑选几样作为土特产带回国去。

住宿 Stay

勃朗峰桥周边　★★★★★
Four Seasons Hotel Des Bergues
四季酒店
地图 p.101-C

1834年开业迎客，是日内瓦第一家酒店。酒店拥有奢华的新古典风装饰风格及怀旧优雅的环境。是国家元首以及各国王室、达官贵人经常下榻的酒店。

交 莱芒湖畔勃朗峰桥边　CHF 830瑞士法郎~　室 100间　☎ 022-908-7000　FAX 022-908-7400　✉ Quai des Bergues 33　HP http://www.fourseasons.com/geneva/index.html

勃朗峰湖岸大街　★★★★★
Beau Rivage
美丽海岸酒店
地图 p.101-A

是1865年创立的古典风格的酒店。酒店见证了捷克斯洛伐克建国签字仪式等众多历史性时刻。据说日本的天皇也曾经来过这家酒店。走进酒店的大厅，淡淡玫瑰色的圆形大理石柱首先映入眼帘。酒店到处弥漫着优雅的氛围。

交 勃朗峰湖岸大街，莱芒湖观光船、定期船登船口附近　CHF 900瑞士法郎~　室 91间　☎ 022-716-6666　FAX 022-716-6060　✉ Quai du Mont-Blanc 13　HP http://www.beau-rivage.ch

勃朗峰湖岸大街　★★★★★
Angleterre
安吉拉特瑞酒店
地图 p.101-B

这家酒店风格简约、大气。酒店距离莱芒湖观光船、定期船登船口很近，交通便利。

交 勃朗峰湖岸大街，莱芒湖观光船、定期船登船口附近　CHF 680瑞士法郎~　室 45间　☎ 022-906-5555　FAX 022-906-5556　✉ Quai du Mont-Blanc 17　HP http://www.dangleterre-hotel.com

法国

F r a n c e

基本信息

国名：法兰西共和国
首都：巴黎
面积：632 834平方公里
人口：6535万人（2012年）
与中国的时差：7小时（夏令时间是6小时）

自然 位于欧洲的西南部。国土面积的三分之二被平原和丘陵覆盖。四季分明。内陆地区温差较大，冬季气温较低。地中海沿岸地区常年温度适宜。

政治 法国是民主共和制国家。1985年成立法兰西第五共和国。总统是国家元首。实行由国民议会和参议院组成的两院制。法国作为欧盟的主要成员国，在国际舞台上着力实施积极的外交政策。

经济 法国致力于发展经济，成为西欧地区拥有最大规模的农业生产、先进技术和时尚产业的国家，但是近年来经济发展一直处于低迷的状态，发展速度也逐渐放缓。如今经济又进入了复苏期。

宗教 80%的国民信奉天主教。另外部分国民信奉新教、犹太教和伊斯兰教。

民族 法国的民族包括：由凯尔特人、日耳曼人和诺曼人组成的混血族群——法兰西民族，布列塔尼、巴斯克等少数民族族群，欧洲、北非移民过来的民族。

语言 通用语是以罗马帝国时代的语言拉丁语为母体的法语，另外还有布列塔尼地区使用的布列塔尼语和阿尔萨斯地区使用的阿尔萨斯语。

治安 法国治安不错。但是游客在机场、车站等人员嘈杂的场所还是要提防扒窃、掉包、抢劫等行为。

●货币兑换、小费、公共卫生间等当地的相关信息，参见p.265~。

法国的美食

在这里既可以享受高级法国料理的美味，又可以品尝到奶酪、葡萄酒等具有代表性的法国风味美食。

◆野味美食

来自法兰西之岛的美味"Gibier"，是一种用野生动物的肉做成的风味小吃。如将野兔肉放进葡萄酒中烹煮而成。在法国的秋天、冬天和春天都可以品尝到。

◆鹅肝

鹅肝是用鹅的肝脏制作而成的美食，这些鹅都是以玉米为饲料饲养而成的。

◆普罗旺斯蔬菜杂烩

将法国南部盛产的各种蔬菜放在一起炖煮而成。是普罗旺斯的一种名小吃。

◆面包和奶酪

面包和奶酪也是法国人餐桌上必不可少的佐餐。白菌类的布里干酪咸淡适中，口味温和。与红葡萄酒搭配起来一同享用，口味会更加出众。

◆甜品

可以在茶餐厅中与红茶一同优雅地享用。

葡萄酒的种类

说到法国的葡萄酒，大致可以分成红葡萄酒、白葡萄酒和玫红葡萄酒三种类型。如果按照产地来说，还有更细致的分类方法。

●**波尔多**
国内最大的葡萄酒产地。这里生产的葡萄酒在全世界都非常有名。

●**勃艮第**
世界有名的葡萄酒产地。以生产口味浓醇的红葡萄酒为主。

●**阿尔萨斯**
生产口感浓醇并带有水果香味的白葡萄酒。

●**香槟区**
香槟酒的产地。

●**卢瓦尔**
生产泡沫较多的红葡萄酒、白葡萄酒、玫红葡萄酒等多种葡萄酒。

●**博若莱 Beaujolais**
盛产口味较为清淡的红葡萄酒。这里出产的博若莱新酒（Beaujolais Nouveau）最为有名。

法国的特产

有代表巴黎气质的精品小物件，也有朴素的带有农家气息的当地特色产品。

◆巴黎歌剧院的蜂蜜

巴黎市内分布着很多养蜂场。这种蜂蜜是在巴黎歌剧院阁楼里酿制而成的。

◆盖朗德海盐 Guérande

美食界颇受好评的天然海盐。镁元素和铁元素的含量极为丰富。

◆普罗旺斯的陶瓷制品

既有陶制品本来的厚重感，也有令人颇感亲切的外观设计。在法国南部地区很受欢迎。

◆香熏精油灯

可以同时作为除臭剂和芳香剂来使用。

◆古董人偶

优雅的法国人偶玩具。

◆芥末酱 Mustard

瓶装芥末酱。厚重的陶瓷瓶罐加上软木瓶塞，颇具历史感。

◆各种各样的图画书

虽然看不懂里面的内容，但光是可爱的外观就足以吸引你的视线。图中左边的是《豌豆历险记》，右边是小象BABAR的故事。

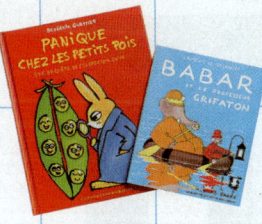

从凯旋门前呈一条直线延伸的街道是巴黎的大动脉——香榭丽舍大街

巴黎是花都，同时又是法国政治、经济、艺术中心。

看点
- 凯旋门 ◎◎◎
- 巴黎圣母院 ◎◎◎
- 埃菲尔铁塔 ◎◎◎

去往巴黎的交通
- 飞机 ◎ 从北京有直达的航班，大约需要11小时。
- 铁路 ◎ 乘坐欧洲之星（Eurostar），从英国伦敦到巴黎北站大约需要2小时15分钟。

旅游咨询处
- ●金字塔/25, rue des Pyramides, 1区
- ●北站/18, rue de Dunkerque, 10区
- ●蒙马特/21, pl. Du Tertre
- ●罗浮宫/罗浮宫卡鲁塞尔商廊对面的金字塔广场
- ●罗什舒瓦尔/72, Bd. Rochechouat, 18区
- ●里昂站/20, Bd. Diderot, 12区

巴黎 Paris

世界遗产 巴黎塞纳河沿岸

城市概况

巴黎市内居住着200多万人。以巴黎为中心，半径约100公里的区域称为"法兰西之岛"。这里是法国谷物的主要产地。另外，在这个区域内还建立了聚集巴黎20%的人口的卫星城市。在城市的发展历史中，塞纳河、马恩河、瓦兹河三大河流起到了极为重要的作用。公元前6世纪，这里曾是凯尔特人的聚集区。如今，已经发展成为拥有网状密集交通线路的近代首都圈。围绕城市周边的宁静的村庄和广阔的森林，成为游人休闲远足的好去处。

如今的巴黎担当着两个重要的角色，一个是现代化的国家首都，另一个是欧洲文化、商业的发展中心，因此也吸引了全世界越来越多的关注。众多具有观赏价值的历史性建筑，使巴黎成为举世闻名的观光胜地。同时，我们还知道，巴黎更是美食家和女性朋友十分向往的城市，是名副其实的美食之都、时尚之都。

埃菲尔铁塔下面的街道

城市亮点

罗浮宫博物馆中庭金字塔造型的建筑物

称得上巴黎的象征的，除了埃菲尔铁塔和罗浮宫之外，还有很多。巴黎从中世纪以来就一直是欧洲文化和艺术的中心，这些数不清的美术馆和博物馆都是那时的产物。世界级别的罗浮宫博物馆就是其中之一。馆中收藏着种类繁多的展览品，据说想要整个欣赏完一遍至少需要3天的时间。除了罗浮宫，橘园美术馆、奥塞博物馆和蓬皮杜文化中心也是颇具观赏价值的地方。皇家宫殿和夏悠宫等历史性建筑，以及巴黎圣母院、圣心教堂等宗教性建筑，也是有名的几大观光胜地。

另外，来到时尚之都巴黎，痛快地逛逛各大服饰品牌的卖场，对于各位时尚爱好者来说，大概才能称作不虚此行吧！

轻松游走巴黎！
市内交通

巴黎市内各种交通工具的使用都非常便利。其中最为便捷，也是人们最常使用的，是地铁。可以说巴黎各个著名的观光景点都有地铁相通，因此搭地铁对于游客来说最为便利。如果想要去郊外，高速郊区火车RER是人们最常选用的交通工具。

地铁
métro

巴黎的RATP（巴黎公共交通联合机构）运营的地铁，全市共有14条。这14条地铁线呈紧密的网状遍及巴黎市内。乘坐地铁就可以方便地到达大多数景点。车票和各种通行证，可以在地铁站的各窗口和挂有"RATP"标志的街头商店买到。回数票和巴士车票也可以在这些地方买到。乘坐高速铁路RER，只要不去郊外，费用都一样。站台指示牌上会标示终点站的名称，所以请记住自己所乘路线的终点站站名。如果换乘的话，就找"Correspondance"标志，如果出站，就找"Sortie"标志。没有车内广播，要注意不要坐过站。运行时间是5:30~24:40（周五、周六到第二天2:15）

▶检票入口
检票口处设有无人自动检票机。只需将车票插入检票口中，自动检票机就会自动在车票上盖戳，拿着这种盖着戳的车票才可以进站。

▶列车门
除了1、7、8、14号线，大部分列车的门都是手动式的。7、8号线的车门是需要按住按钮的半自动式，1、14号线则是全自动式。

▶检票出口
出口处也没有工作人员，使用全自动式机器回收车票。不过乘车时或是在车里的时候，会有工作人员不时地抽查车票。如果在出口处没能出示盖戳的车票的话，要处40欧元以上的罚金。

▶出口处的门
把手放在手形的标示上，门就会自动打开。

出租车
taxi

行李较多或是需要夜间出行的时候，乘坐出租车还是比较方便的。从巴黎市区外沿到市中心，一般15欧元以内都可以搞定。可以说巴黎的出租车是非常便利且广为人们使用的交通工具。可使用现金和信用卡支付，小费为费用的10%~15%。

空车的时候，司机会点亮车顶上的白灯。而有客人的时候，会关掉车顶上的白灯，取而代之的是下面的几个小灯。这时就要特别注意区分。

巴士
autobus

巴士是灵活、乘坐舒适且高效的交通工具。巴黎的巴士有约60条线路，不过只要记住从住处到观光点的路线就足够了。车票与通行证类车票、地铁车票是相通的。运行时间一般是早7点至晚8点。也有名为"Noctillien"的深夜巴士。巴士车票需在车内的检票机上刻印，通行证类车票不用刻印，但需向司机出示。下车前按红色按钮。除普通的路线巴士之外，还有往返各主要观光地之间的观光巴士，但收费体系有所不同。

贴心小提示

地铁、高速郊区火车RER、巴士共用的通票、通行证

通行证在使用时按照区域的不同收费也有所不同，这就是所谓的"区域制"。比如，巴黎市内属于1~2区，凡尔赛宫属于1~4区。

● Ticket t

在巴黎市内每次乘坐地铁、巴士、RER或是电车时只需要一张Ticket t。乘坐地铁和RER，只要不出站，或乘坐巴士和电车时打票不超过一个半小时，均可以在这几种交通工具中自由换乘。Ticket t有1次券和10张一组的多次券等。

● 巴黎参观卡（Paris Visite）

这是一种可在地铁、巴士、RER、电车之间任意使用的通行证。并且在观光地还可以享受优待和打折优惠。有1日券、2日券、3日券、5日券四种，购买时请出示护照。

p.112〜113
p.114〜1
p.120〜121

蒙梭公园 p.127
圣拉扎尔站
Gare St. Lazare
8区
布洛涅森林
凯旋门 p.126
香榭丽舍大街 p.126
p.128 马德莱娜教堂
大皇宫 p.127
小皇宫 p.127
协和广场 p.128
塞纳河
夏悠宫 p.135
奥赛美术馆 p.136
埃菲尔铁塔 p.135
荣军院 p.135
16区
军事学院
Ecole Militaire
蒙帕纳斯塔 p.137
蒙帕纳斯站
Gare Montparnasse
15区
蒙帕纳斯墓地 p.137
蒙帕纳斯
Palais des Sports
Parc des Sports
Parc Georges Brassens
14区
Parc des Expositions

巴黎索引图

0 500m

法国 巴黎 111

- 蒙马特
- 蒙马特墓地 p.137
- p.137 泰尔特广场／画家广场
- 圣心大教堂 p.137
- 北站 Gare du Nord
- 东站 Gare de l'Est
- 比特肖蒙公园
- 9区
- 10区
- 歌剧院（加尼耶歌剧院）p.128
- p.116～117
- Parc de Belleville
- 2区
- 旺多姆广场
- 共和国广场
- 皇宫 p.129
- 3区
- 雷阿勒商业中心 p.132
- 11区
- 罗浮宫博物馆 p.130
- 雷阿勒区
- 玛莱区
- 西堤岛
- 巴黎市政厅 p.132
- 日耳曼德普莱区
- 平日广场 p.133
- 巴黎圣母院 p.132
- p.118～119
- 巴士底
- 巴士底广场 p.133
- 圣路易斯岛
- 4区
- 卢森堡宫殿 p.134
- 拉丁区
- 5区
- 里昂站 Gare de Lyon
- 12区
- 奥斯特里茨站 Gare d'Austerlitz
- 贝西
- 巴黎贝西体育场

歌剧院/罗浮宫
Opéra / Louvre

0 —— 300m

前往蒙马特 p.137

地图索引（小图）：
- p.112~113 Opéra Garnier 歌剧院
- 凯旋门 Arc de Triomphe
- 罗浮宫博物馆 Musée du Louvre
- 协和广场 Pl. de la Concorde
- 埃菲尔铁塔 Tour Eiffel
- 奥赛美术馆
- 蒙帕纳斯站 Tour Montparnasse
- p.116~117 共和国广场
- 蓬皮杜中心
- 巴士底广场 Pl. de la Bastille
- 巴黎圣母院 Cathédrale Notre Dame de Paris
- p.118~119
- p.120~121

A区：
- Th. de l'Oeuvre
- Fédération Protestante France
- 巴黎浪漫年代博物馆 Musée de la Vie Romantique
- Rue de Navarin
- Rue Chaptal
- Rue Clauzel

B区：
- 圣乔治站 St. Georges / Th. St. Georges
- St. Constantin Ste-Hélène
- Synagogue
- N.D. de Lorette
- 洛雷特圣母院站 Notre Dame de Lorette
- p.129 古斯塔夫·莫罗美术馆
- Ste. Trinité
- Trinité d'Estienne d'Orves 站
- 〔12号线〕
- Rue de Châteaudun
- 莫加多尔剧院 Théâtre Mogador
- 奥斯曼圣拉扎尔站 Haussmann St. Lazare
- p.143 千禧大酒店 Ambassador
- 老佛爷百货 p.140
- 〔7号线〕
- 巴黎歌剧院 Rua La Fayette
- 拉斐特站 Chaussée d'Antin La Fayette
- 歌剧院（加尼耶歌剧院）p.128
- 九月四日站 Quatre Septembre
- 歌剧院站 Opéra
- Th. de la Michodière
- p.143 威斯敏斯特酒店
- Choiseul Opera
- p.142 爱德华七世酒店
- 巴黎旺多姆柏悦酒店 p.142
- Th. de la Potini
- H.I.S

左侧：
- 圣拉扎尔站 Gare St. Lazare
- p.113
- Rue du Rocher
- Police
- 圣拉扎尔站 St. Lazare
- Sq. M. Pagnol
- St. Augustin
- 圣拉扎尔站 St. Lazare
- 加尼耶歌剧院 美居酒店
- Lycée Condorcet
- St. Louis d'Antin
- Havre-Caumartin 站
- Th. des Mathurins
- Th. Michel
- Sq. Louis XV
- Chapelle Expiatoire
- 圣奥古斯丁站 St. Augustin
- 〔13号线〕
- RER Ⓐ 线
- Rue de l'Anjou
- 欧贝尔站 Auber
- Le Grand Hotel Inter-Continental
- Hôtel Scribe Paris

E区：
- St. Esprit
- Bd. Malesherbes
- Rue Chauveau Lagarde
- p.140 馥颂
- Rue Tronchet
- Rue Vignon
- Rue de Sèze
- Archevêché de Paris
- Rue de la Ville l'Evêque
- Rue de Surène
- p.128 马德莱娜教堂
- 马德莱娜站 Madeleine
- 马德莱娜广场 Pl. de la Madeliene
- Rue Montalivert 内政部 Mins. de l'Intérieur
- p.113
- Castiglione
- Rue du Faubourg St. Honoré
- 圣欧诺雷大街
- 爱丽舍宫 p.126
- Ave. de Marigny
- Ave. de l'Elysée
- Rue St. Florentin
- 审计院 Cour des Comptes
- 司法部 Ministere de la Justice
- 旺多姆广场 Pl. Vendôme
- 巴黎旅游咨询处 金字塔办公室 大和运输
- p.139 Ebisu R
- p.128 圣罗奇教堂
- Coast
- Le Meurice R p.139
- Rue du Mont Thabor
- Meurice p.141
- 柯莱特时尚店
- 安吉丽娜 p.139
- Hôtel Brighto
- 金字塔广场 Pl. Pyramide
- 金字塔 Pyramides

I / J区：
- Crillon
- 海军部
- Taxi
- Hôtel Cambon
- 巴黎威斯汀酒店 p.142
- Hôtel de la Marine
- Rue de Rivoli
- 香榭丽舍克里蒙梭站 Champs Elysées Clémenceau
- 〔1号线〕
- Rue d'Anglas
- 协和站 Concorde
- 协和广场 p.128
- 国立网球场现代美术馆 Galerie National du Jeu de Paume
- 杜乐丽站 Tuileries
- Ave. Gabriel
- Ave. des Champs Elysées
- Ave. Edward Tuck
- 小皇宫 p.127
- Ave. W. Churchill
- 杜乐丽花园 p.129
- 橘园美术馆 p.129
- Université Paris IV
- 协和桥 Pont de la Concorde
- p.121
- 索尔费里诺桥 Passerelle Solférino
- 塞纳河 Seine
- 皇家桥 Pont Royal
- Quai des Tuileries

116

西堤岛/雷阿勒区/玛莱区
Ile de la Cité / Les Halles / Le Marais

0　　　　　　　500m

索引图
- p.112~113
- p.114~115 歌剧院 Opéra Garnier
- 凯旋门 Arc de Triomphe
- 罗浮宫博物馆 Musée du Louvre
- 协和广场 Pl. de la Concorde
- 奥赛美术馆
- 巴士底广场 Pl. de la Bastille
- 埃菲尔铁塔 Tour Eiffel
- 巴黎圣母院 Cathédrale Notre Dame de Paris
- 蒙帕纳斯站 Tour Montparnasse
- p.118~119
- p.120~121

法国 巴黎　117

- 奥贝尔卡夫站 Oberkampf [9号线]
- Rue de la Folie Méricourt
- Bd. Richard Lenoir
- Ave. Parmentier
- Rue Saint Ambroise
- Rue Saint Maur
- 去往拉雷兹神甫公墓 p.133
- 圣安布鲁瓦兹站 St. Ambroise
- 里沙尔勒·努瓦尔站 Richard Lenoir [5号线]
- Rue Pasteur
- Bd. Voltaire
- 圣塞巴斯蒂安·弗洛瓦扎尔站 St. Sébastien Froissart
- Passage St. Pierre Amelot
- Rue St. Sébastien
- Rue A. Baudin
- Pl. Pasdeloup
- Rue Pelée
- Rue du Chemin Vert
- Rue Bréguet
- Rue Sedaine
- Rue de la Roquette
- Rue Godefroy Cavaignac
- Rue Richard Lenoir
- [8号线]
- 舍曼·维尔特站 Chemin Vert
- Bd. Beaumarchais
- Rue Boulle
- N.D. d'Espérance
- Théâtre de la Bastille
- Ave. Ledru Rollin
- Rue St. Gilles
- Rue des Minimes
- 布莱杰特·萨宾站 Bréguet Sabin
- Rue Keller
- Rue des Taillandiers
- Rue de Charonne
- Rue de Turenne
- Bd. Richard Lenoir
- 香隆讷大道
- Pavillon de la Reine
- Rue Daval
- Lycée Technique des Métiers du Vêtement
- 孚日广场 p.133
- 维克多雨果博物馆 Maison de Victor Hugo
- Baudelaire Bastille
- 勒德吕·罗兰站 Ledru Rollin
- La Herse d'Or
- 叙利宅邸 Hôtel de Sully
- 巴士底站 Bastille
- Rue du Faubourg Saint Antoine
- École des Francs Bourgeois
- 歌剧院（巴士底歌剧院）Opéra Bastille
- 巴士底广场 p.133
- Rue du Petit Musc
- Bd. Henri IV
- Port de Plaisance de Paris Arsenal
- Quinze Vingts
- Rue de Charenton
- Rue des Lions St. Paul
- Bd. Bourdon
- Rue de Lyon
- 多梅尼勒大街 p.141 Ave. Daumesnil
- [RER D线]
- Bibliothèque de l'Arsenal
- 巴士底大道
- [1号线]
- 叙利·莫兰站 Sully Morland
- Rue Mornay
- 朗贝尔宅邸 Hôtel Lambert
- 洛赞宅邸 Hôtel de Lauzun
- Annexe Mairie de Paris
- Bd. Morland
- 里昂站 Gare de Lyon
- 巴黎旅游咨询处 里昂车站办公室
- 叙利大桥 Pont de Sully
- Quai Henri IV
- Port Henri IV
- Ave. Ledru Rollin
- [14号线]
- Bd. Diderot
- Rue Van Gogh
- 里昂车站 Gare de Lyon
- [7号线]
- 塞纳河 Seine
- 拉皮码头站 Quai de la Rapée
- [RER C线]
- 户外雕刻博物馆 Musée de Sculpture en Plein Air
- Quai St. Bernard
- Quai de la Rapée
- [10号线]
- 欧斯泰尔利兹大桥 Pont d'Austerlitz

圣日耳曼德普莱区/拉丁区
St. Germain des prés / Quartier Latin

巴黎 / 法国 119

西堤站 Cité
巴黎古监狱 La Conciergerie
法院 Palais de Justice
圣礼拜堂 p.132
圣米歇尔大桥 Pont St. Michel
圣米歇尔 St. Michel
圣母院站
市立医院 Hôpital Dieu de Cité
警察局 Préfecture de Police
西堤岛 Île de la Cité
圣路易大桥 Pont St. Louis
岛中花 p.139
巴黎圣母院 p.132 Notre Dame
欧杜布勒大桥 Pont au Double
阿尔舍韦谢大桥 Pont de l'Archevêche
图尔内勒大桥 Pont la Tournelle
叙利大桥 Pont de Sully
叙利·莫尔兰站 Sully Morland
洛赞宅邸 Jeu De Paume
朗贝尔宅邸 Hôtel de Lauzun
吕泰斯 Lutéce
Hôtel Lambert
Rue St-Louis en l'île
圣路易岛 Île St. Louis
圣路易恩自尔教堂 Église St. Louis en l'île
亚当·密茨凯维奇纪念馆 Musée Adam Mickiewicz
Quai de Bourbon
Quai de Béthune
Quai de la Tournelle

希腊餐厅一条街
Rue St. Séverin
穷人圣朱利安教堂
St. Séverin
Rue Lagrange
Bd. St. Germain
莫贝尔·米图阿利特站 Maubert Mutualité
圣尼古拉斯·德·沙尔多内教堂 Église St. Nicolas du Chardonnet
Rue des Fossés St. Bernard
阿拉伯世界研究所 p.134
克吕尼拉索邦站 Cluny la Sorbonne
巴黎第五大学 Université Paris V
中世纪博物馆 Musée National du Moyen Age
Musée de la Pref. de Police
圣日耳曼加州酒店 p.143
Sully Saint Germain
Familiar
巴黎第六、七大学 Universités Paris VI et Paris VII
Rue des Ecoles
索邦大学 La Sorbonne
索邦教堂 Église de la Sorbonne
Cluny-Sorbonne
Select
Le Clos Medicis
Rue Soufflot
Brésil
先贤祠 p.134
Ministère de l'Enseignement Supérieur et de la Recherche
圣艾蒂安教堂 Église St. Étienne du Mont
Lysée Henri IV
Grands Hommes
Rue de l'Estrapade
勒穆瓦纳主教站 Cardinal Lemoine
Arènes de Lutéce
Hôtel des Grandes Ecoles
朱西厄站 Jussieu
Rue Cuvier
Rue Linné
植物园 Jardin des Plantes
Lacépède
卢森堡站 Luxembourg (RER B线)
Rue Pierre et Marie Curie
N.D. du Liban
国家高等化学校（ENSCP）
圣雅克大道
École Nationale Supre des Mines
St. Jacques du Haut Pas
奥诺拉广场 Pl. A. Honnorat
École Nationale Supérieure de Chimie
Rue Gay Lussac
Rue d'Ulm
Rue Lhomond
Rue Thouin
Rue Mouffetard
Rue St. Médard
巴黎高等师范学院 Ecole Nationale Supérieure
Maison Fraternelle
Rue Erasme Brossolette
Rue Tournefort
Rue Monge
希腊餐厅一条街
穆费塔尔食品市场
蒙日广场站 Pl. Monge
巴黎清真寺 Mosquée de Paris
Rue Daubenton
Rue de la Clef
桑西耶·多邦东站 Censier Daubenton
巴黎第三大学 Université Paris III

Jardin R. Cavelier-de-la-Salle
Institut Nationale de Jeunes Sourds
Rue de l'Abbé de l'Epée
École Supre de Physique et de Chimie Industrielles
École Normale Supérieure
圣梅达尔教堂 St. Medard
Institut National Agronomique
Rue des Feuillantines
Lycée Lavoisier
Rue Claude Bernard
Rue du Fer à Moulin

巴黎第五大学 Université Paris V
圣米歇尔大道
Rue Henri Barbusse
Jardin Maro-Polo
Rue St. Jacques
Rue P. Nicolé
瓦尔德格拉斯教堂 p.134
天文之泉 Fontaine de l'Observatoire
罗亚尔港站 Port Royal
罗亚尔港大道 Bd. de Port Royal
Maternité Port Royal Clinique Barde Iocque
Hôpital Cochin
巴黎天文台 Observatoire de Paris
Hôpital St. Vincent de Paul
Ave. Denfert Rochereau
Rue Cassini

小地图
p.112～113 凯旋门 Arc de Triomphe
p.114～115 歌剧院 Opéra Garnier
共和国广场
圣礼拜堂
巴黎圣母院
罗浮宫博物馆 Musée du Louvre
蓬皮杜中心
p.116～117
协和广场 Pl. de la Concorde
奥赛美术馆
巴士底广场 Pl. de la Bastille
巴黎圣母院 Cathédrale Notre Dame de Paris
埃菲尔铁塔 Tour Eiffel
卢森堡公园
蒙帕纳斯站
p.120～121 蒙帕纳斯塔 Tour Montparnasse

0　　　500m

埃菲尔铁塔/荣军院
Tour Eiffel / Hôtel des Invalides

如何支配自由时间 enjoy Freetime

图例：
- 半日 半日旅游路线
- 全日 一日旅游路线

法国有很多堪称世界级的观光景点，只是我们经常会因为要花去大部分的时间参观美术馆而苦恼。所以在这里，有必要向大家介绍几条充分利用短期时间玩转巴黎的半日游、一日游路线。下面介绍的路线游基本囊括了巴黎市内的主要观光景点。大家不用担心半天、一天的时间会很紧张，甚至没有休息的时间，下面向大家推荐的半日、一日游都是最理想的巴黎风情游计划，不仅安排好旅游线路，同时也会留出在公园和咖啡厅小憩的时间。

半日 示例路线 Ⓐ 观赏庄严、豪华的建筑物！

罗浮宫　蓬皮杜中心　圣路易斯岛

1 巴黎市政厅 ▶p.132

从远处就能看到市政厅大楼表面漂亮的雕刻装饰。有兴趣的游客可以从里沃利大街（Rue de Rivoli）一侧的入口处进去，便可免费欣赏展览。

徒步2分钟 ▼

2 巴黎圣母院 ▶p.132

沿着市政厅前面的大桥直走，就到了巴黎圣母院的前广场。

徒步3分钟 ▼

3 圣礼拜堂 ▶p.132

沿着帕莱大道就可以找到位于法院院内的小礼拜堂，这里要特别推荐巴黎最古老的彩绘玻璃装饰，十分值得一看。

POINT 乘船游览塞纳河

在静静流淌着的塞纳河上，乘船观赏巴黎的美景，可谓乐事。就这样坐在观光船上沿塞纳河游览一圈，大约要1个半小时的时间。不用走路就能够欣赏到巴黎的美丽景色，塞纳河光船之旅着实吸引了许多游客。为了让大家能够快捷、便利地乘坐观光船，最好提前向公司预订。很多观光船公司都安排从阿尔玛桥、耶拿桥、新桥出发的观光路线。有的线路还利用提供午餐、晚餐和夜景欣赏来吸引游客。

全日 示例路线 Ⓑ 跟团游去不到的地方——小规模的美术馆！

凯旋门　罗浮宫　大皇宫　埃菲尔铁塔　巴黎圣母院

1 马蒙丹·莫奈美术馆 ▶p.136

马蒙丹·莫奈美术馆位于幽静的住宅区内，是一座收藏印象派画作的美术馆。莫奈的崇拜者可以在这里大饱眼福啦！

地铁9号线Miromesnil站下车，再步行15分钟 ▼

2 雅克马尔·安德烈美术馆 ▶p.127

这里配有外语的音频导游，对外国游客来说非常便利。博物馆内的湿壁画和博物馆咖啡厅的午餐都是很有名的。

地铁13号线Varenne站下车，再步行约7分钟 ▼

3 罗丹美术馆 ▶p.136

博物馆自身以及馆前的庭院都是非常值得仔细观赏的景点。步行5分钟，走到圣多米尼克大街的巴士站，坐69路巴士在Gambetta站下车即到。

乘坐巴士约30分钟 ▼

4 毕加索美术馆 ▶p.133

乘巴士在圣保罗站（St.Paul）下车即到。博物馆的展品很多，内院的咖啡厅可供游人歇脚休息。

半日 旅游线路 C

车中凭窗眺望城市，在名胜古迹处拍照留念！

1 卢森堡公园 ○p.134

卢森堡公园的围墙外常常有主题摄影展，一幅幅巨大的照片，整齐地悬挂在栏杆上。游客还可以看到先贤祠的喷泉前，乘坐82路巴士前往战神公园。

▼ 乘坐巴士约20分钟

2 战神公园

坐在去往军人学校的巴士中，从车窗向外望去，可以看到蒙帕纳斯塔。当巴士左转后，在第二站下车。下车后朝右手边的埃菲尔铁塔方向走去，在那里你可以充分享受悠然漫步的乐趣。

3 特罗卡代罗广场

埃菲尔铁塔后面有一个喷泉，沿着喷泉旁边可一直走到夏悠宫中央，在其右边内侧的停车场里，可以乘坐63路巴士前往奥赛美术馆。

▼ 乘坐巴士和步行约20分钟

4 奥赛美术馆 ○p.136

巴士经过横跨塞纳河的阿尔玛桥（过桥后即可看到斜前方的亚历山大三世桥），向前驶去，然后经过圣日耳曼德普莱，最后停在Soruférino站。

▼ 乘坐巴士约10分钟

5 香榭丽舍大街 ○p.126

从美术馆出来，可以在Soruférino人行天桥下乘坐73路巴士。穿过波旁宫、协和广场，就到了香榭丽舍大街。

步行约20分钟

法国 123 巴黎

POINT 自行车自助租用服务"Velib"

近年来，自行车自助租用服务非常受欢迎。您可以在每隔300米设置的停车场里，租借自行车，然后在别处的停车场归还。购买1日票后，就可以使用自行车一次，一次时间为30分钟（超过30分钟，需要另外付费），24小时无限次使用。购买车票需要持有信用卡。

小建议：边吃边逛

边吃边逛是欧洲街头司空见惯的一景，无论到哪儿，我们随时都可以看到边吃边逛的人们。虽然在某些国家，这种边吃边逛的方式被认为是很不雅的举止，但在这里却是理所当然的，并且非常流行。出售外卖三明治、法式薄饼等食品的商店也很多。当然，吃剩的东西和垃圾要随身带回去，这是一个礼节和规矩。

在巴黎当地 可报名参加的 旅游团

巴黎市内有很多旅游团行程，去往凡尔赛等人气很高的观光地，可随意选择。

C：城市观光车

旅游团名称	出发时刻 / 所需时间	参观内容	费用	咨询处
巴黎市区半日游	出发：8:15 / 13:30 所需时间：约3小时45分钟 出发参观日：每天（4/10、5/1、7/14、7/24除外）	乘车欣赏巴黎圣母院、埃菲尔铁塔等。另外，在某些地方也可徒步参观。	63欧元	C
晚餐秀（红磨坊）	出发：18:45 所需时间：约4小时30分钟 出发参观日：每天（12/24、12/31除外）	1889年因创出法国康康舞而闻名的歌厅，在此可享受歌舞秀和晚餐的整套服务。	158欧元	C
凡尔赛半日游	出发：9:15 所需时间：约3小时30分钟 出发参观日：每天（11月~3月的第一个周日、1/1、12/25、周一除外）	从巴黎出发，径直向凡尔赛宫驶去，可以使用头戴式耳机讲解器，参观宫殿内的著名厅室，时间为1小时以上。	66欧元	C
圣米歇尔山一日游	出发：7:15 所需时间：约15小时30分钟 出发参观日：周一、周三、周六（1/1、11/1、12/25除外）	由导游带领参观。包括入场券、简便的午餐，傍晚时在经营诺曼底地方美食的小吃店用餐。	166欧元	C

咨询处●C：城市观光车　℡01 44 55 61 00　http://www.cityrama.fr

欧洲历史游记

中世纪的建筑之美

红山雪夫

无论谁来到巴黎，一定会参观巴黎圣母院。它体现了哥特式大教堂的精华，看到庄严的宫殿和无与伦比的建筑风格，我们都会为之感慨。

不仅是教堂，欧洲之旅中所见的诸多中世纪建筑，如罗马式和哥特式的城堡和宫殿、市政府和行会（同业组织）会馆、宅邸、沿着广场和大街而建的柱廊等，都会令我们想去追寻其魅力所在。

哥特式建筑风格是由其前一个时代的罗马式建筑风格演变而来的。仔细观看具有哥特式建筑风格的巴黎圣母院，可以使我们更深地理解罗马式建筑风格的内涵。

拱形结构的巨大建筑空间

中世纪欧洲建筑的最大特点就是充分利用拱形结构原理，建成拱门、圆顶和拱顶，利用石材创造出宽阔宏大的建筑空间。

如图（1）所示，将楔形的石头堆砌成拱形，利用石头与石头之间的相互挤压来加强其稳固性。即使在它上面加放石头，由于重量会使挤压力增强，所以顶部反而会更加稳固。这就是拱形结构的原理。

如图（2）所示，将拱门旋转一周就成为圆顶。如图（3）所示，将拱门一直拉伸就成为拱顶。如图（4）所示，将两个拱顶交叉，互为直角，就成了交叉拱顶。所有这些与拱门相同，都是利用拱形结构原理保持其稳固性的。

如果不采用拱形结构的话，就要依靠如图（5）、（6）所示的建筑方法来施工。但这样一来，就会堆积大量的石头，从而使拱门的空间变得非常狭小。所以，我们不难理解当时采用这种拱形结构的构思是何等的绝妙。

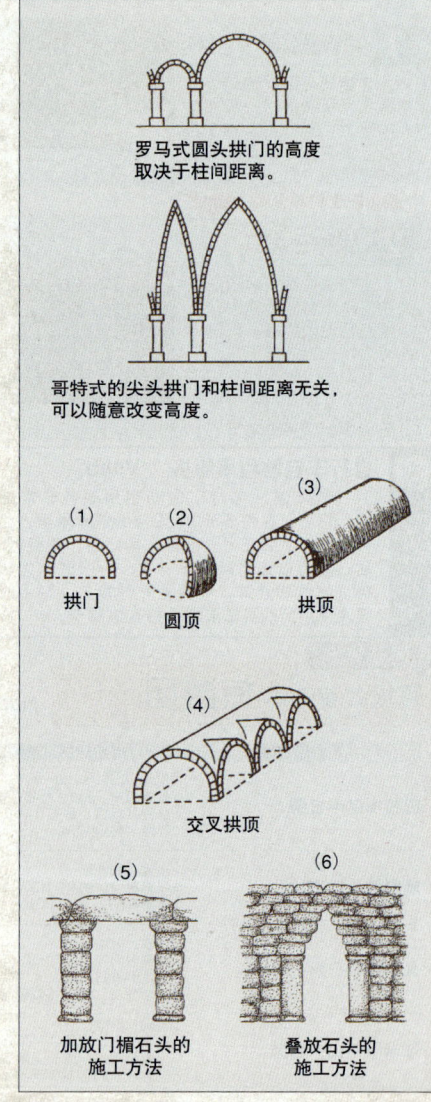

罗马式圆头拱门的高度取决于柱间距离。

哥特式的尖头拱门和柱间距离无关，可以随意改变高度。

（1）拱门　（2）圆顶　（3）拱顶

（4）交叉拱顶

（5）加放门楣石头的施工方法　（6）叠放石头的施工方法

亲身感受一下巴黎圣母院

走进巴黎圣母院，仰望天花板，我们可以看到在最高处有八条线相互交叉，整齐地排列着，这就是交叉拱顶。我们看到的八条线，实际上是沿着拱顶的顶点和交点排列的石头，叫做"肋架"。

天花板高35米，宽阔的建筑空间可以很容易地放进一栋9层高的大楼。

初期的教堂所继承的传统是采用罗马时代巴西利卡式建筑的基本形式，在教堂两侧建列柱，中央为长廊，列柱和侧面墙壁之间的部位被称作侧廊。站在侧廊抬头仰望，侧廊的天花板依然是交叉拱顶，这些拱顶整齐漂亮地排列着。城堡和街区中的中世纪的列柱廊采用的是和巴黎圣母院一样的结构。

大放光彩的彩绘玻璃

在祭坛的前面，与长廊交叉成直角形状的是袖廊。不仅是巴黎圣母院，所有的大教堂都是如此，全部呈十字架形状。在袖廊的两端，有巨大的圆形蔷薇窗，漂亮的彩绘玻璃散发着璀璨的光彩。其他的窗口上也全部装有彩绘玻璃，极为漂亮。

罗马式建筑时代，没有彩绘玻璃，只有壁画。引进彩绘玻璃是哥特式建筑的主要特征之一。

罗马式教堂一般背面很低，窗户很小，教堂内比较昏暗。此外，如图所示，虽然采用圆头的拱门，但若要提升高拱门的高度，直径就会变得过宽，拱形结构就会有突然崩落的危险。如果使用每块都很大的石头，这种情况虽然可以避免，但同时整个拱门的重量就会增加。

哥特式建筑，如图所示，采用的是尖头拱门，这样就可以解决以上问题。尖形拱门在罗马式建筑时代的末期产生萌芽，在哥特式建筑时代发展起来。哥特式建筑充分运用了尖形拱门的结构，无论是建筑物本身还是窗户，都可以任意增高加大。彩绘玻璃在罗马式教堂的小窗户上无法体现其特点，只有将窗户改建得又高又大时才能彰显出来。

扶壁的功能

哥特式大教堂在各地竞相修建，随着岁月的流逝，人们对其结构等的追求也越来越高。把建筑同人们的信仰结合起来，表达对天国的向往和对神灵的赞颂，是哥特式建筑的特色。

接下来，走到教堂外面，从后面观看巴黎圣母院。我们能够看到其背部很高，此外，窗户的面积也大大增加。因此，为了减轻墙壁的支撑压力，人们在墙壁的外侧设计了许多扶壁。扶壁也是哥特式建筑的主要特征之一。

巴黎圣母院庄严的外观

被称为「蔷薇窗」的彩绘玻璃

观光 Sightseeing

蔚蓝的天空映衬着巴黎的名胜——凯旋门

香榭丽舍大街
Ave. des Champs Elysées

香榭丽舍大街是"花都"巴黎的象征，也是一条购物和美食街。从巴黎西北部的凯旋门延伸出来的12条大街，呈放射状延伸开来。香榭丽舍大街就是其中之一，全长2千米的林荫道，一直延伸到特罗卡代罗广场。

Ave. des Champs Elysées
香榭丽舍大街 ???
地图 p.113-G

- M1、2、6和RER-A 戴高乐星形广场站（Charles de Gaulle Étoile），M1 乔治五世站（George V），M1、9富兰克林·罗斯福站（Franklin D Roosevelt），M1、13克里蒙梭站（Champs Elysées Clémenceau），M1、8、12协和站（Concorde）

这块土地曾为原野和沼泽地，17世纪初，当时的皇后玛丽·德·梅德西斯对其进行了整修，成为人行道，供人们游玩时使用。之后，凡尔赛宫的风景设计师勒诺特在这里增建了交通环岛，并在道路两旁种上了树木，将其命名为源于古希腊神话的"极乐世界"（Elysées）。在种着法国梧桐和欧洲七叶树的道路两侧，有着种类繁多的商店和宽广的绿地。

人行道上遍布着带有阳台的咖啡厅

Arc de Triomphe
凯旋门 ???
地图 p.112-F

- M1、2、6和RER-A 戴高乐星形广场站（Charles de Gaulle Étoile）出发即到
- 屋顶瞭望台门票9欧元（10~3月的第一个星期天免费），可用PMP（关于PMP详情请参照p.127），10:00~23:00（10~3月至22:30）开放，部分节假日休息

巴黎凯旋门，位于巴黎戴高乐星形广场的中央，高约50米，宽约45米。这座象征着巴黎的白色之门，是法国皇帝**拿破仑**

摄影秘诀
凯旋门

凯旋门浮雕上刻满了拿破仑一世所取得的胜利功绩的主题图案。其中从香榭丽舍大街可以观看到的右侧浮雕，由吕德创作的《1792年的志愿军出战》（通常称为《马赛曲》图）尤为著名。凯旋门下有许多死于一战的无名烈士的墓碑，每当黄昏时刻，追悼的灯光便开始闪烁。在晴朗的日子，也可以登上天台上的瞭望台（收费），充分欣赏一下巴黎的全景。

一世为纪念奥斯特利茨战争的胜利而建立的，于1806年奠基。在经过皇帝下台、王室复辟和七月革命等巨大政治波动后，1836年终于建成。1821年，拿破仑在圣海伦娜逝世后，历经重重困难，1840年，其遗体才经过凯旋门被运送到巴黎。

Palais de l'Elysée
爱丽舍宫 ??
地图 p.113-H、114-I

- M1、13香榭丽舍克里蒙梭站（Champs Elysées Clémenceau）出发，步行5分钟

是1718年著名资本家克罗札的女婿戴弗罗伯爵修建的宫殿。**路易十五**的情人蓬帕杜夫人和拿破仑的皇后约瑟芬都曾居住在这里。此外，1815年，拿破仑一世在滑铁卢战役大败之后，第二次退位时，曾在此签降书逊位。这座有着深厚历史渊源的宫殿，现在是总统的官邸。仅限"历史遗迹日"等特别开放日方可参观，时间为9月的第一个周末。

爱丽舍宫现在是总统的官邸

Grand Palais
大皇宫
地图 p.113-H

- M1、13香榭丽舍克里蒙梭车站（Champs Elysées Clémenceau）出发，步行2分钟
- 大皇宫国家美术馆10:00~20:00（周三至22:00）开放，周二、部分节假日休息/"发现殿堂"6.50欧元（包括天文馆在内的套票10欧元），9:30~18:00（周日、节假日10:00~19:00）开放，周一、部分节假日休息

这是1900年为巴黎世博会建造的豪华宫殿。经过12年的改建，于2005年秋季重新对外开放。游客除了可以参观在美术馆举行的各式各样的画展外，也可以进入科学博物馆的"发现殿堂"进行参观。

西侧墙壁上的马赛克浮雕

Petit Palais
小皇宫
地图 p.113-H、114-I

- M1、13香榭丽舍克里蒙梭车站（Champs Elysées Clémenceau）出发，步行2分钟
- 免费入馆（计划展收费），可用PMP，10:00~18:00开放，周一和节假日休息

这家美术馆，珍藏着法国代表性的艺术品。它是1900年巴黎世博会举行之时修建的用于展览美术品的地方。珍藏品主要以18~19世纪的法国绘画作品为主，另外还有雕刻、陶瓷器、家具等多种艺术品。

点缀着画室的装饰画和雕刻，光彩夺目

贴心小提示
巴黎博物馆通票
在巴黎，想要参观更多名胜古迹的人，建议购买"巴黎博物馆通票"。巴黎市内和近郊共计50余所美术馆、博物馆和游览胜地，只要在有效期以内，都可以免费参观。2日票为33欧元，4日为48欧元，6日为64欧元。通票在旅游咨询处和美术馆均有发售。本书资讯信息中标示有"可用PMP"的，即说明此景点可以使用巴黎博物馆通票。

Parc de Monceau
蒙梭公园
地图 p.113-C

- M2耶梭车站（Monceau）出发即到
- 4/1~10/31的7:00~22:00、11/1~3/31的7:00~20:00开放

这是一家位于幽静的住宅街区的公园。1862年被改建成英国风格的庭园，成为公共场所，供人们使用。这里种类繁多的林木广为人知。

Musée National des Arts Asiatiques Guimet
吉美美术馆
地图 p.112-J、p.120-A

- M9耶拿车站（Iéna）出发即到
- 门票7.50欧元（包含音频讲解器），可用PMP，10:00~18:00开放，周二和部分节假日休息

出生在里昂的埃米尔·吉美不仅是位工业家，而且也是一位亚洲艺术研究家。这座美术馆就是以他的个人收藏品为基础创建的欧洲最大规模的亚洲美术馆。

Musée Jacquemart André
雅克马尔·安德烈美术馆
地图 p.113-C

- M9圣菲利普杜鲁莱车站（St. Phillipe du Roule）出发，步行5分钟
- 门票10欧元（包含音频讲解器），沙龙11:45~17:30

这座建筑本身就称得上一件艺术杰作。这里展览着19世纪的银行家雅克马尔·安德烈夫妇收藏的作品。

是19世纪修建的豪宅，并设的咖啡厅也非常受欢迎

拿破仑一世
在国外远征途中，拿破仑一世给妻子约瑟芬写了许多情书，但最终还是因为约瑟芬被人盛传生活过于奢侈及有外遇，两人陷入了离婚的危机。当然，最终他与约瑟芬重归于好，再次举行了宗教结婚仪式。达·芬奇的《加冕式》（藏于罗浮宫博物馆）即取材于此。

路易十五
路易十四的曾孙，5岁便即位。从小就被卷入战争的浪潮中，在七年战争中，法国在新大陆的主要殖民地被英国侵占。政治上受到他的情人蓬帕杜夫人的影响。至此，在法国，绝对的君主集中制开始动摇。

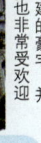
文中注释

歌剧院/罗浮宫
Opéra / Louvre

这里是巴黎的中心地区，到处洋溢着深厚的历史和文化气息。歌剧院、罗浮宫等历史性建筑便分布于此。剧场也非常多，即便到深夜，依然热闹非凡。此外，这里也作为购物街区而闻名遐迩。

歌剧院（加尼耶歌剧院）
Opéra Garnier
地图 p.114-F

- M3、7、8 歌剧院车站（Opéra）出发即到
- 参观歌剧院8欧元，10:00~17:00开放，1/1、5/1休息

在拿破仑三世的统治下，**奥斯曼**男爵将歌剧院并入巴黎改造计划的一环进行修建。歌剧院宽125米，高73米，总面积约1.1万平方米，是世界上最大的歌剧院。设计者是当时尚无名气的建筑家夏尔·加尼耶，他是在比赛中从171个应聘者里选拔出来的。他设计完成了这栋将古典、巴洛克等各式各样的建筑风格混合在一起的豪华建筑。在歌剧院的外侧，四个方位均被壮丽的雕刻装饰着。到这里，必看之处还包括夏加尔创作的天顶画《梦之花束》。

从全长约700米的歌剧院大街，远眺正面的歌剧院

马德莱娜教堂
Église de la Madeleine
地图 p.114-E

- M8、12、14马德莱娜车站（Madeleine）出发即到
- 9:30~19:00开放

马德莱娜教堂被科林斯风格的52根圆柱围绕着，是一座拥有古希腊风格的外观奇特的教堂。自1794年奠基以来，其建造用途发生过多次变化，1842年终于以教堂的形式落成。一直以来被人们亲切地称为"马德莱娜"。其正面的山墙墙壁上装饰着漂亮的雕刻——《最后的审判》，内部还有《基督洗礼像》和《圣母玛利亚婚礼像》等。

仰望马德莱娜教堂的列柱

圣罗奇教堂
Église St. Roch
地图 p.114-J

- M7、14金字塔车站（Pyramides）出发，步行3分钟
- 9:00~19:00（周日9:30起）开放

相传是14世纪的圣人圣罗奇捐资修建的巨大教堂，他曾经在意大利帮助过鼠疫患者。经过长期的修建，形成竖长形的外观。受地形所限，该建筑违背了教堂建筑的基本规定，将祭坛修建在北部。它是巴黎屈指可数的宗教艺术宝库。

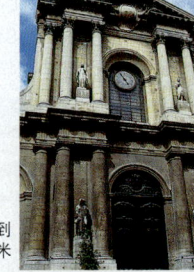

正面入口很狭窄，但走到里面宽度可达125米

协和广场
Pl. de la Concorde
地图 p.114-I

- M1、8、12协和车站（Concorde）出发即到

又被称为"路易十五广场"。广场上点缀着美丽的街灯和喷泉，建成于1775年。大革命爆发时，在广场设置了断头台，路易十六和玛丽安托瓦内特等1343人死于此处。

广场上的喷泉和雕像

文化小典故

加尼耶歌剧院

1875年建成，是一座将巴洛克式、洛可可式等各式各样的建筑风格融合在一起的剧院，在当时堪称绝妙的建筑。拿破仑三世的皇后欧仁妮在看过歌剧院后曾询问建筑家加尼耶："这是什么风格的建筑？"加尼耶灵机一动，巧妙地回答道："这是拿破仑三世的风格。"皇后大悦。我们力荐游客一定不要错过参观大理石台阶、枝形吊灯、天花板的装饰、歌剧院外面的雕刻（仿品，真品收藏于奥赛美术馆）等。

Jardin des Tuileries
杜乐丽花园
地图 p.114-J

- M1杜乐丽车站（Tuileries）和M1、8、12协和车站（Concorde）出发即到
- 7:30~19:30（4、5、9月7:00~21:00，6~8月7:00~23:00）开放

是位于协和广场和罗浮宫之间的一个大庭园。和杜乐丽花园一样，曾为意大利风格的庭园，但后来整修成为以对称美和几何学模型为特征的法国式庭园。宫殿因1871年巴黎公社运动的爆发而毁于大火。

市民休憩的场所

Palais du Louvre
罗浮宫
地图 p.115-K

- M1、7皇宫和罗浮宫车站（Palais Royal Musée du Louvre）出发，步行1分钟
- 装饰艺术美术馆、流行样式与纺织物美术馆及广告美术馆三馆通票为9欧元，可用PMP，11:00~18:00（周六、周日10:00起、周四至21:00）开放，周一休息

罗浮宫最初是13世纪菲利普二世下令修建的城堡。16世纪，又建造了王室居住的宫殿，之后，拿破仑一世将从敌国掠夺的战利品收藏在这里，奠定了博物馆的根基。到拿破仑三世时代，最终形成了博物馆现在的样子。除了罗浮宫博物馆（参照p.130）之外，游客也可以进入其他三个美术馆参观。

Palais Royal
皇宫
地图 p.115-K

- M1、7皇宫和罗浮宫车站（Palais Royal Musée du Louvre）出发即到

这里本来是路易十三的宰相、枢机主教黎塞留的公馆，宰相死后，这里被赠与皇室家族，成为路易十四的居住地，因此名字就变为"皇宫"。皇室迁居至凡尔赛之后，此地归奥尔良家族所有。现在，这里入驻了精品店、餐厅和文化部等。

现代化喷水池坐落在正面广场上

Musée de l'Orangerie
橘园美术馆
地图 p.114-J

- M1、8协和车站（Concorde）出发，步行4分钟
- 门票7.50欧元（音频讲解器 5欧元、第一个周日免费），9:00~18:00（周五至21:00）开放，周三、5/1、12/25休息

沿杜乐丽花园内的塞纳河修建的橘园美术馆，是在亨利四世建造的橘园的遗址上建造起来的。这里展览着画商保罗·纪尧姆和实业家让·瓦尔特（Jean Walter）的私人收藏品。馆内最多的绘画作品是以印象派为主的近代绘画杰作。此外，毕加索等外国画家的作品也很多。尤为著名的是莫奈创作的《睡莲》（*Nymphéas*）系列作品。椭圆形的大厅墙壁上布满了睡莲，在自然光线下，令人叹为观止。

Musée Gustave Moreau
古斯塔夫·莫罗美术馆
地图 p.114-B

- M12圣乔治车站（St. Georges）附近
- 门票5欧元，可用PMP，10:00~12:45、14:00~17:15开放，周二、1/1、5/1、12/25休息

该美术馆是以神话和传说为主题进行创作的象征主义画家**古斯塔夫·莫罗**的宅邸，馆中陈列着其遗作。莫罗去世后，1703年这里被改为国立美术馆，开始对外开放。因为古斯塔夫·莫罗生前作品一直大卖，所以这里展出的作品以他的习作和画稿为主。这里也有很多卖出去后又重新回到这里的著名作品。

画室中充满幻想气息的绘画作品鳞次栉比

尤金·乔治·奥斯曼

1853年，在拿破仑三世的统治下，尤金·乔治·奥斯曼就任塞纳省省长，经过17个春秋，终于完成了巴黎的城市改造计划。从凯旋门开始铺设出的12条大街，呈放射状，塑造出现在的巴黎街道的原型。因此，尤金·乔治·奥斯曼被誉为"花都巴黎之父"。

古斯塔夫·莫罗

活跃于19世纪后半期的象征派画家。他的作品以神话为题材，描绘出精神世界的玄奥，进而将欣赏者带入深度的思考中，对19世纪末的艺术界带来了不可估量的影响。1892年在一所美术学校任教，培养了后世的名人亨利·马蒂斯。

必看的博物馆

Musée du Louvre 地图 p.115-K

畅游罗浮宫博物馆

罗浮宫博物馆是世界三大著名博物馆之一。东西约1000米，南北约300米。罗浮宫内共收藏着约30万件作品。有欣赏价值的主要作品请参照本页图片。如果在馆外的皇宫和罗浮宫地铁站的检票口购买PMP和博物馆门票的话，就无须跟在长蛇般的队伍后边排队，直接通过专用入口就可以入馆了。

半地下 Entresol　所需时间约15分钟

在玻璃金字塔下面的拿破仑厅中，可以获取外文的馆内参观图（免费）。

馆内也有衣帽间（收费）、博物馆商店、音频讲解器出租处（6欧元）、电影厅、音乐厅等。

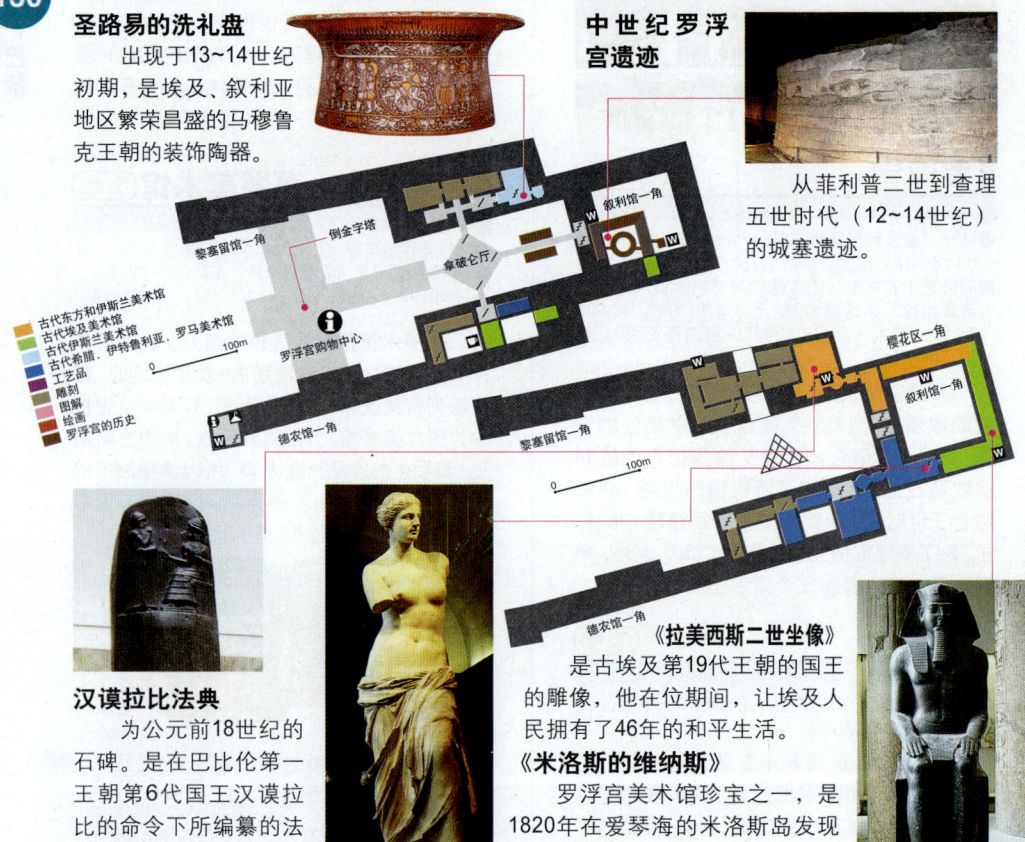

圣路易的洗礼盘
出现于13~14世纪初期，是埃及、叙利亚地区繁荣昌盛的马穆鲁克王朝的装饰陶器。

中世纪罗浮宫遗迹
从菲利普二世到查理五世时代（12~14世纪）的城塞遗迹。

汉谟拉比法典
为公元前18世纪的石碑。是在巴比伦第一王朝第6代国王汉谟拉比的命令下所编纂的法典，里面的内容是用楔形文字记录下来的。

《拉美西斯二世坐像》
是古埃及第19代王朝的国王的雕像，他在位期间，让埃及人民拥有了46年的和平生活。

《米洛斯的维纳斯》
罗浮宫美术馆珍宝之一，是1820年在爱琴海的米洛斯岛发现的大理石雕像。约为公元前1世纪的作品。

1层 Rez de chanssée　所需时间约35分钟

埃及、东方、希腊和罗马的古代美术杰作都集中在这一层。虽然众多杰作全部收藏于此，但每个展位之间都有一定的距离，即使加快脚步参观，每个作品至少也要花费10分钟。

2层 1er etage　　所需时间约35分钟

是馆内所藏物品最为丰富的一层。古埃及和希腊雕刻（叙利馆），法国和欧洲他国绘画（德农馆）、美术工艺品（黎塞留馆）都集中在此，尤其是下面的作品，一定不要错过。

《蒙娜丽莎》
莱昂纳多·达·芬奇的杰作——《蒙娜丽莎》，是一个引起诸多争议的著名作品，其微笑至今仍是个谜。

《拿破仑一世的加冕式》
达·芬奇的作品。

《自由引导人民》
是德拉克洛瓦创作的描绘1830年七月革命的杰作。

《萨莫色雷斯的胜利女神》
整个作品充满着力量感和跃动感，是希腊雕刻艺术的杰作。

《花边女工》
维米尔的优秀作品。是巧妙地将偏深的色彩和静谧、诗意的构图结合在一起的室内作品。

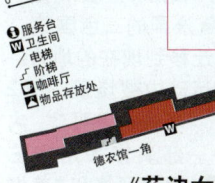

是佛兰德斯派的艺术大师鲁本斯创作的系列作品。用21幅绘画作品描绘了王妃的一生。

《玛丽·德·美第奇》

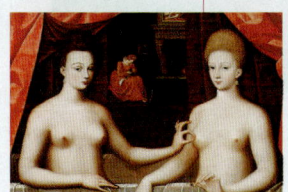

《加布里埃尔·蒂斯特斯和她的一个姐妹》
是16世纪枫丹白露派的作品。右边为加布里埃尔·蒂斯特斯，左边为她的妹妹维拉尔公爵夫人。

《木匠约瑟》
乔治·德·拉图尔的作品。

3层 2ème etage　　所需时间约35分钟

可以称之为罗浮宫核心的绘画作品都集中在这一层。上午时间这里比较清静。

● 门票9欧元（18:00以后6欧元、音频讲解器 6欧元、每月第一个周日免费），可用PMP，9:00~18:00（周三和周五至21:45）开放，周二和部分节假日休息

法国 131 巴黎

西堤岛/雷阿勒区/玛莱区
Ile de la Cité / Les Halles / Le Marais

塞纳河上的西堤岛是历史建筑宝库。与它相邻的圣路易斯岛是一座幽静的宜居城市。北侧玛莱区是16~17世纪的贵族居住区，西部的雷阿勒地区是充满平民气息的地方。

Cathédrale Notre Dame de Paris
巴黎圣母院 ◎◎◎
地图 p.116-J、p.119-C

- M4西堤车站（Cité）出发，步行2分钟
- 大教堂：免费，8:00~18:45（周五、周日至19:15），无休息日/塔：7.50欧元，10:00~18:00（冬季至17:30，周五、周日至23:00），部分节假日休息/地下礼拜堂：免费，10:00~18:00，周一、部分节假日休息，可用PMP

堪称12世纪哥特式建筑的巅峰之作。由巴黎大主教莫里苏利于1163年开始修建，1320年建成。圣女贞德恢复名誉的审判、亨利四世和玛格丽特公主的婚礼及拿破仑一世的加冕仪式等许多历史事件，都发生在这座大教堂中。在其正面，用大量的雕刻讲述了《圣经》中的故事。教堂的内部有三块被称作"蔷薇窗"的彩绘玻璃，是这里的一大亮点。

从塞纳河左岸眺望远景

📷 摄影秘诀
从巴黎圣母院眺望远处
大教堂中矗立着两座高69米的钟楼。南钟楼上有一个重达13吨的大钟。从北钟楼的旁边进入，需要登386段台阶才能到达最高处。您可以一边欣赏栏杆上的怪兽"奇美拉"的独特雕像，一边眺望西堤岛和欣赏最古老的巴黎市区街道，陶醉于美景之中。

Église Ste. Chapelle
圣礼拜堂 ◎◎◎
地图 p.116-I、p.119-C

- M4西堤车站（Cité）出发，步行1分钟
- 门票8欧元（和参观巴黎古监狱一同使用的通票11欧元），可用PMP，9:30~18:00开放，1/1、5/1、12/25休息

是路易九世为了保存耶稣的遗物于1248年修建的教堂。2层的礼拜堂内，有面积达600平方米的玻璃窗，其中大约一半制造于13世纪，是巴黎最古老的玻璃制品。

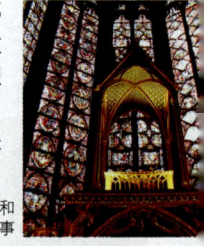

描述着《旧约圣经》和《新约圣经》里的故事

Hôtel de Ville
巴黎市政厅 ◎◎
地图 p.116-F

- M1、11巴黎市政厅车站（Hôtel de Ville）出发即到
- 内部只允许导游带领旅行团参观（需要提前两个月预约）

办公楼内有巴黎市政府和塞纳省厅两个机构。大钟下面写着"自由、平等、博爱"的文字，窗户旁飘扬着法国的三色国旗。1357年从夏特勒广场迁移到现在的地方，但1871年在巴黎公社运动中被烧毁，1882年进行了再建。内部装修采用文艺复兴风格和"美好时代"风格融合在一起的样式，美丽壮观。

犹如宫殿般的华丽外观

Forum des Halles
雷阿勒商业中心 ◎◎
地图 p.115-L、p.116-E

- M4雷阿勒车站(Les Halles)，或RER-ABC夏特勒雷阿勒车站(Châtelet Les Halles)出发即到
- 精品店大街，通常为10:00~20:00营业

是1983年在旧中央市场的遗址上修建的综合购物中心，地上一层、地下四层。采用露天挖掘的形式纵向深挖，其特征是整体呈倒金字塔的形状。为使阳光直达最底层，当时人们绞尽脑汁想出了建造中庭的方法。时尚店、室内装饰店、书店等各种商店均聚集于此。

采用玻璃和钢结构的现代化设计

Centre Georges Pompidou
蓬皮杜中心
地图 p.116-E

- M11伦堡图车站（Rambuteau）出发即到
- 美术馆门票10欧元（第一个周日免费），可用PMP，11:00~22:00（美术馆至21:00）开放，周二、5/1休息

它的正式名称为"乔治·蓬皮杜国立艺术文化中心"。当时的总统蓬皮杜将其作为巴黎中心再开发计划中的一环而建造，1977年开始对外开放。展出20世纪的美术作品的国家现代美术馆，规模堪称世界最大，馆内配备了各式各样的设施。

犹如施工现场的外观给人留下深刻印象

Pl. des Vosges
孚日广场
地图 p.117-G

- M1圣保罗车站（St.Paul）出发，步行3分钟

是巴黎最古老且极为优雅的广场。1605年在亨利四世的构思下，由国王身边的建筑家路易梅特索设计，在7年之后的路易十三时期完成。当初除了用做贵族王公们的休闲场所外，也是马术表演和决斗的地方。砖瓦修建的36栋楼房建筑环绕着这个方形广场，**维克多·雨果**的家就在6号楼上，这里一般是可以免费参观的（周一、节假日休息）。

Pl. de la Bastille
巴士底广场
地图 p.117-G/H

- M1、5、8巴士底车站（Bastille）出发即到

这里是修建于路易十三时代的恶名远扬的巴士底监狱的遗址。1789年7月14日，法国大革命爆发后，市民攻占了巴士底狱。现在，在广场的中央，矗立着"七月圆柱"，这是为了纪念在七月革命中牺牲的市民而修建的。在圆柱的下面，埋葬着七月革命和二月革命中牺牲者的遗体。

圆柱的顶部矗立着象征新生的法国的自由天使像

Musée National Picasso
毕加索美术馆
地图 p.116-F

- M1圣保罗车站（St.Paul）出发，步行7分钟
- 门票8.50欧元（第一个周日免费），可用PMP，9:30~18:00（10~3月至17:30）开放，周二、1/1、12/25休息

是17世纪的宅邸改建成的美术馆，里面收藏了西班牙艺术家巴勃罗·毕加索的作品。

悠闲地在后院的咖啡厅里休憩

Cimetière du Père Lachaise
拉雪兹神甫公墓
地图 p.117-D外

- M2、3拉雪兹神甫公墓车站（Pére Lachaise）出发，步行1分钟
- 8:00~18:00（周六8:30起，周日、节假日9:00起，11/6~3/15至17:30）

巴黎最大的墓地。这里有小说家巴尔扎克、歌手**埃迪特·皮亚芙**等人的墓地。

文化小典故

蓬皮杜中心　Centre Georges Pompidou

由外露钢骨外壁和玻璃构成的绚烂多彩的外观，无论从哪个方位看都非常漂亮。在旧市场的古老街区中，现代化的建筑豁然映入眼帘，让人赏心悦目。设计者是意大利的R.皮亚诺和美国的R.罗杰斯。他们的方案最终从来自49个国家的竞争者所提出的681个方案中胜出。

文中注释

维克多·雨果
19世纪浪漫主义的代表诗人和小说家，他创作了《悲惨世界》（1862年）、《巴黎圣母院》（1831年）等优秀作品。据说他与他的女神——女演员朱丽叶，在50年里互相通信，写了2万多封情书。

埃迪特·皮亚芙
巴黎北部的平民地区贝尔维尔出身的歌手。社会上流传着许多关于她的爱情故事，如与伊夫蒙当的恋爱及与拳击冠军马塞尔·塞尔当之恋。她的歌声，让人魂牵梦绕，至今仍拥有许多歌迷。

圣日耳曼德普莱区/拉丁区
St. Germain des Prés / Quartier Latin

这是巴黎最具"智慧"的地区。20世纪50年代的众多哲学家、作家和音乐家都集中于圣日耳曼德普莱地区。现在它成为时尚和艺术的发源地。拉丁区是拥有800余年历史的学生区。

Église St. Germain des Prés
圣日耳曼德普莱教堂
地图 p.118-B

- M4圣日耳曼德普莱车站（St.Germain des Prés）出发即到
- 9:00~19:00（周日至20:00），举行宗教仪式时不能参观

初期，这里是一座拥有罗马式建筑风格的教堂。高高耸立的钟楼建于11世纪。542年修建了修道院的附属教堂，576年巴黎的主教圣日耳曼葬于教堂内的墓地中，从此教堂就被称为"圣日耳曼德普莱"（圣日耳曼的草原）。正殿和后殿周围的走廊至今仍保留着12世纪的风采。

站在巴黎最古老的钟楼上，能俯瞰到巴黎左岸的街区

Jardin et Palais du Luxembourg
卢森堡公园、宫殿
地图 p.118-F

- M4圣叙尔皮斯车站（St.Sulpice）出发，步行5分钟
- 公园：开园7:15~8:15，闭园14:45~21:30（按照季节而更改）/美术馆：门票、开馆时间按照计划展而变动

公园是17世纪为亨利四世的王后玛丽·美第奇而建造的，作为卢森堡宫殿的前庭来使用。在它后面的宫殿曾经是议会、法院，现在成为上议院和卢森堡美术馆所在地。

对外开放的美丽的公园是巴黎市民心中的一块绿洲

Panthéon
先贤祠
地图 p.119-G

- M10勒穆瓦纳主教车站（Cardinal Lemoine）出发，步行5分钟
- 门票8欧元，可用PMP，10:00~18:30（10~3月至18:00）开放，1/1、5/1、12/25休息

这里是作家雨果、思想家卢梭等人长眠的地下墓室（Crypte）的祠堂。1849年，物理学家福柯在这里进行了证明地球自转的钟摆实验。

高度在巴黎数一数二的巨大圆顶

Institut du Monde Arabe
阿拉伯世界研究所
地图 p.116-J、p.119-D

- M10勒穆瓦纳主教车站（Cardinal Lemoine）出发，步行3分钟
- 美术馆门票4欧元，可用PMP，10:00~18:00开放，周一、5/1休息

此建筑由新锐建筑家让·努维尔设计，并镶嵌着几何学图案的玻璃。馆内设施齐备，介绍了从创始至今的伊斯兰教的文化和艺术成就。此外，还设有展览厅和美术馆。

屋顶的露台现已成为瞭望台

Val de Grâce
瓦尔德格拉斯教堂
地图 p.119-K

- RER-B罗亚尔港车站（Port Royal）出发，步行2分钟
- 博物馆门票5欧元，12:00~18:00开放，周一、周三、周五休息

这是在路易十三的王后安妮德格拉斯的命令下，由芒萨尔设计的建筑。它保留着17世纪时耶稣会教堂的风貌，为法国最具罗马式建筑风格的教堂。巴洛克式的华盖和米尼亚尔的作品——天顶画，是整个教堂的亮点。此外，这里会定期举行手风琴音乐会。

圆顶的高度仅次于先贤祠、荣军院

埃菲尔铁塔/荣军院
Tour Eiffel / Hôtel des Invalides

这一地区相当于巴黎市的第7区,是曾经被称为"富人区"的贵族街区,现在已经成为诸多国家机关密集的地区。整个住宅区充满了幽静、安宁的氛围。

埃菲尔铁塔
Tour Eiffel

地图 p.120-F

- RER-C 埃菲尔铁塔战神广场车站（Champ de Mars Tour Eiffel）出发即到
- 第1层望台4.80欧元,第2层望台8.10欧元,第3层望台13.10欧元,登台阶到顶部（到第2层望台）4.5欧元；9:30~23:00（6月中旬~8月中旬9:00~24:00）开放 ※请注意,除了夏季,如不乘坐电梯,登顶时间最晚至18:00,关门较早。

1889年,为迎接**巴黎世博会**和纪念法国革命100周年,在高架桥工程师**居斯塔夫·埃菲尔**的设计、指导下,埃菲尔铁塔得以建成。其高度在当时是世界上最高的,达301米（包括天线为324米）,总重量为9700吨。

在修建过程中,因为破坏了巴黎的景观风貌,埃菲尔铁塔的建筑工程遭到了人们的指责,但完成后,却同新艺术风潮一并受到欢迎。20年后,本来预计要拆除,但人们决定将其作为天线塔继续保留。其后又安装了照明灯,闪耀在夜晚的巴黎上空。

在夏悠宫的中央露台上眺望铁塔

摄影秘诀
从埃菲尔铁塔远眺

埃菲尔铁塔共分3层,每一层上都有展望台。最高一层上的第3展望台围有金属网丝。整座塔最吸引人的地方是人们可以360度全方位地欣赏巴黎全景。站在铁塔上,从东南方向,越过战神公园可以远望荣军院的圆顶,从东北方向可以俯视缓缓流淌的塞纳河、眺望歌剧院和圣心大教堂。而在傍晚到夜幕降临这段时间里欣赏巴黎的夜景,更是绝对不可错过的。身处灯光闪耀的街区,让人不禁充满无限的遐想。

夏悠宫
Palais de Chaillot

地图 p.120-E

- M6、9 特罗卡代罗广场车站（Trocadéro）出发即到
- 海洋博物馆门票7欧元,可用PMP,10:00~18:00开放,周三、部分节假日休息/建筑、文化遗产博物馆门票8欧元,11:00~19:00（周四至21:00）开放,周三、部分节假日休息

夏悠宫是作为1937年巴黎世博会的会馆而建造的。外形犹如展翅鹭鸟,建筑物的上部刻有诗人保罗·瓦莱里的铭文。现在是设有博物馆和国立剧场的文化性设施。

竖立着阿波罗雕像的右翼

荣军院
Hôtel des Invalides

地图 p.121-G/H

- RER-C,M8、13,荣军院车站（Invalides）出发,步行3分钟
- 门票9欧元（为军事博物馆和圆顶教堂的通用券,周三4欧元）；可用PMP；博物馆10:00~18:00（10月至17:00）开放;除去7~9月,每月的第一个周一、部分节假日休息

为便于退役伤残军人进行疗养,于1670年创建了这所残疾士兵疗养院。现在疗养院仍存在,内部有军事博物馆,对外开放,供游客参观。在圆顶教堂的地下,安放着拿破仑一世的遗体。

高达107米的黄金圆顶

巴黎世博会

1855年,举行了第一次巴黎世博会。之后,世博会相继在1867年、1878年、1889年（建造埃菲尔铁塔）、1900年（建造大皇宫和小皇宫）、1937年（建造夏悠宫）又多次举行。现在这些建筑已成为巴黎的游览胜地。

居斯塔夫·埃菲尔

是出生于法国第戎的建筑工程师。因修建著名的埃菲尔铁塔而声名显赫。此外,他还参加过美国"自由女神像"（巴托尔迪的作品,1884年）的内部结构设计和老牌百货商店、廉价百货店等的修建工作。

Musée d'Orsay
奥赛美术馆

地图 p.118-A、p.121-D

- M12苏法利诺车站(Solférino)出发，步行3分钟
- 常设展门票8欧元（周日16:15以后、周四18:00以后5.50欧元，第一个周日免费），可用PMP，音频讲解器5欧元，9:30~18:00、周四至21:45开放，周一、部分节假日休息

1939年之前，这里曾是奥赛火车站。该火车站由国立美术学校的教授拉鲁设计，是一座豪华建筑。车站关闭后，在保留内部装修和大体框架的基础上，1979年按照早先的规划建造了美术馆，并于1986年开馆。馆内收藏了从1848年到1914年的大约2万件现代美术作品。此外，印象派的作品也非常多。

充分利用火车站特色的场馆

Musée Rodin
罗丹美术馆

地图 p.121-H

- M13瓦雷纳车站(Varenne)出发即到
- 门票6欧元（仅参观庭园 1欧元，第一个周日免费），可用PMP，9:30~17:45开放，周一、部分节假日休息

这里收藏着近代雕刻的先驱者奥古斯特·罗丹的许多名作。美术馆原为毕宏宅邸（Biron），是18世纪修建的贵族宅邸。在这座宅邸中，曾经居住过教皇特使和俄国皇帝。罗丹晚年买下这里，作为自己创作和生活的根据地。他的代表作和练习作品，以及其弟子兼情人卡蜜尔的作品都展放于此。漂亮的英国式庭园内分布着《思考者》、《地狱之门》、《加莱义民》等丰富多彩的雕刻作品。

从1927年重新整修的3公顷的庭园中眺望美术馆

Musée Marmottan Monet
马蒙丹·莫奈美术馆

地图 p.120-E外

- M9犬舍车站(La Muette)出发，步行5分钟
- 门票 9欧元，11:00~18:00（周三至21:00）开放，周一、1/1、5/1、12/25休息

是以美术史家保罗·马蒙丹的收藏作品为基础创建的美术馆。1932年开馆时，主要展览文艺复兴和拿破仑一世时期的美术作品。1950年德多诺曼西夫人赠予本馆的印象派作品，使整个美术馆令人耳目一新。至此，"莫奈美术馆"开始广为人知。

莫奈的名作《印象·日出》

Musée d'Art Moderne de la Ville de Paris
巴黎市立现代美术馆

地图 p.113-K、p.120-B

- M9阿尔玛·玛索车站(Alma Marceau)出发，步行3分钟
- 仅计划展收费，可用PMP，10:00~18:00（周四至22:00）开放，周一、部分节假日休息

位于东京宫的东边，为展览巴黎市所藏的20世纪美术品而建，1961年开馆。尤其是野兽主义、立体主义和巴黎画派的作品非常丰富。

此建筑物为1937年巴黎世博会的展示馆

文化小典故

印象派

1874年，在官方的艺术沙龙上落选的一些艺术家，在一个摄影家的摄影室展示作品。当时，参展的有尚未出名的雷诺阿、塞尚、莫奈、德加、布丹、皮萨罗等。欣赏过莫奈的《印象·日出》（马蒙丹美术馆所藏）的批评家，带着嘲讽的意味将这个团体称为"印象派"，后来作为这一画派的代名词广泛流传开来。

蒙马特
Montmartre

Basilique du Sacré Cœur
圣心大教堂
地图 p.111

- M2安特卫普车站（Anvers）出发，步行10分钟
- 6:00~23:00开放，部分节假日休息

位于巴黎北部，是因尤特里罗和拉乌的绘画作品而闻名的平民街区。圣心大教堂是这个地区的标志性建筑，白色大门和高高的圆顶颇具特色，大厅内的长方形柱廊具有罗马拜占庭风格。圣心大教堂是为了追悼在1870年的普德战争和1871年巴黎公社运动中战死的士兵，抚慰天主教徒的心灵而修建的。天花板上的马赛克绘画作品，供奉有珍宝的地下室等，都极具欣赏价值。登上高80米的圆顶，能够将巴黎的全景尽收眼底。

拥有异国风情的大教堂

Cimetiére de Montmartre
蒙马特墓地
地图 p.111

- M2克奇广场车站（Palace de Clichy）出发，步行1分钟
- 8:00~18:00（周六8:30起，周日、节假日9:00起，11/6~3/15至17:30）开放

位于蒙马特山丘上的墓地，很多曾活跃于各界的知名人士都长眠于此。

Pl. du Tertre
泰尔特广场
地图 p.111

- M12阿贝斯车站（Abbesses）出发，步行5分钟

是蒙马特最为热闹的广场。住在附近的画家在这里出售亲笔绘画作品，并给观光游客画像。需要注意的是这里有小偷。

蒙帕纳斯
Montparnasse

Tour Montparnasse
蒙帕纳斯塔
地图 p.118-I/J

- M4、6、12、13蒙帕纳斯车站（Montparnasse Bienvenüe）出发，步行2分钟
- 门票11欧元，9:30~23:30（10~3月至22:30，周五和周六、节假日的前一天至23:00）开放

蒙帕纳斯曾是一条繁华街道，从19世纪末到20世纪前半期，海明威、夏加尔、萨蒂、藤田嗣治等名人每晚都出入于此，现在这里则是安静的办公街区。1973年完工的高达209米的大楼——蒙帕纳斯塔，威严庄重地耸立在这里。

仅仅需要40秒就能登上56层的电梯

Cimetière du Montparnasse
蒙帕纳斯墓地
地图 p.118-J

- M6埃德加·基内车站（Edgar Quinet）出发，步行1分钟
- 8:00~18:00（周六8:30起，周日、节假日9:00起，11/6~3/15至17:30）开放

在巴黎是仅次于拉雪兹神甫公墓的第二大墓地。雕刻家扎德基恩、布兰库西，文学家波德莱尔，女演员珍·茜宝等都长眠于此。

著有《恶之花》的19世纪诗人波德莱尔

> ### 贴心小提示
> **巴黎人气最旺的现代化地区**
>
> 巴黎有许多历史性的建筑，不过试着游逛一下最现代的街区也很有趣。
> ● 贝西地区（Bercy）
> 贝西公园（M6、14 Bercy车站出发即到）于1994年开园，里面设有花坛、池塘、葡萄园等。我们在这里向游客推荐19世纪的葡萄酒仓库遗址、咖啡厅和商店鳞次栉比的维拉贝西街（M14 Cour St.Emilion车站出发，步行1分钟）。位于塞纳河的对岸，1996年修建的超现代建筑——法兰西斯一世密特朗国立图书馆（M14 Bibliotheque Francois Mitterrand车站出发，步行2分钟）也矗立在这个地区。

美食

Eating

在饮食文化发达的巴黎，从外卖店到一流的餐厅，各式各样的美食店鳞次栉比。虽然巴黎的物价很高，但想吃到既便宜又美味的料理，也一定能够找到，务实的法国人是不会让您错过那样的地方的。虽然当地人开的店总是很热闹，但是也一定要先确认你去的地方确实是当地人所开设的，小心被热闹的情景所误导。

▶圣日耳曼德普莱/拉丁区　休闲餐厅

J' Go

地图 p.118-B

英👤 英🍴

交 M10姆比翁车站（Mabillon）出发，步行2分钟　✉ Marché Saint Germain, rue Clément, 6区　☎ 01 43 26 19 02　营 11:45~24:00　休 无　€ 28欧元~

是以法国南部的图卢兹风味为主的餐馆。选用能和西班牙的伊比利亚猪相媲美的比利牛斯黑猪、凯尔西羔羊、加斯科尼的农场鸡等让美食家垂涎三尺的食材，精心烹制美食。

用高级食材之一的比利牛斯黑猪肋排烘烤而成

▶埃菲尔铁塔/荣军院　中级餐厅

Maison Blanche

白宫

地图 p.113-K、p.120-B

英👤 英🍴

交 M9 阿尔玛·玛索车站(Alma Marceau)出发，步行1分钟　✉ 15, ave. Montaigne, 8区　☎ 01 47 23 55 99　营 12:00~14:00、20:00~23:00　休 周五、周日的白天，节假日，8月份的2周时间　€ 75欧元~

在南法蒙彼利埃经营三星级酒店的双胞胎兄弟雅克（Jacques Pourcel）和劳伦特（Laurent Pourcel）开设了这家餐厅。从纽约的一流酒店深造回国的西勒凡（Sylvain Ruffenach）担任厨师长。坐在店内可以欣赏到塞纳河岸的景色，非常浪漫。

透过窗户可以欣赏灯光闪烁的埃菲尔铁塔

▶香榭丽舍大街　咖啡厅

Le Fouquet's

富格餐厅

地图 p.113-G

交 乔治五世车站（George V）出发，步行1分钟　✉ 99, ave. des Champs Elysées, 8区　☎ 01 47 23 50 00　营 8:00~次日2:00　休 无　€ 22欧元~（咖啡7欧元~）

1899年创建，现在已经成为巴黎咖啡的代名词。政治家和电影相关工作者十分青睐这家店，因此这里成为许多电影拍摄的舞台。从11:30到23:30这一时间段，无论何时都可以用餐。

▶歌剧院/罗浮宫　休闲餐厅

Chartier

夏提尔餐厅

地图 p.115-C

英🍴

交 M8、9林荫大道车站（Grands Boulevards）出发，步行2分钟　✉ 7, rue de Fg. Montmartre, 9区　☎ 01 47 70 86 29　营 11:30~15:00、18:00~22:00　休 无　€ 12欧元~

创业已经超过100周年，现在这家老牌店铺仍受到当地人喜爱。新艺术派格调的内部装修，纸制的桌布，还有计算金额的男服务员的姿势，可以从这些窥视到19世纪刚开业时的情景。

▶歌剧院/罗浮宫　葡萄酒酒吧

Legrand

罗格朗餐厅

地图 p.115-G

英🍴

交 M3布鲁日车站（Bourse）出发，步行3分钟　✉ 1, rue de la Banque, 2区　☎ 01 42 60 07 12　营 12:00~19:00（购物10:00起）　休 周日、节假日、7~8月的周一　€ 11欧元~（瓶装葡萄酒4.50欧元~）

是和1919年创建的老牌葡萄酒店一并成立的葡萄酒酒吧。这里有法式馅饼加奶酪的套餐（13欧元起）和腊肠（6.50欧元），另外还有经过严格挑选的玻璃杯装葡萄酒，您可在此享用这些美味，也可以将购买的葡萄酒寄回国内。

歌剧院/罗浮宫　咖啡厅
Café Marly
马利咖啡厅
地图 p.115-K

英 英
🚇 M1、7皇宫和罗浮宫车站（Palais Royal Musée du Louvre）出发，步行1分钟 ✉ 93, rue de Rivoli,1区 ☎ 01 49 26 06 60
营 7:00~次日2:00　休 无　€ 14欧元~

位于罗浮宫的一角，由空间设计师吉尔伯特费创建，新锐设计家奥利维尔耶鲁负责内部装修工作。从回廊席位可以看到玻璃金字塔。

歌剧院/罗浮宫　咖啡厅
Le Fumoir
烟室
地图 p.115-K

英 英
🚇 罗浮·里沃利车站（Louvre Rivoli）出发，步行1分钟 ✉ 6, rue de l'Amiral Coligny,1区 ☎ 01 42 92 00 24　11:00~次日2:00
休 8月中旬的2周　€ 8.50欧元~

这是一家成人咖啡厅，整个内部环境舒适安静，犹如文学家的书斋一般，室内播放着古老的爵士乐。坐在厚重的皮沙发上，心情也不由得变得悠闲起来。

歌剧院/罗浮宫　甜品店、茶馆
Angélina
安吉丽娜
地图 p.114-J

英 英
🚇 M1杜乐丽车站（Tuileries）出发，步行2分钟 ✉ 226, rue de Rivoli,1区 ☎ 01 42 60 82 00
营 8:00~19:00（周末、节假日9:00起）　休 夏季7~8月约一个月　€ 9.40欧元~

1903年成立，拥有悠久的历史。店内的特色为特制的勃朗峰甜品和非洲巧克力。此外，店里也有各种蛋糕、红茶和沙拉等。

法国 139 巴黎

西堤岛/雷阿勒/玛莱　茶馆
Le Flore en l'Ile
岛中花
地图 p.116-J、p.119-D

英 英
🚇 M7玛丽桥车站（Pont Marie）出发，步行5分钟 ✉ 42, quei d'Orléans, 4区 ☎ 01 43 29 88 27　营 8:00~次日2:00　休 12/25　€ 10.90欧元~

店内有老店玛利亚弗里尔的红茶，以及使用贝蒂咏冰激凌店的冰激凌制成的在法国有口皆碑的最美味的冻糕。从露台席可以望见巴黎圣母院。

店名	地址、电话	交通	营业时间	休息日	参考意见
Le Grand Véfour	17, rue de Beaujolais,1区 01 42 96 56 27 地图 p.115-G	M1、7 Palais Royal Musée du Louvre 站出发，步行3分钟	12:00~14:00, 19:00~22:00	周五晚上、周六和周日、复活节前后、8月、年末	绝对不会令老饕们失望的高级餐厅。
Le Meurice	228, rue de Rivoli, 1区 01 44 58 10 55 地图 p.114-J	M1 Tuileries站出发，步行3分钟	12:30~14:00, 19:30~22:00	周六和周日、部分节假日、复活节、8月	在传统料理当中加入新鲜的元素，并赢得很高评价的高级餐厅。
Les Bookinistes	53, quai des Grands Augustins,6区 01 43 25 45 94 地图 p.116-I、p.118-B	M4 Saint Michel 站出发，步行3分钟	12:00~14:30, 19:00~23:00（周五、周六至23:30）	周六白天、周日、年末、年初	一流餐厅"盖伊·萨瓦"的第二家店。
La Petite Marius	6, ave. Georges V,8区 01 40 70 11 76 地图 p.113-K、p.120-B	M9 Alma Marceau站出发，步行3分钟	12:00~14:30, 19:00~23:00	无	冬季有种类丰富的炖锅美食。
Ebisu	19, rue St. Roch, 1区 01 42 61 05 90 地图 p.114-J	M7、14 Pyramides站出发，步行3分钟	12:30~14:30, 19:30~22:30	周日、12/25	四川菜、广东菜。提供自制面条的担担面和午间套餐。
小津 Ozu	2, ave. des Nations Unies, 16区 01 40 69 23 90 地图 p.120-E	M6、9 Trocadéro站出发，步行5分钟	12:00~14:30, 19:30~22:00	无	演出型水族馆中的日本料理店。

购物 *Shopping*

如果想去高级品牌店,可以前往"黄金三角地带"。它是由蒙田大街、香榭丽舍大街、乔治五世大街环绕构成的。若是想在短时间内高效率地购物,沿着奥斯曼大街逛即可,那里是百货商店区聚集的地方,从美食到最新、最时尚的商品,应有尽有。

西堤/雷阿勒/玛莱　礼品店
I WAS IN

地图 p.116-F

交 M1、11 巴黎市政厅车站(Hôtel de Ville)出发,步行1分钟
✉ 4, rue du Renard, 4区　☎ 01 42 71 33 93
营 11:00~19:30　休 周日

这是一家礼品店,店内摆放着各种原创纪念品。标有"I WAS IN PARIS"(我去过巴黎)商标的产品非常受人们青睐。面向男士、女士、儿童的T恤、布制玩偶等多达100余种的商品琳琅满目。罗浮宫地下的罗浮宫卡鲁赛尔商廊里也开设有分店。

歌剧院/罗浮宫　百货商店
Galeries Lafayette
老佛爷百货

地图 p.114-F

交 M7、9 拉斐特车站(Chaussée d'Antin La Fayette)出发,步行1分钟　✉ 40~48, bd. Haussmann, 8区　☎ 01 42 82 34 56　营 9:30~21:00(周四至22:00)　休 周日、部分休息日

1895年创立,是巴黎最大的百货商店。化妆品、首饰、时装等种类繁多。

对面有销售生活用品的高层馆区。在圣诞节前夕和大减价时,会延长营业时间。旁边有美食馆,出售各类美味食品。

圣日耳曼德普莱/拉丁区　皮具
La Bagagerie

地图 p.118-F

交 M4 圣日耳曼德普莱车站(St. Germain des prés)出发,步行3分钟　✉ 41, rue du Four, 6区
☎ 01 45 48 85 88　营 10:15~19:00　休 周日、节假日

是巴黎高级皮具品牌的代表性商家,在巴黎黄金购物地段有多家分店。品牌自创立以来,以优雅时尚的设计风格吸引了众多顾客前来选购。

香榭丽舍大街　化妆品
Sephora
丝芙兰

地图 p.113-G

交 M1、9 富兰克林·罗斯福车站(Franklin D. Roosevelt)出发,步行3分钟　✉ 70-72, Ave. des Champs Elysées, 8区　☎ 01 53 93 22 50
营 10:00~24:00(周五、周六至次日1:00)　休 无

是在中国也有门店的法国大型化妆品综合商店。在这里,您可以尽情购买著名品牌的化妆品和香水。此外,也出售原创品牌的商品和巴黎限定销售的商品。

歌剧院/罗浮宫　食品
Fauchon
馥颂

地图 p.114-E

交 M8、12、14 马德莱娜车站(Madeleine)出发,步行1分钟　✉ 24-26-30, place de la Madeleine, 8区　☎ 01 70 39 38 00　营 9:00~20:00(沙龙至24:00)　休 周日

是法国最有名的高级食品店,这里有来自世界各地的高级食品。金色包装的醇香红茶、葡萄酒、果酱等,适合当做礼物。这里还有外卖服务台和沙龙、酒吧等。

圣日耳曼德普莱/拉丁区　食品
Pierre Herme
皮耶·厄梅

地图 p.118-F

🚇 M4圣叙尔皮斯车站（St. Sulpice）出发，步行3分钟 ✉ 72, rue Bonaparte,6区 ☎ 01 43 54 47 77 🕐 10:00~19:00（周六至19:30）休 无

　　这是巨星糕点师皮耶开设的总店，门前每天都排着长蛇般的队伍。拿破仑千层酥、悬钩子蛋白杏仁饼干等都是值得品尝的极品美食。这里的干点保质期长，并且全部装在漂亮的包装袋里，非常适合作为礼物送人。

歌剧院/罗浮宫　精品店
Colette
柯莱特时尚店

地图 p.114-J

🚇 M1杜丽乐车站（Tuilerie）出发，步行2分钟
✉ 213, rue St. Honoré, 1区
☎ 01 55 35 33 90
🕐 11:00~19:00 休 周日

　　这是一家备受全世界时尚界人士青睐的商店。店内陈列的商品均走在潮流的最前端。除了衣服之外，还有化妆品、副食品、文具等种类繁多的商品。同时，店内还设有水吧和艺术画廊。

歌剧院/罗浮宫　免税店
Benlux免税店

地图 p.115-K

🚇 M1、7皇宫和罗浮宫车站（Palais Royal Musée du Louvre）出发，步行1分钟 ✉ 174, rue de Rivoli,1区 ☎ 01 47 03 66 60 🕐 9:45~18:45（周日、节假日11:00~18:00）休 无

　　紧挨着罗浮宫博物馆，店内商品丰富，是一家很受欢迎的免税店。整个店面分为地上3层和地下1层，在歌剧院附近的免税店中是规模最大的一家。周日也照常营业，对顾客来说很方便。

歌剧院/罗浮宫　书店
Junku
淳久堂书店

地图 p.115-K

🚇 M7金字塔车站（Pyramides）出发，步行1分钟
✉ 18, rue des Pyramides,1区 ☎ 01 42 60 89 12
🕐 10:00~19:00 休 周日、节假日

　　日本的报纸、新刊杂志和文库本、旅游指南书等在这里应有尽有。地下层摆放有漫画书，很多法国少年都前来购买。此外，这里还有租赁公寓和招聘广告的告示板。

巴黎的购物街

蒙田大街
地图 p.113-G/H

🚇 M9阿尔玛·玛索车站（Alma Marceau）出发，步行1~3分钟
■ 在这条街上，你可以看到所有你所憧憬的一流品牌店。

艾蒂安·马塞尔大街
地图 p.115-G/H

🚇 M4艾蒂安·马塞尔车站（Etienne Marcel）出发，步行1分钟
■ 有名的商店和个性化十足的精品店鳞次栉比。

自由法兰克人大街
地图 p.116-F

🚇 M1圣保罗车站（St. Paul）出发，步行3~4分钟
■ 摆放着杂货和小件物品，店铺小巧精致，但拥挤不堪。

多梅尼勒大街
地图 p.117-L

🚇 M1里昂车站（Gare de Lyon）出发，步行2~4分钟
■ 古老旱桥的拱洞下面有艺人的画室和小商店。

住宿 Stay

巴黎有各种各样的酒店。其中，有的提供超一流服务、热情好客，有的苦心构思于室内设计，还有的追求宾至如归之感。入住舒适的酒店，在那里迎来清新、舒畅的清晨，并心情愉快地度过美好的一天，是多么的惬意啊！

歌剧院/罗浮宫　★★★★★
Westin Paris　地图 p.114-J
巴黎威斯汀酒店

这是一家具有悠久历史的酒店，创立于1878年。现在由美国的喜达屋集团经营。为了营造舒适的环境并提供细致周到的服务，酒店提供日常家用器具、纺织用品，从而赢得了好评。由杰克・加西亚亲手设计内部装饰的奥斯陆餐厅也备受顾客的青睐。

交 杜乐丽车站（Tuileries）出发，步行2分钟　€ 425欧元～　室 440间　☎ 01 44 77 11 11　FAX 01 44 77 14 60　✉ 3, rue de Castiglione,1区
HP http://www.thewestinparis.com

歌剧院/罗浮宫　★★★★★
Park Hyatt Paris Vendôme　地图 p.114-F
巴黎旺多姆柏悦酒店

这是一家在旺多姆广场附近修建的非常豪华的酒店，于2003年开业。由亲手设计安曼酒店（Aman Resorts）的建筑家埃德・塔特尔担任室内装修工作，他将充满法国历史色彩的建筑样式用现代风格呈现出来。同时这里还设有西餐厅、酒吧及宾客专用的温泉。

交 M3、7、8 歌剧院车站（Opéra）出发，步行5分钟　€ 560欧元～　室 178间　☎ 01 58 71 12 34　FAX 01 58 71 12 35　✉ 5, rue de la Paix,2区
HP http://www.paris.vendome.hyatt.com

歌剧院/罗浮宫　★★★★★
Edouard VII　地图 p.114-F
爱德华七世酒店

是在拿破仑三世统治时期，由奥斯曼公爵在实行巴黎改造计划时设立的。酒店的名称来源于曾经入住于此处贵宾室的爱德华七世。酒店内装饰着原屋主的美术收藏品。

交 M3、7、8歌剧院车站（Opéra）出发，步行2分钟　€ 200欧元～　室 70间　☎ 01 42 61 56 90　FAX 01 42 61 47 73　✉ 39, ave. de l' Opéra,2区
HP http://www.edouard7hotel.com

圣日耳曼德普莱/拉丁区　★★★★★
Lutetia　地图 p.118-E
卢滕西亚酒店

这是一家保留着"巴黎美好时代"面貌的装饰美术风格的古老酒店。酒店大厅和酒吧里有埃菲尔、阿曼德、塞萨等与酒店颇有渊源的雕刻家们的作品，使整个酒店到处弥漫着艺术的气息。

交 M10、12塞夫尔・巴比隆车站（Sévres Babylone）出发，步行1分钟　€ 500欧元～　室 231间　☎ 01 49 54 46 46　FAX 01 49 54 46 00　✉ 45, bd. Raspail,6区
HP http://www.lutetia-paris.com

圣日耳曼德普莱/拉丁区　★★★★★
Bel Ami　地图 p.118-B
漂亮朋友

这是一家设计新颖的时尚酒店，来自世界各国的时尚界人士经常光顾这里。客房内部的装饰统一采用橙色系、绿色系、浅黄褐色系色调。

交 M4 圣日耳曼德普莱车站（St.German des Prés）出发，步行3分钟　€ 225欧元～　室 112间　☎ 01 42 61 53 53　FAX 01 49 27 09 33　✉ 7-11, rue St. Benoît,6区
HP http://www.hotel-bel-ami.com

歌剧院/罗浮宫	地图 p.114-F
威斯敏斯特酒店 Westminster ★★★★	交 M3、7、8歌剧院车站（Opéra）出发，步行2分钟　€ 280欧元~ 室 101间　☎ 01 42 61 57 46　FAX 01 42 60 30 66 ✉ 13, rue de la Paix, 2区 HP http://www.warwickwestminsteropera.com

香榭丽舍大街	地图 p.112-F
拿破仑酒店 Napoléon ★★★★	交 M1、2、6戴高乐星形广场车站（Chareles de Gaulle Étoile）出发，步行1分钟　€ 490欧元~　室 102间 ☎ 01 56 68 43 21　FAX 01 56 68 44 40 ✉ 40, ave. de Friedland, 8区 HP http://www.hotelnapoleonparis.com

歌剧院/罗浮宫	地图 p.115-K
诺曼底酒店 Normandy ★★★★	交 M1、7皇宫和罗浮宫车站（Palais Royal Musée du Louvre）出发，步行1分钟 € 139欧元~　室 117间　☎ 01 42 60 30 21　FAX 01 42 60 45 81 ✉ 7, rue de l'Echelle, 1区 HP http://www.hotel-normandy.com

香榭丽舍大街	地图 p.112-I
圣詹姆斯酒店 Saint James Paris ★★★★	交 M2王妃门车站（Porte Dauphine）出发，步行5分钟 € 280欧元~　室 48间 ☎ 01 44 05 81 81　FAX 01 44 05 81 82 ✉ 43, ave. Bugeaud, 16区 HP http://www.saint-james-paris.com

歌剧院/罗浮宫	地图 p.114-F
巴黎歌剧院千禧大酒店 Millennium Paris Opéra ★★★★	交 M8、9黎塞留·德鲁奥车站（Richelieu Drouot）出发，步行2分钟　€ 160欧元~　室 151间 ☎ 01 49 49 16 00　FAX 01 49 49 17 00 ✉ 12, bd. Haussmann, 9区　HP http://www.millenniumhotels.com

香榭丽舍大街	地图 p.112-E
星辰艾美酒店 Le Méridien Etoile ★★★★	交 M1马约门车站（Port Maillot）出发，步行1分钟 € 179欧元~　室 1025间　☎ 01 40 68 34 34　FAX 01 40 68 31 31 ✉ 81, bd. Gouvion Saint Cyr, 17区 HP http://www.lemeridien.com/etoile

埃菲尔铁塔/荣军院	地图 p.120-J
索佛伦埃菲尔美居酒店 Mercure Paris Suffren Tour Eiffel ★★★★	交 M6比尔·哈克姆车站（Bir Hakeim）出发，步行2分钟 € 155欧元~　室 405间 ☎ 01 45 78 50 00　FAX 01 45 78 91 42 ✉ 20, rue Jean Rey, 15区　HP http://www.mercure.com

香榭丽舍大街	地图 p.113-C
香榭丽舍皇家花园酒店 Royal Garden Champs-Élysée ★★★★	交 M1、2、6戴高乐星形广场车站（Charles de Gaulle Étoile）出发，步行3分钟　€ 155欧元~　室 72间 ☎ 01 49 53 40 04　FAX 01 42 89 95 08 ✉ 218-220, rue du Fg. Saint Honoré, 8区 HP http://www.royalgardenparis.com

巴黎南部	地图 p.118-J外
蒙帕纳斯艾美酒店 Le Méridien Montparnasse ★★★★	交 M4、6、12、13蒙帕纳斯车站（Montparnasse）出发，步行1分钟　€ 190欧元~　室 953间　☎ 01 44 36 44 36　FAX 01 44 36 49 00 ✉ 19, rue du Commandant Mouchotte, 14区 HP http://www. lemeridien.com/montparnasse

圣日耳曼德普莱/拉丁区	地图 p.119-C
圣日耳曼加州酒店 California Saint Germain ★★★★	交 M10莫贝尔·米图阿利特车站（Maubert Mutualité）出发，步行2分钟　€ 140欧元~　室 44间 ☎ 01 46 34 12 90　FAX 01 46 34 75 52 ✉ 32, rue des Ecoles, 5区　HP http://www.california-saint-germain-hotel.com

西堤岛/雷阿勒/玛莱	地图 p.116-B外
巴黎共和国假日酒店 Crowne Plaza Paris République ★★★★	交 M3、5、8、9、11共和国车站（République）出发，步行1分钟 € 160欧元~　室 328间　☎ 01 43 14 43 50　FAX 01 47 00 32 34 ✉ 10, place de la République, 11区 HP http://www.ichotelsgroup.com

香榭丽舍大街	地图 p.113-G
德加勒王子酒店 Prince de Galles ★★★★	交 M1乔治五世车站（George V）出发，步行2分钟 € 130欧元~　室 168间　☎ 01 53 23 77 77　FAX 01 53 23 78 78 ✉ 33, ave. George V, 8区 HP http://www.starwoodhotels.com/luxury

法国　巴黎

北侧绚丽的花坛

上演王朝繁荣和灭亡历史大剧的舞台。

看点
- 凡尔赛宫 ❓❓❓
- 庭园 ❓❓❓
- 大特里亚农宫 ❓❓❓

去往凡尔赛宫的交通

铁路 ❍ 搭郊外快车线RER C5前往凡尔赛左岸站（Versailles-Rive-Gauche）的班车，在终点站下车，徒步7分钟。由国铁蒙帕纳斯车站搭乘前往朗布依埃、沙特尔方向的班车，在凡尔赛宫站（Versailles Chantiers）下车，徒步15分钟。由St.Lazare 车站搭乘前往凡尔赛右岸站（Versailles Rive Droite）的班车，在终点站下车，徒步15分钟。

旅游咨询处

●2bis, ave. de Paris/9:00~19:00（周日、周一10:00~18:00）、10~3月9:00~18:00（周日、周一11:00~17:00）办公，1/1、5/1、12/25休息

凡尔赛
Versailles

地区概况

凡尔赛是法兰西岛上最受欢迎的观光地，位于巴黎西南部大约20公里处。包括路易十四建造的绚丽豪华的宫殿和巨大的庭园，另外还有大、小特里亚农离宫和王后的村庄。自路易十四1682年将王宫从巴黎迁移到凡尔赛以来，直到1789年的法国大革命，这里一直作为法国的政治、文化、艺术中心而繁荣昌盛。极其奢侈壮丽的宫殿，象征着太阳王路易十四至高无上的权力，他当时宣称："朕即国家。"这也是不久后王权衰退和革命爆发的导火索之一。在凡尔赛宫，我们能够一窥持续大约一个世纪的波旁王朝的鼎盛时期和灭亡时的历史风貌。

地区亮点

分为宫殿建筑所在的圣母院地区和南部的圣路易斯地区。最著名的观光地当属凡尔赛宫了。由于它非常受欢迎，所以无论何时到此观光，都是一片热闹的景象。建议游客们尽可能在较早的时间来游玩。另外，大庭园和大、小离宫也是绝对不可错过的必看之处。离宫距离此处大约有1.5公里的路程，没有时间的游客可以乘坐微型电车（Petit Train）。电车从位于宫殿北侧的庭园旁的车站出发，每隔10~30分钟发车一次（往返票价6.5欧元）。如果时间充裕的话，可以参观一下国王的菜园，它位于贵族宅邸林立的圣路易斯地区。此外，在圣母院地区的儒勒大道（Rue de Jour）周边，有备受欢迎的古董街。

贴心小提示
方便的一日通票

如果您想仔细逛遍凡尔赛宫，购买一日通票是经济合算的方法。如果将凡尔赛宫、大小特里亚农宫、玛丽王后的离宫全部参观完毕的话，费用通常为25欧元，但若购买通票，为18欧元（7/4~10/31为25欧元）。该费用里包括音频讲解器的费用。庭园里到处分布着咖啡店、餐厅、商店，因而只要天气良好，就可以进行长时间的参观。

通过水之前庭眺望宫殿西侧

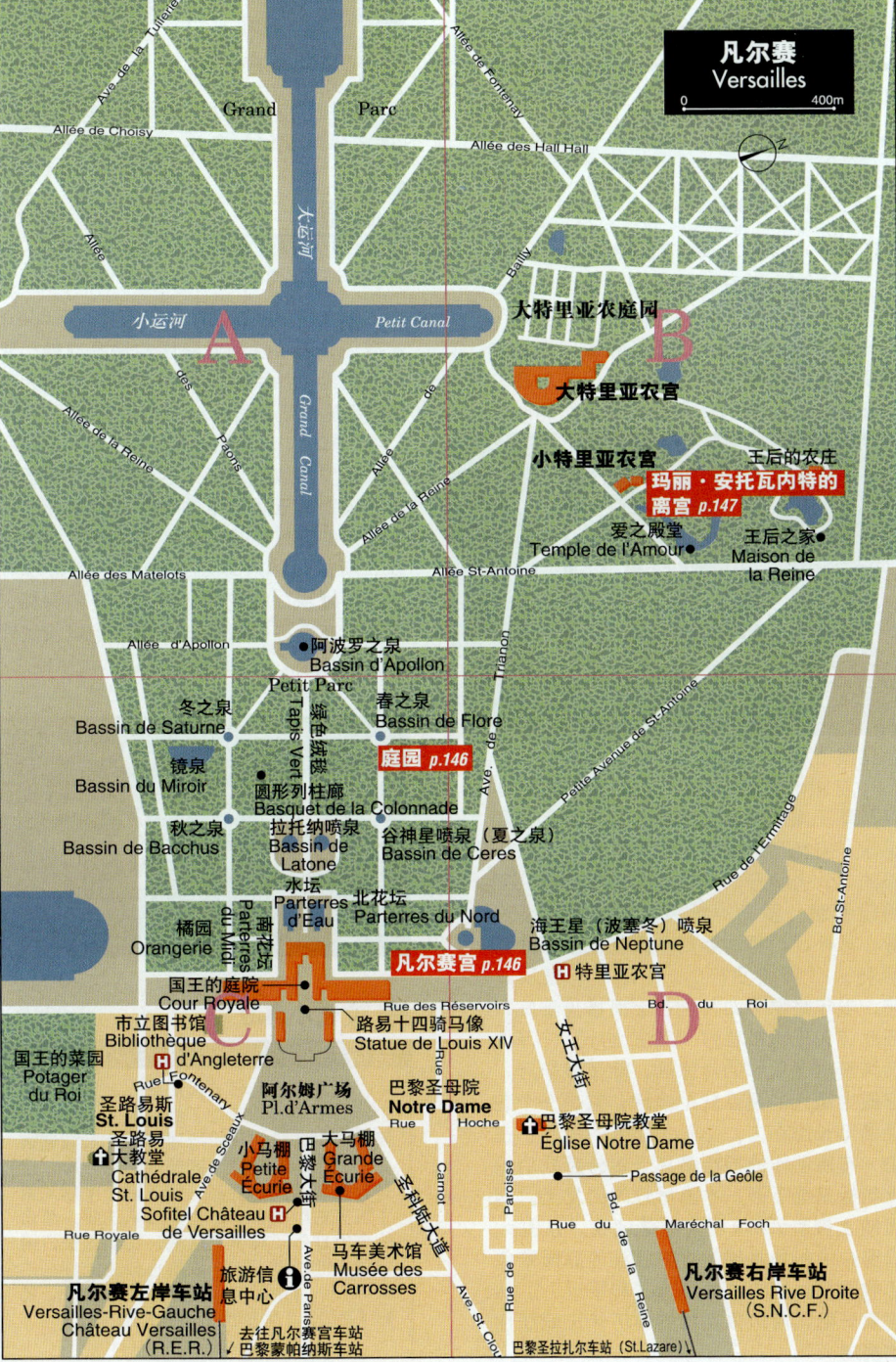

极目远眺,和谐之美尽收眼底

观光

Château de Versailles
凡尔赛宫
地图 p.145-C

世界遗产

- 从车站出发,步行7分钟
- 15欧元（配有音频解说器,未满18岁者11~3月第一个周日免费）,可用PMP,9:00~18:00（11~3月至17:00）开放,周一、一部分节假日和例行假日休息

凡尔赛宫象征着鼎盛期的法国绝对王权,"世界上有史以来最高最大的宫殿"这一称号当之无愧。众多当代最优秀的技师受太阳王路易十四之命集结于凡尔赛,花费了数目巨大的费用和半个世纪的时间

Les Jardins
庭园
地图 p.145-C

- 免费,8:00~20:30（11~3月至8:00）开放

由大庭园建筑家勒诺特设计,于668年建成,代表了法国式庭园的最高成就。它是让路易十四引以为荣的庭园。虽然大革命时期庭园规模有所缩小,但现今仍有815公顷。其中,200尊以神话为主题的雕像和代表着"阿波罗之泉"的喷泉,与郁郁葱葱的植物和五颜六色的花坛相得益彰。园内最大的亮点就是从宫殿正面的"水之前庭"所望见的壮观的全景了。在被称作"绿色绒毯"的道路两侧是广袤的树林,里面分布着许多喷泉。大运河蜿蜒流淌在树林的深处,一直延伸至遥远的地平线。

提起凡尔赛宫,就会让人想到镜厅

以神话人物为主题的精美雕塑

才建成了凡尔赛宫。

宫殿北端二层的"王室礼拜室"是1770年王太子路易（之后的**路易十六**）和玛丽·安托瓦内特举行婚礼的地方。从相邻的"大力神厅"开始的六间大厅,分别用以希腊、罗马神祇为主题的壁画装饰着,另外,门楣的雕刻和天花板画都非常漂亮。"阿波罗厅"内有一个银质王座,当年路易十四曾坐在上面接见贵宾,因此该大厅也被称作"王座之厅",厅内装饰着里戈创作的肖像画。除了战争厅,宫殿中最大的看点就是镜厅。它是一个包括西部长廊在内、总长为73米的大厅。在勒·布朗创作的描绘路易十四赫赫战功的天花板壁画下面,水晶吊灯闪闪发光。四面墙上嵌有578块巨大的落地镜。从高大的窗户中向外眺望,可将壮观的庭园景色尽收眼底。南边的角屋为"和平厅"。从这里开始,南边依次排列着历代王妃居住的房屋。

文化小典故
路易十四

路易十四又名"太阳王",1643年即位。亲政期间,确立了绝对君主制统治。因嫉妒财务长官福凯所建的维孔宫城堡之美,便下令要建造一座超过它的宫殿,于是就修建了凡尔赛宫。但是这一举措加重了国家的财政赤字,也为后来法国大革命的爆发埋下了种子。后来,福凯因侵占国家财产罪入狱,这一故事也成为大仲马的著作——《铁面人》的基础素材。此外,电影《铁面人》也拍摄于维孔宫城堡。

Grand Trianon, Petit Trianon, Domaine de Marie Antoinette

大特里亚农宫、小特里亚农宫、玛丽·安托瓦内特的离宫 ❓❓❓

地图 p.145-B

- 从宫殿出发，步行20分钟
- 门票10欧元，可用PMP，12:00~18:00（11~3月至17:00）开放，周一、部分节假日休息

庭园旁列柱式外观的小特里亚农宫

Grand Trianon
大特里亚农宫

- 从宫殿出发，步行20分钟

这栋1688年由芒萨尔设计建造的离宫，是一座具有柱廊结构的意大利风格建筑。路易十四和他的家人曾将此地作为静养地。该建筑采用了玫瑰色的大理石，因此也被称作

大理石装饰的大特里亚农宫

"大理石的特里亚农宫"。路易十四极其喜爱这座离宫，他在位期间，为了远离公务的繁杂和世俗的喧嚣，偶尔会携带皇太子等家族成员或者情人曼特农夫人在此居住。

大革命之后，拿破仑一世对大特里亚农宫进行了修复。现存建筑是1965年由戴高乐将军整修的。

Petit Trianon
小特里亚农宫

- 从大特里亚农宫出发，步行5分钟

这座离宫建于1762~1768年，路易十五和情人蓬帕杜夫人曾生活于此。该建筑的设计者为加布里埃尔，室内装饰工作由雕刻家吉伯特担任。清新典雅的周围环境，加之科林斯式的圆柱建筑，给整座离宫增添了古典风格的优雅韵味。之后，路易十六曾把这个离宫赠予自己的王后玛丽·安托瓦内特。她热衷于观看戏剧和开办面具舞会，便按照自己的喜好将离宫重新改造了一番，在其周围建造了庭园和小剧场。

馆内基本保留着路易十五时代的内部装饰。1867年，拿破仑三世的妻子欧仁妮皇后将其改造成了美术馆，里面陈列着安托瓦内特的物品。其中，位于"前厅"的《持有玫瑰的玛丽·安托瓦内特肖像》是维吉·勒布伦的杰作。

Le Hameau
王后的村舍

- 从小特里亚农宫出发，步行10分钟

从小特里亚农宫出发，沿着小河向北行进，可以看到神殿风格的榭亭"爱之殿堂"。这里流传着玛丽·安托瓦内特和费尔森几度秘密约会的逸闻。沿着林荫小道向前走，位于池畔的开阔村舍便映入眼帘。这里盛传着18世纪的王侯贵族在农庄内发生的一些趣事。此外，王后还在这座村子里建造了12幢农房。

树林中的「爱之殿堂」

文化小典故

玛丽·安托瓦内特的首饰事件

这是法国革命爆发前夕发生的一起欺诈事件。拉莫特伯爵夫人假扮成王后的代理人购买了价值160万法郎的首饰，但没有支付费用。后来，珠宝商催讨费用，才发现这是一场骗局。虽然法院审定后认为王后不知情，但人们私底下纷纷议论这是王后的阴谋，同时这也被认为是革命爆发的一个原因。

文中注释

路易十六

路易十五的孙子，1774年即位。比起对政治的关心，他更热衷于狩猎和造锁。每次到朗布依埃城堡狩猎时，他的妻子玛丽·安托瓦内特都会对他表现出不满。为了博得王后的欢心，他便下令在英式建筑风格的庭园里建造了"贝壳小屋"和"奶酪农场"。

蓬帕杜夫人

尽管她出身于平民家庭，但却接受过高等教育，并和当时的上层文化名人交往密切。之后，她博得了路易十五的青睐，继而获得了伯爵夫人的称号和情人的地位，一跃成为当世名人，掌管着重要的社交界沙龙。

亲眼目睹漂浮在海上的神秘修道院的景观

距离海岸线大约1公里，"大天使米迦勒的岩石山"。

看点
圣米歇尔山和修道院的奇景 ⓘⓘⓘ
修道院附属教堂和"奇中之奇" ⓘⓘⓘ

去往圣米歇尔山的交通

铁路 ▶ 乘坐TVG从巴黎蒙帕纳斯站到雷恩站（Rennes），约2个小时，之后再乘坐1个半小时的国铁巴士。或者乘坐从巴黎Montparnasse Vaugirard站出发的特快火车，约3小时10分钟到达Grandville站，再乘坐约40分钟的巴士。

汽车 ▶ 从巴黎走A13号公路，通过卡昂（Caen），然后再走A84、N276、D75号公路到圣米歇尔山，全程约为360公里。

※参观方式为徒步。

圣米歇尔山
Mont St. Michel
圣米歇尔山及其海湾　世界遗产

观光 Sightseeing

Mont St. Michel et Abbaye
圣米歇尔山和修道院 ⓘⓘⓘ
地图 p.149-A/B

●修道院门票8.50欧元，9:00~19:00（9~4月9:30~18:00）开放，举行宗教仪式时不允许入场参观，1/1、5/1、12/25休息

地区概况和亮点
about MONT ST. MICHEL Highlight

位于诺曼底和布瑞坦尼之间，建在一座浮在海面上的小岛上。其周边均为海水，潮汐的涨落非常明显。每当落潮时，海水就会以仿若战马奔驰的速度，后退到18公里以外的海岸线上，而涨潮时这里便成为"浮在海面上的孤岛"。近年来，为了连接岛屿和陆地，政府在此修建了一条大约2公里长的堤道，但这样的举措也导致了小岛周边堆积了大量的泥沙，从而渐渐失去了曾经的孤岛景观。为此，政府制订了拆毁道路、架设长桥的计划。

在连接岛屿和陆地的堤道上设有停车场，游客不能驾车径直驶入岛中。岛中的主要街道是格兰德街（Grande Rue），街道上商店、餐厅和博物馆鳞次栉比。沿着这条街道继续向前走，便会到达修道院。位于陆地的一侧，有一处面向游客的服务区，它的名字为"圣米歇尔山大门"（Les Portes du Mont St.Michel）。

古时，凯尔特人称之为"墓地之山"，是人们祭神的信仰圣地。8世纪，诺曼底主教奥柏受到大天使米迦勒（法语称"米歇尔"）的启示，在此修建了礼拜堂。长期以来，随着时代的变迁，这里也进行了不少增修，例如在11世纪建造了罗马式建筑风格的教堂和修道院，在13世纪又修建了哥特式建筑风格的长廊和餐厅。

修道院附属教堂从1017年开始修建，于1080年竣工，位于海拔约80米的地方，在地下礼拜堂之上。这里有诺曼—罗马式建筑风格的大拱廊和高大的窗户，也有采光性较好的哥特式建筑风格的正殿。修道院北侧的内院与回廊称为"奇中之奇"，是修士们闭目冥想的地方。

整个修道院共分为3层。这个"3"代表着圣职者、贵族和平民3种社会地位，

摄影秘诀
圣米歇尔山
对于漂浮在海上的圣米歇尔山，要想拍摄出它的绝妙美景，需要从入口处的停车场出发，向着陆地，沿着堤道步行5分钟。走到这里，就可以拍摄到修道院的全景。

哥特式风格的长廊

也代表着精神性、知性和物欲，即精神层面中的3个阶段。

　　修道院欢迎前来朝圣的客人，当然，人们来这里也会购买一些小礼物，并成为一种传统。仿古礼品在这里很畅销，例如踏龙而来的圣米迦勒的人偶像和铅质的纪念币。在14世纪的百年战争期间，人们一直将修道院作为要塞来使用，而从路易十一到拿破仑三世统治时期，这里则是作为监狱来使用的。现在它已成为联合国教科文组织评定的世界文化遗产，以及游客最喜爱前来的观光胜地之一。

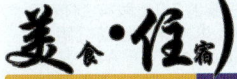

餐厅

Le Pré Salé
精品销售餐厅

地图 p.149-B外

英 英

交 "圣米歇尔山大门"服务区
✉ route de Mont St. Michel ☎ 02 33 60 14 18
营 12:00～14:30、19:30～21:30
休 11/14～2/5 € 19.50欧元

　　这是一家和美居酒店同时开设的餐厅。来到这里，您一定要品尝散发着潮水气息的正宗小牛肉。

酒店、餐厅

La Mére Poulard
拉米尔·保拉德酒店

地图 p.149-B

英 英

交 入口处 ✉ Grande rue ☎ 02 33 89 68 68
FAX 02 33 89 68 69 餐厅 营 11:30～22:00（午餐至14:30、晚餐18:30起、其他时间仅有零食供应）
€ 45欧元～ 酒店 € 150欧元～ 室 27间
HP http://www.merepoulard.com

　　该酒店开设于1888年。店中的大煎蛋卷是这个岛上的招牌美食，是在炉灶上烤制而成的。到此朝拜的游客一定要品尝一下它的美味。

酒店、餐厅

Le Relais St. Michel
圣米歇尔山瑞莱斯酒店

地图 p.149-B外

交 "圣米歇尔山大门"服务区
✉ route du Mont Saint Michel
☎ 02 33 89 32 00 FAX 02 33 89 32 01 室 40间
€ 180欧元～ HP http://www.relais-st-michel.com

　　这家酒店是从陆地上眺望圣米歇尔山的最佳位置。圣米歇尔山的景观每时每刻都有所不同。如果您想欣赏此景，一定要预订能够以最佳角度眺望圣米歇尔山的餐厅和房间。

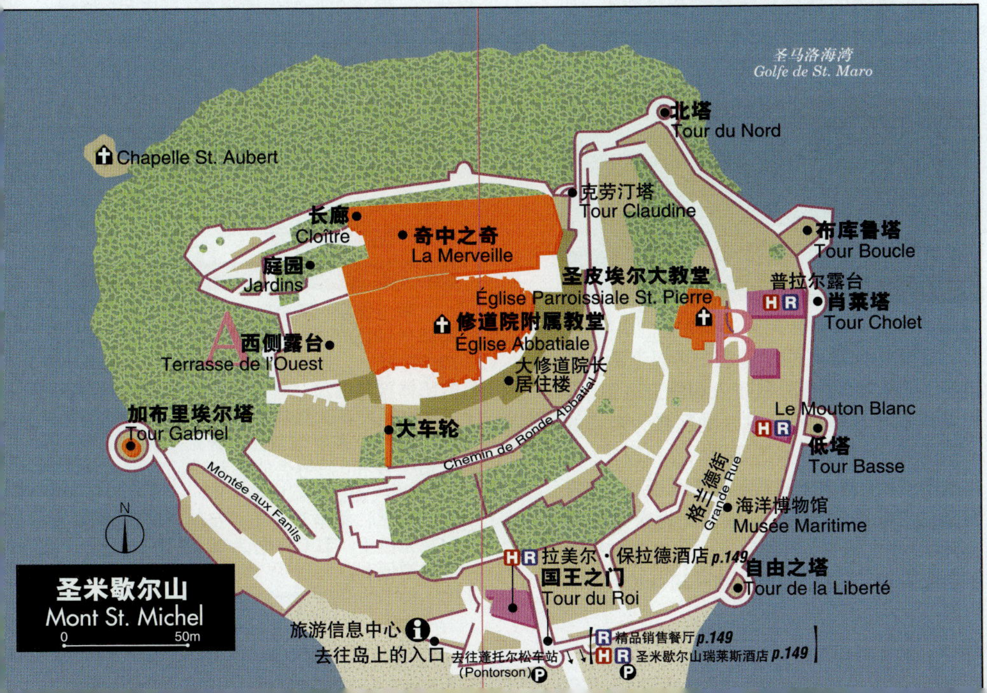

法国

149

圣米歇尔山

圣米歇尔山 Mont St. Michel

圣马洛海湾 Golfe de St. Maro

- Chapelle St. Aubert
- 北塔 Tour du Nord
- 克劳汀塔 Tour Claudine
- 长廊 Cloître
- 庭园 Jardins
- 奇中之奇 La Merveille
- 圣皮埃尔大教堂 Église Parroissiale St. Pierre
- 布库鲁塔 Tour Boucle
- 普拉尔露台
- 肖莱塔 Tour Cholet
- 西侧露台 Terrasse de l'Ouest
- 修道院附属教堂 Église Abbatiale
- 大修道院院长居住楼
- Le Mouton Blanc
- 加布里埃尔塔 Tour Gabriel
- 大车轮
- 低塔 Tour Basse
- Chemin de Ronde Abbatial
- Montée aux Fanils
- 格兰德街 Grande Rue
- 海洋博物馆 Musée Maritime
- 自由之塔 Tour de la Liberté
- 拉米尔·保拉德酒店 p.149
- 国王之门 Tour du Roi
- 精品销售餐厅 p.149
- 旅游信息中心
- 圣米歇尔山瑞莱斯酒店 p.149
- 去往岛上的入口
- 去往蓬托松车站（Pontorson）

0　50m

卢瓦尔河周边
Loire

流经肥沃土地的卢瓦尔河

卢瓦尔河流域有着郁郁葱葱的森林和广阔的田地，中游地区遍布众多古城堡。

看点
- 尚博尔城堡 ♚♚♚
- 舍维尼城堡 ♚♚♚
- 肖蒙城堡 ♚♚♚

去往卢瓦尔河周边的交通

铁路 乘坐TVG从巴黎蒙帕纳斯站到图尔站（Tours），约1个小时。从巴黎奥斯特里茨（Austerlitz）站乘坐国铁到布卢瓦（Blois）站，约1小时40分钟，到翁赞（Onzain）站约1小时50分钟。

汽车 沿通往普瓦捷方向的高速公路A10，从巴黎到奥尔良（距离巴黎约130公里），到布卢瓦（距离奥尔良约60公里），再到图尔（距离布卢瓦约65公里）。沿经过勒芒的A11，从巴黎到昂热（距离巴黎约295公里），再到南特（距离昂热约90公里）。

地区概况 about LOIRE

卢瓦尔河地区因其美丽的风景和得天独厚的自然资源条件而被称作"法国花园"，自古以来就深受人们的青睐。横跨该地区东西的卢瓦尔河全长1020公里，为法国最长的河流。该流域的溪谷中遍布着广袤的森林，台地上至今仍保留着公元1世纪开拓的葡萄园和蔬菜园。受惠于这里温暖的气候，用于酿酒的葡萄和蔬菜均长势喜人。加之卢瓦尔河中游散布的城堡，风景秀美，更

一望无际的葡萄园景观

增添了卢瓦尔河地区无穷的魅力。

卢瓦尔河地区的城堡历史可以追溯到11世纪。当时为了防御外敌侵入和保卫城镇，人们便修筑了这些城堡。这片地区最为繁华的时期为15~16世纪（大约160年）。1427年，百年战争开始，皇太子查理因屈服于英国，便将宫廷从巴黎搬迁至希农，成为此地繁荣发展的开始。长久以来，历代的王族和贵族都热衷于在此筑城。现在，城堡数量已超过100个。

地区亮点 Highlight

卢瓦尔河地区是拥有2000年历史的著名葡萄酒产地。其主要产地为：从布尔日出发，沿D955公路车程约50公里

此地独特的洞窟居住文化

的桑赛尔；从昂布瓦斯到图尔的卢瓦尔河右岸地区，索米尔近郊的索米尔·尚皮尼；城堡都市希农；因桃红葡萄酒而闻名的罗塞·德安茹；盛产麝香葡萄酒的南特。从布卢瓦到索米尔这一地区，售酒商店和直营店均为洞窟房子，是挖掘河流两岸的石灰岩悬崖建造而成的。其中大部分房子被当做餐厅来使用。

◆ 贴心小提示

参观古城堡最为经济的当地团体旅行

乘坐国铁（TGV），从巴黎出发，仅需55分钟就能到达图尔观光局（电话02 47 70 37 37），那里会组织参观访问古城堡的团体旅游活动（4~10月）。在蒙帕纳斯车站7:45发车去往图尔，然后从当地的观光旅游中心乘坐微型巴士开始观光。费用包括午餐和5处地点的参观访问，晚上乘坐20:20的国铁返回巴黎。

当然，乘坐开往布卢瓦两个城堡的定期观光巴士（TLC，电话02 54 58 55 55）也非常便利。

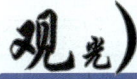

最壮观的尚博尔城堡

观光 Sightseeing

Château de Chambord
尚博尔城堡

地图 p.151

● 从巴黎奥斯特里茨车站出发，乘坐国铁到布卢瓦大约需要1小时40分钟；从布卢瓦乘车到此约20公里

● 门票9.50欧元，9:00~18:15（10~3月至17:15，7、8月至19:00）开放，1/1、11/11、12/25休息

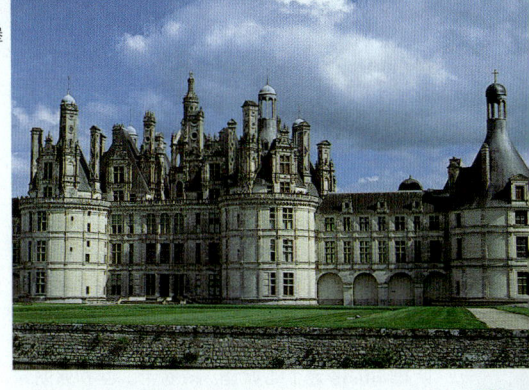

它在卢瓦尔众多古城堡中堪称绝美。外观对称，四角为圆形主塔。城堡的周围为索洛涅森林，其面积几乎与巴黎市相当。1519年，喜欢在此狩猎的弗朗索瓦一世下令开始修建此城堡。1539年国王去世，由继承王位的亨利二世着手继续修建。17世纪，路易十四对此地进行了大规模的改建，最终建成了这座卢瓦尔河周边首屈一指的壮美的城堡，拥有400多间房屋、70多座楼梯和365个烟囱。

这是一座具有圆柱结构、尖塔林立的美丽城堡，也代表了法国文艺复兴时期的最高杰作，城内到处可见风格独特的建筑。最值得欣赏之处为城堡中央的“双螺旋楼梯”。同时上下楼梯的人可以相互看见而不会碰面，构造奇特，人们推测这是当时居住在法国的达·芬奇参与设计的成果。通过屋顶的露台，您可以将总面积5500公顷的广阔庭园和森林尽收眼底。

另外，城内800处以上的地方都有弗朗索瓦一世的纹章蝾螈的雕刻。他在自己书房中的彩色玻璃上刻有“女人扰乱人心，信者为愚人”，这一传说也非常有名。

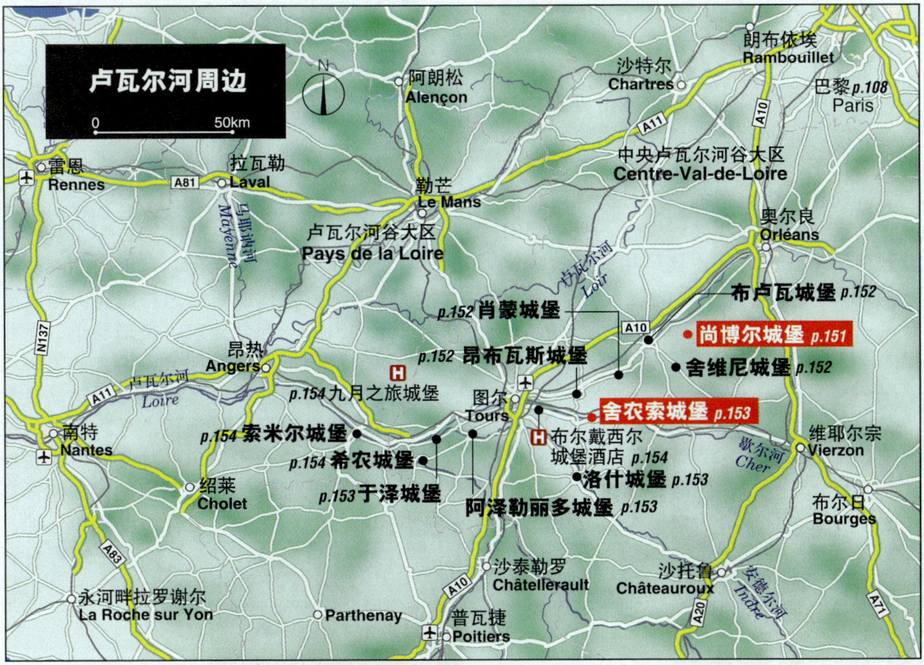

Chlateau de Blois
布卢瓦城堡
地图 p.151

- 从巴黎奥斯特里茨车站出发，乘坐国铁到布卢瓦大约需要1小时40分钟，到布卢瓦城堡徒步的话需5分钟
- 门票8欧元，9:00~18:30（11~3月9:00~12:30、13:30~17:30、7、8月至19:00、10、11月至18:00）开放，1/1、12/25休息

位于卢瓦尔河畔的高地上，在此放眼望去，布卢瓦市的街道纵横交错。8世纪时出于防御目的修建了此城堡。路易十二世和弗朗索瓦一世诞生于此。政府对城堡进行了修复，这里现在已发展成为宫廷文化的中心地。城堡集四种建筑风格于一身，因而荣获了"建筑风格博物馆"的美称。

屹立于城市高地上的布卢瓦城堡

Château de Cheverny
舍维尼城堡
地图 p.151

- 从巴黎奥斯特里茨车站出发，乘坐国铁到布卢瓦大约需要1小时40分钟；从布卢瓦乘车到此约15公里
- 门票7.50欧元，9:15~18:15（7、8月至18:45，10月9:45~17:30，11~3月9:45~17:00）开放

距离尚博尔城堡西南方向大约10公里，是一座位于著名狩猎地索洛涅森林边界的城堡。1604年在舍维尼伯爵亨利·尤勒的委托下，开始修建此城堡，于1634年完工。现在为舍维尼伯爵子孙的住所。该城堡拥有两端对称的外观设计，为亨利四世到路易十三世时代古典风格的建筑。筑城用的石头，随着岁月的洗礼已渐渐变白。城内设有猎犬小屋，里面饲养着70只狩猎犬。另外，该城内还有狩猎博物馆，里面展示着2000多只鹿角。这里有与丁丁相关的永久展览《古堡的秘密》，深受孩子们的喜爱。

仍保留着昔日城池风貌的舍维尼城池

Château de Chaumont sur Loire
肖蒙城堡
地图 p.151

- 从巴黎奥斯特里茨车站出发，乘坐国铁到翁赞（Onzain）约1小时50分钟；从布卢瓦乘车到此约20公里
- 门票9欧元，10:00~18:30（11~3月至16:15、7、8月至19:00、10月至18:00）开放，1/1、5/1、11/1、12/25休息

这是一座耸立在卢瓦尔河左岸的壮丽城堡。王后**凯瑟琳·德·梅迪奇**和亨利二世的情人戴安娜·德·波提叶，在这座城堡里上演了一场报复闹剧，使得这座城堡声名大振。该城堡于15世纪受命于布卢伯爵厄德一世而修建。1465年被毁坏，1510年又重建了圆塔、角塔和吊桥，并保留至今。

在园林建筑大师亨利德雷珀所建的英式庭园中，每年的5~10月中旬都会举行"国际园林节"，介绍现代园林建筑大师的生平事迹。

Château d'Amboise
昂布瓦斯城堡
地图 p.151

- 从巴黎奥斯特里茨车站出发，乘坐国铁到昂布瓦斯大约需要2小时；从图尔乘车到此约25公里，布卢瓦到此约35公里
- 门票9.70欧元，9:00~17:30（11~1月9:00~12:30、14:00~16:45，2月9:00~12:30、13:30~17:00，4~6月至18:30，7、8月至19:00，9、10月至18:00）开放，1/1、12/25休息

城堡中，面向卢瓦尔河而建的部分，是查理八世修建的哥特风格建筑。与其成直角伸出的一部分建筑，是路易十二世和弗朗索瓦一世增建的部分，为文艺复兴风格建筑。周边的"少年塔"可以骑马径直而上，登上塔顶极目远望，乐趣无限。位于城墙一角的圣于贝尔礼拜堂里，据说埋葬着逝于此城堡的画家**列奥纳多·达·芬奇**。步行10分钟，在城池之外可看到其故居遗址。

寻访古城历史

Château de Chenonceau
舍农索城堡

地图 p.151

- 从巴黎的蒙帕纳斯车站乘坐国铁（TGV），在圣皮埃尔德科尔车站（St.Pierre des Corps）换车到舍农索车站，大约1小时30分钟；从图尔乘车到此约35公里
- 门票10.50欧元，9:00~19:00（11~1月9:30~17:00，2、3月9:30~18:00，6、9月9:00~19:30，7、8月9:00~20:00，10月9:00~18:30）开放

舍农索城堡的美丽外壁

歇尔河为卢瓦尔河支流，舍农索城堡便沿该河而建，至今人们仍能在河畔欣赏到天鹅收起羽毛、摆出优美身姿在水边休憩的情景。该城是16世纪财政大臣博埃尔的妻子修建的。自此以后，先后有六位女性当过城主掌管此城堡，故该城堡也被称为"六女之城"，并成为历代女城主上演爱恨情仇的情感大剧的舞台。现在对外开放的地方主要为1层和2层的居室部分。置身于法国式庭园之中，眺望整座城堡，景色尤为美丽。

Cité Royal de Loches
洛什城堡

地图 p.151

- 从巴黎的蒙帕纳斯车站出发，乘坐国铁（TGV），在图尔车站换车到洛什车站，约2小时40分钟；从巴黎的奥斯特里茨车站到洛什车站，大约用时3小时40分钟；从图尔乘车到此约45公里
- 门票7欧元，9:00~19:00（10~3月9:30~17:00）开放，1/1、12/25休息

这是一座矗立在安德尔河畔断崖上的城堡。周围环绕着长约2公里的城墙，城内分布着城馆、教堂和主塔。该城的原型为14世纪查尔斯六世所建造的要塞，后来增建了文艺复兴时期建筑风格的城馆。当时圣女贞德说服查理七世前往兰斯举行加冕仪式的情景，通过馆内的人偶得以再现。

从城中的主塔远眺城堡都市——洛什

Château d'Ussé
于泽城堡

地图 p.151

- 从巴黎的蒙帕纳斯车站出发，乘坐国铁（TGV）到图尔车站约需55分钟；从图尔乘车到此约35公里
- 门票13欧元，10:00~18:00（4~8月至19:00）开放，11月中旬~2月中旬休息

这栋圣洁的城堡位于安德尔河畔，建于郁郁葱葱的森林之中。童话作家夏尔·佩罗在17世纪在这座城堡中创作出了《睡美人》。

Château d'Azay le Rideau
阿泽勒丽多城堡

地图 p.151

- 从巴黎的蒙帕纳斯车站出发，乘坐国铁（TGV），在圣皮埃尔德科尔车站换车到阿泽勒丽多站，大约2小时30分钟，从车站到城堡需步行15分钟；从图尔乘车到此约25公里
- 门票8欧元，9:30~18:00（7、8月至19:00，10~3月10:00~12:30、14:00~17:30）开放，1/1、5/1、12/25休息

女性审美风格的阿泽勒丽多城堡

城堡建于安德尔河的小岛上，体现了哥特式建筑风格到文艺复兴建筑风格的过渡。整座城堡呈"L"形状，从正面的露台和大寝宫向外远眺，可以看到清澈的河水缓缓流淌，景色美不胜收。

凯瑟琳·德·梅迪奇

出身于梅迪奇家族，法国国王亨利二世（1547~1559年）的王后。在其丈夫猝死后，她便开始从精神上对国王的情人戴安娜·德·波提叶进行报复。她相继让三位年幼的王子即位，对法国进行了持续30年之久的摄政统治。

列奥纳多·达·芬奇

出生于意大利佛罗伦萨的画家和科学家，因创作《蒙娜丽莎》和《最后的晚餐》等著名绘画作品而闻名。1516年受弗朗索瓦一世的邀请前往法国并久居于此，之后一直在昂布瓦斯附近的"卢斯馆"生活，1519年去世。

Château de Chinon
希农城堡

地图 p.151

- 从巴黎的蒙帕纳斯车站出发，乘坐国铁（TGV），在圣皮埃尔德科尔车站换车，到希农车站约2小时10分钟，从车站到城堡需步行15分钟；从图尔乘车到此约45公里
- 门票7欧元，9:00~19:00（10~3月9:30~17:00）开放，12/25~1/1休息

该城以建于古罗马时代的维埃纳河畔的城塞为基础，于10~12世纪建成。现在只保留了城塞遗址，长400米，宽70米。在希农的旧街道上，常有许多人穿着旧时的衣服，在街上游行，举行"中世纪集市"活动。

卢瓦尔河沿岸的城堡——希农

Château de Saumur
索米尔城堡

地图 p.151

- 从巴黎的蒙帕纳斯车站出发，乘坐国铁（TGV），有时候需要在图尔站、昂热圣劳德车站（Angers-St Laud）、圣皮埃尔德科尔车站换车到索米尔车站约2小时；从图尔乘车到此约75公里
- 门票3欧元，10:00~13:00，14:00~17:30（7、8月10:00~18:00）开放，周一、10~3月休息

由菲利普·奥古斯特时期的一座城塞改建而成。在该城堡中极目远望，可以看到卢瓦尔河畔的悬崖。城内有装饰博物馆和马匹博物馆。

文化小典故
圣女贞德

出生于洛林地区的小村唐瑞米。以"拯救法国"之重任为名，率领军队解放奥尔良，引领查尔斯加冕，击退英军。1431年被敌军俘获，在鲁昂被处以火刑，时年19岁。现在被天主教会列为圣人，被尊为法国国民的救世主，长久以来深受人们的爱戴。

住宿 *Stay*

城堡、酒店 ★★★★★

Château de la Bourdaisière
布尔戴西尔城堡酒店

地图 p.151

是距图尔很近的城堡酒店。每逢春天，庭园内各式各样的百合就会竞相开放。在意大利建筑风格的露台上安装着一扇门，是由天才列奥纳多·达·芬奇设计的。菜园修建在酒店的后面，建于19世纪，迄今为止已栽植番茄等蔬菜多达400种。该酒店隔壁就是一家以美味著称的餐厅。

交 距离圣皮埃尔德科尔车站大约8公里，距蒙路易大约1公里 € 141欧元~ 室 20间 ☎ 02 47 45 16 31 FAX 02 47 45 09 11 ✉ 25, rue de la Bourdaisière, Montlouis sur Loire HP http://www.labourdaisiere.com 导游额外提供的项目为参观、体验城堡、庭园和菜园 € 7欧元 营 9:30~19:00 休 11~3月（酒店无休息日）

城堡、酒店 ★

Château des Sept Tours
九月之旅城堡

地图 p.151

由15世纪的城馆和庄园，以及17世纪时名为"七塔"的城堡改建而成。建筑样式混合了中世纪到文艺复兴时的各种风格。住宿设施包括城馆（主建筑）和一栋老旧的橙子栽培温室，它们的内部装饰都非常有个性，而且配有完备的现代设备。尤其推荐在主建筑正下方的房间。78公顷的森林里设有高尔夫球场。附设温水泳池、餐厅和酒吧等。

交 从图尔出发，西北方向，途经D910、D959等，约40公里，距巴黎约276公里 € 170欧元~ 室 46间 ☎ 02 47 24 69 75 FAX 02 47 24 23 74 ✉ Courcelles de Touraine, 37330 Centre HP http://www.7tours.com

意大利

Italia

基本信息

国名：意大利共和国
首都：罗马
面积：301 333平方公里
人口：6074万人（2011年）
和中国的时差：7小时（夏令时间是6小时）

自然 意大利国土南北长，四季分明。北部与阿尔卑斯山接壤的地区天气寒冷，南部地区气候温暖。

政治 第二次世界大战后，废除了君主制，成立共和国。国家元首为总统，总理由总统任命，对议会负责。议会由参议院和众议院组成。

经济 第二次世界大战后，经济发展突飞猛进。但南北差距仍比较大。另外，国家使用欧元后，引起了持续不断的通货膨胀，致使大城市物价飞涨。

宗教 天主教中心梵蒂冈位于罗马城内，97%的意大利人都信奉天主教。其他宗教的信徒有新教徒（基督教徒）、犹太教徒和伊斯兰教徒。其中，伊斯兰教徒近年来数量在增长。

民族 从公元前开始就有了自己的历史，但真正统一则是在1861年。由于长期以来一直处于小城邦国家与教皇国分立的状态，形成了多民族融合的特点。

语言 意大利有许多地方方言。现在，托斯卡纳地区的词汇、语法和罗马风格的发音为标准的意大利语。

治安 虽然严重犯罪比较少，但治安也不能让人完全放心。游客常被扒手和抢劫的人盯上。所以在机场和车站等人多眼杂的地方一定要看管好自己的行李物品。

●货币兑换、小费、公共卫生间等当地的相关信息，参见p.268~。

意大利的美食

得益于充足的阳光和得天独厚的地理条件,意大利的本土美食和当地葡萄酒非常值得一品,游客一定不要错过。

◆羊肉（Abbacchio）
是一种往煎制的嫩牛肉中加入迷迭香和白葡萄酒炖制而成的罗马料理。

罗马料理中有醇香的白葡萄酒佛兰斯卡蒂（Frascati）。

威尼斯料理中有精制而成的白葡萄酒索瓦（Soave）。

◆牛排
佛罗伦萨著名料理之一,是将带骨牛肉用炭火烧烤后制作而成的一种美食,呈T形。

佛罗伦萨料理中常选用由樱桃酿制而成的古典康帝（亦称奇安帝）干红葡萄酒（Chianti Classico）,色泽深红,酒味醇香。

米兰料理中常选用味道比较醇厚的红色巴罗洛（Barolo）。

◆油炸海鲜
意大利风味的鱼贝类油炸海味食品,属于威尼斯特色美食,肉多而肥,非常美味。

◆米兰风味炸肉排
肉排是米兰的代表料理,其制作方法为：首先将小牛肉拍松压平,然后将面粉粘裹在其表面,最后用橄榄油煎炸。

各式各样的意大利面

● 长形意大利面
中空造型的意大利面食。下图是罗马风味的番茄沙司意面。

● 意大利干面条
面条比较宽的鸡蛋手擀面。照片中显示的为佛罗伦萨风味的拌黑牛肝菌面。

此外,还有水管面（面中空且较粗）、扇贝面和圈圈面等。这些面食会与不同的沙司来搭配食用。

意大利的特产

从日常用品到蕴涵着传统构思的手工艺名品,种类丰富。

◆意大利面酱
用于拌食煮好的意大利面。

◆干燥的黑牛肝菌
黑牛肝菌,为一种芳香美味的菌类。在水里浸泡后放在意大利面中食用。

◆威尼斯玻璃制品
采用传统手工艺制作而成,统一标价,精致优美的造型吸引着每位到访的游客争先恐后地购买。

◆意大利咖啡
专营店内摆放着从一般种类到高级品牌的各类咖啡。图片中显示的是因独具匠心的设计风格而闻名于世的艾烈希咖啡壶。

◆肥皂
这是一种高品质肥皂,无任何添加剂。细嫩敏感的肌肤亦可放心使用。

◆橄榄油
装在造型时尚的容器中,最适合作为礼物送人。

◆蕾丝织品
手工编织的精致蕾丝织品,外形美观,手感极好。

◆意大利咖啡专用咖啡豆
如果您喜欢意大利咖啡,将此作为礼物送人是最合适不过的了。

意大利广场上的喷泉

罗马所有的街道上都建有规模宏大的美术馆。古罗马遗址、梵蒂冈城等建筑气势恢弘，珠宝艺术品光彩夺目。

看点
- 梵蒂冈博物馆 ★★★
- 古罗马广场 ★★★
- 斗兽场 ★★★
- 特雷维喷泉（许愿池）★★★

去往罗马的交通
飞机 ● 从北京直飞大约11小时。
铁路 ● 从佛罗伦萨出发大约1小时40分钟，从那不勒斯出发大约2小时。

旅游咨询处
● 特雷维喷泉出发约5分钟／Via 20 Settembre 26
周一、周四9:00~13:00、14:30~16:00办公，周二、周三、周五、周六、周日休息

罗马 Roma

世界遗产 罗马历史中心区

城市概况 about ROMA

罗马，是一个拥有将近3000年历史的城市。在古罗马时代，罗马帝国的领土就从英国扩展到北美、西班牙、土耳其等地。当时的欧洲直至东方，大片领土都为罗马帝国所拥有，因而也创建了历史上规模空前的大帝国。罗马帝国占领其他国家后，首先会建造浴室、道路、桥梁和圆形竞技场。至今，曾建立在罗马帝国领土上的罗马，仍保存着许多展现帝国昔日风采的遗址。

另外，位于罗马市内的梵蒂冈是由罗马教皇统治的世界最小的独立国家。从14世纪开始，它就成为教皇的常住地，并于1929年实现了真正意义上的独立。

17世纪，在反宗教改革的背景下，与文艺复兴艺术背道而驰的巴洛克艺术在罗马遍地开花。其风格既庄严又充满了活力。至今，在街道上的任何一个角落，我们仍可欣赏到巴洛克时期的雕刻和建筑作品。

在巴洛克艺术名家中有这样两位艺术家：一位是建筑家贝尔尼尼，他除了修建圣彼得大教堂外，还参与了多处教堂和喷泉的设计工作；另一位是博罗米尼，他修建了圣卡洛·阿莱·夸特罗·丰塔尼教堂。他们称得上是巴洛克时期最具代表性的两大巨匠。正是由于艺术家们伟大的设计，才使罗马的街道上到处充满华丽的戏剧色彩，并洋溢着浪漫的气息。

斗兽场前，装扮成古罗马士兵的人们正在演示

城市亮点 Highlight

到罗马旅游，最引人注目的当属梵蒂冈的圣彼得大教堂了。另外，梵蒂冈博物馆也是世界上为数不多的高级别文化遗产，恰似一座美丽的迷宫，让人流连忘返。时间充裕的游客切记不可错过。

漫步游览古罗马广场上的神殿、凯旋门及相邻的斗兽场，你可以充分发挥自己对古罗马人的想象力。

另外，市内还有圣玛利亚教堂的"真理之口"和特雷维喷泉等许多游览胜地。喷泉以一个许愿的传说而扬名于世界，据说游客只要将钱币从背后投入池中，便可再度回到罗马。

特雷维喷泉

贴心小提示
关于罗马建国的神话

传说战神马尔斯的双胞胎儿子罗穆卢斯和里默斯被觊觎王位已久的伯父抛弃，结果被一只雌狼救起并抚养长大。他们杀了母亲的仇人，也就是伯父，建立了新国家。即位的为罗穆卢斯，他在兄弟间的皇位斗争中最终获胜。公元前753年，罗穆卢斯将该城命名为罗马。

以建国神话为主题的卡皮托利尼博物馆馆藏作品

轻松游走罗马！
市内交通

作为代步工具的最佳选择是车费便宜、运行间隔短的地铁。当然，地铁也有许多到不了的游览地，这个时候我们可以选择出租车和游客专用的旅游巴士。

地铁
Metropolitana

两条地铁线在特米尼车站交会，A线的信号灯颜色为橙色，B线为蓝色。A线通往巴贝里尼广场、意大利广场和梵蒂冈博物馆。如果您想去斗兽场、古罗马广场参观，最为便捷的方法就是乘坐B线了。

地铁入口路标

车站的入口处有一个地铁路标，红色牌子上用白色字体写着一个"M"。无论哪条线路，运行频率都很高，早5:30发车，晚23:30停运（周五到0:30）。21:00以后由穿梭巴士MA和MA2代行。

罗马的车票在地铁、巴士和有轨电车上都可以使用。购买一次性车票（称作B.I.T），只要在75分钟的有效时间内，您都可以任意乘坐地铁、巴士或旅游巴士（地铁只能乘坐1次）。此外，也有1日票（B.I.G.）、3日票（B.T.I.）和1周票（C.I.S.）。1日票的有效时间以印在票上的当日日期为准，通常是当天24时前，而不是24小时。

◀进入检票口时，需要自己用检票机在车票上印上日期

检票机

▼"出口"的意大利文为"Uscita"
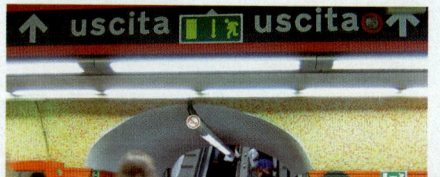

出租车
Taxi

城市街道上自由穿梭的出租车极为便利。但许多司机只会说意大利语，因此你需要将地图上显示的目的地地名写在纸上，然后给他看。和中国不同，这里没有串街揽客的出租车，所以游客需要在出租车站定点乘坐。当然也可以拜托饭店等处的人帮你呼叫，但需交一定的费用。

计价表安装在司机座位前，起步价为2.33欧元。乘车时为了不被司机乱要价钱，需要确认计价表的起步价。深夜（22:00~次日7:00）、周日和节假日会加收特殊费用。

巴士
Autobus

110路敞门巴士，红色车身上印有该路线标志

一般来说，巴士路线多而复杂，利用起来极不方便。不过，110路巴士自特米尼车站每隔20分钟发车一次，非常方便。坐在上面，游客能够参观大部分的景点，并且可以自由地上下车。此外，还有小型观光巴士（Archeobus），往返于各个游览胜地，供游客乘坐。

有轨电车
Tram

路线中，围绕市区周边的居多。与巴士一样，其路线复杂且乘坐吃力。但去往特拉斯提弗列的8路车和去往博尔盖塞公园的3路车，乘坐起来非常方便。车票与巴士通用。

意大利 罗马

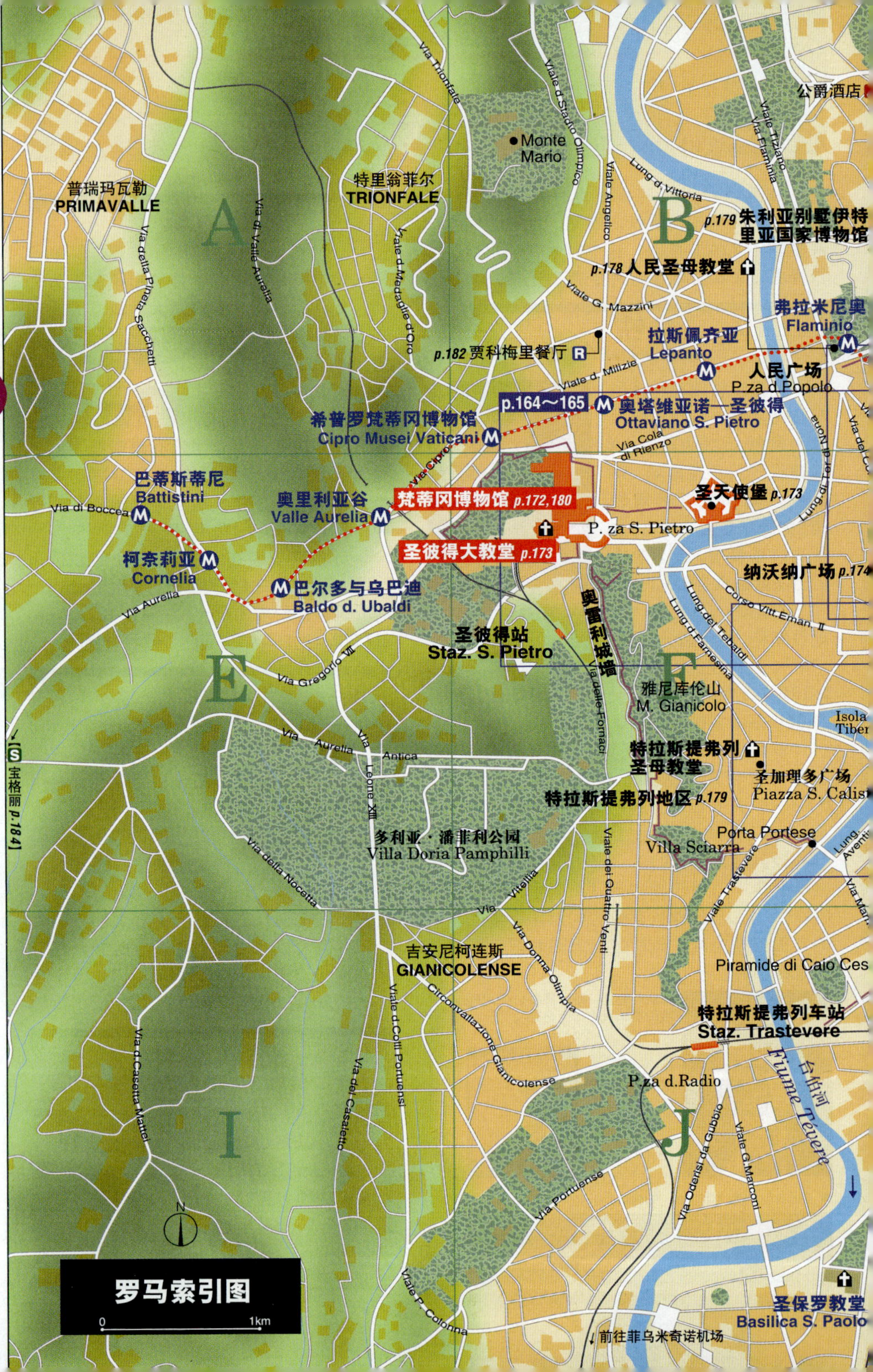

罗马索引图
0
1km
N
A
B
E
F
I
J
普瑞玛瓦勒
PRIMAVALLE
特里翁菲尔
TRIONFALE
Monte Mario
公爵酒店
p.179 朱利亚别墅伊特里亚国家博物馆
p.178 人民圣母教堂
弗拉米尼奥
Flaminio
拉斯佩齐亚
Lepanto
p.182 贾科梅里餐厅
人民广场
P.za d.Popolo
p.164～165
奥塔维亚诺—圣彼得
Ottaviano S. Pietro
希普罗梵蒂冈博物馆
Cipro Musei Vaticani
巴蒂斯蒂尼
Battistini
奥里利亚谷
Valle Aurelia
梵蒂冈博物馆 p.172,180
圣天使堡 p.173
P. za S. Pietro
圣彼得大教堂 p.173
纳沃纳广场 p.174
柯奈莉亚
Cornelia
巴尔多与乌巴迪
Baldo d. Ubaldi
圣彼得站
Staz. S. Pietro
奥雷利城墙
雅尼库伦山
M. Gianicolo
Isola Tiber
特拉斯提弗列圣母教堂
圣加理多广场
Piazza S. Calisi
特拉斯提弗列地区 p.179
宝格丽 p.184
多利亚・潘菲利公园
Villa Doria Pamphilli
Porta Portese
Villa Sciarra
吉安尼柯连斯
GIANICOLENSE
Piramide di Caio Ces
特拉斯提弗列车站
Staz. Trastevere
台伯河
Fiume Tevere
P.za d.Radio
圣保罗教堂
Basilica S. Paolo
前往菲乌米奇诺机场
Via Trionfale
Viale d. Stadio Olimpico
Viale Angelico
Lung. d. Vittoria
Viale Tiziano
Via Flaminia
Via di Valle Aurelia
Via della Pineta Sacchetti
Viale d. Medaglie d'Oro
Viale G. Mazzini
Viale d. Milizie
Via Cola di Rienzo
Via Cipro
Via di Boccea
Via Aurelia
Via Gregorio VII
Via delle Fornaci
Corso Vitt. Eman. II
Lung. d. Tor di Nona
Lung. d. Farnesina
Lung. dei Tebaldi
Via Aurelia Antica
Via Leone XIII
Via della Nocetta
Via Vitellia
Via Donna Olimpia
Viale dei Quattro Venti
Viale Trastevere
Circonvallazione Gianicolense
Viale d. Colli Portuensi
Via del Casaletto
Via d. Casetta Mattei
Via Portuense
Via Oderisi da Gubbio
Viale G. Marconi
Viale P. Colonna

意大利 161 罗马

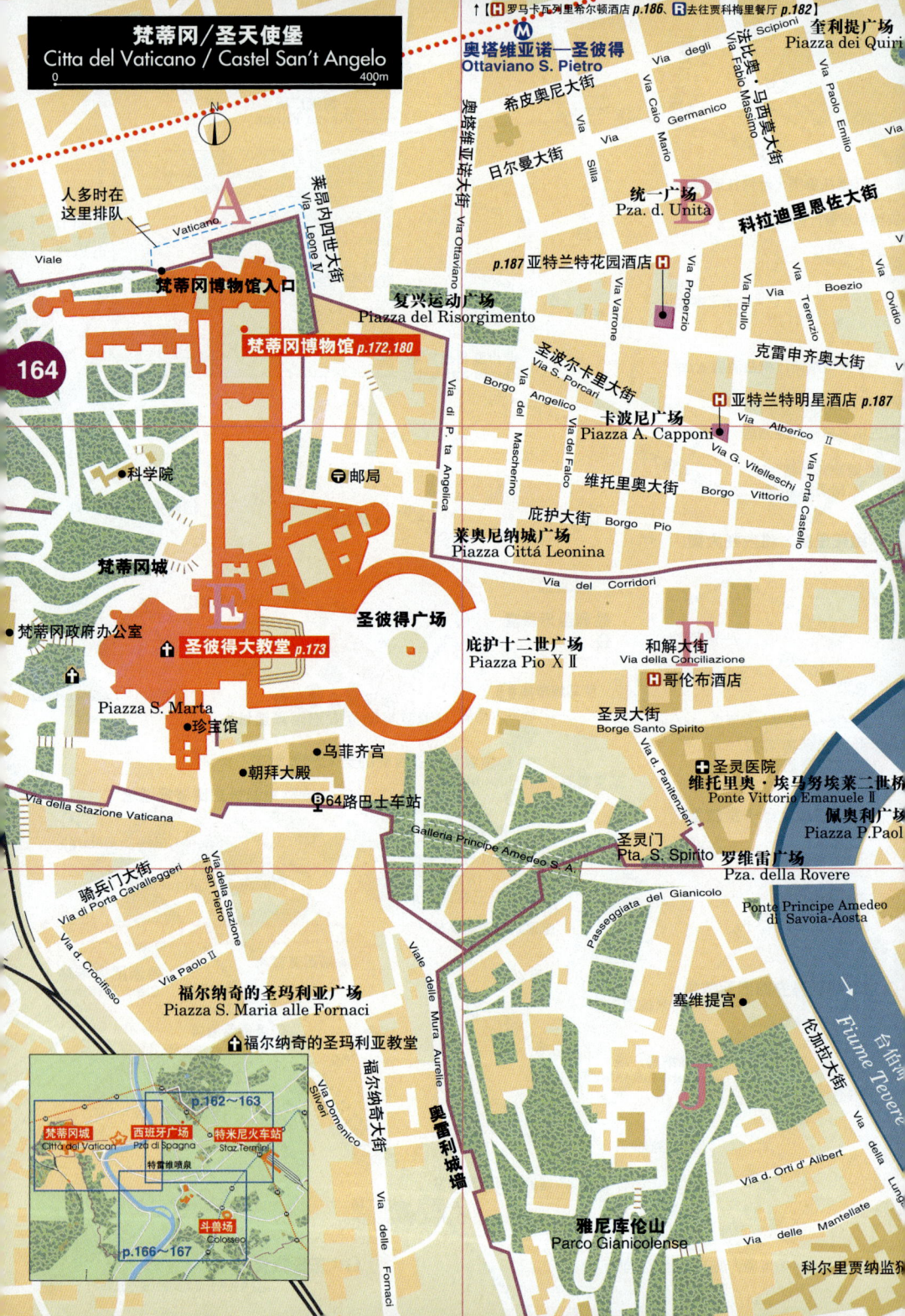

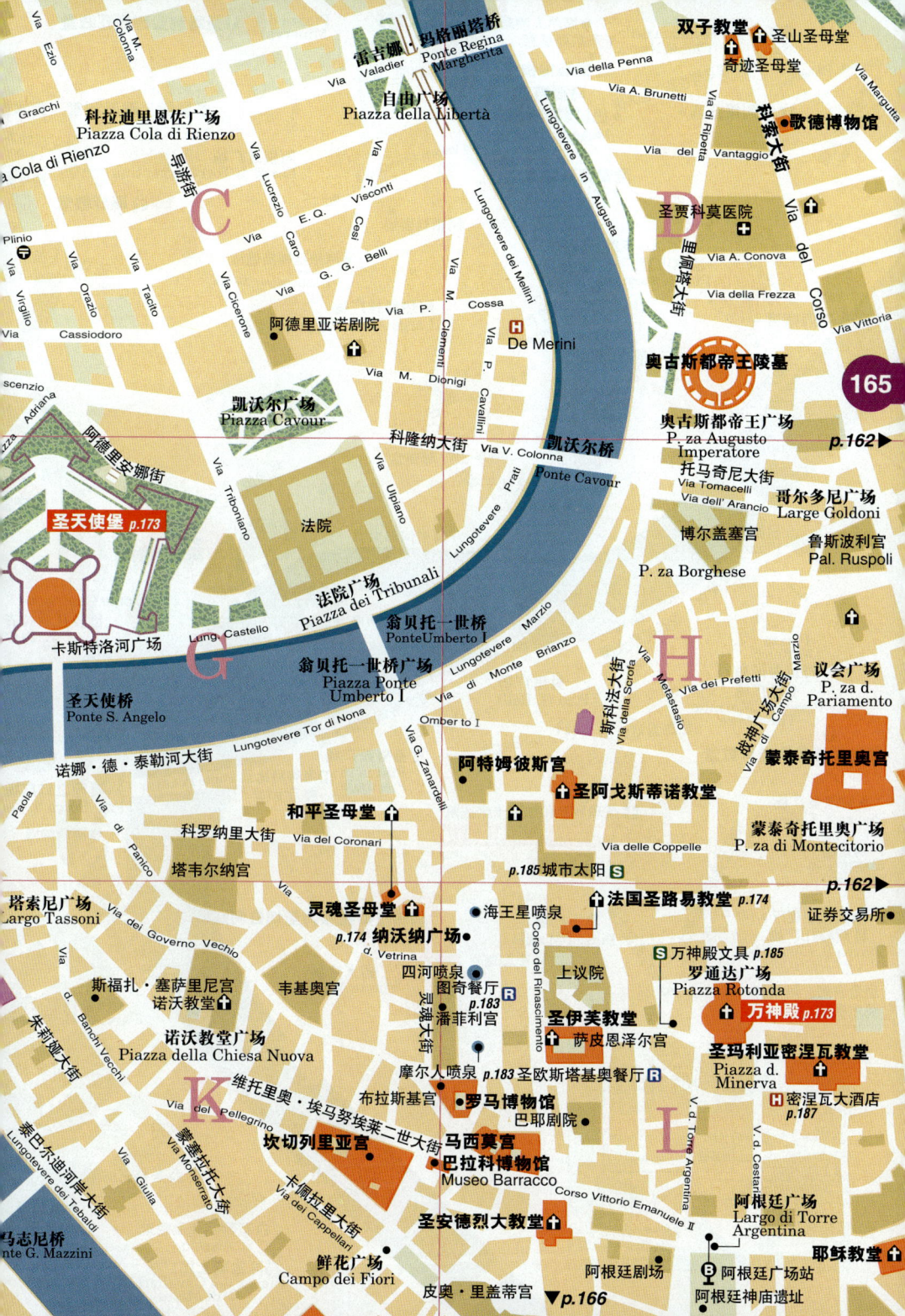

如何支配自由时间 enjoy Freetime

图例: 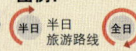 半日旅游路线　全日一日旅游路线

旅行团通常会设定半天或者一天的自由时间。那么该怎么利用这些时间，让旅程变得更有趣，并留下非同寻常的印象呢？为了让行程更加丰富多彩，我们一定要认真地制订一个计划。

示范路线 Ⓐ 全日　轻松游博物馆

如果您对古罗马文物感兴趣的话，推荐参观罗马国家博物馆。

1 特米尼车站
地铁特米尼车站是参观的起点。车站前面是巴士终点站所在的广场，其右侧就是你要参观的目的地了。

▼ 步行3分钟

2 罗马国家博物馆（马西莫宫）p.178
参观时间预设为1小时30分钟左右。时间紧迫的游客可以径直前往3层，参观重要的展览室。

▼ 步行3分钟

3 罗马国家博物馆（迪欧克勒提安诺浴场遗址）
它位于特米尼车站正对面的博物馆分馆内，是巨大的浴场遗址。馆内最值得参观的地方为"米开朗琪罗的走廊"。

▼ 步行5分钟

5 共和国广场
位于浴场遗址的西侧，广场上有一个喷水池，四周环绕着四位女神的雕塑。可以在共和国地铁站乘车或在出租车站点打车返回酒店。

示范路线 Ⓑ 全日　"罗马假日"游

对于游客来说，这些是充满罗马风情的游览胜地。在这里您可以尽享电影《罗马假日》中两位主角所享受的那种刹那间自由自在的感觉。总之，这是一个散发着古代怀旧氛围与现代动感气息的地区。

1 西班牙广场 p.178
西班牙广场的对面，有许多出现在电影画面中的冰激凌店。但美中不足的是，需要注意，在参观西班牙广场的过程中禁止吃东西。

▼ 地铁18分钟

2 斗兽场 p.176
夏季参观时，需要很长时间来排队等候入场。斗兽场内部宽阔，需要一个小时才能完成参观，对于时间充足的游客，强烈推荐到此处参观。

▼ 步行5分钟

3 古罗马广场 p.174
从斗兽场一侧进入，然后从帕拉蒂诺山丘旁的出口出来。参观时间为2小时左右。

▼ 步行15分钟

4 真理之口 p.177
位于圣玛利亚教堂中，正如电影中那样，若要买到纪念照片就需要排队等候。

▼ 出租车11分钟

5 圣天使堡 p.173
是电影中拍摄舞会场面的场所。推荐感受一下夕阳中的美景所营造的气氛。

示范路线 C 半日 悠闲地购物

行走在康多提大道的周边，仅仅是逛街，你的心情也会变得奢华起来。

1 西班牙广场 p.178

在地铁西班牙广场站步行2分钟就到了西班牙广场。康多提大道就位于广场的后面。

步行5分钟

2 康多提大道

这条华丽大道上聚集了多家名牌店。您可以在古老的咖啡店中优雅地品尝咖啡。

步行5分钟

3 马里奥大街

从康多提大道进入马里奥大街。这里的商店鳞次栉比。第一个十字路口向左转（向南走）

步行5分钟

4 博尔戈尼奥纳大街

在第一个十字路口向右转，就到了安静的博尔戈尼奥纳大街。街道上分布着范思哲等众多商店。

步行5分钟

5 博卡·迪·莱昂内大街

这条街上有许多商店。在康多提大道向左转便可到达此地。从这里可以到达科索大街。

步行5分钟

6 科索大街

沿科索大街走，左转可径直走进文艺复兴百货（La Rinashiente）。这里出售品种丰富的特产等。

意大利 罗马

POINT

在哪里上厕所?
和国内不同，意大利的厕所极少。为了不因找不到厕所而苦恼，请适时地利用一下酒吧吧！你可以首先点一杯咖啡，在即将离开时去趟洗手间。这不失为一个聪明的做法。

避开周日购物
在信奉天主教的国家，周日被规定为停业休息日。但最近，周日营业的商店也变得多起来了。因此，要想合理有效地度过属于自己的时间，就要制订一个避开周日的购物计划。

在罗马当地 可报名参加的 旅游团

无论市内观光还是郊外观光，当地各个旅行社都会提供可供游客自由选择的旅游团。

旅游团名称	出发时刻、所需时间	参观内容	费用	咨询处
"古典"罗马	出发：8:00~8:40 所需时间：约3小时 发团：每天（每年3月举行的罗马马拉松日除外）	参观万神殿，步行参观特雷维喷泉等景点，参观圣彼得大教堂等	45欧元	G
梵蒂冈博物馆	出发：6:45~7:45 所需时间：约3个小时 发团：3~10月的周一到周五（宗教假日除外）	以梵蒂冈博物馆的西斯廷礼拜堂为中心进行参观	66欧元	G

咨询处●G：greenline，http://www.greenlinetours.com

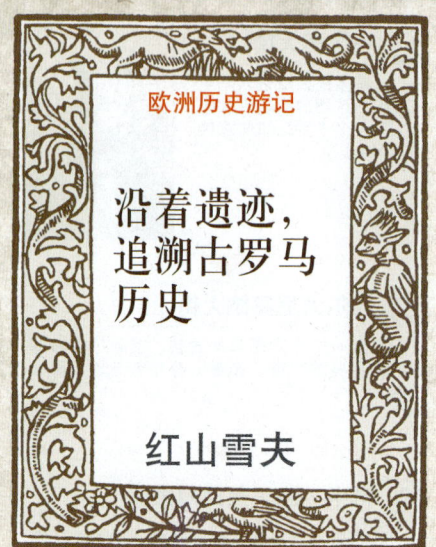

欧洲历史游记

沿着遗迹，追溯古罗马历史

红山雪夫

罗马帝国曾经拥有的最广阔的领土范围，是从现在的英国到北非、西班牙，最后到土耳其这一地区。对于这个版图跨越欧洲直至东方的大帝国，我将沿着保留下来的遗迹来追溯其三千年的历史。

罗马的建国传说

在罗马东南方向25公里处，有一处远古时代的遗迹，它就是阿尔巴隆迦城。传说，真正的国王当时有两个双胞胎孙子，一个名叫罗穆卢斯，另一个叫做里默斯。因当时的皇位之争，他们还是婴儿的时候就被抛弃在台伯河畔，被雌狼哺育。后来，两个人在牧羊老夫妇的抚养下长大成人，由于神的旨意，得知了自己的出生秘密，继而回到了阿尔巴隆迦，消灭了敌对势力，取回了祖父的王位。

罗穆卢斯带领阿尔巴隆迦的男人们一起，在台伯河畔的帕拉蒂诺（Palatino）山丘上集结了部落，之后部落获得了巨大的发展，成为城邦国家，这也为后来罗马的建立奠定了基础。相传这是公元前753年的事情，但历史学家认为，从历史事实来看的话，这是公元前600年左右发生的。

现在，帕拉蒂诺山丘和古罗马广场一带的遗迹连成一片，是有"罗穆卢斯之家"之称的住所遗址。围绕着山丘有土垒遗迹。

罗马的"七座山丘"

罗马人将住在近处山丘的人民纳入自己的势力范围，同时也进行远征，慢慢扩大势力。这就是久负盛名的"七座山丘"的缘起。

它们分别为帕拉蒂诺山、阿文蒂诺山、切利奥山、埃斯奎利诺山、奎里纳勒山、维米纳勒山、卡皮托利诺山。

传说，罗穆卢斯在被高崖环抱的要害之地帕拉蒂诺山上修建了神殿和堡垒。按照传统，为了长久地守卫罗马，在山丘的南部的最高处，建造了代表罗马最高神祇的朱庇特的神殿。

推荐市内观光路线为：先到白垩岩建造的意大利统一纪念堂，登上宽阔的石阶，就可来到高台上的广场。这里就是帕拉蒂诺山。

广场的正面是由米开朗琪罗设计的市政府，右面是现在作为博物馆来使用的保守宫。朱庇特神殿在基督教成为罗马国教时被摧毁破坏，现在只有基坛的一部分保留下来，位于这座宫殿的东南方向。

古罗马广场的起源

在市政府的左侧，面向古罗马广场，有一尊《被雌狼喂养大的罗穆卢斯和里默斯》雕像。这是复制品，真品收藏于上文

提到的博物馆（保守宫）中。

古罗马广场是一处被山丘环绕的洼地，最初中间部分曾是池塘。罗马人在这里修建了大型下水道，用来排除从周围的山丘上流下来的水。这里也是用于全体人员集会或是开展集市贸易的广场。因为这里距离七座山丘都很近，所以是最适合作为城邦国家中不可或缺的全体人员集会场所的地方。大型下水道虽然历经了两千余年的风雨，但至今功能犹存，我们能在台伯河岸看到它打开的排水口。

从共和制走向帝制

罗马最初由国王执政，公元前509年成为共和制国家，继而迎来了飞速发展的时代。

直到公元前270年，罗马才大致统一了意大利半岛。公元前146年，消灭了迦太基，成为地中海领域的霸主。公元前27年，恺撒的侄子屋大维掌握了政权，从元老院获得了"奥古斯都"的称号，自此，历史学家称之进入了罗马帝国统治时期。

在市内观光的话，可以从外城眺望古罗马广场，能看到许多建筑物的遗址。这些遗址诉说着从共和制末期到帝国时期罗马繁盛的历史。在跟团自由时间里，历史爱好者们一定要再次来到古罗马广场，参观访问一番。

斗兽场和赛马场

接下来就是参观斗兽场了。像p.176的描述一样，它是足以代表古罗马的伟大、壮观的建筑物。公元72年，斗兽场由韦斯巴芗（Vespasian）皇帝下令修建，于公元80年，其儿子图密善在位期间建成，并举行了落成仪式。斗兽场使用期间，5万余观众在此狂热地观看武士的剑术决斗、斗士与猛兽之间的搏斗。

斗兽场的旁边是315年建成的凯旋门，是由拿破仑·波拿巴皇帝下令修建的。

在市内观光的途中，可以看到因电影《宾虚》中的外景拍摄而出名的马西莫竞技场，而站在阿文蒂诺山的山头是拍摄该竞技场的最佳位置。对面是帕拉蒂诺山，在这里可以看到巨大的皇宫遗迹。前文提及的"罗穆卢斯之家"位于皇宫的左边。

罗马特雷维喷泉和水道

奎里纳勒宫殿以前是王宫，现在成为总统官邸。在奎里纳勒宫殿前面，从巴士上下来，就是奎里纳勒山丘。从这里朝着罗马特雷维喷泉走去，下坡道时，就会产生"下山"的强烈感受。

罗马特雷维喷泉和西班牙广场上有名的破船喷泉，都是以罗马时期修建的水道为源头的。罗马时期总共有11条水道，从远方引来水，供应给这里的市民。这条水道曾被修复过。

从帕拉蒂诺山眺望古罗马广场

斗兽场中巨大的竞技场

罗马特雷维喷泉

观光 Sightseeing

Musei Vaticani
梵蒂冈博物馆
地图 p.164-A

- 地铁A线希普罗梵蒂冈博物馆车站（Cipro Musei Vatican）出发，步行6分钟
- 门票15欧元（每月最后一个周日、6/29、9/27、12/25、12/26的9:00~12:30免费）；9:00~18:00（售票处截止到16:00、最后一个周日到14:00）开放；除了免费参观日的周日，周日、1/1、1/6、2/11、3/19、4/5、5/1、6/29、8/14、11/1、12/8、12/25、12/26休息

看点
◎西斯廷礼拜堂
◎庇护・克莱门蒂诺美术馆
◎拉斐尔展览室

博物馆拥有世界最高级别的文化财产，闻名遐迩。里面珍藏了历代罗马教皇的收藏品和著名艺术家创作的文艺复兴时期的艺术品。超过20家的博物馆、美术馆和宫殿在此开展，展览路线达到7公里之长。针对时间紧张的游客，设立了快速通道，参观所需时间为1小时30分钟。不过，游客们大多还是希望花上至少半天的时间来参观。

宽阔的室内有餐厅和咖啡屋。可以花钱租用音频讲解器。另外，观光途中，在梵蒂冈邮局可以买到发行的原版邮票作为留念。**详情请参考 p.180。**

历代教皇的珍贵收藏是亮点

文化小典故
米开朗琪罗的《最后的审判》

在《最后的审判》这幅画中，米开朗琪罗成功塑造了"地狱之王弥诺斯"这个人物。教皇的司礼官比艾吉欧・塞色尼曾在该作品的绘画过程中前来视察过，并以画中出现过多裸体形象为由对画作进行了批判。

听到批判的米开朗琪罗愤慨地反驳道："你怎么能理解艺术？"其实，画中的"地狱之王弥诺斯"就是以比艾吉欧・塞色尼为原型创作的。仔细欣赏的话，我们会发现弥诺斯腰间缠绕着一条蛇。当时的司礼官是仅次于教皇的权势人物，而米开朗琪罗用这种暗指来表示对其的不满。

Museo Pio-Clementino
庇护・克莱门蒂诺美术馆

18世纪后半期，由**教皇克莱门特十四世**和庇护六世下令建造。通过环绕着中庭的美丽小屋，我们可以欣赏到各种雕刻艺术品，堪称希腊、罗马时期的杰作。1506年在斗兽场附近发现的《拉奥孔》等众多美术作品，就静静地立在那里。

Stanze di Raffaello
拉斐尔展览室

这里曾是**教皇尤里乌斯二世**的书斋。由拉斐尔和他的助手一起进行室内装修。尤其是《雅典学院》，是必须参观的展览品，如图所示，各著名人物悉数登场。

《雅典学院》

Cappella Sistina
西斯廷礼拜堂

《最后的审判》

由西斯都四世下令，从1475年开始，历经5年建造完成。它是美术馆中最大的看点。后来，受命于尤里乌斯二世，米开朗琪罗绘制了天花板的壁画。其中，祭坛壁画《最后的审判》尤为著名。

Pinacoteca
绘画馆

在由15个房间组成的绘画馆中，我们可以看到众多名画，其中包括卡拉瓦乔的最佳杰作《基督下葬》、达・芬奇的未完成作品《圣哲罗姆》等。

教皇克莱门特十四世

创建了收集古代雕刻作品的庇护・克莱门蒂诺美术馆。美术馆的入口处装饰着他的胸像。另外，他曾经来到罗马访问的莫扎特授予过勋章。在对艺术广泛性的理解层次上，克莱门特十四世当属历代教皇中最深入的一位。

教皇尤里乌斯二世

他是文艺复兴美术作品的保护者，曾经为圣彼得大教堂、梵蒂冈宫殿的整修倾注了大量心血。在意大利统一时，取得了"军人教皇"的别称，体现了其出色的领导才能。他要求米开朗琪罗绘制天花板上的壁画，作品完成3个月后，他便与世长辞。

文中注释

Basilica di San Pietro
圣彼得大教堂
地图 p.164-E

- 和梵蒂冈博物馆相同
- 拱顶/阶梯门票5欧元、电梯收费7欧元, 7:00~19:00（10~3月至18:30）、拱顶8:00~18:00（10~3月至17:00）开放

看点
◎米开朗琪罗设计的圆顶
◎贝尔尼尼的大教堂内部雕刻
◎从拱顶上向外眺望

这座教堂是在受迫害致死的圣彼得的墓地上修建的，前身是由罗马皇帝中首位信仰基督教的君士坦丁大帝下令建造的教堂。

这里融汇了拉斐尔、米开朗琪罗等一流建筑家和艺术家的高超技艺。

Pieta
《圣母怜子》

米开朗琪罗的《圣母怜子》像

在教堂内最前面的礼拜堂内，有着这座大教堂中最为著名的《圣母怜子》像。这座大理石雕像，把圣母玛利亚怀抱死去的儿子的悲痛感表现得淋漓尽致，是米开朗琪罗23岁时完成的杰作。

Baldacchino
青铜华盖

圆顶下面是教皇的祭坛，由青铜华盖覆盖着。这个华盖是贝尔尼尼和他的助手博罗米尼一起于1633年完成的。设计大胆的常春藤缠绕的螺旋形圆柱和金色装饰，使整个大殿显得金碧辉煌。

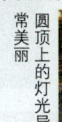

常美丽 圆顶上的灯光异

Cupola
露台

前往华盖正上方的拱顶，到露台有付费的升降电梯，在其尽头可以登上拱顶的阶梯通道。屏住呼吸，从顶部向外眺望，梵蒂冈的景色非常壮观。因此，身体强健的人，一定要爬上屋顶看看。

到十字架为止高约136米

Castel Sant'Angelo
圣天使堡
地图 p.165-G

- 从圣彼得广场出发，步行10分钟
- 门票6.50欧元, 9:00~19:00开放，周一休息

这座可将台伯河尽收眼底的城堡，原是哈德良皇帝为自己建造的陵墓建筑。素有"罗马最美大桥"之称的圣天使桥就延伸向城堡的入口处。

关于城堡名称的由来有一个传说，讲的是590年鼠疫流行时，天使米迦勒从天降于此地，拯救了罗马。现在，这座城堡上和桥上仍矗立着天使的青铜像。

现在成为陈列武器、艺术品的博物馆

Pantheon
万神殿
地图 p.162-I、p.165-L

- 从纳沃纳广场出发，步行5分钟
- 8:30~19:30（周日9:00~18:00，节假日9:00~13:00）开放

看点 壮丽且技术水准高超的古代建筑

这座神庙是在罗马的首位皇帝奥古斯都大帝的将军阿格里帕的命令下，于公元前25年建成的。之后遭遇过火灾，公元120年左右，由熟知建筑学的哈德良皇帝重新修建。

整个外部采用无味、干燥的材质建造而成。进入庙内，当人们看到巨大拱顶的壮丽豪华时，均为之震惊，这个设计被米开朗琪罗称赞为"天使之设计"。

是罗马现存的古代建筑中形貌保存最完整的

哈德良皇帝
五贤帝之一。在位期间，他视察各地，整备军队，开辟了罗马的黄金时期。圣天使堡曾是他的陵墓。罗马近郊的阿德里安娜庄园曾是他的别墅。他晚年疾病缠身，就在这里度过了余生。

阿格里帕
罗马首位皇帝奥古斯都大帝的得力武将。当时的军事战绩大部分都是由他取得的，之后他迎娶了皇帝的女儿朱利娅，拟成为皇位的继承人，但由于皇帝的第三任妻子利维娅的算计而遭到暗杀。

Piazza Navona
纳沃纳广场

地图 p.165-L

● 从万神殿出发，步行5分钟

是利用原有的古罗马竞技场遗迹而修建的广场。广场长50米，宽20米，呈细长的椭圆形形状。广场中央有贝尔尼尼创作的雕刻大作《四河喷泉》，高17米的方尖碑伫立在那里，成为一种象征。在它的两侧，埃马努埃莱二世大街有海神喷泉，对面有摩尔人喷泉。

当12月上旬的主显节来临时，整个广场被霓虹灯装饰着。广场周围建有许多咖啡馆。

贝尔尼尼的雕刻代表作

Chiesa di San Luigi dei Francesi
法国圣路易教堂

地图 p.165-L

● 从万神殿出发，步行2分钟
● 8:00～12:30、15:30～19:30开放，周三的午后休息

16世纪，为了纪念指挥十字军的法国国王路易九世，由克莱门特七世下令修建此地。左侧走廊里面的礼拜堂摆放着《圣马太蒙召》、《圣马太殉难》和《圣马太和天使》这三幅作品。它们均为巴洛克时期的画家卡拉瓦乔所描绘的有关圣马太生平的作品。当然，这些也是教堂里最为夺目的亮点。尤其是《圣马太和天使》，巧妙地表现出了卡拉瓦乔画作特有的光和影的对照，因此，一定要细细欣赏这幅作品。

文化小典故

万神殿南边的修道院

位于万神殿南边、紧邻圣玛利亚密涅瓦教堂建筑的修道院，是1455年画家安吉利科临终之地，也是之后的1633年，科学家伽利略因地动说而接受有罪判决的"异端审问所"。据说被判有罪的伽利略在此曾说："即使如此（被判有罪），地球还是在转动。"

Foro Romano
古罗马广场

地图 p.167-G

● 从威尼斯广场出发，步行10分钟
● 门票12欧元（和斗兽场、帕拉蒂诺山的联票），9:00至日落前的1小时开放

看点
◎马森齐奥会堂
◎蒂托凯旋门
◎塞蒂莫·塞维罗凯旋门

古罗马广场是一个公共广场。它是持续了约1200年的罗马帝制时期历代皇帝权力的象征。在这里，陆续修建了元老院、法院和凯旋门。4世纪末，由于西哥特族的入侵，这里曾一度废弃，在此之前，这里是罗马帝国的政治和经济中心。

1 塞蒂莫·塞维罗凯旋门 Arco di Settimo Severo

建于203年，是为歌颂对帕提亚的战功而建的，是"神圣之道"的最后一站。

2 朱利娅会堂 Basilica Giulia

公元前46年由恺撒建造，历史上用做仲裁所。

3 卡斯托利神殿 Tempio dei Castori

这是为传说中公元前5世纪带领罗马军队取得胜利的战士卡斯托利和波吕克斯而修建的神殿。

4 元老院 Curia

是古罗马共和政体的最高机关所在地，在此召开元老院会议。为砖结构建筑。

5 艾米利亚会堂 Basilica Emilia

在古代,作为金融中心,是商贩进行交易的场所,图为公元前2世纪的建筑遗址。

6 维斯塔神殿 Tempio Rotond di Vesta

是在"神圣之道"旁边修建的小型圆形神殿。这是为了祭祀灶神(共和国的守护神)维斯塔而修建的。

7 马森齐奥会堂 Basilica di Massenzio

建于4世纪,是自君士坦丁大帝建造的凯旋门完成之后,古罗马最后一个神殿。这是古罗马广场中规模最大的遗迹建筑。

8 神圣之道 Via Sacra

它是恺撒和康斯坦丁大帝等在凯旋阅兵仪式中走过的石路。

9 安东尼诺和福斯蒂娜神殿 Tempio di Antonino e Faustina

这是为马可·安东尼诺皇帝已故的妻子福斯蒂娜修建的宫殿。

10 女祭司堂 Casa delle Vestali

据说是守卫神殿的6位贞女居住的地方,至今仍留有餐厅和接待室等遗址。

11 蒂托凯旋门 Arco di Tito

蒂托大帝死后,元老院修建了这座罗马现存最古老的凯旋门。内部刻有精妙绝伦的浮雕。

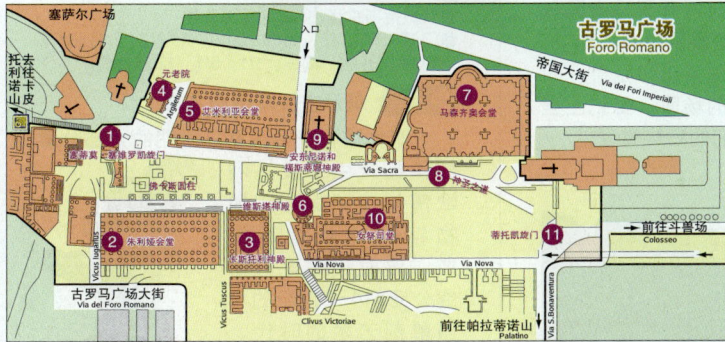

贴心小提示
在遗迹上发现的"SPQR"的文字是何意?

行走于罗马,在古代遗迹处,我们会发现"SPQR"这样的文字。"SPQR"是拉丁文"Senatus Populus que Romanus"的缩写,它的意思是"元老院和罗马市民",是指古代帝制下的罗马掌权者。在罗马帝国时期,欧洲全境,乃至遥远的北非,领土范围内的所有的公共物件上都刻有这种文字。现在,不仅仅是罗马时期的遗迹上,从罗马市的徽章到下水道盖子都刻上了这种文字。在罗马市内散步,记得观察一下建筑物的角落或者身边的此类印迹。

摄影秘诀
将古罗马广场尽收眼底

如果想将古罗马广场的景色全部纳入镜头中,无疑是很难的事情。不过,如果您登上卡皮托利诺山丘一侧的小高地的话,就可以很轻松、完整地将遗址群拍下来了!

Colosseo
斗兽场
地图 p.167-H

- 地铁B线斗兽场车站(Colosseo)出发,步行1分钟
- 门票12欧元(和古罗马广场、帕拉蒂诺山的联票),8:30~18:30(冬季至16:30)开放

看点
◎按阶级划分不同的观众席
◎宽阔的竞技场
◎1~3层有不同建筑风格的拱门

斗兽场建在罗马皇帝尼禄的"金宫"(Domus Aurea)原址之上,作为公共竞技场使用。在韦斯巴芗大帝时期开始修建,8年后在其儿子图密善在位期间建成。场内可以容纳6万人。座位不尽相同:有靠近竞技场、地板上铺上沙子的贵宾席,供皇帝、贵族、祭司和维斯塔神殿的贞女入座;中间的座位属于一般市民;最上面的露天看台是让贫民站着观看的。斗兽场是不分贵贱,面向所有罗马市民开放的,可以称得上是大型娱乐中心。

竞技场时常上演持剑斗士和猛兽、囚犯之间的格斗等血淋淋的场面,受到上至皇帝、下到贫民的观众们的狂热喜爱。

中间的圆形部分是竞技场遗迹

文化小典故
斗兽场曾经的半圆形顶棚

斗兽场,可以作为圆形竞技场的代名词。它过去的样子与今日不同,为了避开罗马炎炎夏日中阳光的暴晒,曾支起用来遮阳的顶棚。当时,场内还设有升降装置,此举具有划时代的意义。装置可以将动物和道具从地下运送上来。

Arco di Constantino
君士坦丁凯旋门
地图 p.167-G

- 地铁B线斗兽场车站(Colosseo)出发,步行3分钟

它是罗马最大的凯旋门,是一座拱门,屹立在斗兽场地铁站前面的古罗马广场一侧。为了庆祝君士坦丁大帝击败暴君马克森提并取得帝位,建造了此门。门高21米,宽25.7米,同时,门上还装饰着雕像和浅浮雕装饰,看起来非常漂亮。

3个相连的拱门是其标志

Musei Capitolini
卡皮托利尼博物馆
地图 p.167-C

- 从威尼斯广场出发,步行5分钟
- 门票6.50欧元,9:00~20:00(12/24、12/31至14:00)开放,周一、1/1、5/1、12/25休息

看点 展示古罗马雕刻名作

博物馆收藏了古罗马时期的大部分雕刻作品,由卡皮托利欧博物馆和保守宫博物馆、绘画馆等组成。该时代是盛行研究公元前4~2世纪的希腊雕刻艺术的时代,也是给美术史带来巨大转机的时代。

古代雕刻名作《拔刺少年》

Foro di Triano
图拉真广场
地图 p.167-C

- 从威尼斯广场出发,步行5分钟

位于威尼斯广场南部的一角,是由图拉真大帝建造的公共广场。这里最引人注目的是高达30米的图拉真大帝的纪念柱。当时的达契亚(现在的罗马尼亚中西部地区)王国物产丰富,领土多次被入侵,而图拉真大帝率军远征此地并取得胜利,为了纪念这一胜利,修建了该广场。

柱子表面精细地雕刻出达契亚战争的情景

Terme di Caracalla
卡拉卡拉浴场

地图 p.161-K、p.167-L外

- 地铁B号线马西莫竞技场车站（Circo Massimo）出发，步行5分钟
- 门票6欧元，9:00~日落前1小时开放

看点 鲜艳的马赛克地板

它是216年由卡拉卡拉大帝建造的大浴场遗址。一度可以容纳1600人，仅浴场部分就有3万平方米。浴场部分设有冷水浴室、桑拿浴室、高温浴室等设施，并铺设着色彩鲜艳的马赛克地板，因豪华的内部装饰备受称赞。

此外，周围还修建了运动场、图书馆和剧场，这些也是贵族们的大型社交场所。

马赛克地板

夏季也用做户外音乐会的演出场所

S. Maria in Cosmedin (Bocca della Verità)
科斯梅丁的圣玛利亚教堂（真理之口）

地图 p.167-G/K

- 地铁B号线马西莫竞技场车站（Circo Massimo）出发，步行8分钟

是公元6世纪建造的拜占庭建筑风格的教堂，12世纪时增建了钟楼。这个教堂值得参观之处是位于前柱廊的"真理之口"。大理石上，刻有海神特里同的面部雕塑，并写着这样一个传说：如果说谎的话，手伸进雕塑口中，就会被咬住。这里也因作为电影《罗马假日》的拍摄场地而闻名，来此观光的游客一定不要错过哦！

被认为是古罗马时代的管道入口处的盖子（真理之口）

贴心小提示

如何有效利用日落之后的时间

日落之后，去哪儿比较好呢？您可能会为此感到困惑。大部分美术馆都在17:00闭馆，但卡皮托利欧博物馆却一直开放到20:00。我们将这家博物馆推荐给游客，特别是艺术爱好者。

Fontana di Trevi
特雷维喷泉（许愿池）

地图 p.162-J

- 从科隆纳广场出发，步行1分钟

看点
- 海神涅普顿的雕刻
- 夜晚的灯光很漂亮
- 古罗马时代的阿格里帕引建的水道是喷泉的前身

罗马人有这样一个传说：只要背对喷泉，从肩以上抛一枚硬币到水池里，就有机会再次访问罗马。这里所说的喷泉，就是特雷维喷泉，一年中到此参观的游客络绎不绝。公元前19年，为了修建罗马第一个公众浴场，阿格里帕开始引建地下水管道。

1453年，教皇尼古拉五世下令，重新利用时隔约1000年的古代水道"少女之泉"，开始了修建喷泉的工程。1762年，在教皇克莱门特十三世的指示下，由尼科洛·萨尔维设计修建了此处喷泉，形成今日的面貌。喷水池给波利宫的外墙增添了不少色彩，池中矗立着半人半鱼的海神和大洋之神俄刻阿诺斯等的雕像。而处于喷泉中央的海神涅普顿像尤为醒目。

波利宫和雕刻完美协调的喷泉

摄影秘诀

太近的话，就拍不到喷泉了！

要想拍出完整的特雷维喷泉景观，需要站在阶梯上来拍摄。如果想对雕刻和喷泉的一部分拍摄特写的话，走下阶梯、靠近喷泉拍摄比较好。

Piazza di Spagna
西班牙广场
地图 p.162-E/F

● 地铁A线西班牙广场车站（Spagna）出发，步行3分钟

广场前面有圣三一阶梯（通常称作西班牙阶梯）。阶梯前面的破船喷泉，是仿照台伯河上运送葡萄酒的老船（Barcaccia）的样子修建的，它的设计者是巴洛克风格的代表人物彼得罗，即雕刻家兼建筑师贝尔尼尼的父亲。

泉水喷涌而出，和特雷维喷泉享有相同的知名度

Santa Maria del Popolo
人民圣母教堂
地图 p.162-A

● 地铁A线弗拉米尼奥车站（Flaminio）出发，步行1分钟
● 7:00~12:00、16:00~19:00开放

看点 卡拉瓦乔的画作

位于人民广场的东侧。是为了平息**尼禄皇帝**的灵魂变成恶魔的谣言，由教皇帕斯查尔二世于1099年下令建造的教堂。它是罗马文艺复兴时期建筑中的典型，教堂里有拉斐尔设计的礼拜堂和**卡拉瓦乔**的画作。总的来说，这是一个艺术价值颇高的教堂。

Galleria Nazionale d'Arte Antica
国家古代艺术美术馆（巴贝里尼宫）
地图 p.163-G

● 地铁A线巴贝里尼车站（Barberini）出发，步行1分钟
● 门票5欧元，8:30~19:30开放，周一休息

建于1633年，为巴洛克风格建筑，曾被用做巴贝里尼家族出身的教皇乌尔班八世的私宅。建筑由当时著名的建筑师卡罗·马代尔诺设计，其死后，由巴洛克时期的奇才博罗米尼接手，历经9年完成了修建，当时博罗米尼的名气与贝尔尼尼是旗鼓相当的。装有玻璃的走廊是贝尔尼尼的作品，正面右侧的螺旋阶梯是由博罗米尼设计的。美术馆的一部分如今正在修复中，因此暂不可参观。

巴洛克建筑风格的宫殿

Palazzo Colonna e Galleria Colonna
科隆纳宫（科隆纳美术馆）
地图 p.162-J、167-C

● 威尼斯广场出发，步行3分钟
● 门票7欧元，周五的9:00~13:00开放，7/25~8/29休息

看点 展示文艺复兴绘画作品的美术馆

宫殿建于15世纪，由教皇马丁努斯五世下令建造。现在，这里成为展览吉罗拉莫·科隆纳的珍藏品的美术馆。其中，藏有鲁本斯、丁托列托等艺术大师的优秀作品。

Museo Nazionale Romano (Palazzo Massimo)
罗马国家博物馆（马西莫宫）
地图 p.163-L

● 地铁特米尼车站（Termini）出发，步行3分钟
● 门票7欧元，9:00~19:45开放

看点 ◎古罗马雕刻名作
◎古希腊罗马时代的作品收藏

罗马国家博物馆包括马西莫宫、阿特姆彼斯宫、巴尔比宫和迪欧克勒提安诺浴场四部分。主馆马西莫宫是在图密善皇帝的剧场遗址上修建的，是名门马西莫家族的宅邸。里面收藏了米隆的《掷铁饼者》复制品等许多杰作。

马赛克建筑风格的宫殿

著名雕刻作品《掷铁饼者》

尼禄皇帝

在罗马放火，迫害基督教徒等，犯下众多罪行，是一个大暴君。他和身为野心家的母亲阿格里庇娜对抗，并暗杀了母亲。最终被元老院称作"国家的敌人"，被迫自杀。然而，他却有着立志成为艺术家的决心。

卡拉瓦乔

是一位在文艺复兴时期因革新画法而备受瞩目的画家，但其人生经历却十分坎坷。1590年移居罗马，因为一次球赛中的争端杀害了对手而逃亡。之后一直辗转于各地，度过了其仅仅36岁的人生。此外，他曾选用农民和妓女当模特，故而招致了社会的非议。

文中注释

Galleria Borghese
博尔盖塞美术馆

地图 p.161-C

- 巴贝里尼广场出发，乘坐116路Mini巴士，到终点下车，步行6分钟
- 门票13欧元，8:30~19:30开放，实行预约制（☎06-32810），周一、1/1、12/25休息

看点 贝尔尼尼的雕刻

从罗马中心地区观望的话，在北端有一个巨大的博尔盖塞公园，它的东侧就是博尔盖塞美术馆。起初，这里是名门贵族博尔盖塞家族的夏季别墅，从18世纪便开始被用做美术馆，里面收藏了许多美术作品。

展示品为红衣主教希皮奥内·博尔盖塞收藏的雕刻艺术品，这位主教是贝尔尼尼的艺术保护人。

在1层展览雕刻品的博物馆（Museo）中，有贝尔尼尼的《大卫》和《普罗斯庇娜的掠夺》等作品。在2层展览绘画作品的绘画室（Galleria）里，陈列着拉斐尔的作品《基督下葬》和卡拉瓦乔的《手提歌利亚头颅的大卫》等作品。这里虽不是大型美术馆，但却收藏了许多艺术杰作。

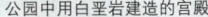

公园中用白垩岩建造的宫殿

贴心小提示
罗马新评定的世界遗产

2004年新评定的世界遗产是塔奎尼亚和切尔韦泰里的墓地。在朱利亚别墅伊特鲁里亚博物馆中，我们可以欣赏到许多壁画和雕刻，其中更有一些艺术价值很高的作品。从公元前12世纪到公元前7世纪，伊特鲁里亚发展极为繁盛，其文化之谜也很多，譬如说，伊特鲁里亚人来自哪里，至今仍是一个谜。伊特鲁里亚人最擅长的是黄金工艺。通过黏接颗粒状的黄金而制作的豪华项链，即使黄金的纯度发生了变化，仍然能够黏合在一起。这种项链，根本无法想象是2000多年以前的东西，其高超的技艺和独特的造型令世人震惊。

Museo Nazionale Etrusco di Villa Giulia
朱利亚别墅伊特鲁里亚国家博物馆

地图 p.160-B

- 地铁A线弗拉米尼奥车站（Flaminio）出发，步行7分钟
- 门票4欧元，8:30~19:30（周六至21:00）开放，周一、1/1、12/25休息

这座博物馆收藏了古代伊特鲁里亚人的生活用品和装饰品，这些物品是从罗马近郊的古城市遗址的墓地中挖掘出来的，譬如塔奎尼亚和切尔韦泰里等地。世界上同类博物馆的数量屈指可数。馆内收藏品超过7万件，其中用赤陶土创作的《夫妇的寝棺》尤为著名。

和谐优美的作品《夫妇的寝棺》

Trastevere
特拉斯提弗列地区

地图 p.166-E

- 特米尼车站（Termini）出发，乘坐75路巴士

从贾尼科罗山丘延伸至台伯河，这一带被称为特拉斯提弗列（台伯河对面），是罗马平民区。在铺满细小石阶的小巷里，我们可以看到古老的教堂和建筑物静静地矗立在那里。对于想要悠闲地享受午后时光的人们来说，这是一个值得前往的好去处。

街区内的市场气氛轻松

文化小典故
罗马的卫生间的命名

罗马的公共卫生间被当地的人们称为"Vespasiano"。修建公共卫生间的是罗马第9代皇帝韦斯巴芗（Vespasian）。他在修建斗兽场的同时，开始征收消费税，所征收的税金作为公共卫生间的修建资金。人们对于征收税金不满的情绪，通过在斗兽场中对表演的狂热表现出来。无论古代还是现代，围绕消费税的问题，国民与政府之间的抗衡从未改变。

必看的博物馆

Musei Vaticani
畅游梵蒂冈博物馆

文艺复兴艺术的豪华上演

梵蒂冈博物馆是世界最重要的文化遗产之一，享有"美之迷宫"的赞誉。包括陈列米开朗琪罗的大作《最后的审判》的西斯廷礼拜堂、收藏意大利绘画代表作的绘画馆、收集古代雕刻的庇护·克莱门蒂诺美术馆、收藏地图的地图美术馆等许多博物馆、美术馆和宫殿，展览路线长达7公里。

拉斐尔展览室
Stanze di Raffaello

上层

挂毯美术馆
Galleria degli Arazzi

地图美术馆
Galleria delle Carte Geografiche

赫拉克利特
画面中，位于最前面、陷入沉思的人就是忧郁的哲学家赫拉克利特。穿着石匠衣服的米开朗琪罗的形象是其创作的原型。

柏拉图
画面中，在中央走动的是古希腊哲学家柏拉图。他右手指着天，展示着思想之源"理念的世界"。这是以达·芬奇的形象为原型描绘出来的人物。

亚里士多德
柏拉图的弟子亚里士多德伸出手，手掌面向地面。对比于柏拉图的理想主义，这个动作倡导了人类的"理性"。

德尔丽城中庭
Cortile del Belvedere

下层

《雅典学院》
位于尤里乌斯二世用做书房兼图书室的署名厅中，是拉斐尔25岁时的作品。这幅以古代的哲学家和文艺复兴时期的艺术家为原型所创作的绘画作品极为有趣。

西斯廷礼拜堂
Cappella Sistina

《最后的审判》
这是米开朗琪罗于16世纪60年代创作的杰作。他将画作分为450个部分，一个部分用一天来制作。修复工程在1994年完成，整个礼拜堂重现了昔日的光彩。

《创造亚当》 这幅画描绘了上帝用手指指向亚当，在接触的瞬间赋予亚当生命这一《旧约圣经》里的场景。这一极力表现生命诞生瞬间的作品，对很多艺术家都产生了影响。

天花板画
米开朗琪罗独自一人历经12年，在37岁时完成了《创世纪》这幅天花板画。洪水等场景气势恢弘。

绘画馆
Pinacoteca

展览着11世纪到19世纪的绘画作品和挂毯,共有15个房间,分别按照流派、时代、画家来分类。其中,像第8室拉斐尔的《基督变容图》等不容错过的作品非常之多。

《奏乐的天使》
这是梅洛佐·达·福尔利创作的湿壁画,该作品是圣阿波斯托利教堂中基督升天壁画的一部分。

《基督下葬》
这是被称作"光和影的巨匠"的卡拉瓦乔的最佳杰作,体现了写实主义风格,充满张力。

- 烛台美术馆 Galleria dei Candelabri
- 梵蒂冈图书馆 Biblioteca Apostolica
- 埃及美术馆 Museo Egizio
- 皮尼亚中庭 Nicchione della Pigna
- 基亚拉蒙蒂美术馆 Nicchione Chiaramonti

入口

庇护·克莱门蒂诺美术馆
Museo Pio-Clementino

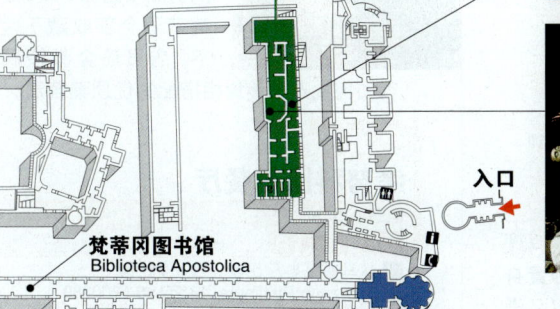

布拉曼特楼梯
第11室旁边的螺旋楼梯非常漂亮。这是教皇尤里乌斯二世命令布拉曼特设计,在16世纪初期开始修建的,到完成共花费了50余年的时间。

《太阳神阿波罗雕像》
堪称古代艺术巅峰之作。该雕像模仿的是约公元前330年创作的放置在雅典的青铜像,于公元130年左右采用大理石制造而成。人们认为太阳神阿波罗右手中持有的物体应是剑。

《拉奥孔》
这是由教皇尤里乌斯二世买入的古希腊时期的雕刻,以特洛伊木马的神话为创作题材。

美食 *Eating*

从氛围轻松的比萨店到高级的意大利餐厅，罗马会聚了各式各样的餐厅。如果您想在高级餐厅用餐，推荐前往酒店最高层的餐厅，可眺望美景，美食评价也极高，要提醒您的是需要提前预约。如果您要寻找快餐店，去特米尼车站周围或平民区特拉斯提弗列地区比较适合。

意大利料理 高级
IL GALEONE
大帆船餐厅

地图 p.166-I

英 英

交 从特拉斯提弗列圣母广场出发，步行5分钟
Piazza San Cosimato, 27 ☎ 06-5809009
营 12:30~15:30、19:30~24:00 休 无
€ 全天40欧元~（鱼类料理50欧元~）

这是一家家族三代经营的鱼类料理店。该店的特色为整个店内给人一种置身于帆船内部的感觉。在这里客人可以品尝鱼类料理。推荐的料理为科尔塞蒂风味的意大利实心面。店内用贝类和挪威的海蜇虾制作的面食，优质的食材和绝佳的味道相得益彰，赢得顾客的好评。

意大利实心面，科尔塞蒂风味

意大利料理 高级
Andrea
安德烈亚餐厅

地图 p.163-C

预 英 英

交 地铁A线巴贝里尼车站（Barberini）出发，步行10分钟 Via Sardegna, 28 ☎ 06-4821891
营 12:30~15:00、19:30~23:00 休 周五的白天、周日、8月中的20天的时间 € 40欧元~

是家族三代经营的老店。此店为顾客提供极其美味的鱼贝类美食，全部采用新鲜食材制成。来到这里，不容错过的还有龙虾色拉，由西红柿和龙虾特制而成，很受欢迎。此外，适合亚洲人口味的美食种类也非常多，且物美价廉，能让每位顾客都称心如意。

意大利料理 高级
Agata e Romeo
阿加塔和罗密欧餐厅

地图 p.161-G、p.163-L外

预 英 英

交 从特米尼车站（Termini）出发，步行7分钟 ✉ Via Carlo Alberto, 45 ☎ 06-4466115 营 12:30~14:30、19:30~22:30 休 周五、周日休息 € 150欧元~

美味的罗马料理、优质服务、自制面包，让这家店赢得了极高的评价。店中9000瓶葡萄酒全部收藏于地下。店员还会教授顾客如何挑选与美食相搭配的优质葡萄酒。

意大利料理 中级
Cornucopia
考努科比亚餐厅

地图 p.166-F

英 英

交 从马塞洛剧院出发，步行3分钟
✉ Piazza in Piscinula, 18 ☎ 06-5800380
营 12:00~22:30 休 无
€ 30欧元~

位于平民区特拉斯提弗列的隐蔽处。店内新鲜的鱼贝类料理极其美味，尤其是番茄酱，堪称店内极品。光顾此店，首推的菜肴为粗面条，里面先加入螃蟹，然后再拌上番茄酱，十分美味。

鱼类美食

意大利料理 中级
Giacomelli
贾科梅里餐厅

地图 p.160-B、p.164-B外

英 英

交 地铁A线奥塔维亚诺—圣彼得车站（Ottaviano S.Pietro）出发，步行12分钟 ✉ Via Emilio Faa' di Bruno, 25 ☎ 06-3725910 营 12:30~14:30、19:30~23:30 休 周一、8月 € 30欧元~

店内有莫扎里拉奶酪、番茄酱、玛格丽塔等20种以上口味的比萨，尤其是上面撒着蔬菜和鱼贝类食材的莫斯托罗比萨，客人点的次数最多。

意大利料理 中级
Sant'Eustachio
圣欧斯塔基奥餐厅
地图 p.162-I、p.165-L

英👤 英🍴

🚇 从纳沃纳广场出发,步行5分钟 ✉ Via dei capieccali 63 ☎ 09-6861616 🕐 12:30~15:00、19:30~23:00 ❌ 周日、冬季的周日晚上 💶 30欧元~

这家店的招牌菜为意大利实心面、蛤仔、番茄味的面条等罗马风味美食。对面的咖啡厅中,热腾腾的意大利风味咖啡备受顾客的青睐。

日本料理
Hamasei
滨清
地图 p.162-F

预

🚇 地铁A线西班牙广场车站(Spagna)出发,步行10分钟 ✉ Via della Mercede, 35/36 ☎ 06-6792134 🕐 12:00~14:30、19:00~22:45 ❌ 周一 💶 30欧元~

这是一家备受青睐的日式饭店。在午餐时间,您可以吃到汉堡包、手卷寿司、刺身等价格适中的食物,晚上也备有丰盛的菜肴,比如烧鸡等。

露台餐厅
Tucci
图奇餐厅
地图 p.165-L

英👤 英🍴

🚇 纳沃纳广场前面 ✉ Piazza Navona, 94/100 ☎ 06-6861547 🕐 11:30~23:00、酒吧10:30~次日0:30 ❌ 无 💶 35欧元~

这是一家露台餐厅,对面是纳沃纳广场。意大利面和肉类美食丰富,也备有饭后种类繁多的冰激凌和独特的甜点。夏季时,可以坐在明亮的露台席位上,尽情地享受就餐的乐趣。

咖啡屋
Caffè Greco
希腊咖啡馆
地图 p.162-E

英👤 英🍴

🚇 地铁A线西班牙广场车站(Spagna)出发,步行4分钟 ✉ Via dei Condotti, 86 ☎ 06-6791700 🕐 9:00~20:00 ❌ 无 💶 5欧元~

位于康多提大道上,是一家创建于1760年的咖啡厅。许多艺术家都曾到此拜访,店内摆满了顾客赠送给店主的画作。

店内仍保留着昔日风情

地中海料理
Scoglio di Frisio
斯科格里奥·迪·弗里斯奥餐厅
地图 p.163-K

预 英👤 英🍴

🚇 地铁A线维托里奥·埃马努埃莱车站(Vittorio Emanuele)出发,步行6分钟 ✉ Via Merulana 256 ☎ 06-4872765 🕐 19:00~23:00 ❌ 周日 💶 30欧元~

这是一家以那不勒斯地区美食为主的餐厅,顾客可以品尝到新鲜、美味的地中海佳肴。夜晚,还可以欣赏到歌手演唱的人们耳熟能详的那不勒斯民谣,例如《缆车、缆车》等。

酒吧
Trimani Il Wine Bar
特米尼酒吧
地图 p.163-H

🚇 地铁A 线共和国车站(Repubblica)出发,步行6分钟 ✉ Via Cernaia 37/b ☎ 06-4469630 🕐 11:30~15:30、17:30~次日0:30 ❌ 12月以外的每个周日、8月的2周 💶 28欧元~

酒吧内拥有4000种以上的葡萄酒,任您选择。"Enoteca"(葡萄酒吧)是以葡萄酒商店为基础发展起来的。店内备有胡桃和蓝莓制成的油炸食品以及零食等,19:00之前可以免去两杯单杯点的葡萄酒中的一杯费用。

意大利 罗马

购物 *Shopping*

作为意大利的首都，罗马商店数量众多，有一流品牌店，也有休闲品牌店。名牌店主要集中在西班牙广场和维托里奥·维内托大街上，每逢大减价或旺季时人就特别多。休闲品牌店在科索大街上，特里同大道上是专卖餐具、书、杂货等的商店。

▶百货商店
La Rinascente
文艺复兴百货

地图 p.162-E/I

交 地铁A线西班牙广场车站（Spagna）出发，步行8分钟 ✉ Piazza Fiume ☎ 06-8841231 营 9:30~21:30（周日10:00~21:00）休 复活节、12/25

意大利为数不多的、罗马最大的本地百货商店。在宁静的氛围中，顾客可以悠闲地购物。店里1层卖化妆品及杂货，地下层卖家庭用品和厨具。和国内的百货商场不同，这里不卖食品。服装以基本款为主。

▶百货商店
Roma Mitsukoshi
罗马三越百货

地图 p.163-G

交 地铁A线共和国车站（Repubblica）出发，步行1分钟 ✉ Via Nazionale, 259 ☎ 06-4818215 营 10:30~19:00 休 1/1、12/25

卖场分为1层和地下层两区。一些备受人们青睐的品牌，像古奇、菲拉格慕、芙拉（Furla）等在这里也有卖场。在这里，人们可以在最短的时间内买到最好的衣服。

▶服装、时尚小物件
Blumarin
蓝色情人

地图 p.162-E

交 地铁A线西班牙广场车站（Spagna）出发，步行7分钟 ✉ Via Bocca di Leone, 24 ☎ 06-6790951 营 10:00~19:30 休 1月、2月、7月、8月、11月的周日

这是一家引领时尚的服装精品店，主打款式为备受青睐的意大利名设计师设计的服装。店内摆满了各式各样的时尚夹克、短外套、裙子等。好莱坞的女明星也经常光顾此店。

▶皮革小物件
Sermoneta Gloves
塞尔莫内塔手套

地图 p.162-F

交 地铁A线西班牙广场车站（Spagna）出发，步行3分钟 ✉ Piazza di Spagna, 61 ☎ 06-6791960 营 9:30~20:00（9~6月的周日、复活节10:30~13:00、14:00~19:00）休 节假日、7、8月的周日

位于西班牙广场正前方，是皮革手套专营店。因为是厂家直销，所以价格适中，备受顾客的欢迎。手套内衬的材质为开司米羊绒和丝绸等。

▶直营店
Bvlgari
宝格丽

地图 p.160-E外

交 2人以上，参加每日发团的当地旅行社的旅游团比较方便，1人约45欧元（加上所需小费）✉ Via Aurelia, 1052 ☎ 06-6617071 营 10:00~19:00 休 周日、节假日、8月

位于罗马郊区，是销售业绩相当高的宝格丽品牌直销店。像市内的商店一样，店内宽敞舒适，让人顿生高品质之感。店内有宝石、钟表、披肩围巾、餐具和汽车用品等，所售物品质优价廉，约为市场价格的四折。此外，店里的服务人员懂外语。

文具
Cartoleria Pantheon
万神殿文具
地图 p.162-I、p.165-L
- 从万神殿出发，步行1分钟
- Via della Rotonda, 15　06-6875313
- 10:30~20:00（周日13:00起）　休 周日中午之前

位于万神殿旁，是一家很受欢迎的文具店。开业于1952年，在文具业界内堪称历史悠久。店里摆放着以大理石花纹为代表的各种样式的包装纸和文具。这里还出售许多意大利特有的明信片，最适合当做礼物送人。

独特的立体明信片

玩具
Citta'Del Sole
城市太阳
地图 p.165-H
- 从万神殿出发，步行5分钟　Via della Scrofa, 65　06-68803805　营 11:00~19:30（周一15:30起）　休 7、8月的周日

店内摆放着一系列来自世界各地的玩具，其中有大人也会喜欢的高科技玩具，也有朴素简洁的积木玩具。可谓品种繁多，让顾客目不暇接。因此来这里挑选礼物最为方便。

食品店
Fratelli Fabbi
法比兄弟
地图 p.162-E
- 地铁A线西班牙广场车站（Spagna）出发，步行5分钟
- Via della Croce, 27/28　06-6790612
- 8:00~19:40　休 周日、8月份的2星期时间

该店通常会卖30种以上的新鲜火腿和奶酪。当地的高级餐厅也从这里批发食材，所以食物的味道有保证。当您吃腻了餐厅里的饭菜时，可以到这里买些副食，回到酒店中尽情地品尝。

巧克力
La Bottega del Cioccolato
巧克力店
地图 p.167-D
- 地铁B线凯沃尔车站（Cavour）出发步行3分钟
- Via Leoni n a 82　06-4821473
- 9:30~19:30　休 周日

19世纪末，一位学习北意大利皮埃蒙特的巧克力制法的巧克力手工艺人开设了这家店。该店的巧克力不加任何防腐剂、食品添加剂、植物油，因此您一定要品尝一下它的传统风味。巧克力价格每100克8.50欧元起。自然条件下保质期为15天。另外，该店也提供礼物包装服务。

店名	地址、电话	交通	营业时间	休息日	参考意见
古奇 Gucci	Via dei Condotti, 8　地图 p.162-E/F　06-6789340	地铁A线Spagna车站，步行3分钟	10:00~19:30（周日11:00~19:00）	无	品种丰富，数量多，方便您选择。
普拉达 Prada	Via dei Condotti, 92/95　地图 p.162-E　06-6790897	地铁A线Spagna车站，步行3分钟	10:00~19:30（周六至20:00）	节日	康多提大道边，出售各种鞋、包和服装。
宝格丽 Bvlgari	Via dei Condotti, 10　地图 p.162-E　06-6793876	地铁A线Spagna车站，步行3分钟	10:30~19:30（周一11:00起）	周日、1/1、12/25、12/26	宝格丽的总店，高级珠宝令人羡慕。
芬迪 Fendi	Largo Gordoni　地图 p.162-E　C06-334501	地铁A线Spagna车站，步行3分钟	10:00~19:30（周六、周日至19:00）	1/1、8/15、12/25、12/26	极受年轻女性欢迎，出售各种首饰。
路易·威登 Louis Vuitton	Via dei Condotti, 15　地图 p.162-E　06-69340000	地铁A线Spagna车站，步行3分钟	10:00~19:30（周日11:00起）	无	人气超高的"Monogram Vernis"等系列的新品皮具，种类繁多，摆放在店内的柜台中。

住宿 Stay

特米尼车站周边的酒店对于游客来说极为方便，很多旅游团也会选择这一带的酒店。如果您希望环境安静，最好住在博尔盖塞公园周边的酒店，但此处距离市中心有些远。

西班牙广场周边 ★★★★★

Regina Baglioni　　　　地图 p.163-G

巴格里奥尼女王酒店

这是一家洋溢着高贵气息的豪华酒店，由玛格丽塔女王曾居住的宫殿改建而成。位于高级酒店鳞次栉比的维内托街上，对面就是美国大使馆。走进这家高级酒店，会不自觉地被室内装饰设计的精心、细致和独特所吸引。

交 地铁A线巴巴里尼车站（Barberini）出发，步行3分钟 € 280欧元～ 室 100间 ☎ 06-421111 FAX 06-42012130 ✉ Via Vittorio Veneto 72 HP http://www.baglionihotels.com/

博尔盖塞公园周边 ★★★★

Aldrovandi Palace Hotel　　地图 p.161-C

阿尔德罗万迪宫殿酒店

该酒店建在博尔盖塞公园附近绿意盎然、幽静的住宅街区上。酒店采用巴洛克建筑风格的内部装修，拥有快捷、现代化的设施。同时还设有时尚雅致的餐厅。酒店虽然距离市中心有些远，但却是向往安静的人们喜欢的去处。

交 地铁A线弗拉米尼奥车站（Flaminio）出发，步行15分钟 € 219欧元～ 室 108间 ☎ 06-3223993 FAX 06-3221435 ✉ ia Ulisse Aldrovandi, 15 HP http://www.aldrovandi.com

维内托大街周边 ★★★★

Boscolo Grand Palace Hotel　　地图 p.163-G

博斯科洛格兰德宫殿酒店

酒店紧邻维内托大街，离地铁站也近。建筑虽然有点儿旧，但客房装饰高雅，周边环境安静。在阳台上享用早餐感觉很好。附近还有餐厅和咖啡厅，很适合作为旅游时的落脚之处。

交 地铁A线巴贝里尼车站（Barberini）出发，步行5分钟 € 162欧元～ 室 94间 ☎ 06-478719 FAX 06-47871800 ✉ Via Veneto, 70 HP http://www.boscolo-hotels.com

维内托大街周边 ★★★★

Majestic Rome　　地图 p.162-F

雄伟罗马酒店

1899年开业，是历史最悠久的酒店。白色的房屋，带给人贵族居所的感觉，氛围高雅。浴室等经改装后也很现代化。精心准备的早餐令人满意。

交 地铁A线巴贝里尼车站（Barberini）出发，步行3分钟 € 280欧元～ 室 93间 ☎ 06-421441 FAX 06-4880984 ✉ Via Vittorio Veneto, 50 HP http://www.hotelmajestic.com

梵蒂冈城周边 ★★★★

Rome Cavalieri Hilton　　地图 p.164-B外

罗马卡瓦列里希尔顿酒店

该酒店位于能够俯瞰市内全景的高地上，虽然远离中心街区，但在这里可以欣赏到夕阳西下的绝佳景色。酒店提供去往市内的免费观光巴士。到达中心街区的话，需要花费15分钟的时间。

交 地铁A号线奥塔维亚诺车站（Ottaviano）出发，乘车10分钟 € 385欧元～ 室 375间 ☎ 06-35091 FAX 06-35092241 ✉ Via Cadlolo, 101 HP http://www.romecavalieri.it/

罗马 意大利

巴贝里尼广场周边
贝尔尼尼·布里斯托尔酒店
Bernini Bristol ★★★★
地图 p.163-G
- 交 地铁A线巴贝里尼车站（Barberini）出发，步行1分钟
- € 207欧元~ 室 127间 ☎ 06-488931 FAX 06-4824266
- ✉ Piazza Barberini, 23
- HP http://www.berninibristol.com

梵蒂冈城周边
亚特兰特明星酒店
Atlante Star ★★★★
地图 p.164-B
- 交 地铁A线奥塔维亚诺车站（Ottaviano）出发，步行15分钟
- € 220欧元~ 室 60间 ☎ 06-6873233 FAX 06-6872300
- ✉ Via Vitelleschi, 34
- HP http://www.atlantehotels.com

纳沃纳广场周边
密涅瓦大酒店
Grand Hotel de La Minerva ★★★★
地图 p.162-I、165-L
- 交 地铁A线巴贝里尼车站（Barberini）出发，步行15分钟
- € 238欧元~ 室 135间 ☎ 06-695201 FAX 06-6794165
- ✉ Piazza della Minerva, 69
- HP http://www.grandhoteldelaminerva.it

西班牙广场周边
梅迪奇别墅哈斯勒酒店
Hotel Hassler Villa Medici ★★★★
地图 p.162-F
- 交 地铁A线西班牙广场车站（Spagna）出发，步行1分钟
- € 610欧元~ 室 95间 ☎ 06-699340 FAX 06-69941607
- ✉ Piazza Torinita dei Monti, 6
- HP http://www.hotelhazzler.com

梵蒂冈城周边
亚特兰特花园酒店
Atlante Garden ★★★★
地图 p.164-B
- 交 地铁A线奥塔维亚诺车站（Ottaviano）出发，步行5分钟
- € 196欧元~ 室 54间 ☎ 06-6872361 FAX 06-6872300
- ✉ Via Crecenzio, 78
- HP http://www.atlantehotels.com/garden/home.htm

共和国广场周边
奎里纳勒酒店
Hotel Quirinale ★★★★
地图 p.163-K
- 交 地铁A线共和国车站（Repbblica）出发，步行2分钟
- € 139欧元~ 室 209间 ☎ 06-4707 FAX 06-4820099
- ✉ Via Nazionale, 7
- HP http://www.hotelquirinalerome.com

西班牙广场周边
广场大酒店
Grand Hotel Plaza ★★★★
地图 p.162-E
- 交 地铁A线西班牙广场车站（Spagna）出发，步行5分钟
- € 242欧元~ 室 200间 ☎ 06-67495 FAX 06-69941575
- ✉ Via del Corso, 126
- HP http://www.grandhotelplaza.com

维内托大街周边
住宅酒店
La Residenza ★★★★
地图 p.162-F
- 交 地铁A线巴贝里尼车站（Barberini）出发，步行5分钟
- € 250欧元~ 室 29间 ☎ 06-4880789 FAX 06-485721
- ✉ Via Emilia, 22-24
- HP http://www.hotel-la-residenza.com

维内托大街周边
萨伏伊酒店
Hotel Savoy ★★★★
地图 p.163-C
- 交 地铁A线西班牙广场车站（Spagna）出发，步行10分钟
- € 200欧元~ 室 130间 ☎ 06-421551 FAX 06-42155555
- ✉ Via Ludovisi, 15
- HP http://www.savoy.it

康多提大道周边
英国酒店
Hotel d'Inghilterra ★★★★
地图 p.162-E
- 交 地铁A线西班牙广场车站（Spagna）出发，步行5分钟
- € 228欧元~ 室 89间 ☎ 06-699811 FAX 06-69922243
- ✉ Via Bocca di Leone, 14
- HP http://www.royaldemeure.com

斗兽场周边
帕拉蒂诺大酒店
Grand Hotel Palatino ★★★★
地图 p.167-D
- 交 地铁B线凯沃尔车站（Cavour）出发，步行1分钟
- € 184欧元~ 室 200间 ☎ 06-4814927 FAX 06-4740726
- ✉ Via Cavour, 213/m
- HP http://www.hotelpalatino.com

巴贝里尼车站周边
罗马威斯汀精益酒店
Westin Excelsior Rome ★★★★★
地图 p.163-C
- 交 地铁A线巴贝里尼车站（Barberini）出发，步行4分钟
- € 310欧元~ 室 316间 ☎ 06-47081 FAX 06-4826205
- ✉ Via Vittorio Veneto 125
- HP http://www.westinrome.com

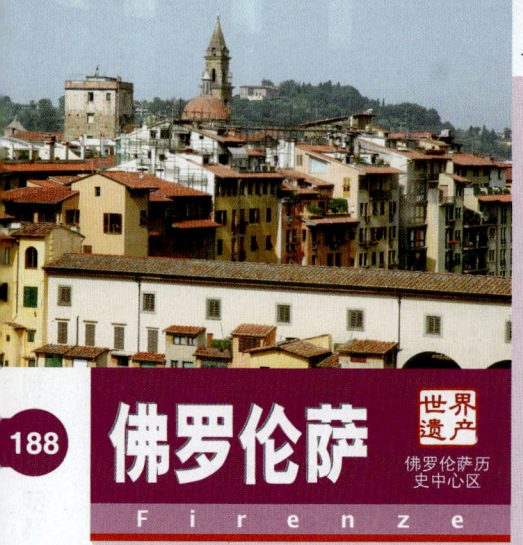

佛罗伦萨
Firenze

世界遗产 佛罗伦萨历史中心区

世界遗产城市佛罗伦萨

佛罗伦萨，文艺复兴运动的发祥地。漫步在这座世上罕有的美丽之都中，不禁遥想起文艺复兴时代的盛况。

看点
- 乌菲齐美术馆 ★★★
- 百花圣母大教堂 ★★★
- 乔托钟楼 ★★

去往佛罗伦萨的交通
飞机▶从米兰出发约1小时
铁路▶从罗马出发约1小时40分钟，从米兰出发约2小时45分钟

旅游咨询处
●站前广场／Piazza della Stazione, 4/a
8:30~19:00（周日、节假日至14:00）办公

about FIRENZE 城市概况

位于托斯卡纳平原的中心。这里曾经居住着伊特鲁里亚人。罗马人将此城市命名为佛罗伦萨，意思为"花之女神"。

12世纪初，经过市民的努力，此地成为自治城市，以丝织品和毛织品为中心的产业也慢慢兴盛起来。

13世纪后半期，充当托斯卡纳地区领导者角色的佛罗伦萨，无论在经济上还是文化方面都实现了飞跃式的发展。

15世纪，**文艺复兴运动**诞生于佛罗伦萨，并进入鼎盛期。当时，街道上修建了文艺复兴式建筑，到处装饰着文艺复兴风格的画作。15世纪末到16世纪，达·芬奇和米开朗琪罗进一步推进了文艺复兴运动的发展。时至今日，在街道的各种雕塑中我们仍然可以看到吉贝尔蒂、多那太罗和卢卡·德拉等名家的作品。

梅迪奇家族从16世纪中期到18世纪前半期一直统治着托斯卡纳大公国。尽管后来艺术中心的地位由罗马取而代之，但佛罗伦萨这座散发着艺术之美的都市，永远闪耀着光辉。

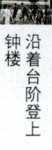
沿着台阶登上钟楼

Highlight 城市亮点

市内值得参观之地不胜枚举，无论停留多久，离开时总会有一种意犹未尽的感觉。旅游团会带领游客参观百花圣母大教堂、乔托钟楼、圣乔凡尼礼拜堂、乌菲齐美术馆、领主广场、维琪奥桥和梅迪奇家族礼拜堂等地。

漫步在这座名胜众多的城市中，悠闲地参观时，思绪或许会被带到文人巨匠大为活跃的文化绚烂时代。

保留着中世纪遗迹的城市中心

佛罗伦萨的交通

一般的场所都可以步行往返，当你走得稍微远些或是走累时，不妨利用公交车和出租车等。

出租车▶ 和其他城市一样，没有串街揽客的出租车，您可以到出租车车站乘坐，或者让餐厅帮忙叫车。

公交车▶ 城市的道路网很复杂，乘坐起来比较麻烦。因此，面向观光游客开通了可自由上下车的2层公交车。红色的车身成为标志，名字为"佛罗伦萨城市观光"。

观光 Sightseeing

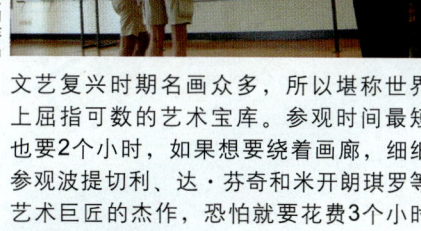

人们正在欣赏13~14世纪宗教画家的作品

Galleria degli Uffizi
乌菲齐美术馆
地图 p.191-G

- 从领主广场出发,步行2分钟
- 门票6.50欧元,8:15~18:50开放(入馆时间截止到18:05),周一、1/1、5/1、12/25休息

 ◎文艺复兴最佳绘画作品的聚集地
◎梅迪奇家族收藏的大量美术杰作
◎至今仍在使用中的办公室

乌菲齐美术馆是当今世界上著名的美术馆。由于维琪奥宫殿比较狭小,梅迪奇家族的科西莫一世命令乔治·瓦萨里设计了此建筑,从1560年着手建造,历经14年竣工。梅迪奇家族的政务厅办公室就设于此处,因此被称为"乌菲齐"(Vffizi,意为办公室)。

下一代的皇帝弗朗西斯科一世又将乌菲齐的最高层改造为画室,里面保存了梅迪奇家族的美术藏品并展示给游客,这也为如今的美术馆开了先河。

1765年,乌菲齐成为正式美术馆并开始对外开放,除了梅迪奇家族初期的珍藏品,还包括其他商人及银行家的艺术藏品。现在3层展览着绘画作品,因为

文艺复兴时期名画众多,所以堪称世界上屈指可数的艺术宝库。参观时间最短也要2个小时,如果想要绕着画廊,细细参观波提切利、达·芬奇和米开朗琪罗等艺术巨匠的杰作,恐怕就要花费3个小时到半天的时间了。

Duomo (Basilica di Santa Maria del Fiore)
主教堂(百花圣母大教堂)
地图 p.191-C

- 新圣母玛利亚车站(S.M.N.)出发,步行12分钟
- 门票8欧元,大教堂10:00~17:00(周六到16:45,周日、节日13:30~16:45)开放,圆顶8:30~19:00(周六到17:40)开放;1/1休息

 ◎布鲁内莱斯基设计的圆形屋顶的造型之美
◎白色、粉色和绿色大理石的协调之美
◎历经150年完成的巨大建筑

主教堂的正式名称为"Basilica di Santa Maria del Fiore",意思为"百花圣母大教堂"。由迪坎比奥设计,于1296年开始建造,历经150年完成,属哥特式建筑,壮观而美丽。

代表花都之美的大教堂

贴心小提示
不必排队,美术馆门票可预约

众所周知,进入备受欢迎的美术馆都需要排队等候。不过最近为了节省时间,游客可以通过以下方式预约门票。佛罗伦萨的乌菲齐、巴杰罗、佛罗伦萨学院、圣马可等各家美术馆和梅迪奇家族礼拜堂等都可以预约(预约费为3~4欧元)。但需要至少提前一天预约,预约办公室电话为055-294883。预约时需要说出您的姓名、国籍和参观日期、时间,然后可得到预约号码(可讲英语)。截止预约时间的10分钟前,您只需前往预约者专用窗口(周一到周五8:15~16:45)便可购买门票。虽然参观当日可以排队买票,但却会浪费时间。因此这里推荐大家使用这种预约方法。预售门票也可以通过"Weeked a Firenze"的"Museums Reservatation"获取。网址为:http://www.weekendafirenze.com/。

文艺复兴运动
起源于意大利,14~16世纪波及整个西欧。文艺复兴运动解放了封建社会的束缚,使人们重新认识了基督教诞生前的古希腊和古罗马的文化,并指引人们追求一种人性化的生活方式。

乔治·瓦萨里
乔治·瓦萨里为样式主义流派的画家和建筑家。他所写的名著《艺术家列传》,以西欧美术为开端,通过一种历史的视点来观察、评价打破成规的米开朗琪罗的创作手法。他重视作家个人的"风格",反对古典意义上的"规范"。

文中注释

佛罗伦萨 Firenze

0   100m

地图标注

- 乡村公园 Parco delle Cascine
- Piazza Vittorio Veneto
- Viale Fratelli Rosselli
- Viale Belfiore
- Piazzale Porta al Prato
- Porta alprato
- Il Prato
- 斯卡拉街 Via della Scala
- Via Luigi Alamanni
- Londra H
- 商工会馆 Palazzo degli Affari
- Galleria Ferroni E Cenacolo di Fuligno
- Chiesa Americana St. James
- 梅迪奇别墅大酒店
- 蒙特贝罗街 Via Montebello
- Via degli Orti Oricellari
- 佛罗伦萨新圣母玛利亚车站 Stazione di Firenze Santa Maria Novella
- 阿斯科特酒店
- 阿尔伯尼酒店 H
- Ariele Hotel
- 市剧院 Teatro Comunale
- Via Magenta
- Via Solferino
- Anglo American H
- Kraft H
- Via S. Lucia
- Lazzi巴士公司
- 外交公寓
- Piazza della Stazio
- CAF(巴士) CIT 巴
- 俱乐部酒店 H
- 新圣母玛利亚教堂
- Piazza dell' Unità Italia
- Lungarno Amerigo Vespucci
- Via G. Garibaldi
- Via Curtatone
- Via Montebello
- Via Finiguerra
- Via Melegnano
- 诺圣大街
- Piazza S. Maria Novella
- p.193 萨巴蒂尼餐厅 R
- 圣乔治奥林匹克酒店
- Piazza T. Gaddi
- Piazza S. Maria d. Pignone
- Via della Fonderia
- Via dei Sogliani
- A.韦斯普奇桥 Ponte A. Vespucci
- 诺圣教堂
- Palazzo Lenzi
- Borgo Ognissanti
- 弗西大街 Via dei Fossi
- 维尼亚诺华街 Via della Vigna Nuova
- Via del Porcellana
- Via del Moro
- 托尔纳博尼大街
- 圣罗莎坝 Pescaia di S. Rosa
- 阿尔诺河 Fiume Arno
- 科西尼宫 Palazzo Corsini
- 阿尔诺河卡瑞拉大桥 Ponte Alla Carraia
- S. Trinita
- Via Pisana
- Uliveto
- Via B. Gozzoli
- Via Giacomo Zanella
- Via dell' Anconella
- V. Lungo le Mura di S. Rosa
- Via L. Bartolini
- Lungarno Soderini
- 切利尼广场 Piazza di Cestello
- Borgo San Frediano
- 圣弗雷迪亚诺教堂 S. Frediano in Cestello
- 圣三桥 Ponte S. Trin
- 弗雷斯科巴尔迪宫 Palazzo Frescobaldi
- Borgo S. Jacopo
- Via dello Sprone
- Piazza de' Nerli
- Via S. Giovanni
- Via Ludovico Ariosto
- Via dell' Orto
- Via Leone
- Via di S. Spirito
- Viale F. Petrarca
- Via Francesco Berni
- Via A. Aleardi
- Via Domenico Burchiello
- Villa Fioravanti
- 卡尔米内广场 Piazza del Carmine
- Via dei Camaldoli
- 卡尔米内圣母教堂
- Piazza T. Tasso
- Via della Chiesa
- Via Serragli
- 圣灵教堂
- 圣灵广场 Piazza S. Spirito
- Via Maggio
- Villa Laetizia
- S. Francesco di Paola
- Piazza S. Francesco di Paola
- Via di Bellosguardo
- Via Giano della Bella
- Via del Casone
- 托里贾尼花园 Giardino Torrigiani
- Via del Campuccio
- Via delle Caldaie
- Via S. Maria
- Palazzo Guadagni
- 皮蒂广场 Piazza de' Pitti
- Borgo Tegolaio
- 皮蒂宫 Palazzo Pitti
- 帕拉蒂纳博物馆
- 现代美术馆
- 银器博物馆
- 服装博物馆
- Villa dell' Ombrellino
- Via Francesco
- 建拉利大街
- Via Romana
- Via Meridiana
- Viale dei Cipressi
- 波波里花园 Giardino di Boboli
- Villa Maria
- Via Ippolito Pindemonte
- Via V. Monti
- Via Ugo Foscolo
- Via G. Prati
- 罗马门广场 Piazzale di Porta Romana
- Piazza della Calza
- Porta romana
- Viale Niccolò Machiavelli
- Viale dei Platani
- 美术学校 Istituto d' Arte
- Via d. Madonna
- Via d. Bobolino
- Via d. Barbacane

Battistero di San Giovanni
圣乔凡尼洗礼堂
地图 p.191-C

- 从百花圣母大教堂出发，步行1分钟
- 门票4欧元，12:00~19:00（周日、节日8:30~14:00）开放，1/1、复活节、9/8、12/25休息

这是为了祭祀佛罗伦萨的守护圣人乔凡尼而建造的，建于11世纪中叶，为一座八角形的礼拜堂。其中，由吉贝尔蒂设计的东门（现存建筑为复制品）被米开朗琪罗誉为"通往天堂之门"。

Campanile di Giotto
乔托钟楼
地图 p.191-C

从钟楼的顶部望去，与百花圣母大教堂的穹顶近在咫尺

- 从百花圣母大教堂出发，步行1分钟
- 门票6欧元，8:30~19:30开放，1/1、复活节、9/8、12/25休息

钟楼耸立于百花圣母大教堂的南侧，高84米，为哥特式风格高塔。登上414层的台阶来到最高层的露台，大教堂撼动人心的穹顶便展现在眼前。

Cappelle Medicee
梅迪奇礼拜堂
地图 p.191-C

- 从新圣母玛利亚车站（S.M.N.）出发，步行8分钟
- 门票4欧元；8:15~17:00（入馆截止到16:30）开放；第2个和第4个周日，第1、3、5个周一，5/1休息

用各种颜色的大理石装饰的「君主的礼拜堂」

在高28米的八角形拱顶下，托斯卡纳大公国的主要君主便长眠于此。礼拜堂的内壁上装饰着数百种颜色鲜艳的大理石，尤为壮丽。

摄影秘诀
拍摄出漂亮的维琪奥桥的角度

要想拍出最美的维琪奥桥，推荐走上北部的圣三一桥来拍摄。通过乌菲齐美术馆2层的窗户也可以完美地拍出维琪奥桥的全景。乌菲齐美术馆馆内禁止拍照，但允许通过窗户拍摄外景。

Palazzo Vecchio
维琪奥宫（市政厅）
地图 p.191-G

- 从领主广场出发，步行1分钟
- 门票 6欧元，9:00~19:00（周四至14:00）开放，1/1、复活节、5/1、8/15、12/25休息

该宫殿的建筑为哥特式建筑风格，宫殿外矗立着高94米的塔，极其雄伟壮观。这座古老的宫殿作为市政厅还在履行着它原来的使命。二楼大厅可容纳500人，豪华的天花板成为众人瞩目的焦点。绚烂至极的壁画令游客叹为观止。

Piazza della Signoria
领主广场
地图 p.191-G

- 百花圣母大教堂出发，步行8分钟

曾作为政治的中心舞台活跃于历史长河中。14世纪建造的长廊"德西尼奥里凉廊"上装饰着雕像，将室外画廊的情趣完全呈现出来。

Ponte Vecchio
维琪奥桥（老桥）
地图 p.191-G

- 从领主广场出发，步行5分钟

建于阿尔诺河之上，于1345年开工，为佛罗伦萨最古老的桥。桥两侧雕金工艺的珠宝饰品店鳞次栉比，每天热闹非凡，以至于让往返于此的人们忘记了这是一座桥。

文化小典故
维琪奥桥没有让德军破坏吗？

第二次世界大战时建在阿尔诺河上的桥，除了最古老的维琪奥桥之外，全部因爆炸而毁坏。为什么唯有维琪奥桥平安无事？原因并不在于德军尊重这座桥的历史价值。据说是因为德军的大部分士兵新婚旅行时，到佛罗伦萨游玩的比较多，而维琪奥桥能够帮他们回想起当时的蜜月情景，有鉴于此，当然无论如何都不能破坏这座桥。

美食 *Eating*

意大利料理 高级
Sabatini
萨巴蒂尼餐厅
地图 p.190-B

预 英■ 英■ ■
交 从新圣母玛利亚车站（S.M.N.）出发，步行2分钟　✉ Via de Panzani, 9a　☎ 055-211559　营 12:30~14:30、19:30~22:30　休 周一　€ 60欧元~

是令人称赞的传统托斯卡纳料理店。运用精致的调味技艺，制作出符合时令的四季美食。用牛小腿肉烹煮的意大利骨孔肉（Osso buco）和自制意大利面不容错过。

意大利料理 中级
Ristrante del Fagioli
法焦利餐厅
地图 p.191-G

预 ■
交 从圣十字教堂出发步行2分钟　✉ Corso dei Tintori, 47/a　☎ 055-244285　营 12:30~14:30、19:30~22:30　休 周六、周日　€ 25欧元~

在这家店中，您可以真实体验到在传统风格的托斯卡纳餐桌上就餐的感受。推荐的食物为"bollita"（音），是先焯一下肉和蔬菜，然后再放上绿色的沙司制作而成的。另一种为"crochettina"（音），是将加入香草的肉团子放入番茄酱一起炖煮。

咖啡店
Gilli
吉利
地图 p.191-G

英■ 英■
交 从百花圣母大教堂出发，步行3分钟　✉ Via Roma, 1r　☎ 055-213896　营 7:30~次日1:00　休 周二　€ 5欧元~

咖啡店氛围华丽，对面为共和国广场。顾客均为绅士和淑女，如果想享受优雅地品茶的乐趣，这里是个不错的选择。周日也正常营业，对顾客来说极为便利。

购物 *Shopping*

皮革小物件
Madva
马德瓦
地图 p.191-G

交 从领主广场出发，步行5分钟　✉ Via de Guicciardini, 1r　☎ 055-2396526　营 9:30~19:30　休 周日、节日、11~3月的周一

是1919年创立的皮包专卖店。皮包品质高档，采用严格挑选的羊皮制成，价格适中。皮革颜色达40余种，绒面皮革的皮包颜色也达30种，型号、尺寸丰富。衬料采用过冬用的开司米山羊绒和常年可用的丝绸。

鞋
Mannina
曼尼纳
地图 p.191-G

交 从领主广场出发，步行2分钟　✉ Via de Guicciardini, 16r　☎ 055-282895　营 9:30~19:30（周日10:00~19:00）　休 无

在这家高级鞋店中，您可以定制皮鞋。皮鞋由技艺娴熟的师傅亲手制作，品质极佳。皮鞋全部使用上等的熟皮，穿起来非常舒适，可陪伴您一生。也有价格适中的成品。

饰品
La Bottega degli Orafi
金匠店铺
地图 p.191-G

交 从领主广场出发，步行5分钟　✉ Via de'Benci, 20/r　☎ 055-242026　营 9:00~13:00、15:00~19:00　休 周日

这家店采用佛罗伦萨特有的"镂雕"工艺制作的精致饰品正是其特色所在。由经验丰富的两位技师共同经营。

1000余年间一直作为共和国中心地的总督府宫殿

威尼斯曾经是地中海的霸者，融汇东西方文化，从而形成了属于自己的灿烂文化。在城市的每一个角落，我们都可感受到它的无穷魅力。

看点
- 圣马可大教堂 ❔❔❔
- 圣马可广场 ❔❔❔
- 总督府 ❔❔

去往威尼斯的交通
铁路▶从米兰出发约2小时50分钟，从佛罗伦萨出发约2小时50分钟

旅游咨询处
- ●圣马可广场西侧San Marco, Giardini Ex Reali／10:00~18:00办公
- ●圣露西亚站内／8:00~19:00办公

威尼斯 Venezia
威尼斯及其潟湖

城市概况 about VENEZIA

最初，威尼斯凭借身为欧洲和亚洲贸易往来中转地的优势，发展成为贸易城市并迅速成长起来。1498年版图扩大至希腊的塞浦路斯岛，至此进入黄金鼎盛时期，一直持续到15世纪前半期，从16世纪开始慢慢衰退。同时，威尼斯更以浓厚的文化底蕴为背景，迎来了文艺复兴文化的绚烂时期，继而形成了大放光彩的威尼斯画派的大潮。另外，与奥地利合并的1000余年间，威尼斯极尽繁盛，拥有"亚得里亚海女王"的美称。

如今，它拥有约120个小岛、170余条运河和400余座桥梁，是世界上独一无二的水上旅游城市。

城市亮点 Highlight

旅游团一般会游览圣马可大教堂、总督府宫殿、附有钟楼的圣马可广场、叹息桥和威尼斯玻璃工厂等。其中最引人注目的是华丽的圣马可大教堂周边的景点。

在圣马可广场上，我们可以一边倾听着钟声，一边品尝着上等茶，真实地感受这个城市让人产生无限遐想的美。

游客熙熙攘攘地聚集在圣马可大教堂前

威尼斯的交通

城市中不能行驶汽车，所以水上巴士（汽艇）、水上出租车和游览船便成为威尼斯的交通工具。水上出租车和游览船的费用比较高，建议利用搭乘便利、价格合理的水上巴士。

水上巴士（汽艇）▶沿着大运河，驶向丽都岛和穆拉诺岛的船次极为频繁，费用适中，乘坐也很便捷。船次从早上到深夜每隔10分钟1次，1号线24小时营运。沿着大运河路线的停靠场所也很多。对于游客来说，沿大运河往返行驶的1号线和2号线最为常用。

提醒：船票在使用前，一定要使用检票机印上乘坐日期和时间的印章，不然就会被罚款。

游览船▶威尼斯著名的游览船，船长10余米，需手动撑船。费用较高，不过坐在船中，可以领略到充满浓郁风情的美景，体验水都之旅的魅力。绿色的标记牌是乘船处的标志。

水上出租车▶在着急或者行李较多时，乘坐水上出租车就变得尤为方便，但同时费用也较高。它可以在水上巴士不能通行的水路上自由航行。

圣马可广场前的日落

观光 *Sightseeing*

Basilica di San Marco
圣马可大教堂
地图 p.197-G

- 水上巴士1/2号线圣马可大教堂站（S.Marco Calle Vallaresso）出发，步行3分钟
- 宝物馆门票2欧元、大教堂1欧元，9:30~17:30（10~4月至16:00，周日、节假日14:00~18:00）开放

教堂内部经过历代总督长达500余年的改建扩大，加上在十字军时代从东方掠夺过来的金银财宝的装饰，显得十分宏伟壮丽。

看点 4匹青铜马

正面入口的露台上，有一尊镀金青铜马像。该像为复制品，真品珍藏于教堂里面的圣马可博物馆内。站在露台上俯瞰，广场的景色尽收眼底。

圣马可博物馆内的4匹青铜马于公元前4世纪~前3世纪由古希腊人制作，是古希腊文化的杰作。这是在第4次十字军远征时，威尼斯人从拜占庭帝国掠夺过来的东西。1797年被拿破仑掠夺到巴黎，后来在法兰西帝国灭亡后又重新返还给威尼斯。

公元829年，两个商人从埃及的亚历山大盗走了**圣马可**的遗体并运到了威尼斯，将其当做守护城市的圣人来祭拜。其中也包含了反对**拜占庭帝国**的统治、追求宗教自由的目的。为了祭拜圣马可的遗体，威尼斯总督不惜筹集重金来建造安放遗体的灵堂，该灵堂也成为圣马可教堂的起源。教堂前面长着翅膀的狮子像，代表着圣马可。另外，这一图像也是威尼斯的城徽。

最初建造的教堂被火灾烧毁，之后，11世纪，以君士坦丁堡的十二圣徒教堂为模型，再建了圣马可大教堂。该教堂的平面呈古希腊十字架的形状，具有5个球形圆顶。15世纪进行了改建，并融入了罗马式、拜占庭式、哥特式和文艺复兴式等式各样的建筑风格元素。

看点 正面拱门上的镶嵌画

Piazza San Marco
圣马可广场
地图 p.197-G

- 水上巴士1/2号线圣马可大教堂站（S.Marco Calle Vallaresso）出发，步行1分钟

看点 由大理石制成的城市中心广场

在教堂入口处的左右两侧分别耸立着钟塔和大钟楼，柱廊围绕着广场的三面。它始建于11世纪，16世纪中叶基本形成现在的形貌。在高约96米的钟楼上可以乘坐电梯自由升降。钟塔的大钟从15世纪开始的500余年间，从未停止报时。

圣马可
出生于耶路撒冷的一个富裕家庭，追随保罗到各地传教。他是书写福音书的四圣徒之一（其他三人为马太、路加、约翰），热衷于传播基督教的人性化思想，公元68年在亚历山大殉教。

拜占庭帝国
自狄奥多西一世去世后，罗马帝国便分为东西两部分，拜占庭帝国是向东发展的那一部分，因此也可以称其为东罗马帝国。首都为君士坦丁堡。6世纪迎来了鼎盛时期，之后由于十字军的进攻而渐渐衰退，1453年被奥斯曼帝国灭掉。

文中注释

威尼斯

威尼斯及其周边
Area di Venezia

地图标注

- S.Alvise / S.Alvise
- Rio di San Alvise
- Rio della / Calle della Malvasia
- Fondamenta degli Ormesini
- Rio di San Girolamo
- Fondamenta della Sensa
- Rio del Battello
- Fondamenta di Cannaregio
- Canale di Cannaregio
- 犹太居民区
- Rio Terrà di San Leonardo
- Fondamenta Venier
- Campo San Geremia
- 文德拉明宫
- 圣杰雷米亚教堂
- 圣玛库拉教堂 San Marcuola
- Rio Terrà Lista di Spagna
- 比亚西奥滨河车站 Riva dei Biasio
- 土耳其贸易公…
- 圣思塔教堂 San Stae
- 火车站 Ferroviaria
- Ponte degli Scalzi
- 佩萨罗
- 圣露西亚站
- Fondamenta di San Simeon Piccolo
- Rio di San Zan Degolà
- 圣贾科莫德洛里奥教堂
- Rio Marin
- Carlton Executive
- 罗马广场 Piazzale Roma
- 帕帕多波利花园 Giardino Papadopoli
- 圣保罗广场 Campo di San P
- 罗马广场 Piazzale Roma
- Rio Nuovo
- 圣方济会荣耀圣母教堂
- 荣耀广场 Campo dei Frari
- 伯纳多宫
- Rio di Santa Maria Maggiore
- Rio delle Burchielle
- 圣洛可大会堂
- Salizada San Crosera S. Pantalon
- 圣安杰洛 Sant' Angelo
- 圣托玛 San Tomá
- 莫契尼哥宫
- Rio delle Procuratie
- Rio di Ca' Foscari
- Rio della Foscada
- 福斯卡里宫
- S.Samuele / S.Samuele
- Canale della Scomenzera
- Fondamenta Rossa
- 圣玛格丽特广场 Campo S. Margherita
- p.199 马卡纳宫
- 雷佐尼科宫
- 卡米尼教堂
- Rio di San Barnaba
- 大宫（戈尔纳宫）
- 安杰洛·拉斐尔教堂
- Callelunga San Barnaba
- 学院 Accademia
- **学院美术馆 p.198**
- 佩吉·古根海姆博物馆
- 盖苏阿提教堂
- Rio Terrà Toscanini
- 浮码头 Zattere
- Rio di San Vio
- Fondamenta Zattere allo S
- 大运
- Canale della Giudecca
- 圣欧菲米亚 Sant' Eufemia
- 朱代卡渡船 Giudecca - Traghetto
- Rio dei Ponte Giudecca Piccolo
- Fondamenta San Giac

威尼斯及其周边 Area di Venezia

- A4 Mestre
- 马可波罗国际机场
- 威尼斯梅斯特火车站
- 拉古纳皇宫酒店
- Marghera
- 托尔切洛岛 Isola di Torcello
- 布拉诺岛 Isola di Burano
- Lagona Veneta
- 穆拉诺岛 Isola di Murano
- Sant'Erasmo
- Ponte della Libertà
- Malcontenta
- 罗马广场 p.196～197
- 圣露西亚站
- **威尼斯 p.194**
- 圣米凯莱岛 I.d.S.Michele
- 丽都岛威斯汀精益酒店
- 丽都岛 Lido di Venezia
- 圣克莱门特皇宫酒店

0   5km

威尼斯 Venezia

地图标注：

- 去往穆拉诺岛
- 去往布拉诺岛
- 圣米凯莱教堂 Chiesa di San Michele
- 圣米凯莱岛 Isola di San Michele
- 水上巴士51、52号线
- 水上巴士41、42号线
- 水上巴士LN号线
- 菜园圣母教堂 Madonna dell'Orto
- Fondamenta della Misericordia
- Rio di Noale
- Rio di San Felice
- Rio di San Caterina
- Rio dei Gesuiti
- Jezuiti
- 北岸码头 Fondamenta Nove
- Fondamenta Nuove
- Strada Nouva
- 大运河 Canal Grande
- 黄金宫 Ca'd'Oro
- 鱼市
- Rio dei Santi Apostoli
- 奇迹圣母堂
- 市民医院 Ospedale Civile
- 市民医院
- 圣马可信徒教堂
- 圣乔凡尼保罗大教堂
- 卡斯泰洛
- 圣弗朗西斯科教堂
- Rio dei Mendicanti
- 里亚托桥 p.198
- 圣西尔维斯特 San Silvestro
- 里亚托桥 Rialto
- 纸艺店 p.199
- Rio di San Giovanni Laterano
- 马斯卡龙餐厅 p.199
- 圣劳伦佐教堂
- Rio di San Francesco
- Canale delle Galeazze
- Palazzo Grimani
- Mercerie
- Salizada San Lio
- Scandinavia
- Rio di San Severo
- 造船厂 Arsenale
- Calle dei Fabbri
- Rio di San Luca
- 玻璃梦 p.199
- 圣扎卡里亚教堂
- 圣马可大教堂 p.195
- 科尔特·斯孔塔 p.199
- 塔纳 Tana
- Calle Larga Mandola
- 圣马可广场 p.195
- Danieli
- Riva degli Schiavoni
- 大都会酒店
- 圣扎卡里亚·达尼埃利 San Zaccaria Danieli
- Ca'di Dio
- Calle XXII Marzo
- 费尼切剧院
- 科雷尔博物馆
- 总督府 p.198
- 马尔西亚纳图书馆
- 弗洛里安咖啡厅 p.199
- 造船厂 Arsenale
- 船舶历史博物馆
- Via Garibaldi
- Riva dei Sette Martiri
- S.M.吉利奥 S.M. del Giglio
- 水上巴士1号线
- 安康 Salute
- Canal Grande
- 海关
- 安康圣母大教堂
- 圣马可大教堂 S.Marco Calle Vallaresso
- 圣马可运河 Canale di San Marco
- 水上巴士2号线
- Rio delle Zattere ai Saloni
- Fondamenta delle Zitelle
- 圣乔治·马焦雷教堂
- 去往丽都岛 Giardini
- 圣乔治·马焦雷岛 Isola di San Giorgio Maggiore
- 雷登托勒 Redentole
- Il Redentole
- Fondamenta della Croce
- 齐泰勒 Zitelle
- 齐泰勒教堂
- 十字教堂

意大利 197 威尼斯

0 — 200m

Palazzo Ducale
总督府

地图 p.197-G

- 水上巴士1/2号线圣马可大教堂站（S.Marco Calle Vallaresso）出发，步行3分钟
- 门票12欧元（与圣马可广场的美术馆、博物馆一并使用的通票）；9:00～19:00开放（入馆截止到17:30）

看点 哥特式建筑风格的庄严总督馆

1309～1442年，对9世纪的城塞进行了改建，建成了这座壮丽的哥特式建筑，作为威尼斯共和国历代总督的办公兼居住之地。宫殿内的法院和相邻的监狱仅有一桥之隔。沿着"叹息桥"（Ponte dei Sospiri）漫步，能够看到紧闭的幽深黑暗的监狱牢门。现在这里也成为游览船会运载游客前往参观的地方。

从宫殿出发，经过此桥就可以看到监狱

Ponte di Rialto
里亚托桥

地图 p.197-G

- 水上巴士1/2号线里亚托桥站（Rialto）出发，步行1分钟

看点 白色的大理石桥是城市的象征

这座桥横跨在大运河中最狭窄处，在威尼斯最为著名。该桥长48米，桥上设有金工艺品店和皮具店，形成了一条拱廊商业街。来往的游客络绎不绝，尤为热闹。倚着栏杆环视四周，映入眼帘的运河全景堪称绝妙。

文化小典故
里亚托桥过去是吊桥

里亚托桥当初是为了能够通过高大的单层甲板大帆船而建造的，是一座木造吊桥。但是，吊桥因其结构方面的弊端，使用寿命很短。因此，1588年在桥的设计者的倡导下召开了改建会议，参加人员有米开朗琪罗、帕拉迪奥等名人，最终安东尼·达蓬特的建议胜出，他提出了用石头制造大拱洞的主张。在地基松软不稳、施工较难的情况下，采用石制材料，仅用了四年就全部改建竣工，这确实令人惊叹。

Gallerie dell'Accademia
学院美术馆

地图 p.196-J

- 水上巴士1/2号线学院站（Accademia）出发，步行1分钟
- 门票10欧元，8:15～19:15（周一至14:00）开放，部分节假日休息

看点 色彩华丽的威尼斯画派绘画

在凭借地中海贸易发展起来的威尼斯，艺术家们受到东方拜占庭文化的深刻影响，在"水之都"的环境下，练就了对光和色都具有敏锐感觉的本领。他们运用华丽的色彩和油画手法来描绘世界，开创了独特的威尼斯画派。这种画风的作品在这里被系统地展示出来。

这个美术馆收藏了14世纪到18世纪的威尼斯画派的杰作

文化小典故
威尼斯的玻璃为何如此著名？

喜爱东方玻璃的威尼斯人，从阿拉伯带回技术高超的玻璃制造工人，经过研究形成了属于自己的独特工艺。1291年，共和国政府因害怕发生火灾和玻璃技术流失，将所有的玻璃工房从本岛迁移到数公里以外的穆拉诺岛。同时，从业者也被强制迁移。

14～15世纪，威尼斯玻璃在欧洲市场上独占鳌头，产品包括精巧至极的穆拉诺岛镜子、枝形吊灯、餐具等宫廷生活中不可或缺的东西。镜子的生产对绘画也产生了影响，文艺复兴以后，出现了使用镜子来画自画像的艺术创作方式。

美食 *Eating*

意大利料理 高级

Corte Sconta
科尔特·斯孔塔

地图 p.197-H

英 英

交 水上巴士1号线造船厂站（Arsenale）出发，步行3分钟　Castello, Calle del Pestrin, 3886　041-5227024　营 12:30~14:00、19:00~22:00　休 周日、周一、1/8~2/8、7月下旬~8月中旬　€ 70欧元~

这家店的菜单上写有当日从鱼类市场进货的情况，可看过后再决定点哪道菜。店员会帮顾客选择适合其口味的开胃菜和适量的意大利面，顾客也可以就所点的东西请店员作介绍。

新鲜的鱼贝类

意大利料理 中级

Al Mascaron
马斯卡龙餐厅

地图 p.197-G

英

交 从里亚托桥出发，步行4分钟　Castello, Calle Lunga S.Maria Formosa, 5225　041-5225995　营 11:00~15:00、19:00~23:00　休 周日、12/20~1/20　€ 40欧元~

这是一家很有人气的餐厅，您可以惬意地品尝美味的鱼贝类料理。煮制的鱼贝类"前菜"（antipasto），分量足以让人吃惊。菜单上的意大利面是两人份。

盛在一起的鱼贝类

咖啡屋

Caffè Florian
弗洛里安咖啡厅

地图 p.197-G

英 英

交 水上巴士1/2号线圣马可大教堂站（S.Marco Calle Vallaresso）出发，步行3分钟　Piazza San Marco, 56　041-5205641　营 10:00~23:30　休 周三（冬季11~3月）　€ 5欧元~

这家店创建于1720年，对面是圣马可广场，为欧洲拥有最古老历史的咖啡店。

购物 *Shopping*

威尼斯 玻璃

Glassdream
玻璃梦

地图 p.197-G

交 水上巴士1/2号线圣马可大教堂站（S.Marco Calle Vallaresso）出发，步行10分钟　San Marco 633, Calle Specchihieri　041-5228589　营 10:00~13:00、15:00~19:00、20:00~22:30（10~3月 10:00~13:00、15:00~19:00）　休 无

该店绚丽多彩的原创玻璃产品，质量上乘，出自穆拉诺岛的手工艺人之手。店内也有面向外国游客出售的产品。如果你购买的商品价格在200欧元以上，就可以享受该店提供的商品空运服务。

面具

Ca'Macana
马卡纳宫

地图 p.196-F

交 水上巴士1号线雷佐尼科宫站（Ca'Rezzonico）出发，步行1分钟　Dorsoduro 3172　041-2776142　营 10:00~19:30　休 无

该店面具种类繁多，多达300种以上，且均为手工制作。除了面具外，店内还出售狂欢节用的衣服和胸针等小件物品。

文具

Il Papiro
纸艺店

地图 p.197-G

交 从圣马可广场出发，步行10分钟　Calle delle Bande　041-5223648　营 10:30~19:00　休 1/1、12/25、12/26

是以大理石花纹为特征的高级文具专营店，为威尼斯的总店。柜台里摆放着清一色的大理石花纹笔记本、信纸等，最适合买来作为礼物。

意大利

199

威尼斯

维托里奥·埃马努埃莱二世长廊

米兰
Milano

世界流行时尚的发源地。
壮丽的米兰大教堂和斯卡拉歌剧院，充满商业气息的华丽大街，魅力十足。

看点
- 大教堂 ❤❤❤
- 《最后的晚餐》 ❤❤❤
- 维托里奥·埃马努埃莱二世长廊 ❤❤
- 斯福尔扎古堡 ❤❤

去往米兰的交通
铁路◐从马尔本萨机场出发约40分钟，罗马出发约4小时30分钟，佛罗伦萨出发约2小时45分钟
巴士◐从机场出发约1个小时

旅游咨询处
●Piazza del Duomo 8:45~13:00、14:00~18:00（周日9:00~13:00、14:00~17:00）办公，1/1、5/1、12/25休息

城市概况

米兰是伦巴第大区的首府，是仅次于罗马的意大利第二大城市。这座城市始建于公元前4世纪，并于公元前3世纪在罗马帝国的统治下基本建成。11世纪取得了自治权，成为自治城市，至今一直很繁荣。

13~16世纪为米兰发展的鼎盛时期，它在贸易和伦巴第地区农业不断发展的基础上，逐渐成为当时屈指可数的富裕城市。

16世纪后半期，米兰被西班牙和法国所统治。1796年拿破仑攻入城内，此后在他的统治下，纺织品和皮革等产业开始发展。现在米兰已经成为时尚产业的根基所在，也是商业中心。

城市亮点

米兰的中心位于华丽的大教堂广场周边，这里有维托里奥·埃马努埃莱二世长廊、斯卡拉歌剧院和高级品牌店鳞次栉比的蒙特·拿破仑大街。感恩圣母教堂和斯福尔扎古堡位于米兰大教堂的西侧。众所周知的达·芬奇的壁画《最后的晚餐》就位于感恩圣母教堂中。只需花上一天的时间，就几乎可以参观完全部景点。

蒙特·拿破仑大街

米兰的交通

米兰的地铁很发达，对于游客来说非常方便。没有通地铁的地方有电车运行，夜间可以乘坐出租车。

地铁▶ 共有3条线路，几乎覆盖了城市的所有景点。1号线、2号线和3号线分别用红色、绿色和黄色的信号颜色来统一标记，因此很容易识别。在每个地铁站都挂着用红色字书写的"M"的牌子。

对于那些来观光和购物的人们来说，最为便捷的是连接中央站和米兰大教堂、蒙特·拿破仑大街的3号线。

出租车▶ 没有"串车揽客"的出租车，所以需要在出租车车站和酒店门口坐车。

电车▶ 像蜘蛛网一样遍布于城市的各个角落。对市民来说当然很便捷，但由于路线复杂，想得心应手地乘坐就有些难了。车票和地铁票可以通用，乘车时请不要忘记在车内检票。

巴士▶ 从中心地区去往郊外的路线很多，也很复杂。车票和地铁、电车通用，和电车一样，上车后要检票。

观光 Sightseeing

Duomo
大教堂
地图 p.203-G

- 地铁1/3号线大教堂车站（Duomo）出发，步行1分钟
- 顶层4欧元（自己登台阶）、6欧元（乘坐电梯），珍宝殿1.03欧元；7:00～19:00开放，顶层9:00～17:45（冬季至16:15），珍宝殿9:00～12:00，14:00～18:00

米兰大教堂是米兰的象征，为意大利最大的哥特式大教堂。

1386年由吉安·维斯孔蒂下令开始修建。19世纪，在拿破仑的指挥下，教堂的正面完工，并在1887年建造了尖塔。自开工到完成实际花费了大约500年的时间。宽93米、长158米，建筑规模之大令人震惊，是仅次于罗马的圣彼得大教堂的世界第二大教堂。

看点 中央的尖塔

最高的尖塔高108米。塔顶矗立着4米高的由黄金装饰而成的圣母玛利亚像，这尊像的名字叫"Madonna"（对圣母玛利亚亲切的称呼）。

整个外观由直插天际的135座尖塔和2245尊雕像装饰着。尖塔之林直立挺拔，给人以飞腾升华、超脱尘世之感。游客可以选择乘坐电梯或爬158层的台阶到达尖塔顶部，然后鸟瞰米兰全景。尖塔外部的白色大理石，随着太阳光的强弱时而淡粉时而变紫，给人一种心旷神怡的气质之美。

看点 入口的大门

教堂正面有青铜制造的5扇大门，各扇大门主题不同，中央的大门上雕刻的是"圣母玛利亚的生平"。

教堂内部由52根柱子支撑，一丝丝光线通过彩绘玻璃将整个教堂照亮，营造出一种庄严的氛围。

看点 后面的彩绘玻璃

在米兰教堂内部最引人注目的当数彩绘玻璃，是15～16世纪制作的欧洲最大的彩绘玻璃。玻璃上绘制的是《旧约圣经》、《新约圣经》和《默示录》等故事。但是，有的玻璃在拿破仑加冕仪式时因燃放礼炮而有所损坏。

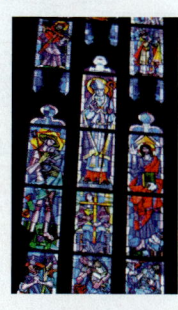

里面的中央祭坛下面有核桃木材质的合唱席位。右面侧廊有塞拉利昂莱尼修建的贾科莫·德·梅迪奇的坟墓，他当时深受米开朗琪罗的影响。左边侧廊里为13世纪的青铜制大烛台。

当时为了祭祀大主教卡罗·保罗，修建了地下礼拜堂。在其周边有珍宝殿（Tesoro），这里展览着体现14～17世纪金银工艺的宝物饰品。另外，在临近教堂正面的台阶下，有一片空地，那里堆积着许多砖块，这便是米兰大教堂的前身，即圣泰克拉教堂的遗址。

如果要观赏教堂内部，可以登台阶或乘坐电梯至教堂屋顶。在这里可近距离地眺望美丽的尖塔和雕像，也可以尽览米兰的街道全景。

米兰中心地区
Milano Centro

0　　200m

202

- 竞技场（市体育馆）
- 水族馆
- 去往Moscova站
- 森皮欧尼公园 Parco Sempione
- 旧宫
- Largo Treves
- 蒙特贝罗街 Via Solferino
- 圣马可教堂
- Via Legnano
- 加里波第大街 Corso Garibaldi
- Pza. delle Crociate
- 圣马可广场 Pza. S. Marco
- 莱尼亚诺大街
- Pza. Marengo
- 蓬塔齐奥大街 Via Pontaccio
- 鲜花大街 Via Fiori Chiari
- Via Borgo
- 兰扎 Lanza (M)
- 布雷拉美术馆 p.205
- 布雷拉区 Brera
- 布雷拉大街
- 斯福尔扎城堡博物馆
- **斯福尔扎古堡 p.205**
- Via Mercato
- 奥索大街 Via dell' Orso
- Via Monte di
- Via Brera
- 卡斯特罗广场 Piazza Castello
- Foro Buonaparte
- 北站 Staz. Nord
- 卡多纳 Cadorna (M)
- 凯罗利 Cairoli (M)
- **斯卡拉歌剧院 p.204**
- 斯卡拉 Piazza della Sc.
- Pal. Mari
- 地铁1号线
- 地铁2号线
- 波拿巴大街
- Largo Cairoli
- Via S. Tomaso
- 丹特街 Via Dante
- Via Broletto
- Via Clerici
- **E**
- **F**
- 马根塔街 Corso Magenta
- V. S. Giov. sul Muro
- Via Meravigli
- 缇托里奥·埃马努埃莱二世长廊 p.205
- 集市广场 Piazza Mercanti
- 卡尔杜齐大街 Via G. Carducci
- Via Brisa
- Via Santa Maria Fulcorina
- 科尔杜西奥广场 P.za Cordusio
- 中央邮局
- **科尔杜西奥广场 Cordusio** (M)
- 大教堂 Duomo (M)
- **大教堂 Duomo**
- 大教堂广场 Piazza Duom
- 感恩圣母教堂《最后的晚餐》p.204
- P.za Borromeo
- Via Orefici
- 圣安布罗焦 S. Ambrogio (M)
- **p.205 安布罗西亚纳美术馆**
- p.206 佩克总店
- 圣萨蒂教堂
- 马志尼大街 Via Mazzini
- 圣安布罗焦大教堂
- 天主教大学
- P.za Mentanas
- Via S. Marta
- 都灵大街
- Brunelleschi
- 埃德蒙多·德·亚米契斯大街 Via Edmondo De Amicis
- Via Lanzone
- Via Cappuccio
- Via Torino
- 密苏里广场 Piazza Misso
- **密苏里 Missori** (M)
- **I**
- Largo Carrobbio
- Via Correnti
- Via Stampa
- Via S. Vito
- **J**
- Pza. della Resistenza Partigiana
- 提契内塞大门大道 Corso di Porta Ticinese
- **圣洛伦佐·马焦雷教堂 Basilica di San Lorenzo Maggiore**
- 意大利大街 Corso Italia
- Corso Genova
- ↓去往提契内赛门

意大利 203 米兰

| 巴多罗买 | 彼得 | | 约翰 | | 多马 | 腓力 | | 达太 |
| 小雅各 | 安德烈 | 犹大 | | 耶稣 | 大雅各 | | 马太 | 西门 |

Chiesa di Santa Maria delle Grazie
感恩圣母教堂（《最后的晚餐》）

世界遗产

地图 p.202-E外

● 地铁1/2号线卡多纳车站（Cadorna）出发，步行8分钟
● 门票8欧元（预约金1.50欧元）；8:00～19:30（入馆8:15起）开放；周一休息；预约电话：02-92800360（8:15～19:00，周一、1/1、5/1、12/25休息）；网站：http://www.cenacolovinciano.org

感恩圣母教堂的左侧，在旧多米尼克派修道院餐厅的墙壁上画着达·芬奇的最佳杰作《最后的晚餐》。43岁的达·芬奇于1495年开始创作壁画，历经3年全部完成。这幅作品不是以往的湿壁画，而是用油画颜料和蛋彩颜料混为一体绘制的。因此，作品容易毁坏且实际上损坏较大，经过大约20年的修复，终

布拉曼特设计的屋顶很美

于在1995年完成并重新开放。

作品所描绘的是耶稣针对身边的叛徒在晚餐上展开讨论的情景。听到耶稣的话，12个使徒个个神情惊异，忐忑不安。这里出租语音讲解器（需要付费）。

Teatro alla Scala-museum
斯卡拉歌剧院

地图 p.202-F

● 地铁1/3号线大教堂车站（Duomo）出发，步行5分钟
● 斯卡拉博物馆门票5欧元，9:00～12:30、13:30～17:30开放，11～4月的周日休息

看点 全世界为之倾倒的意大利歌剧院殿堂

1778年，由米兰公爵费尔迪南多下令修建，是一座新古典建筑风格的歌剧院。在这里曾经上演了许多场著名歌剧。据说剧院的名字与米兰大公的妻子斯卡拉有关。在第二次世界大战中歌剧院被焚毁，之后按照设计图重新进行了复原。

在2层的斯卡拉博物馆中，展览着威尔第的钢琴和其手书的乐谱等，还陈列有其他著名音乐家的作品及演出服。

文化小典故

《最后的晚餐》之谜

为了保护该画，人们曾在壁画的前面堆砌了沙袋。正因如此，第二次世界大战时，只有这面墙壁奇迹般地免遭破坏。但因反复整修和污染的缘故，壁画已经伤痕累累。经过20年的修复，人们发现画中耶稣的嘴是微微张开的，在污损部位的下面可以看到鱼类食物（当时，鱼暗喻着基督教信徒）。莫非，这与达·芬奇画中隐含的寓意相关？现在，围绕着这幅画的解释可谓众说纷纭。

Pinacoteca Ambrosiana
安布罗西亚纳美术馆

地图 p.202-J

- 地铁1/3号线大教堂车站（Duomo）出发，步行5分钟
- 门票8欧元，10:00~17:30开放，周一休息

看点 达·芬奇等的文艺复兴绘画作品

这里展览着文艺复兴时期的许多名画，其中主要作品有达·芬奇的《音乐家》、卡拉瓦乔的《水果篮》和波提切利的《帘下的圣母》等。

Galleria Vittorio Emanuele II
维托里奥·埃马努埃莱二世长廊

地图 p.202-F

- 地铁1/3号线大教堂车站（Duomo）出发，步行1分钟

看点 玻璃顶棚，美丽的拱廊

顶棚用玻璃和铁质材料建成，极其美丽，是连接着米兰大教堂广场和斯卡拉广场之间全长200米的拱廊。由建筑家朱塞佩·门戈尼设计，于1865年开始修建，历经77年建成。

中央十字路的顶棚上装饰着的湿壁画，象征性地描绘了四大陆。地板上的镶嵌工艺，给拱廊增添了一种富丽高雅之感。拱廊内的著名餐厅、咖啡屋、高级品牌店和大型书店鳞次栉比，游客和本地人时常光顾这里，十分热闹。

四大陆之一的非洲的湿壁画

贴心小提示
在长廊的中央关于绕圈的小秘密

长廊交会处的中央地板上有一幅《幸福牛》浮雕，据说人们只要脚后跟踩着它，绕着它走一圈就会幸福。但脚后跟踩到牛的哪一部位呢？那就是凹陷最深的部位。（该图为浮雕的局部）

长廊交会处的中央广场

Castello Sforzesco
斯福尔扎古堡

地图 p.202-A

- 地铁1号线凯罗利车站（Cairoli）出发，步行3分钟
- 门票3欧元，9:00~17:30（夏季至18:30）开放，周一休息

看点 代表文艺复兴建筑风格的城塞

最初，它是一座日常居住的城堡，是14世纪统治米兰的维斯孔蒂家族修建的。之后，斯福尔扎家族于15世纪将其改建为坚固的城塞来使用。当时参与修建工作的有达·芬奇和布拉曼特。城内有考古学博物馆和斯福尔扎城堡博物馆等。

从正面的塔开始向左右延伸的城墙

Pinacoteca di Brera
布雷拉美术馆

地图 p.202-B

- 地铁3号线蒙特·拿破仑车站（Monte Napoleone）出发，步行8分钟
- 门票11欧元，8:30~19:15（入馆截止到18:30）开放，周一、1/1、5/1、12/25休息

布雷拉美术馆以15~19世纪的伦巴第派和威尼斯派的作品为主，收藏了文艺复兴时期的许多绘画杰作。这里曾经是基督教会的教育设施，现在是布雷拉美术大学的附属美术馆。这里收藏的大部分作品，是在拿破仑统治时代从意大利的各处教堂和宫殿中收集起来的。

优美的画作

2层的展览区共分为38个展室，展览着500余幅画作。

曼特尼亚作品《死去的耶稣》 （第6室）

采用稀薄暗淡的投光和独特的透视画法，将耶稣的死生动地表现出来。

拉斐尔作品《圣母玛利亚的婚礼》 （第24室）

约瑟正在给玛利亚戴戒指。

美食 Eating

▶意大利料理 高级

Bice
比奇餐厅

地图 p.203-C

交 地铁3号线蒙特·拿破仑车站（Monte Napoleone）出发，步行5分钟　Via Borgospesso, 12　02-76002572　营 12:30~14:30、19:30~22:30　休 周日傍晚，复活节的5天，7、8月的周六、周日，8月的3周，12月的第4周~1月的第1周　60欧元~

这是一家品位高级的传统米兰料理餐厅。店内的肉汁饭种类多达6种，有的是采用青霉菌发酵而成的奶酪制作而成的，也有以海产为食材烹饪出来的。除此之外，乡土料理和米兰风味的肉排也非常美味。

带有骨头的米兰风味的炸肉排

▶意大利料理 中级

Charleston
查尔斯顿餐厅

地图 p.203-G

英 英嘆
交 地铁1号线圣巴比拉车站（S.Babila）出发，步行3分钟　Piazza del Liberty, 8　02-798631　营 12:00~15:00、19:00~次日0:15　休 8月的3周间　30欧元~

这里的比萨和意大利面极其美味，种类多达20种，是在传统的窑里烤制而成的。位于米兰大教堂和蒙特·拿破仑大街附近，人们会在购物之余走进这家店，享受美味带来的乐趣。

▶咖啡屋

Caffè Cova
科瓦咖啡厅

地图 p.203-G

英 英嘆
交 地铁3号线蒙特拿破仑车站（Monte Napoleone）出发，步行5分钟　Via Montenapoleone, 8　02-76000578　营 7:40~20:30　休 周日（12月除外）　4欧元~

舒适的露台席位

这是一家老式咖啡店，很久以来一直是众多贵族和文人休息聊天的场所，格调高贵典雅。店内的糕点和面包种类繁多，深得甜食爱好者的青睐。

购物 Shopping

▶百货商店

La Rinascente
文艺复兴百货

地图 p.203-G

交 地铁1/3号线大教堂车站（Duomo）出发，步行1分钟　Via santa redadonda 3　02-88521　营 9:30~21:00（周五、周六至22:00，周日10:00起）　休 无

是家最适合挑选日用小商品的百货店。在地下一层的餐具区，有独特的意大利时尚咖啡机和制作卡布奇诺用的牛奶打蛋机等。

▶食品类

Peck Main Store
佩克总店

地图 p.202-J

交 大教堂（Duomo）出发，步行5分钟　Via Spadari, 9　02-8023161　营 9:15~19:30（周一15:00起）　休 无

是米兰最高级的食品店的代表。1层卖高级食材和家常菜，2层是酒吧。优质的橄榄油最适合当做礼物。

▶直销店

Serravalle
塞拉瓦莱

地图

交 从米兰车站出发，开车大约1小时30分钟
问 02-867131　Via della Moda, 1-15069 Serravalle Scrivia　0143-609000　营 10:00~20:00（7、8月至21:00）　休 1/1、复活节、12/25、12/26

占地3.5万平方米，是欧洲规模最大的直销店。宝格丽、普拉达、菲拉格慕、艾特罗、范思哲等150家名牌商店集结于此。此外，这里还有意大利餐馆和咖啡屋，顾客可以在全天任何时间在这里享用美食。

英国

Great Britain

基本信息

国名：大不列颠及北爱尔兰联合王国
首都：伦敦
面积：24.41万平方公里
人口：6235万人（2010年）
和中国的时差：8小时（夏令时间是7小时）

自然 由于受暖流的影响，天气不是很寒冷。南北气候不同。年降雨量约1000毫米。属海洋性气候。

政治 政体为君主立宪制。英国议会是最高司法和立法机构，由君主、上院（贵族院）和下院（平民院）组成。实行内阁制。

经济 第二次世界大战后，产业持续发展，但经济却渐渐低迷。由于撒切尔夫人政权倡导的产业民营化等政策，经济逐渐复苏，如今已呈现出向上的态势。

宗教 16世纪，国王亨利八世向罗马教皇树起反对旗帜，以其为首的英国国教的信徒占了全国信徒中的约半数。另有天主教和佛教等宗教的信徒。

民族 盎格鲁－撒克逊人占绝对优势，但在苏格兰和威尔士，以自古居住在不列颠群岛的凯尔特人为主。现在，其他人种的移民也很多。

语言 通用语是英语，但也使用威尔士语、盖尔语等。英语中也有许多方言，学校教育中采用标准英语来教学。

治安 严重犯罪很少，但偷盗、掉包、抢劫等案件经常发生。在机场和车站等人多的场所要特别注意。

● 货币兑换、小费、公共卫生间等当地的相关信息，参见p.271~。

英国的美食

在英国，得益于肉类、乳制品和海产品得天独厚的条件，再加上将食材的特色发挥得淋漓尽致的烹饪方法，我们可以品尝到简单而美味的食物。

◆ **炸鱼和薯条**
在油炸的白肉鱼上加上满满的炸土豆条，这就是普通人的午餐。

◆ **烤牛肉**
将优质牛肉切成块，慢慢地烤制而成。这是一道能够充分发挥牛肉本身的美味的英国代表菜。

◆ **下午茶**
这就是和英国人的生活息息相关的红茶。喝茶时，您可以配上饼干等小点心一起享用。

◆ **加入炖菜的馅饼**
将肉和蔬菜一起煨炖，再用它制成馅饼，具有传统的味道。

英式早上快餐
英国式的早餐分量大且美味。食物种类很多，包括橙汁、烤面包片、燕麦片等，同时还会在大盘子中放进鸡蛋、火腿、腊肉、烤西红柿和煮豆等。当然，还附有热腾腾的咖啡和加入足量牛奶的红茶。

◆ **带皮儿马铃薯**
由带皮儿的圆形马铃薯直接烧制而成。还可以把奶酪等浇在上面。

英国的特产

当我们行走在街道上，会在不经意之间，看到古老店铺中那些具有英国风韵的日常用品，也会看到摆放得井然有序的各种流行商品。

◆ **红茶**
种类很多，有些只有在英国才能买到。其中"Fortnum & Mason"非常有名。

◆ **威士忌**
正宗苏格兰产威士忌，可以在免税店等处买到。

◆ **香熏蜡烛**
可以根据当天的心情和身体状况，选择您喜欢的香熏蜡烛。

◆ **哈罗斯的商品**
老字号百货公司哈罗斯里的商品，种类丰富，从食品到文具，应有尽有。

◆ **圣诞节商品**
夏天刚刚过去，商店就开始陆续摆放圣诞节的装饰品。英国人非常喜欢圣诞节。

◆ **彼得兔**
童话中的彼得兔诞生在英格兰北部的湖边，形象极为可爱。

华丽的吊桥——伦敦塔桥

观光景点和购物街集中在伦敦中心区。具有悠久历史的景区非常多。散发出大都市的魅力。

看点
- 伦敦塔 ☺☺☺
- 大英博物馆 ☺☺☺
- 特拉法尔加广场 ☺☺
- 白金汉宫 ☺☺☺

去往伦敦的交通
飞机 ▶ 从北京直飞大约11小时。
铁路 ▶ 从巴黎到伦敦，在滑铁卢车站乘坐欧洲之星约2小时35分钟。

旅游咨询处
除伦敦城圣保罗大教堂附近之外，希思罗机场、维多利亚车站（Victoria）和滑铁卢车站（Picadilly）内也有。

伦敦 London

城市概况

在伦敦的东侧，被称为"伦敦城"的一带，是了解伦敦城市历史不可或缺的一环。公元前入侵到不列颠群岛的罗马人，在泰晤士河畔修筑起一座小城市，这就是伦敦历史的开端。如今，现代化的高楼林立，但历史的影子仍深深地烙印在伦敦的每一个角落。泰晤士河的对岸是辽阔的萨瑟克地区。在这一带，我们也可以找到中世纪以来的历史的踪迹。

苏荷周边是伦敦市的繁华街区。每当夜幕降临，夜间俱乐部和剧场中的霓虹灯闪烁不停，您可以感受到不同于白天的无限魅力。北部有大英博物馆，南部的特拉法尔加广场周围有值得观看的美术馆。东部的霍尔伯恩地区，与法律相关的机构大楼鳞次栉比，那里的街道显得肃静而威严。

威斯敏斯特周边是英国皇室区域。在这个建有国会大厦兼市政厅的"政治街区"上，和伦敦城一样，也留下了许多悠久的历史印记。数条街道被公园中散发出来的绿意映衬着，显得寂静而优雅。而在这些街道上，有伦敦许多著名的景点。

城市亮点

来到伦敦旅游，主要去处之一就是伦敦城内的伦敦塔。伦敦塔桥位于塔的东侧。参观过伦敦塔之后，穿过桥，对岸就是萨瑟克。我们可以从伦敦塔前出发，乘坐巴士或步行追寻此地的历史踪迹。

伦敦城的庆典▶ 每年11月的第2个周五，都会有"市长就职巡游"，这是为伦敦市新一届市长的上任举行的庆祝和游行。进行列队游行的地点位于皇家法院的前面。

苏荷周边必看之处是大英博物馆和特拉法尔加广场。中心地带是购物、饮食和文艺表演区。

苏荷的美食▶ 这里有欧洲最大的中国城和传统的英国料理餐厅。

苏荷的庆典▶ 在考文特花园里，每天都有街头表演。冬天，苏荷周边有漂亮的圣诞节霓虹灯，在特拉法尔加广场有装饰得很漂亮的圣诞树。

前往威斯敏斯特周边参观的旅游团一定要参观白金汉宫、威斯敏斯特教堂、国会大厦和大本钟。基本上都采取步行的方式。虽然有点儿远，但会漫步穿过公园，心情自然很舒畅。

威斯敏斯特的活动▶ 白金汉宫的卫兵阅兵仪式，在夏季于每天的上午11:30左右开始。

自主独立的象征——伦敦市政厅

轻松游走伦敦！
市内交通

在市内出行最便利的交通工具为地铁。观光巴士可以弥补地铁的不足。如果您想按照自己的想法游览市内的话，推荐使用可以自由上下的观光巴士。当然，伦敦著名的出租车也是一种快捷的交通工具。

地铁
Underground

伦敦地铁的昵称叫"Tube"。共有13条路线，几乎覆盖了整个市区。虽然地铁日趋老化且故障较多，但对于游客来说足够用了。拿上路线图，马上出发吧！需要注意的是不要坐过站。市中心部分大概在区域1的范围内，从中心部分稍微向外走到另外一条街，区域就会发生变化，车费也会不同。国内坐过站的话，需要补交车费，但在伦敦，是要交10英镑的罚金的。另外，即使是同一条地铁线，中途也会根据目的地的不同，分为不同的方向，所以去较远的地方时，一定要注意。

通过自动售票机或车站的售票窗口可以购买车票。自动售票机分为两种，如果知道目的地的车票价格，那么使用分类计价的售票机就会很便捷。但同时需要注意，这种售票机有时会显示"EXACT MONEY ONLY"（不找零）。另外一种是触摸屏型售票机，需通过触摸来操作，有他国语言供选择。在这种机器上也可以使用信用卡，很方便。

每乘坐一次，车票为4英镑。超过一个区域费用就要增加。对于想乘坐地铁和巴士来逛街的人们来说，推荐使用的是"Travelcard"。它分为1日用、3日用和1周用三种。只要是在同一个区域内，您就可以随意地乘坐地铁、路线巴士和轻轨等。"Travelcard"在各地的旅游服务机构和火车站都能买到。

出租车
Taxi

伦敦的出租车是涂成黑色的。当车顶部"Taxi"的标志亮着时，就代表是空车。只要举手示意，车就会停下来。注意不要马上坐上去，先要告诉司机目的地，在司机明白后再上车乘坐。起步价为2.20英镑。到了目的地，根据计价器上显示的费用，再加上小费一起付给司机。

巴士
Bus

除了红色的"双层观光巴士"之外，伦敦也有小型巴士和两节车厢连在一起的巴士。路线很多，主要线路彻夜运行。路线图可以在主要地铁站的旅游信息中心购买。费用和乘坐区域无关，统一为1.20英镑，1日车票（One day buspass）为3.90英镑。当售票机车票售完或没有零钱找零时，可以直接将现金支付给司机。

自由上车、下车的巴士
Hop-on Hop-off Tour

这是一种可以自由上下车的巴士。您可以乘坐在没有车篷的双层巴士中，一边听音乐一边欣赏市内的风景。可以一直乘坐下去，也可以在中途下车参观。只要找到有所买车票的公司标志的巴士站，就可以再次上车。这张票内也包含泰晤士河的水上游轮（River Cruises）船票，所以如果好好利用这张票，就可以轻松巡游整个市区。车票可以通过酒店前台或是巴士站的工作人员购买。根据运行公司或路线的不同，1日票的价格也各有差异，从22英镑到26英镑不等。

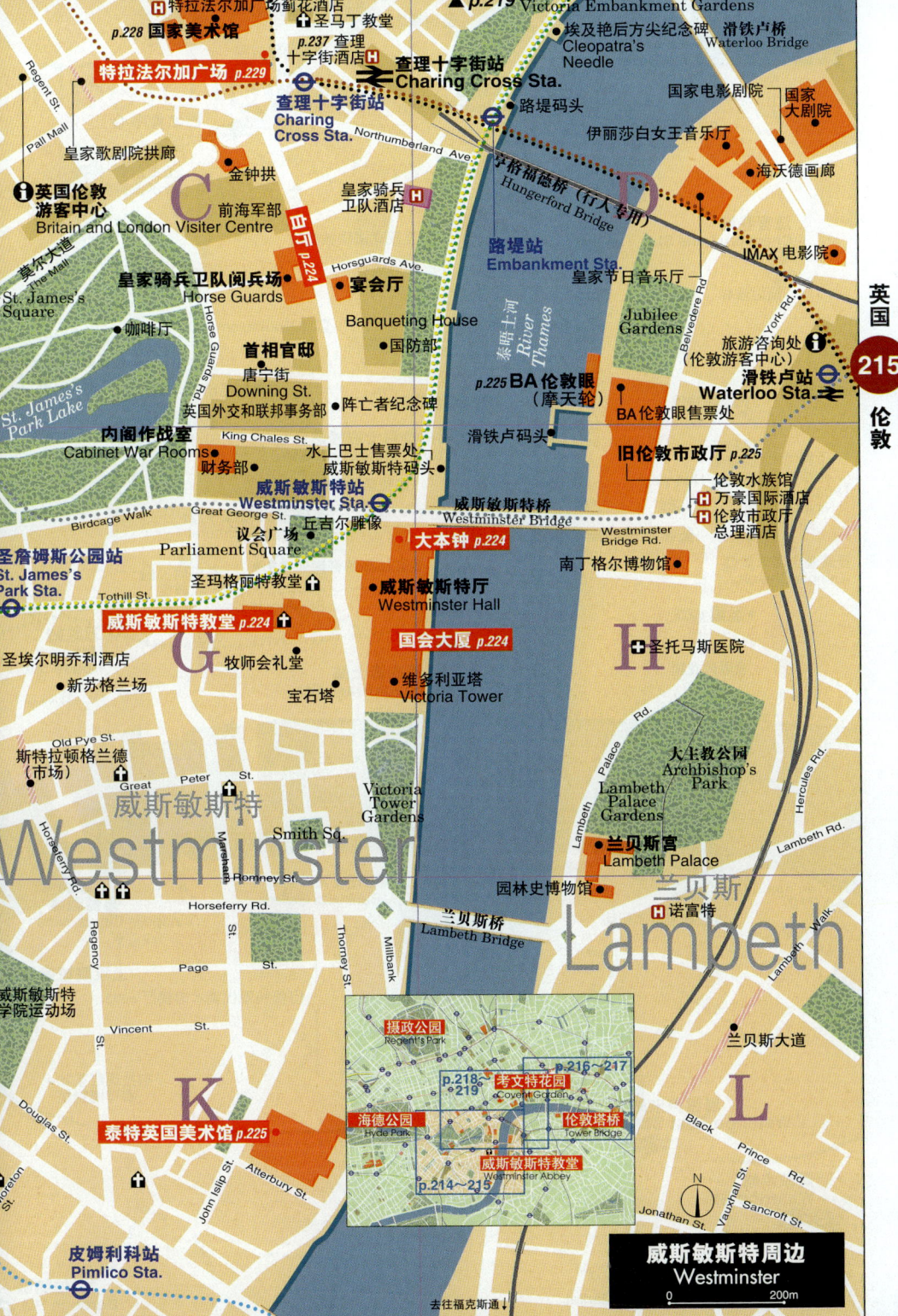

伦敦 Spitalfields / Whitechapel / Tower Bridge 区域地图

小地图（左上角索引图）
- 摄政公园 Regent's Park
- 考文特花园 Covent Garden p.218~219
- 海德公园 Hyde Park
- 威斯敏斯特教堂 Westminster Abbey p.214~215
- 伦敦塔桥 Tower Bridge p.216~217

街道与地点

- 布里克巷市场
- Folgate St.
- Primrose St.
- Lamb St.
- Hanbury St.
- Brick Lane
- 旧斯毕塔菲尔德市场
- 斯毕塔菲尔德 Spitalfields
- Brushfield St.
- Fashion St.
- 利物浦街站 Liverpool St. Sta.
- 旅游咨询处
- 警察局
- Liverpool St.
- 摩尔盖特站 Moorgate Sta.
- Finsbury Circus
- Bloomfield St.
- Wentworth St.
- 佩蒂科特巷市场
- Commercial St.
- Middlesex St.
- 白教堂美术馆
- Whitechapel High St.
- 伦敦市旅行小屋酒店
- Houndsditch
- 圣海伦教堂 St. Helen's Church
- 瑞士建筑（小黄瓜大楼）
- 阿尔德盖特东站 Aldgate East Sta.
- Braham St.
- Leman St.
- 英格兰银行博物馆
- 英格兰银行
- Old Broad St.
- 旧皇家交易所
- St. Andrew Undershaft
- Aldgate
- 阿尔德盖特站 Aldgate Sta.
- 白教堂 Whitechapel
- 伦敦城 p.226
- 银行站 Bank Sta.
- Cornhill
- Leadenhall St.
- Mansell St.
- 大厦之屋 Mansion House
- Lombard St.
- King William St.
- Gracechurch St.
- 劳埃德保险 Lloyd's
- 里德荷市场 Leadenhall Market
- Fenchurch St.
- 码头区轻轨 Docklands Light Railway (D.L.R.)
- Cannon St.
- 纪念碑站 Monument Sta.
- 芬彻奇街站 Fenchurch St. Sta.
- 景隆街站 Cannon St. Sta.
- 伦敦大火纪念碑 The Monument
- Great Tower St.
- 伦敦塔门户站 Tower Gateway Sta.
- 塔丘站 Tower Hill Sta.
- Tower Hill
- D.L.R.
- 去往码头区，格林尼治
- Lower Thames St.
- 阿尔哈洛斯伦敦塔教堂
- 海关
- 伦敦塔 p.226 Tower of London / White Tower
- 圣凯瑟琳码头 St. Katharine's Docks
- 伦敦桥 London Bridge
- 克林克监狱博物馆 Clink Prison Museum
- Tower Pier
- "德雷克金雌鹿号"（复制品）Drake's Golden Hinde
- London Bridge City Pier
- London Bridge Hospital
- 贝尔法斯特号战舰 H.M.S. Belfast
- 伦敦塔蓟花酒店
- 萨瑟克 p.227
- 萨瑟克大教堂 Southwark Cathedral
- 海斯广场 Hay's Galleria
- 伦敦桥站 London Bridge Sta.
- 伦敦地牢 London Dungeon
- 伦敦塔桥博物馆 Tower Bridge Museum
- 伦敦塔桥 Tower Bridge p.226
- 伯勒市场 Borough Market
- George Inn
- 盖伊医院 Guy's Hospital
- Bermondsey St.
- 布特勒斯码头 Butler's Wharf
- 设计博物馆 Design Museum
- St. Thomas St.
- Weston St.
- Newcomen St.
- Snowsfields
- Druid St.
- Tooley St.

英国 217 伦敦

如何支配自由时间 enjoy Freetime

图例：
- 半日 半日旅游路线
- 全日 一日旅游路线

可乘坐可以自由上下车的观光巴士"Hop-on Hop-off"（p.211）游览，或参加市内观光的半日旅游团，但最好的方法是根据自己的喜好，步行参观。如果能够利用好地铁、巴士和出租车等交通工具，即使是初来乍到的人，也可以轻松地享受伦敦之旅。伦敦的街道并没有那么复杂。拿着地图，按照自己的计划巡游伦敦吧！

全日 示范路线 Ⓐ

徒步、水上巴士观光

从白金汉宫到伦敦塔的参观路线，推荐给初次来伦敦的游客。

1 格林公园

地铁格林公园站下车。欣赏绿树成荫的美景，穿过公园，前往白金汉宫。

步行15分钟

2 白金汉宫 ⃝p.224

在这里您可以欣赏到11点左右开始、12点左右结束的华丽游行。夏季可以参观宫殿中的一部分。皇家马厩与女王画廊也与宫殿相邻。

步行2分钟

3 圣詹姆斯公园

野生鸟类在湖中游来游去。沿着公园湖岸南下。走到街上，向左走，就到了议会广场。

步行20分钟

4 威斯敏斯特教堂 ⃝p.224

威斯敏斯特教堂是与英国皇室渊源深厚的庄严教堂。仅欣赏外观就足够了，但如果可能的话，还是建议花些时间参观一下教堂内部。

步行2分钟

5 国会大厦/大本钟 ⃝p.224

大本钟是国会大厦的两个钟塔中的一个。8月、9月时游客可以参观内部。

步行2分钟

6 威斯敏斯特码头

在桥附近的河岸上有乘坐水上巴士的地方。从这里，船可以沿着泰晤士河直下，直到伦敦塔，您可以尽情享受水上漫游的乐趣。

乘船约45分钟

7 伦敦塔 ⃝p.226

迂回到塔桥下面，到达塔墩处。从船上仰望塔桥，最为壮观、漂亮。如果想仔细地参观伦敦塔，则需要2个小时的时间。

乘地铁25分钟

8 圣保罗大教堂 ⃝p.226

从塔丘站出发，乘坐环线或区域线在万胜站（Mansion house）下车，步行5分钟到达大教堂。大教堂下午4点闭馆，有可能的话建议到教堂里面参观。

POINT 地图和地铁路线图是必需品

步行逛街的必需品为地图和地铁路线图。因为地铁几乎覆盖了城市的每一条街道，所以如果手里有路线图的话就不会迷路。从本书上剪下的地图就够用，但如果想游遍城市的每一个角落，最好在报刊亭购买一张详细的地图。在伦敦，不管多么小的街道，地图上都会显示。地图上附有道路名称索引，所以即使您迷路，也可以知道自己所在的位置。

示范路线 B 半日

充分享受购物乐趣的伦敦休闲时刻

这个地区有许多家商店，首先要弄清楚自己想要买哪些东西。

1 格莱兹古董市场 (Grays Antiques Market)

这是一座位于市中心的专卖古董的大厦。店内出售品种丰富的古董珠宝。

步行1分钟

2 南莫尔顿街 (South Molton St.)

卡伦·米伦、约瑟夫等很受当地人欢迎的品牌店鳞次栉比。

步行1分钟

3 邦德街

在街道的尽头左转，老店铺和欧美品牌店犹如璀璨的群星遍布于优雅的街道上，您可以一边走进自己中意的店内购物，一边继续往南走。

步行20分钟

4 皮卡迪利街

走到尽头就是这条街。这里有古典风专营店伯灵顿商场。

步行3分钟

5 杰明街

从皮卡迪利街向南走，即可到达这条寂静的购物街。这里蓦立着弗洛里斯（Floris）、登喜路等英国代表性的老字号商铺。

步行10分钟

6 摄政街 ◎p.228

这里是伦敦首屈一指的繁华街道，老字号名店和百货商场林立，值得一逛。

步行3分钟

7 皮卡迪利广场 ◎p.228

这个广场是数条街交会的地方，从这里向北走就是摄政街。许多英国传统的商店就分布于此，另外，这里还有哈姆利玩具店。

POINT  乘坐双层巴士试试看吧！

对于不熟悉当地地形的游客来说，乘坐巴士游览有些困难，但如果能够在地铁售票窗口买到巴士的路线图和地图来对照着乘坐的话，就会意外地轻松惬意。摄政街的巴士路线很多，如果疲倦的话可以坐上巴士休息一下。您可以在2层找个位置，从高处欣赏风景，充分领略观光的乐趣。

在伦敦当地 可报名参加的 旅游团

在伦敦有许多供游客自由选择的旅游团，可以根据您的爱好制订计划来参观。

旅游团名称	出发时间	参观内容	费用	咨询处
伦敦一日游	全年每周周一出发	游览大本钟、国会大厦、威斯敏斯特大教堂、唐宁街十号首相府、白厅街、圣詹姆斯公园、白金汉宫外景、泰晤士河畔、伦敦塔桥、唐人街	38英镑	欧美嘉
伦敦观光一日游	每周三8:30出发	白金汉宫骑兵营换岗、特拉法尔加广场、首相府、伦敦眼、大本钟、国会大厦、威斯敏斯特教堂，下午访问大英博物馆，等等	38英镑	王潮

咨询处 ●欧美嘉：http://www.omegatravel.net/
●王潮：http://www.wanguk.com/

欧洲历史游记

伦敦塔的亡灵

红山雪夫

在泰晤士河畔，伦敦塔桥的北侧，有一座庄严、沉稳的要塞，这就是伦敦具有代表性的名胜——伦敦塔。许多名人都在这里被处死。让我们一起来探究这个地方的历史吧！

为何叫"塔"

英语中叫做"Tower of London"。虽说被译成"伦敦塔"，但真正的名称似乎应该叫做"伦敦城"吧！这座城是从以"白色之塔"（White Tower）为名的城堡开始发展的，因此被称为"Tower of London"。

威廉国王修筑此城

经过西罗马帝国的衰亡和民族大迁移的混乱之后，日耳曼民族的撒克逊人统治了英格兰。1066年，撒克逊人的最后一个国王爱德华死去，后继无人，名门豪族便将王后的兄弟哈罗德推选为下一任国王，但诺曼底公爵威廉声称自己拥有王室的血统，理应成为正统的王位继承者，于是率领大军渡过英吉利海峡，打败哈罗德，直逼伦敦。

当时的伦敦商业和手工业都处于鼎盛期，人口众多，加之有着强大的市民军队和坚固的城墙，故而在军事方面占有举足轻重的地位。威廉看到了伦敦的重要性，他巧妙地避开了强攻，对市民实施"怀柔"政策，力图做到"无血开城"。

之后，威廉花费10年时间将英格兰全境收入自己的领土版图，被人们称为"征服王"。但是，统治伦敦绝不能掉以轻心，为了镇压市民的反抗，他下令在市区的东边修筑了城堡。当初为土垒建筑，后来改建为坚固的石筑城堡，并用灰浆刷成雪白。这就是"白色之塔"。

撒克逊人没有建造简易的土堡的习惯，当伦敦市民看到这栋从未见过的"全白的石制怪物"时，惊叹不已。威廉一世的目的达到了。

之后的伦敦塔

13世纪后半期，亨利三世和他的儿子爱德华一世大兴土木，对伦敦塔进行增建。不仅修建了内城墙和外城墙，还修建了许多塔和塔门，并挖掘圆形沟渠，建成现有形貌的伦敦塔。

当初，白塔是专门为了战斗而修建的坚固建筑，墙壁非常厚，1层和2层根本没有窗户，3层和4层也只有很小的窗户。进出口位于2层，有一个小隧道似的门开着，需要爬梯上下塔。每逢夜晚士兵就会把梯子撤回，然后关闭坚实的塔门。

1层和2层如果不开灯的话将会一片漆黑。在塔上，1层用做石牢和军粮仓库，2层为卫兵的办公室和武器库，3层和4层则是供他们居住的场所。后来的伦

汉斯·荷尔拜因所画的亨利八世的肖像画

守卫伦敦塔的近卫兵"食牛肉者"，古代是用牛肉来支付其工资的，因此有"食牛肉者"这个俗称

敦塔已经不再作为战争设施来使用,于是便在各层修建了大窗户。沟渠当初与泰晤士河相连,之后被挖成空渠,专供士兵训练使用。

伦敦塔虽然是英国王权的象征,但国王却很少将其当做住所。如此一来,这里就变成了身份显赫的人被拘禁和处刑的场所。

悲剧的主人公们

1483年,12岁即位的爱德华五世和他的第二个弟弟约克公爵理查,一并被觊觎王位的叔父理查(之后的理查三世)囚禁在伦敦塔中,度过了悲惨的余生。这成为莎士比亚的历史剧《理查三世》的题材来源。夏目漱石的名作《伦敦塔》也曾被搬至荧屏上与观众见面。

1509年即位的亨利八世,推行英国宗教改革,成为加强王权的一代君主,但却因不断更换王后而留有恶名。他前后共有6个王后。他的第二任王后安妮·博林因为背上了并无实据的通奸罪名而被斩于伦敦塔下,另外,他的第五任王后凯瑟琳·霍华德也被冠以通奸罪处死。

亨利八世之后的爱德华六世在15岁时患上重病,当时摄政的诺森伯兰策划了一场阴谋,让先王亨利七世的曾孙女简·格雷与自己的儿子吉尔福德结婚,继而逼迫重病的爱德华六世在"将简·格雷指命为下一任女王"的诏书上盖章。

亨利八世除了儿子爱德华之外,还有玛丽和伊丽莎白这两个女儿。爱德华死后,王位继承权应归属于她们两个人。但因她们的母亲都是离过婚的王后,所以王位继承问题无疑要招致一场争议。

1553年,年轻的爱德华六世死后(有说法是被毒死),诺森伯兰公爵极力劝说并不愿意做女王的简·格雷,终于将其推上了女王的位置。但是,当时的权贵不承认她的继承权,他们迎接玛丽成为女王,将简·格雷斩首于伦敦塔中庭。至此,简·格雷的执政时间仅有9天。斩首现场如今已成为观光必看的地方。当时她年仅18岁,美丽、温柔、年轻,更是一位罕见的学识渊博的女人。

夜幕降临,寂静笼罩着幽深的伦敦塔,时而有巡查警卫员的皮鞋踩到石阶上传来的回音,咯哒咯哒,时而有低声哭泣似的声音,但又不知来自何处。难道这是被斩首的女人们的亡灵?

中间靠里的是白塔

观光·漫步 Sightseeing · Walking

威斯敏斯特周边
Westminster

在这片皇室地区，有白金汉宫、威斯敏斯特教堂等伦敦几个有名的景点。对岸即南岸也因为不断地开发而诞生了许多新的景点。

Buckingham Palace
白金汉宫
地图 p.214-F、p.218-I

- 地铁维多利亚车站（Victoria）、格林公园车站（Green Park）或是海德公园角车站（Hyde Park Corner）出发，步行15分钟
- 门票17英镑，9:45~15:45开放

自维多利亚女王以来，历代的英国国王都居住在这里。现任的伊丽莎白女王除了周末去温莎城、夏天去苏格兰之外，平时都居住在这座宫殿里。宫殿的屋顶上如果挂有皇室的旗帜，就表示女王在宫殿里。宫殿的侧面有女王画廊（Queen's Gallery）和皇家马厩（Royal Mews），分别展览着皇家美术收藏品和众多马车名品。每到夏季，宫殿的一部分一般就会对外开放（开馆日依年份变化）。此外，卫兵的列队游行开始时间为：5~7月11:30左右（其他月份每隔1天）。

Westminster Abbey
威斯敏斯特教堂 世界遗产
地图 p.215-G、p.218-J

- 地铁威斯敏斯特车站（Westminster）出发，步行5分钟
- 门票15英镑，9:30~16:00（周三至19:00）开放，周日休息

这座教堂历史悠久，起源于7世纪撒克逊人建造的教堂和修道院。现在的建筑是忏悔王爱德华于1050年以诺曼风格为原型修建的。13世纪，亨利三世又以哥特式风格对其进行改建。几乎所有的国王的加冕典礼都在此举行。

Houses of Parliament & Big Ben
国会大厦和大本钟 世界遗产
地图 p.215-G/H、p.219-K

- 地铁威斯敏斯特车站（Westminster）出发，步行2分钟

它起源于爱德华国王从1050年开始历时15年修建的威斯敏斯特宫殿。1512年之前，它曾是国王的居住地，之后就成为国会大厦。如今的国会大厦是1852年再建的建筑，附有两座哥特式建筑风格的塔。国会大厦全长265米，房间数达到1000间以上。

大本钟和国会大厦

Whitehall
白厅
地图 p.215-C

- 地铁威斯敏斯特车站（Westminster）或查理十字街车站（Charing Cross）出发，步行5分钟

从特拉法尔加广场到国会大厦的街道

通往白金汉宫的林荫道

📷 摄影秘诀
拍摄卫兵交接仪式的最佳角度

如果您想要拍摄卫兵的交接仪式，白金汉宫的围墙前面就是拍摄的最佳位置。列队游行开始之后，卫队要进进出出，所以一定不要站在门前拍摄。如果只是想拍摄队伍，那您就需要站在维多利亚女王纪念碑前的人行横道或塑像底座的位置进行拍摄。若是想悠闲、充分地参观，就要在交接卫兵出发的圣詹姆斯宫殿前等待参观。总之，如果您想要有个好的拍摄位置，就需要提前到那里做好准备。

提起伦敦，这也是一个必看景观

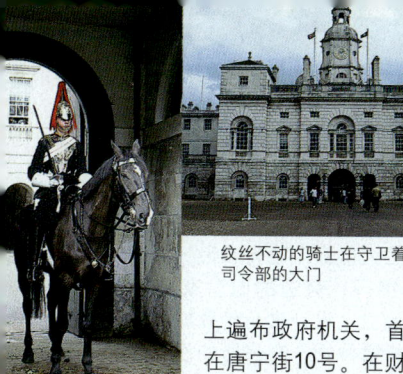

纹丝不动的骑士在守卫着近卫骑兵司令部的大门

为了纪念2000年的庆典而建造的巨大摩天轮

上遍布政府机关，首相官邸在唐宁街10号。在财务部有内阁作战室，这是在第二次世界大战时修建的作战指挥室，如今已对外开放。原修建的白厅宫殿因为火灾被焚毁，现在只剩下国宴厅。对面可看到近卫骑兵的司令部皇家骑兵卫队阅兵场。每天11:00左右（周日10:00左右）都会举行骑兵的交接仪式。

Old County Hall
旧伦敦市政厅

地图 p.215-H、p.219-K

- 地铁滑铁卢车站（Waterloo）出发，步行10分钟

巨大的建筑物风格独特。馆内有万豪酒店和伦敦水族馆。阳光透过窗户照射进来，令人愉悦。建筑前方就是伦敦眼。

British Airway's London Eye
BA伦敦眼

地图 p.215-D、p.219-K

- 旧伦敦市政厅前面
- 门票18.90英镑，10:00~20:00（4月和9月至21:00；5月和6月的周五、周六，7月和8月至21:30；12/24至17:30，12/31至15:00）开放，12/25、1/11~1/20休息

高达135米的摩天轮，规模堪称世界之最。透过明亮的密封舱窗户向外眺望整个伦敦市，景色极为美丽。游客们尤其喜爱这里，即使在休息日也要排队参观。

维多利亚女王
1819~1901年，1837~1901年在位。18岁即位，是英国女王中统治时间最长的一位，长达64年之久。她听取夫君艾伯特的建议，充分发挥议会的作用，在治理国家期间取得了诸项改革的大发展，将大英帝国推向了鼎盛期。

忏悔王爱德华
1003~1066年，1042~1066年在位。在位期间曾在威斯敏斯特建立了教堂，虽然他是一位虔诚的国王，但在政治上却无所作为。他一生没有子孙，故而死后引发了"诺曼征服"事件（威廉一世争夺继承权），并建立了诺曼王朝。

Tate Britain
泰特英国美术馆

地图 p.215-K

- 地铁皮姆利科车站（Pimlico）出发，步行10分钟
- 免费（特别展览时需要费用），10:00~17:50开放（第1个周五至22:00），12/24~12/26休息

以特纳的作品为首，收藏了英国绘画的代表作

泰特英国美术馆的前身是国家美术馆的分馆，建于1897年，其主题以英国绘画和印象派之后的近代绘画为主。之后美术馆中的一部分又独立出来，成立了泰特现代美术馆。现在的泰特英国美术馆收藏了从1500年至今的英国绘画和艺术品，成为一个对外开放的美术馆。

Victoria & Albert Museum
维多利亚和艾伯特博物馆

地图 p.212-J

- 地铁南肯辛顿车站（South Kensington）出发，步行5分钟
- 免费（特别展览时需要费用），10:00~17:45开放（周五至22:00），12/24~12/26休息

这里收集了1851年举行的第一次世界博览会上展览的作品，成立之初的名字为"工业制品博物馆"，1899年搬迁至现在的大楼中。为纪念维多利亚女王和她的丈夫艾伯特亲王，以其名字为这座博物馆命名。博物馆的主题为美术工艺品，种类丰富多彩。特别是衣服、家具和小件物品等，具有高超的技术水平和重要的美术价值，让人十分渴望拥有。展览室共有150个，参观线路超过10公里。

优美的雕像

伦敦城周边
City

此城为罗马时期所建，曾被称为"伦底纽姆（Londinium）"。因在伦敦地区拥有最悠久的历史而闻名。在这处聚集了各国金融机关的城区中，有着众多旅游胜地，其中以伦敦塔为首。

Tower of London
伦敦塔
世界遗产

地图 p.217-H

- 地铁塔丘车站（Tower Hill）出发，步行2分钟
- 门票18.70英镑，9:00～17:30（11～2月至16:30、周日和周一10:00起）开放，1/1、12/24～12/26休息

看点 世界上最大的宝石

这是1097年由征服王威廉下令修建的城塞，于13世纪后半期即爱德华一世时期完成，是一座军事要塞，与现在的外观几乎相同。从筑城到17世纪前半期，即詹姆斯一世时期为止，这里曾是王室的居住地，之后变成了牢狱和处刑场所。可供参观的景点为白塔和宝物宫殿，里面分别展示武器、铠甲和王室的宝石等。

宝物宫殿

St.Paul's Cathedral
圣保罗大教堂

地图 p.216-F

- 地铁圣保罗车站（St. Paul's）出发，步行2分钟
- 门票12.50欧元，8:30～16:00（画廊为9:30～16:15，周日不可参观）开放，无休

这个大教堂于1708年建成，是建筑家克里斯托弗·雷恩晚年的杰作。此教堂的修建灵感据说来源于梵蒂冈的圣彼得大教堂。在采取古典诺曼风格而建造的教堂中央，矗立着直径34米、高110米的圆顶。教堂中装饰着镶嵌工艺壁画，散发出庄严的气氛。地下教堂内有许多名人的墓碑和纪念碑，游客可以在这里尽情参观。

圆顶面向泰晤士河方向

City
伦敦城

地图 p.213-H、p.216-A/B/F、p.217-G

- 地铁银行车站（Bank）出发，步行1分钟

英格兰银行矗立在银行车站的前面，是苏格兰人威廉·帕特森设计的世界上最古老的银行。旁边的旧皇家交易所，于1566年设立，设计者为伦敦城内的商人托马斯·格雷沙姆。交易所的设立时间早于英格兰银行，是一座拥有科林斯式柱廊的建筑，1571年受伊丽莎白一世的诏许变成了交易所（现在是购物街和办公大楼）。

城区中心的旧皇家交易所和英格兰银行

Tower Bridge
伦敦塔桥

地图 p.217-L

- 地铁塔丘车站（Tower Hill）出发，步行7分钟
- 门票7英镑，10:00～18:30（10～3月9:30～18:00、1/1的12:00起）开放，12/24～12/26休息

建于1894年（维多利亚女王统治时期），具有新古典主义风格，它共拥有2座主塔，全长260米。虽然我们平时很少能看到升高桥身的场景，但其功能尚未丧失。桥内是博物馆。

摄影秘诀
从对岸拍摄伦敦塔桥

拍摄塔桥的最好角度是站在泰晤士河的南岸上。找好位置，眼前的塔桥和伦敦塔就融为一体，成为一幅画进入镜头中。走过桥左侧的布特勒斯码头就到了西餐厅街道，这里也是推荐拍摄的地点之一。您可以来这里用餐，同时进行拍摄。

变化角度可以拍摄到不同景色

Guildhall
市政厅
地图 p.216-B

- 地铁圣保罗车站（St.Paul's）出发，步行5分钟
- 门票2.50英镑，10:00~17:00（周日12:00~16:00）开放，1/1、12/25、12/26休息

　　这座会馆里原设有商业行会总部，但因之后的伦敦大火和二战炮火，会馆多半已被焚毁，唯有地下室和大会厅免遭其害。馆内有行会会馆图书馆和钟表博物馆，紧邻藏有美术珍藏品的市政厅画廊。

Southwark
萨瑟克
地图 p.216-I/J、p.217-K/L

- 地铁伦敦桥车站（London Bridge）附近

看点 营造出中世纪的氛围

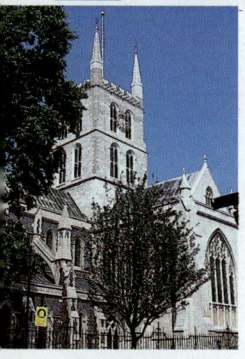

历史悠久的萨瑟克教堂

　　在伦敦城的对岸一带，有莎士比亚等戏剧家在戏剧受到冷落的时代背景下开创出来的一片新天地。这里有最古老的剧场玫瑰剧场（Rose Theatre），以及真实再现莎士比亚时代的剧院形态的莎士比亚环球剧场（Shakespeare's Globe Theatre）。在环球剧场附近，有至今仍在中庭上演戏剧的酒吧乔治小酒馆（George Inn）。此外，这里还分布有别具风格的伦敦地牢（London Dungeon）、将世界葡萄酒魅力彰显到极致的维诺波利斯葡萄酒城。我们还可以看到16世纪完成环球航海使用的"金雌鹿"号帆船；萨瑟克教堂就伫立在它的旁边，哥特式建筑风格的教堂一眼望去十分壮观；已经失去本身的功能而停用的军舰"H.M.S Belfast"，现在成为海洋博物馆供游客参观。游客们可以一边游览对岸的圣保罗教堂和伦敦塔，一边享受在河岸上散步的惬意之感。

再现中世纪剧场形态的环球剧场

Museum of London
伦敦博物馆
地图 p.216-B

- 地铁巴比肯车站（Barbican）或圣保罗车站（St.Paul's）出发，步行5分钟
- 免费（特别展览时收费），10:00~18:00开放，12/24~12/26休息

　　博物馆通过展览实物和模型，让人们了解到从史前到近现代的伦敦历史。从史前时代的收藏品开始，按照顺序参观，我们可以追溯到罗马时代、撒克逊时代、近代，直到第二次世界大战时的伦敦发展史。近代以后的收藏品重心转移到了百姓的日常生活中，众多的展览品仿佛勾勒出一幅伦敦人生活的原始画面。

全方位展示伦敦的特色博物馆

Tate Modern
泰特现代美术馆
地图 p.216-J

- 地铁黑衣修士车站（Blackfriars）出发，步行10分钟
- 免费（特别展览时收费），10:00~18:00（周五和周六至22:00）开放，1/1、12/24~12/26休息

　　是2000年开放的世界最大的现代艺术美术馆。这个巨大的建筑由过去的发电厂改建而成，改建后3层和5层成为常设画廊。总之，值得参观之处极多，特别是安迪·沃霍尔的现代艺术作品。毋庸置疑，其气派和藏品的多姿多彩都让人们为之折服。

景色优美如同一幅画

征服王威廉
1028~1087年，1066~1087年在位。曾为诺曼底公爵，是忏悔王爱德华（p.225）的远亲。在爱德华死后，他参与了争夺继承权的斗争，并率兵攻入英格兰，在海斯汀斯打败了英格兰军队，进而建立了诺曼王朝。

爱德华一世
1239~1307年，1272~1307年在位。他一生中多次向威尔士出兵，最终吞并了威尔士。长期以来在攻取威尔士的行军途中，一直携带着自己的王后同行。王子（爱德华二世）就出生于威尔士，故而被立为威尔士亲王。

文中注释

苏荷周边
Soho

苏荷周边是伦敦市的繁华街区。北部有大英博物馆；南部有特拉法尔加广场，广场一侧还有国家美术馆；中部一带是购物、饮食和娱乐场所。

British Museum
大英博物馆

地图 p.218-B

- 地铁托特纳姆法院路车站（Tottenham Court Road）或霍尔伯恩车站（Holborn）出发，步行5分钟
- 免费（特别展览时收费），10:00～17:30（周四和周五至20:30）开放，1/1、12/24～12/26休息

聚集了众多珍贵的人类历史遗产

这是世界上最大的博物馆。从埃及到美索不达米亚、罗马、希腊，从欧洲各地到亚洲、非洲，这里聚集了全世界人类珍贵的历史遗产，规模堪称世界之最。这里是伦敦必看的景点之一。建议游客们在较短的时间内高效率地参观主要展览品。

The National Gallery
国家美术馆

地图 p.215-C、p.218-F

- 地铁查理十字街车站（Charing Cross）出发，步行3分钟
- 免费（特别展览时收费），10:00～18:00（周三至21:00）开放，1/1、12/24～12/26休息

这是世界上屈指可数的几家著名美术馆之一，馆内收藏了从文艺复兴时期到近现代为止的欧洲各国的绘画作品。这里有许多名作，即使对绘画不太感兴趣的人，也会憧憬到这里一睹真品的风采。1824年，实业家约翰·朱利叶斯·安格斯坦留下的38幅绘画在安格斯坦邸宅亮相，这就是美术馆的开端。1883年，美术馆迁移到现在

《阿诺菲尼夫妇肖像》

的馆中，按照作品年代分为4个展览区，另外，根据国家和主题的不同也进行了分类。

Piccadilly Circus
皮卡迪利广场

地图 p.218-F

- 地铁皮卡迪利广场车站（Piccadilly Circus）出发，步行1分钟

16世纪，因蕾丝衣领流行而大赚的手工艺人，在此建造了豪华的皮卡迪利会馆，这就是皮卡迪利广场的由来。广场中心矗立着爱神之像。

广场中心矗立着的爱神之像

Regent Street
摄政街

地图 p.218-A/E

- 地铁皮卡迪利广场车站（Piccadilly Circus）出发，步行1分钟

这条街从十字路口开始，呈现出一个优雅的弧形，向北延伸。始建于1813年，于1823年完工，是著名的建筑家约翰·纳什为王子修建的街道，这位王子就是后来的乔治四世。

Soho
苏荷

地图 p.218-B/E/F

- 地铁皮卡迪利广场车站（Piccadilly Circus）出发，步行1分钟

苏荷位于摄政街东侧一带。这里拥有欧洲最大的中国城。在布鲁尔街分布着数量众多的日本料理店。

Covent Garden
考文特花园

地图 p.219-C/G

- 地铁考文特花园车站（Covent Garden）出发，步行3分钟

广场中心的砖制建筑物建造于19世纪，过去是一个蔬菜水果市场。1974年市场迁走，如今，这座大楼已变成购物大厦，道路两边的空地也成为出售古玩等的常设市场。

苹果市场

Trafalgar Square
特拉法尔加广场
地图 p.215-C、p.218-F

●地铁查理十字街车站（Charing Cross）出发，步行1分钟

🔍 看点 伦敦市具有代表性的广场

为了纪念**纳尔逊上将**这位奠定了英国霸权地位的英雄所创下的丰功伟业，19世纪修建了这个大广场。广场上高达50米的圆柱，由雄伟巨大的狮子像守卫。圆柱上，单臂单眼的纳尔逊上将的铜像环视着广场。

睥睨一切的广场上的纳尔逊上将之像

受孩子们喜爱的巨大狮子像

Somerset House
萨默塞特宫
地图 p.219-G

●地铁考文特花园（Covent Garden）车站出发，步行5分钟

🔍 看点 河畔上时尚的西餐厅

这里本来是18世纪摄政的萨默塞特公爵的邸宅。后来因公爵失势，这座邸宅被破坏得支离破碎。1786年由苏格兰的建筑家威廉姆·钱伯斯重建。现在的萨默塞特宫里面还设有政府部门和美术馆。

外观极为壮丽

Holborn
霍尔伯恩
地图 p.213-G、p.219-C/D

●地铁圣殿车站（Temple）或霍尔伯恩车站（Holborn）附近

这个街区聚集了法律相关部门、报社和出版行业的办公楼等。此外还有皇家法院、律师学院，文豪塞缪尔·约翰逊博士的家也在这里。

The Temple
圣殿
地图 p.216-E、p.219-D/H

●地铁圣殿车站（Temple）出发，步行5分钟

12世纪后半期，圣殿骑士团在此修建了教堂和修道院，这里也成为城内安静的一隅。圣殿骑士团教堂拥有一个罗马式风格的长廊，是仿照耶路撒冷圣母教堂建造的。教堂在1185年举行了献祭仪式，是圣殿骑士团在英国的总部。此外，弗利特街上还有日记作家塞缪尔·佩皮斯的名为"亨利王子的房间"的博物馆。

圣殿骑士团教堂，游客可以不定期地进行参观

Bloomsbury
布鲁姆斯伯里
地图 p.213-C、p.219-C

●地铁霍尔伯恩车站（Holborn）或托特纳姆法院路车站（Tottenham Court Road）出发

🔍 看点 伟大的人类遗产不容错过

大英博物馆就位于这个区域。在博物馆后面有许多伦敦大学的建筑物。位于大学西侧的波洛克玩具博物馆于1956年对外开放，在这里可以缅怀活跃于维多利亚时代的玩偶剧作家本杰明·波洛克。此外，在大学东侧，作家查尔斯·狄更斯的家也成为博物馆，供游客参观。

约翰·纳什
1752~1835年。生于伦敦，年轻时是一位建筑师，非常擅长涂漆装饰工艺。但后因破产一度逃亡到威尔士。之后东山再起，事业上再创辉煌。乔治四世时期，设计修建了摄政街。

纳尔逊上将
1758~1805年。是一名海盗出身的英国海军军人。法国大革命爆发后征战于欧洲各地，后因战场受伤而失去右眼和右臂。曾击败过拿破仑率领的法国舰队。在特拉法尔加海战上，他再次率舰队与法西联军作战，最终英勇殉职。

必看的博物馆

British Museum
畅游大英博物馆

伦敦市内到处都是博物馆和美术馆,但最具代表性的当属大英博物馆。从埃及到美索不达米亚、罗马、希腊,从欧洲各地到亚洲、非洲,这里汇集了来自全世界的珍贵的历史遗产,其规模堪称世界之最。这里是伦敦必看的景点之一。如果您希望绕着博物馆仔细地参观几遍,对于跟团游来说无疑是很难实现的。因此,一定要把目标锁定在"不容错过的景点"上,在有限的时间里充分地进行参观。

大英博物馆"必看"攻略法

从正门进入,白色墙壁的大中庭就映入眼帘。它于2000年12月竣工。在这个多功能大厅中,矗立在中央的巨大圆柱式建筑物是大英图书阅览室,内部仍然保留着原来的风采。面向阅览室,右侧(1号室)是国王图书馆,这是为了收藏乔治三世的藏书而于1827年建造的图书馆,后来在2003年即博物馆创立250周年之际进行了改建。室内的书架固定在墙壁中,充分利用了空间,非常壮观。游客首先需要在大中庭的服务处取得馆内参观路线图,然后抵达国王图书馆,开始参观博物馆。

必看重点①　埃及的雕刻和木乃伊

一层的4号室整齐地摆放着拉姆西斯二世的胸像和罗塞塔石碑等展品,2层的61~66号室展览着从古墓中出土的木乃伊等,无论哪一个展览品都值得参观。

必看重点②　美索不达米亚的雕刻和浮雕

西亚和美索不达米亚的引人注目的展品为栩栩如生的浮雕和雕像。大型展品在1层的6~10号室,2层的51~59号室展览着小型展品。

必看重点③　帕台农神殿的打破陈规的雕刻

1层的11~23号室是与希腊、罗马的历史相关的展览室。罗马的雕刻非常值得参观,必看之处为18号室。在这里,我们可以近距离欣赏到装饰着帕台农神殿的"埃尔金大理石雕"的一部分。

使用中文讲解器,使参观更有意义

馆内针对每个展览品都会有详细的解说资料,但全部为英语,当然,也可以选择用中文解说的导游服务。想自由参观的游客,可以在迎宾大厅中的服务台租到中文讲解的"观光音频"头戴式耳机(4.50英镑)。对于主要的参观地点,用这个就足够了。

埃及
Egypt

★拉姆西斯二世的胸像（4号室）
　第19王朝法老的巨大塑像。底比斯的墓室宫殿中出土。

★罗塞塔石碑（4号室）
　18世纪在尼罗河口发掘出来的著名石碑。

★Ginger（64号室）
　公元前3000年以前埋藏的普通人的木乃伊。人体几乎完整地被保存下来。

希腊、罗马
Greece & Rome

★波特兰德壶（70号室）
　公元1世纪初期采用浮雕工艺制成的玻璃器皿的杰作。

★埃尔金大理石雕（18号室）
　装饰着帕台农神庙的屋顶的雕像群。

古代中东
Ancient Middle East

★有翼人面巨像（6号室）
　被称为"有翼人面牡牛像"的一对守护神像。

★国王猎狮（10号室）
　再现猎狮情形的浮雕。

英国和欧洲
Britain and Europe

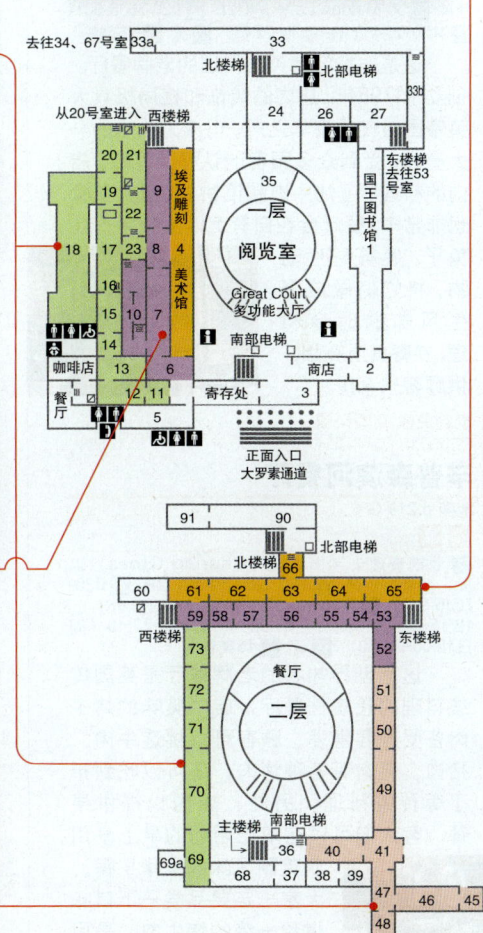

美食

伦敦不仅拥有传统英国料理餐厅，更会聚了全世界饮食文化。身处泰晤士河畔的西餐厅，眺望远景，令人着迷。如果您已经尝试过了西方美食，那不妨去苏荷的中国城试试家乡菜。苏荷到考文特花园一带分布着许多意大利风情的餐厅、酒吧和日式料理店等。

▶考文特花园 英国料理
Rules
鲁尔斯餐厅

地图 p.219-G

预

交 地铁考文特花园车站（Covent Garden）出发，步行5分钟　35 Maiden Lane WC2E　020-7836-5314　营 11:30~23:45（周日10:30~22:45）　休　£ 50英镑~

这是一家经营英国料理的老牌餐厅，创立于1798年。店内的装饰和格局极具大英帝国时代的豪华之风，也成为此店的一大亮点，受到众多顾客的认可和青睐。店内的料理除了烤牛肉和馅饼外，鱼类美食也非常多。餐厅会在自有土地上狩猎一些兔子、鹿等野生动物，将它们做成野生风味的时令料理，在餐桌上亮相，供顾客来享用。

▶斯特兰德 英国料理
Simpson's-in-the-Strand
辛普森滨河餐厅

地图 p.219-G

预

交 地铁查理十字街车站（Charing Cross）出发，步行5分钟　100 Strand WC2R　020-7836-9112　营 7:15~10:30（周五和周日除外）、12:15~14:45（周日至15:00）、17:45~22:45（周日18:00~21:00）　休　£ 45英镑~

这家世界知名的老牌餐厅是英国传统料理的代表性餐厅，店中美味的烤牛肉备受顾客喜爱。顾客可以挑选牛肉、猪肉、鸭肉等各种烤肉，还可以吃到布丁等传统料理。另外，店内也提供早餐，客人们可以在阳光明媚的早上享用到英国风味的豪华早餐。大家一定要品尝一下口味堪称一绝的烤牛肉，是用小牛犊肉烤制而成的。

▶皮卡迪利广场 英国料理
Wiltons
威尔顿

地图 p.214-B、p.218-E

预

交 皮卡迪利广场车站（Piccadilly Circus）出发，步行10分钟　55 Jermyn Street SW1Y 6LX　020-7629-9955　营 12:00~14:30、18:00~22:30　休 周五、周日、节假日　£ 120英镑~

1742年开业。这家店以用最优质的食材做成的传统料理而自豪。肉类食材安全新鲜，是从养殖美洲巨螯虾、牡蛎等鱼贝类的签约农场里进的货。店内还收藏有百年葡萄酒，备受顾客青睐。

▶查理十字街 现代英伦风味
Portrait Restaurant & Bar
肖像馆餐厅和酒吧

地图 p.218-F

交 地铁莱斯特广场车站（Leicester Square）或查理十字街车站（Charing Cross）出发，步行5分钟　Top Floor, National Portrait Gallery, St. Martin's Place WC2H　020-7312-2490　营 10:00~17:00（周四和周五至20:30）　休　£ 30英镑~

位于国家肖像馆的最高层，可品尝到欧洲风味的现代料理。坐在高高的餐厅里，您可以一边眺望窗外的景色，一边优雅地享用午餐。

▶滑铁卢 现代英伦风味
Tate Modern Restaurant
泰特现代美术馆餐厅

地图 p.216-J

预

交 地铁萨瑟克车站（Southwark）出发，步行10分钟　7th Floor Bankside SE1 9TG　020-7887-8888　营 10:00~17:30（周五和周六10:00~21:30）　休 12/24~12/26，晚餐仅在周五和周六提供　£ 白天25英镑~，晚上40英镑~

您可以一边欣赏最美的泰晤士河岸景色，一边根据自己的预算来选择享用美食。

骑士桥　日本料理
Zuma
祖马
地图 p.212-F

预

交 地铁骑士桥车站（Knightsbridge）出发，步行10分钟　✉ 5 Raphael Street SW7 1DL　☎ 020-7584-1010　营 12:00~14:15（周五至14:45，周六、周日12:30~15:15）、18:00~23:00（周日至22:00）　休 无　£ 白天40英镑~、晚上70英镑~

这是一家散发着时尚气息的日本料理店。在此顾客可以品尝到寿司、烤鱼、油炸食品、刺身等料理。此外，这里也有种类繁多的日本酒。

贝斯沃特　中国菜
Royal China
皇朝
地图 p.212-E

交 地铁女王路车站（Queensway）出发，步行1分钟　✉ 13 Queens Way W2　☎ 020-7221-2535　营 12:00~23:00（周五和周六至23:30、周日11:00~22:00，喝茶时间至17:00）　休 无　£ 20英镑~

如果您想吃到美味的中国菜，请到这里来吧！这家店是伦敦人强烈推荐的品茶名店。在贝斯沃特的小型中华街上它的人气最旺。好评度很高，每到周末，都能看到犹如长蛇般的队伍在此等候。店内设施豪华，价格适中。

骑士桥　印度料理
Haandi
汉帝
地图 p.212-J

交 地铁骑士桥车站（Knightsbridge）出发，步行5分钟　✉ 136 Brompton Rd.,SW3　☎ 020-7823-7373　营 12:00~15:00、18:00~23:00（周五、周六至23:30）　休 无　£ 30英镑~

这是一家装饰美观时尚的印度料理店。将香料和辛辣材料复杂而巧妙地搭配在一起，制成的料理堪称美味。即使不吃辛辣食物的顾客，也可安心在此用餐。这里也有钢琴酒吧，可供顾客享用餐前美酒。

皮卡迪利广场　西餐厅、茶吧
St.James's Restaurant（Fortnum & Maison）
圣詹姆斯餐厅
地图 p.214-B、p.218-E

交 地铁皮卡迪利广场车站（Piccadilly Circus）出发，步行3分钟　✉ Fortnum & Mason, 181 Piccadilly, W1A　☎ 0845-602-5694　营 12:00~18:00（下午茶时间12:00起、周日12:00~16:30）　休 无

在这家名店中，您可以品尝到各种名茶。在Fortnum & Mason商场一层设有茶吧。在五层的餐厅中您同样可以喝到传统的下午茶。一人份套餐为36英镑。

苏荷　咖啡
Candy Cakes
凯蒂蛋糕
地图 p.218-A

交 地铁牛津圆环车站（Oxford Circus）出发，步行3分钟　✉ Kingly Court Terrace W1B 5PW　☎ 020-7439-1199　营 8:00~23:00　休 无

在该店，您可以享用美味的杯形蛋糕。采用流行且色彩丰富的糖霜制作的蛋糕，仅是远远地望去，就令人垂涎三尺。另外，英国松饼和杏仁饼等也非常受顾客欢迎。

英国风"午后红茶"
下午茶

和英国人的生活密不可分的东西当属红茶了。英国人一天之中有数次茶歇时间，但最著名的还是从下午3点到4点左右的下午茶时间。一边品着香气宜人的红茶，一边度过午后的时光，这才是人们最喜爱的美妙时刻。吃着烤饼、蛋糕、三明治等，喝着红茶，度过这段优雅的下午茶时间，请您一定试着体验一下！

购物 Shopping

伦敦的摄政街上百货商店和老牌门店鳞次栉比；牛津街中拥有许多大型时尚商店；邦德街上的商店中汇集了全世界的名牌，因此受到皇室的喜爱。围绕着这三条街来购物，就可以充分享受到购物带来的乐趣。

▶骑士桥 百货商店
Harrods
哈罗斯

地图 p.212-J

🚇 地铁骑士桥车站（Knightsbridge）出发，步行5分钟 ✉ 87-135 Brompton Rd., SW1X ☎ 020-7730-1234
🕐 10:00~20:00（周日11:30~18:00）

这家大型百货商店总面积达6.3万平方米，店内豪华绚丽。即使被取消了皇室御用品供给商资格，该店的人气也并未降低。如今，这里出售的商品种类越来越多，尤其是一层的食品店和经营原产地商品的哈罗斯商场，值得您去逛逛。在这里购买一些常见的商品作为礼物，十分方便。

▶皮卡迪利大街 百货商店
Fortnum & Mason
福特纳姆和玛森

地图 p.214-B、p.218-E

🚇 地铁皮卡迪利广场车站（Piccadilly Circus）出发，步行3分钟 ✉ 181 Piccadilly, W1A ☎ 020-7734-8040 🕐 10:00~20:00（周日12:00~18:00）休 无

在伦敦购物，这里是不可错过的名店之一。1707年从仅为食品店开始营业。一层的食品店真是名不虚传，美食种类繁多。除了原产的红茶，这里更有来自全世界的美味珍馐。

▶考文特花园 香水
Penhaligon's
潘海利根

地图 p.219-G

🚇 地铁考文特花园车站（Covent Garden）出发，步行3分钟 ✉ 41 Wellington St., WC2E ☎ 020-7836-2150 🕐 10:00~18:00（周四~周六至19:00、周日12:00起）休 无

这是皇室理发师潘海利根（Penhaligon）于1870年开始经营的老牌香水店。香水种类丰富。这些高品质的香水的最大亮点在于材料来自于各种鲜花中提取出来的香精。香水瓶子的设计款式也尤为可爱。

▶斯隆广场
Lulu Guinness
露露·吉尼斯

地图 p.212-J

🚇 地铁斯隆广场车站（Sloane Square）出发，步行5分钟 ✉ 3 Ellis St., SW1X ☎ 020-7823-4828 🕐 10:00~18:00（周五11:00起）休 周日

这个品牌的皮包店在国外也拥有很多店面。店内摆放着许多独家设计款皮包，诸如色彩鲜艳的花朵刺绣提包和可爱的小钱包等。在这里，可尽情欣赏皮包艺术。如今，露露的市场在一步步地扩大，大家都期待着新作尽早亮相。如果您是露露的粉丝，请一定到店里来哦！

▶邦德街周边 皮革制品
Connolly
康诺利

地图 p.218-E

🚇 地铁牛津圆环车站（Oxford Circus）出发，步行5分钟 ✉ 41 Conduit St.W1S ☎ 020-7439-2510 🕐 10:00~18:30（周五、周六至19:00）休 周日

想要买到令人惊叹的极品皮革制品，就来这里吧！这里的皮革手感极好。罗尔斯·罗伊斯公司生产的名车内，就采用了这种皮革进行装饰。真不愧是手工艺人的绝技！背包和旅行包虽然价格稍微高一点儿，但您一定想买个陪伴终生的包吧！

▶邦德街 英国品牌
Burberry
巴宝莉
地图 p.218-E

🚇 地铁邦德街车站（Bond Street）出发，步行7分钟 ✉ 21-23 New Bond Street, W1S ☎ 020-3367-3000 🕐 10:00~19:00（周日12:00~18:00） 休 无

在英国，这是一家极具代表性的老牌名店。第一次世界大战时，军官所穿的风衣就是这个牌子，其功能性和设计款式均得到了认可。店内各种商品上均有传统的方格花纹，既显得简约时尚，又不失高级雅致之风，故而备受顾客的青睐。

▶邦德街 英国品牌
Daks
达克斯
地图 p.214-B、p.218-E

🚇 地铁皮卡迪利广场车站（Piccadilly Circus）出发，步行6分钟 ✉ 10 Old Bond St., W1S ☎ 020-7409-4040 🕐 10:00~18:00（周四至19:00） 休 周日

这是家英国传统名店。于1894年创业，当时为制作绅士服装的裁缝店。它把英国风格与气质融入西服套装和衬衫中去，在业界可谓基本款商品。近几年来，店内又增加了女士成衣，特别受都市女性的青睐。除了高级的商务西服外，备受欢迎的还有休闲装，穿上它，想要放松游玩的心情油然而生。

▶摄政街 英国品牌
Aquascutum
雅格狮丹
地图 p.218-E

🚇 地铁皮卡迪利广场车站（Piccadilly Circus）出发，步行5分钟 ✉ 100 Regent St. W1B ☎ 020-7675-8200 🕐 10:00~18:30（周四至20:00、周日12:00~17:00） 休 无

第一次世界大战时，该品牌曾为军队加工过防水大衣，为其如今的名气奠定了基础。和巴宝莉的经营内容很相似，不过该品牌的顾客层面更加广泛。其商品毫不俗气，纯粹清新的设计备受顾客青睐。店内的饰品等小物件种类繁多。

▶邦德街 英国品牌
Mulberry
玛百莉
地图 p.218-E

🚇 地铁邦德街车站（Bond Street）出发，步行5分钟 ✉ 41-42 New Bond St., W1S ☎ 020-7491-3900 🕐 10:00~18:00（周四至19:00） 休 周日（打折时间除外）

这是一家1971年创立的皮革店。该店的基本商品为手提包和旅行包等，很受欢迎。该店的经营理念是努力创造出一种清新优质的休闲风格，因此休闲服的款式种类繁多。

💎 贴心小提示
寻找伦敦的古董店

从高楼大厦里的常设市场，到一周仅营业一次的市场，伦敦市内分布着许多市场。除了出售古董外，也卖日常百货和生鲜食品等。在被称为"Stole"的流动摊位上，商家们摆放着各式各样的商品。当地的人们习惯于这种售卖方式，同时这也和他们的生活结下了密切的关系。

在古董市场，一般好的古董都被专业的古董收藏家在第一时间拿到。因此，如果您想找到优质古董，最好早点儿出发到市场采购。

Gray Antique Market & Grays in the Mews
🚇 地铁邦德街车站（Bond Street）出发，步行2分钟 ✉ 58 Davis St. 🕐 周一~周五10:00~18:00（周六11:00~17:00）

Portobello Road Antique Market
🚇 地铁兰仆林车站（Ladbroke）或诺丁丘门车站（Notting Hill Gate）出发，步行7分钟 ✉ Portobello Road 🕐 周五7:00~17:00

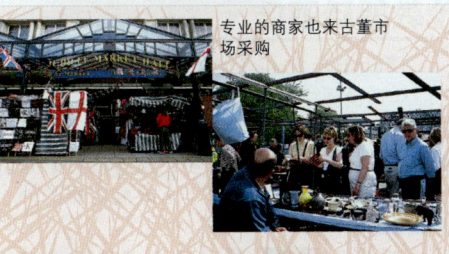

专业的商家也来古董市场采购

住宿 *Stay*

维多利亚车站和帕丁顿车站的周边是酒店最多的地方。大英博物馆附近的罗素广场也散布着许多酒店,这些酒店环境安静,治安良好。旅游团所住的酒店一般都在市中心或在市中心西边的地方。如果您乘坐地铁方便,到市中心只需要10分钟。另外,也有许多方便参观和购物的场所。

梅费尔 ★★★★★
Claridge's   地图 p.212-F
克拉里奇酒店

这是伦敦最高级的酒店,体现了英式传统风格。在这里,无论多爱挑剔的顾客,要求都能得到满足,因而好评度很高,受到全世界上流人士的青睐。每个房间的内部装饰都经过精心设计,这些装饰极具艺术格调,会给人们一种置身于贵族宅邸的感觉。此外,这里也有非常著名的甜美风房间,由伊丽莎白女王的外甥亲手设计。

交 地铁邦德街车站(Bond Street)出发,步行2分钟 £660英镑~ 室203间 ☏ 020-7629-8860 FAX 020-7499-2210 ✉ Brook Street Mayfair W1K 4HR HP http://www.claridges.co.uk

马里波恩 ★★★★
The Langham London   地图 p.218-A
伦敦朗廷酒店

1865年开业,是英国首家大型豪华酒店。从19世界中叶开始,世界各国的上流人士都曾在此停留过。但因第二次世界大战的轰炸,酒店遭到严重的毁坏,从而进行了长时间的休业。重建后恢复了宫殿般优雅的外观和内部装饰。

交 地铁牛津圆环车站(Oxford Circus)出发,步行2分钟 £405英镑~ 室320间 ☏ 020-7636-1000 FAX 020-7323-2340 ✉ 1C Portland Place, Regent Street W1B HP http://london.langhamhotels.co.uk

皮卡迪利广场 ★★★
Le Meridien Piccadilly   地图 p.218-E
皮卡迪利艾美酒店

位于伦敦最热闹的地段,无论是购物还是用餐,这里都无可挑剔。在华丽的茶室,顾客可以惬意地品尝着高级茶。

交 地铁皮卡迪利广场车站(Piccadilly Circus)出发,步行3分钟 £179英镑~ 室266间 ☏ 020-7734-8000 FAX 020-7437-3574 ✉ 21 Piccadilly W1J HP http://www.starwoodhotels.com/lemeridien/index.html

骑士桥 ★★★★
Millennium Hotel   地图 p.212-J
千禧酒店

位于购物街附近的便利地段,以哈罗斯为首的高级精品商店都集聚于这条街上。因为该酒店时尚、现代且功能较多,很多商务人士也经常光顾这里。酒店距离车站很近,治安也很好,女性顾客可以放心在此休憩。

交 地铁骑士桥车站(Knightsbridge)出发,步行5分钟 £155英镑~ 室222间 ☏ 020-7235-4377 FAX 020-7235-3705 ✉ 17 Sloane Street, Knightsbridge SW1 9NU HP http://www.millenniumhotels.co.uk

皮卡迪利 ★★★★★
The Ritz   地图 p.214-B、p.218-E
丽兹酒店

这是一家在全世界赫赫有名的酒店。酒店于1906年建成,有着传统风格的外观,洋溢着高级感的内部装饰,堪称富丽堂皇。宽敞明亮的房间采用统一的沉稳色调来装饰,使整个房间营造出一种优雅高贵的氛围。这里有专供下午茶的茶室。

交 地铁格林公园车站(Green Park)出发,步行2分钟 £412英镑~ 室136间 ☏ 020-7493-8181 FAX 020-7493-2687 ✉ 150 Piccadilly W1J HP http://www.theritzlondon.com

考文特花园	地图 p.219-G	地铁考文特花园车站（Covent Garden）出发，步行7分钟
瓦尔多夫希尔顿酒店		£ 194英镑~ 室 300间
		☎ 020-7836-2400 FAX 020-7836-7244
		✉ Aldwych, WC2B
The Waldorf Hilton	★★★	HP http://www.hilton.co.uk/waldorf

梅费尔	地图 p.214-A	地铁海德公园角车站（Hyde Park Corner）出发，步行5分钟
伦敦公园巷希尔顿酒店		£ 200英镑~ 室 450间
		☎ 020-7493-8000 FAX 020-7208-4142
		✉ 22 Park Lane W1K
The London Hilton on Park Lane	★★★	HP http://www.hilton.com

梅费尔	地图 p.214-A	地铁海德公园角车站（Hyde Park Corner）出发，步行2分钟
伦敦公园巷洲际酒店		£ 180英镑~ 室 447间
		☎ 020-7409-3131 FAX 020-7493-3476
		✉ 1 Hamilton Place W1J
Inter-Continental London Park Lane	★★★★	HP http://www.london.intercontinental.com

骑士桥	地图 p.212-F	地铁骑士桥车站（Knightsbridge）出发，步行2分钟
伦敦海德公园文华东方酒店		£ 225英镑~ 室 198间
		☎ 020-7235-2000 FAX 020-7235-2001
		✉ 66 Knightsbridge SW1
Mandarin Oriental Hyde Park London	★★★★★	HP http://www.mandarinoriental.com/london/

帕丁顿	地图 p.212-E	地铁兰卡斯特门车站（Lancaster Gate）出发即到
伦敦兰卡斯特酒店		£ 259英镑~ 室 416间
		☎ 020-7262-6737 FAX 020-7724-3191
		✉ Lancaster Terrace W2 2TY
Lancaster London	★★★	HP http://www.royallancaster.com/index.htm

骑士桥	地图 p.212-F、p.214-E	地铁海德公园角车站（Hyde Park Corner）出发，步行2分钟
伯克利酒店		£ 279英镑~ 室 214间
		☎ 020-7235-6000 FAX 020-7235-4330
		✉ Wilton Place SW1X 7RL
The Berkeley	★★★★	HP http://www.the-berkeley.co.uk

梅费尔	地图 p212-F	地铁格林公园车站（Green Park）出发，步行5分钟
康诺酒店		£ 389英镑~ 室 123间
		☎ 020-7499-7070 FAX 020-7495-3262
		✉ Carlos Place W1K 2AL
The Connaught	★★★★	HP http://www.the-connaught.co.uk

马里波恩	地图 p.212-F	地铁大理石拱门车站（Marble Arch）出发，步行3分钟
蒙特卡姆日航酒店		£ 230英镑~ 室 153间
		☎ 020-7402-4288 FAX 020-7724-9180
		✉ 34-40 Great Cumberland Place W1H
The Montcalm-Hotel Nikko London	★★★	HP http://www.jalhotels.com/jp/nhi/

梅费尔	地图 p.214-B、p.218-E	地铁格林公园车站（Green Park）出发，步行3分钟
梅费尔弗雷明斯酒店		£ 199英镑~ 室 129间
		☎ 020-7499-0000 FAX 020-7499-1817
		✉ 7~12 Half Moon St.,Mayfair W1J
Flemings Mayfair	★★★	HP http://www.flemings-mayfair.co.uk/

梅费尔	地图 p.214-A	地铁格林公园车站（Green Park）出发，步行5分钟
公园巷马厩酒店		£ 195英镑~ 室 72间
		☎ 020-7493-7222 FAX 020-7629-9423
		✉ 2Stanhope row, Mayfair W1J
Park Lane Mews Hotel	★★★	HP http://www.parklanemewslondon.co.uk

马里波恩	地图 p212-F	地铁大理石拱门车站（Marble Arch）出发，步行5分钟
拉迪森SAS波特曼酒店		£ 169英镑~ 室 272间
		☎ 020-7208-6000 FAX 020-7208-6001
		✉ 22 Portman Sq. W1H
Radisson SAS Portman Hotel	★★★	HP http://www.london.radissonsas.com/

特拉法尔加广场	地图 p.215-C、p.219-G	地铁查理十字街车站（Charing Cross）出发，步行1分钟
查理十字街酒店		£ 205英镑~ 室 239间
		☎ 0845-305-8312 FAX 0845-305-8351
		✉ The Strand WC2N
Charing Cross Hotel	★★★★	HP http://www.guoman.com/charing-cross

位于科茨沃尔德的村庄下斯劳特（Upper Slaughter）

London

伦敦近郊
Outskirts of London

像是将大都市伦敦包围起来一样，很多个魅力十足的城镇分布在伦敦的周围。您可以乘坐从伦敦市出发的地铁、火车和巴士，轻松惬意地到达这里的每一座城镇。只要向郊外行走一小段路程，就可以饱览旅途中的美景。近郊城镇中，历史性的建筑物和田园风光，散发着与伦敦市内不同的气息。

地区概况 about OUTSKIRTS OF LONDON

在伦敦的近郊分布着许多城镇，只要您向郊外行走一小段路程，就可以充分享受近郊旅行带来的乐趣。

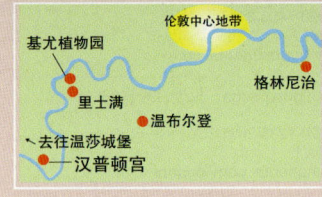

在泰晤士河的下游，有一座城市叫**格林尼治**，至今依然保留着往昔的风采。在美丽的郊外城市中，极为优雅壮丽的**里士满**值得一去。此外，您可以沿着泰晤士河走得稍微远些，参观**温莎**等地。温莎拥有现今成为女王居住地的温莎城堡和著名的伊顿学校。

英格兰中部的很多城市至今仍保留着英国的历史风貌。**牛津大学**内，保留着中世纪风情的大学校舍建筑群极其壮丽美观。无论是往昔还是现今，牛津大学都是学术中心地。13~14世纪，作为羊毛产业聚集区而繁荣起来的**科茨沃尔德**，到处分布着如画般美丽的村落与街道。在莎士比亚故居所在地**斯特拉福**，仍保留着16世纪都铎风格的建筑。在这些散发着中世纪浓厚气息的城市中，具有400年以上历史的古老建筑让各方游客流连忘返。

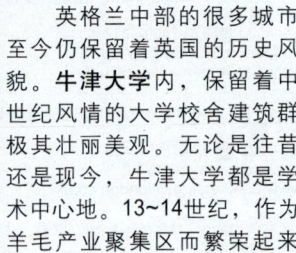

地区亮点 Highlight

在格林尼治，您可以参观到港口城市特有的景点，诸如活跃于帆船时代的"卡蒂萨克"号帆船和国家海洋博物馆等。另外，这里还有因世界标准时间而著称的旧皇家天文台，现在已经作为博物馆对外开放。在里士满，游客可以按照从里士满宫殿遗址，到世界最大的植物园——基尤皇家植物园，再到基尤宫殿的线路，进行简单的参观。现已成为英国皇室居住地的温莎，虽然距离伦敦市有点儿远，但因为当日返程的巴士很多，所以游客可以放心地去参观。

如果您想感受一下学术性的气氛，那就去牛津大学吧！尤其是基督教堂的彩绘玻璃，是必看之处。

如果您想欣赏堪称英格兰最美的乡村景观，那么就去科茨沃尔德吧！建议看看此地最美的村舍——水上波顿（Bourton-on-the-Water）。建议大家还要参观斯托昂泽沃尔德（Stow-on-the-wold），这里的古董商店鳞次栉比。

在斯特拉福，莎士比亚故居和墓室遍布的圣三一教堂，不容错过。此外，在英国人引以为豪的剧团——皇家莎士比亚剧团总部的所在地，一定要坐在皇家莎士比亚剧场内，欣赏一下正宗的舞台剧。

观光 Sightseeing

Greenwich
格林尼治

地图 p.238

世界遗产

- DLR（码头区轻轨）▷从银行车站（Bank）出发，大约22分钟 ● 铁路 ▷从查理十字街车站（Charing Cross）出发，约15分钟 ● 船 ▷从威斯敏斯特码头或塔桥码头（Tower Pier）出发，到格林尼治码头（Greenwich Pier）约1小时20分钟
- 旧英国海军大学、国家海洋博物馆、旧皇家天文台 10:00~17:00开放，1/1、12/24~12/26休息

看点 必看的平分东西半球的子午线

格林尼治位于泰晤士河下游，至今仍保留着往昔的风采。和王室的渊源很深，旧英国海军大学的前身是**查理二世**于1669年修建的国王行宫。现在对外开放的国家海洋博物馆，之前是1615年詹姆斯一世为他的王后建造的夏季用别墅——王后行宫。在山丘上可以俯视城市景色。这里有因制定世界标准时间而著称的旧皇家天文台，现在已成为博物馆供游客参观。

Richmond
里士满

地图 p.238

- 地铁 ▷乘坐District线在里士满站（Richmond）下车 ● 铁路 ▷从滑铁卢（Waterloo）车站坐车约20分钟

泰晤士河畔的道路一直延伸到皇家植物园

这座美丽的城市，曾经是金雀花王朝历代国王在夏季时的离宫。顺着车站前面的乔治街走下去，就到了泰晤士河的河边。这架古老的拱形石桥就是在1777年完成的里士满桥。在里士满格林广场的周边遗留着16世纪初修建的宫殿遗迹。

Kew Gardens
基尤植物园

地图 p.238

世界遗产

- 地铁 ▷乘坐District线从里士满站（Richmond）出发，步行5分钟
- 门票13.50英镑，9:30~18:30（周六、周日、节日至19:30，2/6~3/27至17:30，8/31~10/30至18:00，10/31~2/5至16:15）开放，12/24、12/25休息

看点 世界博览会上展览过的漂亮温室

1759年，用来作为里士满宫殿的附加设施而建造，是世界上最大的植物园。正式名称为皇家植物园。沿着泰晤士河的120万平方米的肥沃绿地上修建有典雅的温室。建造在泰晤士河畔上的红砖建筑，是1631年为**乔治三世**修建的夏季用的离宫"基尤宫殿"。

种有温带植物的温室"棕榈屋"

查理二世
1630~1685年，1660~1685年在位。他是在清教徒革命中被处死的查理一世的儿子，同时自己也因革命而逃亡到国外。克伦威尔死后，他获知恢复王政的消息后再次回国。即位后，对人民进行强势镇压，是光荣革命爆发的诱因之一。

乔治三世
1738~1820年，1760~1820年在位。他的父亲乔治二世出生在德国，与父亲不同，他出生在英国。他将自己封为"爱国王"，但却在应对北美殖民地的独立运动中决策失误，进而使美国取得了建立国家的机会。后来多次精神错乱。

文中注释

Hampton Court Palace
汉普顿宫
地图 p.238

- 铁路 ▷ 从滑铁卢车站（Waterloo）到汉普顿威克车站（Hampton Wick）约30分钟
- 门票15.40英镑，10:00~18:00（11~3月至16:30）开放，12/24~12/26休息

看点 ▶ 王宫的客厅、寝室、厨房等地方

这是亨利八世的宠臣约克主教**托马斯·沃尔西**于1514年建造的都铎建筑风格的壮丽宫殿。不久沃尔西被罢免，宫殿便为王室所拥有。一直到1838年，在维多利亚女王的命令下，宫殿开始对外开放。在此之前，历代国王都曾将其当做别墅来使用。宫殿中的建筑从都铎风格到巴洛克风格，随着时代的变迁几经更改。

出了车站向泰晤士河对岸走去，就会看见汉普顿宫

Windsor Castle
温莎城堡
地图 p.240

- 铁路 ▷ 伦敦帕丁顿车站（London Paddington）出发，在斯隆车站（Slough）换乘，然后在温莎伊顿滨河车站下车，约40分钟，每小时有3~4列车运行。此外，从滑铁卢车站（Waterloo）出发，在温莎伊顿滨河车站下车，约1小时，每小时有2列车运行。
- 门票14.80英镑，9:45~17:15（11~2月至16:15）开放，10/26、12/25、12/26休息

看点 ▶ 小礼拜堂前面的卫兵交接仪式

过去的伦敦塔，是东边的城塞。征服王威廉根据西边形势所需，于11世纪修建了木造的城塞，即这座城的原型。一直到19世纪的乔治四世时代，才发展为现在的样子。伊丽莎白女王周末时大

守护城池的维多利亚女王铜像

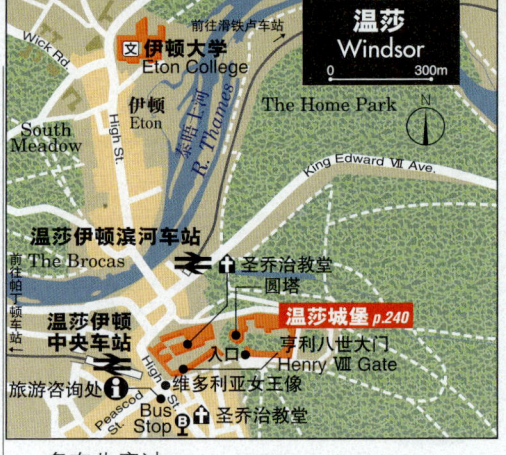

多在此度过。
女王居住的国家套房因1992年的火灾遭受了巨大的毁坏，之后对此进行了重修。通常女王外出时，才会允许游客到此参观。

必看之处为玛丽女王的玩偶之家。在一流的建筑家所建造的玩具屋中，整齐地

卫兵交接仪式

陈列着精巧的小型模型，从家具、生活器具、挂在墙壁上的绘画，到桌子上的炊具和书等，应有尽有。

圣乔治教堂是15世纪由**爱德华四世**下令建造的教堂。每天早上11点（周日除外，冬天每隔一日）准时在教堂门前举行卫兵的交接仪式。

文中注释

托马斯·沃尔西
1472~1530年。因是亨利八世的宠臣，在位期间积聚了大量的钱财。他是托马斯·莫尔前一任的大法官，当时他被任命调停亨利八世因离婚问题而产生的与罗马教皇之间的矛盾，但却以失败告终，被迫下台。

爱德华四世
1442~1483年，1461~1483年在位。当时围绕着王位问题，英国贵族分为两个派别，在争夺王位的战争中，他将敌对的亨利六世驱逐出境，自己即位。之后，虽然自己的派别产生了激烈的内部矛盾，但他全力处理内政，进而取得了商业上的大发展。

兴致勃勃地泛舟于柴威尔河上的学生们

Oxford
牛津

地图 p.208-F、p.241

●伦敦帕丁顿车站（Paddington）出发，乘火车约1小时；伦敦维多利亚车站（Victoria）出发，乘坐长途巴士约1小时40分钟

位于泰晤士河和柴威尔河汇合之处，自13世纪建校以来，成为名气与剑桥并列的英国学术中心。通常大家所称的"牛津大学"，是由1个中央学校、38个学院以及7个永久私人公寓组成。在这些校园中，漫步在石阶小道上，能够切身感受到这座城市所散发出的悠久历史气息。特别是其中最大的学院——基督教会学院，参观时不容错过！此外，大教堂中的彩绘玻璃也值得一看。在这个城市中，载入英国史册的著名政治家、学者、作家等人才辈出，时至今日，此座城市仍容颜不变，到处充满着学术气息。

保留着中世纪风貌的气氛庄严的大学建筑群

Cotswolds
科茨沃尔德

地图 p.208-E

241

●伦敦出发，在牛津换乘到莫顿因马什（Moreton in Marsh）的火车，约1小时45分钟
●到切尔滕纳姆斯帕（Cheltenam Spa）车站，从伦敦帕丁顿车站出发乘火车约2小时15分钟，从伦敦维多利亚车站出发乘坐长途巴士约3小时

在伦敦向西约200公里之处，即从牛津郊外开始到西端的切尔滕纳姆的这片美丽的丘陵地域，就是科茨沃尔德。这里有许多古老的村庄，分布在丘陵之上，宁静而优雅，充满无限魅力。

下斯劳特（Upper Slaughter）村舍

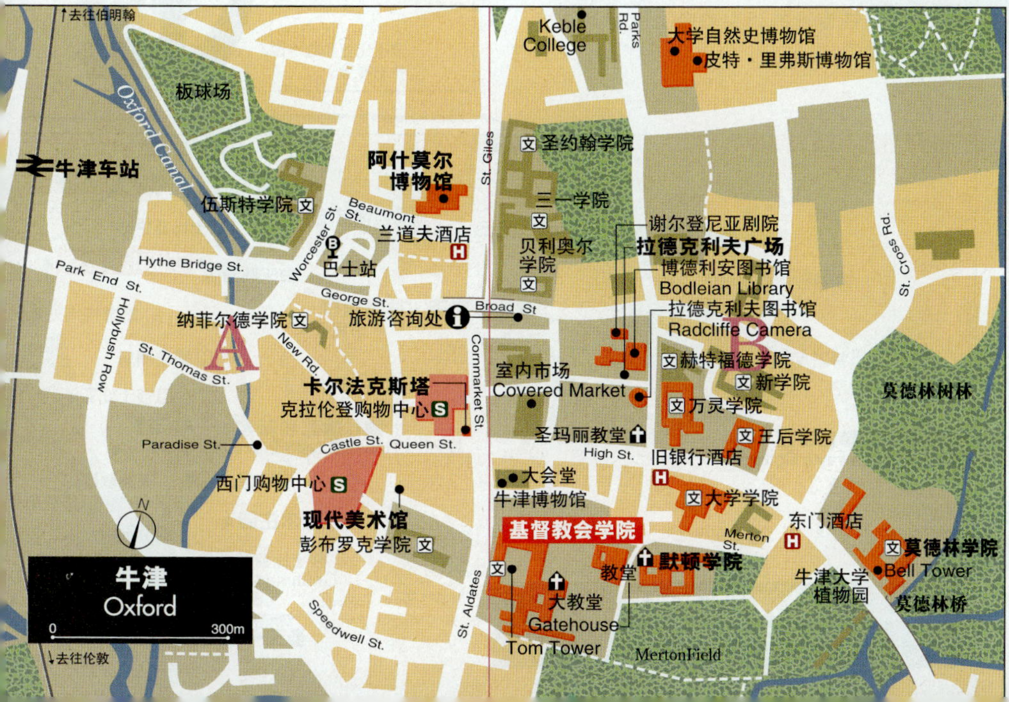

Stratford-upon-Avon
埃文河畔斯特拉福

地图 p.208-F、p.242

●伦敦马里波恩车站（Marylebone）出发，乘火车到斯特拉福约2小时10分钟；从伦敦维多利亚车站出发乘坐长途巴士约3小时

斯特拉福的街道中，具有都铎建筑风格的房屋鳞次栉比

埃文河流经英格兰中部的美丽田园地带，而斯特拉福就位于河畔，它是一个很小的城市。因是戏剧家莎士比亚的出生地，这里也成为一个圣地，吸引着世界各地的戏剧爱好者。莎士比亚1564年出生于此，之后去往伦敦，声名显赫之后，在晚年又回到斯特拉福度过了自己的余生。到这里参观的话，不容错过的景点是莎士比亚故居和墓室遍布的圣三一教堂。城市中

埃文河沿岸的诸多景观

至今仍伫立着16世纪都铎风格的建筑，黑色木框和石灰墙壁点缀其上。这里还有英国著名的剧团——皇家莎士比亚剧团的总部。您可以在专业的正宗舞台上欣赏到别具特色的戏剧。

文化小典故

天才剧作家莎士比亚

威廉姆·莎士比亚于1564年出生于斯特拉福一个富裕的家庭中。18岁时，他与比他大八岁的安妮·海瑟薇结婚。1586年，他丢下妻子只身前往伦敦。处女作《亨利六世》问世之后，他的名字第一次被世人所知。1594年他加入新剧团组建的队伍中，约20年间，一直声名显赫。

即使拥有了财富和名声，他还是选择在1597年回归故里。在这期间，他创作了《哈姆雷特》、《奥赛罗》、《李尔王》等著名的悲剧。莎士比亚53岁去世，在他去世的4年前，也就是1612年，上演的《暴风雨》是他的最后一部作品。这部作品凝聚了他对人生的思考与回忆。虽然莎士比亚一生中仅创作了37部作品，但每部作品都深刻地捕捉到人类普遍性的特征，即使跨越时代与国界，仍打动着许多人的心灵。

莎士比亚和哈姆雷特的雕像

旅行信息

Travel Information

携带物品核对表

核对		物品	重要程度	备注、参考页数
飞机内随身携带的行李	☐	护照	◎	p.247
	☐	出境旅游保险材料	◎	p.247
	☐	飞机票（登机牌）	◎	
	☐	旅游团团员证／在机场的登机牌	◎	
	☐	现金（人民币）	◎	p.248
	☐	现金（当地货币）	◎	p.248
	☐	信用卡	○	p.248
	☐	旅行支票	△	p.248
	☐	导游书／旅行会话书	◎	
	☐	洗漱用品／卫生纸／纸巾	○	
	☐	化妆品／生理用品	◎	
	☐	护照复印件／证件照（2张）	○	p.276
	☐	电脑／笔记用品	○	
	☐	雨具／防寒用品	○	
	☐	糖	○	润喉
	☐	太阳镜	○	p.250
	☐	手机	△	p.251
	☐	相机／存储卡／充电器	△	p.251
	☐	常备药	◎	p.253
	☐	英文诊断书	△	p.251
	☐	换洗衣物	◎	
托运行李	☐	内衣／袜子	○	也可携带一次性内衣，在旅游用品店可以买到
	☐	卫生纸／纸巾	○	
	☐	洗发液／护发素	○	
	☐	吹风机／剃须刀	○	
	☐	转换插头	△	p.251
	☐	洗衣用品	○	
	☐	塑料袋	○	
	☐	挖耳勺／棉棒	△	
	☐	毛巾	△	
	☐	拖鞋	△	很多酒店没有，只有在高级酒店里才有
	☐	方便面	△	为吃不惯西餐时所备
	☐	便携小刀	△	不允许带到飞机内
	☐	闹钟	△	
	☐	针线包	△	

◎ ＝必要　　○＝应该携带　　△＝因人而异，带上会比较方便

研究出发日期一览表

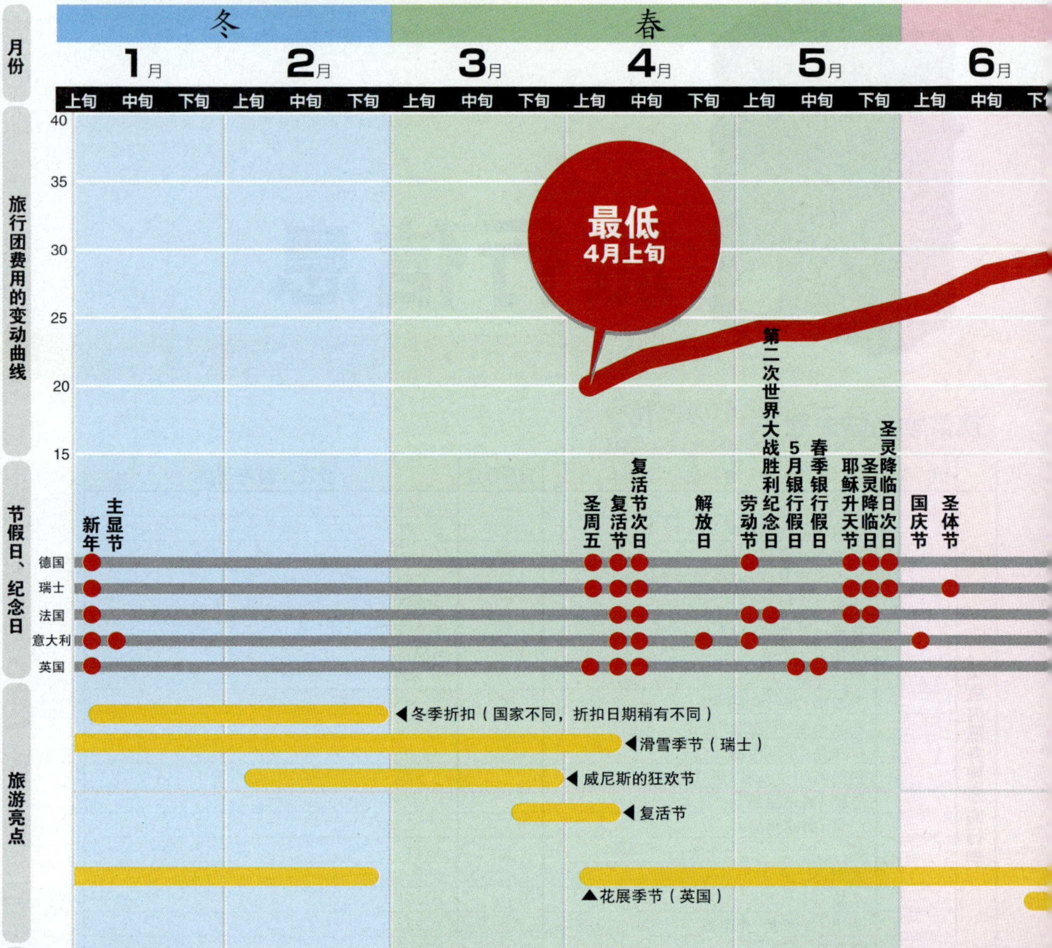

月份	1月			2月			3月			4月			5月			6月		
	上旬	中旬	下旬	上旬	中旬	下旬	上旬	中旬	下旬	上旬	中旬	下旬	上旬	中旬	下旬	上旬	中旬	下旬

季节：冬（1月—2月下旬）／春（3月—5月下旬）

旅行团费用的变动曲线

最低：4月上旬

节假日、纪念日

- 新年
- 主显节
- 圣周五
- 复活节次日
- 解放日
- 第二次世界大战胜利纪念日
- 劳动节
- 5月银行假日
- 春季银行假日
- 耶稣升天节
- 圣灵降临日
- 圣灵降临日次日
- 国庆节
- 圣体节

国家：德国／瑞士／法国／意大利／英国

旅游亮点

- ◀ 冬季折扣（国家不同，折扣日期稍有不同）
- ◀ 滑雪季节（瑞士）
- ◀ 威尼斯的狂欢节
- ◀ 复活节
- ▲ 花展季节（英国）

注意事项

●**旅行准备**
　这是一年中最冷的时候。白天最高气温不到10℃，早晚气温都在零下，所以要做好防寒措施。

●**城市风光**
　虽然每个国家的打折活动时间多少有些不同，但这一时期正是冬季折扣期，对您节省旅行费用一定会有所帮助。如果您旅行的目的主要是购物的话，那么现在就开始决定买什么吧！在瑞士、法国、德国的连绵起伏的群山上，体验冬季运动，现在正是最好的时机！许多地方有狗拉雪橇的活动，您可以充分享受丰富多彩的雪上活动乐趣。

●**旅行准备**
　这是欧洲旅行的最好季节。初暖乍寒，到处都能感受到春天的气息。但截止到4月份，无论您在哪个国家都要准备好防寒用具。4月份到5月份，很多地方都会有降雨，所以要准备好雨伞。

●**城市风光**
　欧洲人的旅行时间一般为复活节的连休日。您可以试着想象一下此时交通部门和道路的混乱景象，所以一定要合理安排自己的出行计划。从3月份的最后一个星期天开始，便进入了夏季时间，您需要将钟表时间调快1个小时。在欧洲旅行，一定要尝尝预示春天到来的白芦笋。

●以上观光信息每年均有变化

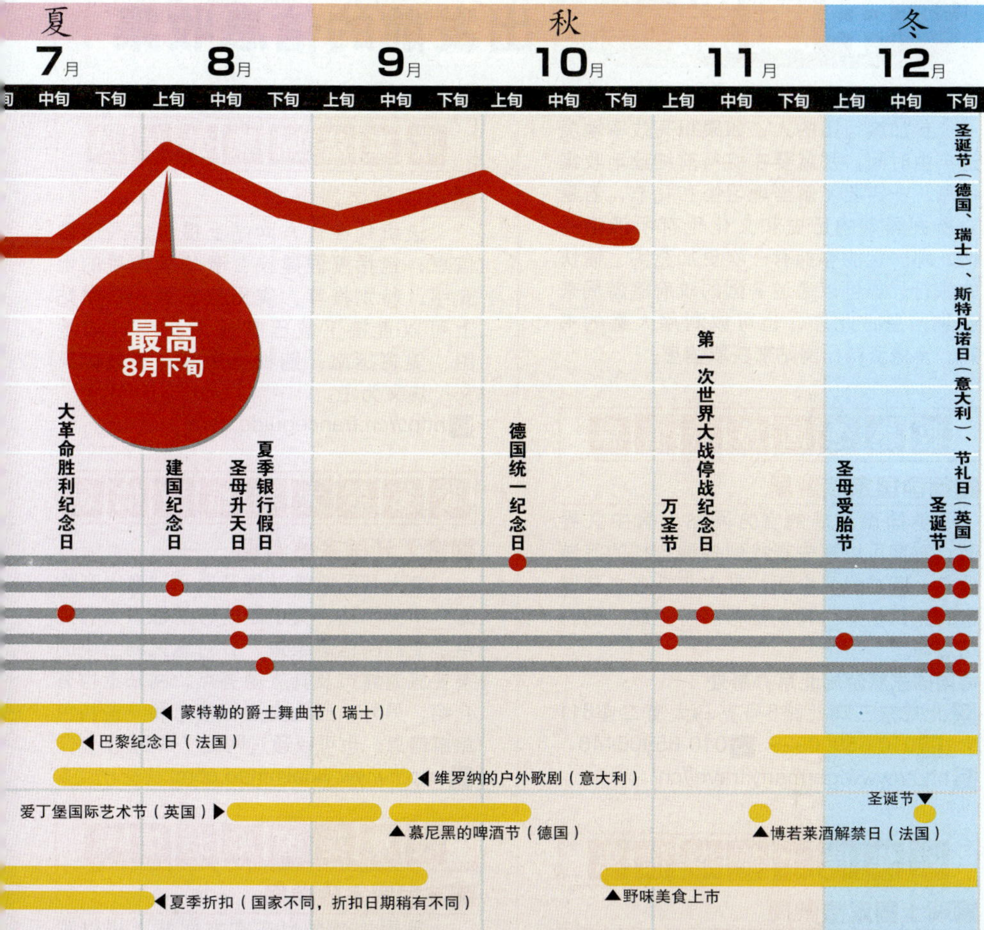

Calendar

夏				秋							冬		
7月		8月			9月			10月			11月		12月
中旬 下旬	上旬 中旬 下旬	上旬 中旬 下旬	上旬 中旬 下旬	上旬 中旬 下旬	上旬 中旬 下旬

最高 8月下旬

节日：
- 大革命胜利纪念日
- 建国纪念日
- 夏季银行假日
- 圣母升天日
- 德国统一纪念日
- 第一次世界大战停战纪念日
- 万圣节
- 圣母受胎节
- 圣诞节（德国、瑞士）、斯特凡诺日（意大利）、节礼日（英国）
- 圣诞节

活动：
- ◀ 蒙特勒的爵士舞曲节（瑞士）
- 巴黎纪念日（法国）
- ◀ 维罗纳的户外歌剧（意大利）
- 爱丁堡国际艺术节（英国）▶
- ▲ 慕尼黑的啤酒节（德国）
- ▲ 博若莱酒解禁日（法国）
- 圣诞节 ▼
- ◀ 夏季折扣（国家不同，折扣日期稍有不同）
- ▲ 野味美食上市

●旅行准备

这是日照时间最长的季节（各国直到21:00天还是亮的），阳光照射很强烈，所以必须要准备太阳镜和帽子等防晒工具。在英国和德国，夜晚有时会很冷，因此要提前准备好薄外套。

●城市风光

在8月这个适合度假的季节，从欧洲国内外而来的观光游客骤然增多。在法国和意大利，夏季也有餐厅和商店进入夏季休业期，旅游时需要注意。歌剧和古典音乐的剧场公演活动也会在这个时期暂时告一段落，取而代之的是拥挤的户外演出活动。

●旅行准备

这是个让人猛然感觉到凉爽的时节。由于天气的原因，导致冷暖温差很大。街上的人们穿着各式各样的服装，有穿T恤的，也有穿毛皮外套的。为了能够灵活应对各种天气情况，我们有必要准备各种衣服。从11月份开始，真正的冬季就到来了。

●城市风光

从10月份开始，歌剧和音乐剧的公演就纷纷拉开帷幕。野味（野猪、鹿、野鸡等）、菌类（松露、等）、生牡蛎等，这些只有在这个季节才可以品尝到的东西，应有尽有。10月的最后一个周日，是夏季时间结束的一天，所以要将您的手表调慢1个小时。

●城市风光

街道上到处一片圣诞节的气氛。交相辉映的霓虹灯，光彩夺目。需要注意的是，24~26日各个旅游景点和商店会休业。此外，这时的公共交通也不太便利，甚至会出现交通完全瘫痪的时候。

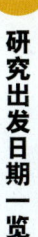

Travel Information
中国篇 ［出发前的信息收集］

参加旅行团的人，如果想高效率地度过自由时间，那就要在旅行前细致地收集信息。一定要了解当地习俗和礼节，若是对所去国家的历史和文化也有所涉猎的话，那一定能够拥有一次更加充实、愉快的旅行。您可以通过各国的政府旅游局来收集信息，此外，也可以利用大量的书籍、音像资料、网站来获取信息。

收集德国旅游信息

■德国国家旅游局

德国旅游局的官方网站上有中文界面。游客可以事先查找到各种各样的旅游信息，既准确又全面。其中包括各主要城市的旅行信息、特别推荐旅游主题、购物信息等。

德国国家旅游局北京办事处
✉ 北京东三环北路8号亮马大厦二座811室 ☎ 010-65900926 FAX 010-65906148
HP http://www.germany.travel/cn/

收集瑞士旅游信息

■瑞士国家旅游局

该机构在官方网站上提供丰富多彩的瑞士旅游信息。此外，网站上会随时发布一些最新信息，例如：关于瑞士旅游特辑的影像资料和杂志的介绍、实惠的宣传活动信息等。旅游信息更新频率很高，所以行前需要确认这些信息。

瑞士国家旅游局北京办事处
✉ 北京市朝阳区光华路5号院世纪财富中心1号楼609室 ✉ info.cn@switzerland.com

瑞士国家旅游局上海办事处
✉ 上海市南京西路1038号梅龙镇广场1208室 ✉ info.sha@switzerland.com
HP http://www.myswitzerland.com.cn/

收集法国旅游信息

■法国旅游发展署

该机构在官方网站上提供法国旅游信息，包括度假建议、奢华旅游目的地介绍、特别推荐、实用信息等。在网站上可以直接下载巴黎旅游资料，如地图、美食指南、购物指南等，不过以英文、法文为主。
HP http://cn.franceguide.com/

收集意大利旅游信息

■意大利国家旅游局

意大利国家旅游局开通了"意大利你好"中文网站，为中国游客前往意大利提供了便利的信息渠道。针对意大利全境的重要旅游城市及其旅游亮点，网站上均有介绍。另外，当地交通等信息和一些特色旅游信息，也可以通过网站了解到。
HP http://www.yidalinihao.com/

收集英国旅游信息

■英国国家旅游局

英国旅游局也在官方网站上提供观光、住宿、文化、活动等信息，不过大部分均为英文信息。
HP http://www.visitbritain.com/zh/

旅游指南书上的信息

《搭火车游欧洲》
本书介绍了庞杂繁复的欧洲铁路系统，把欧洲铁路旅行最经常遇到的问题列出来并一一作答，帮你轻松利用火车游遍欧洲。
出版社：旅游教育出版社

《欧洲5国语》
本书为一本实用旅行会话书，包括英语、意大利、法语、西班牙语、德语常见会话例句和实用单词，可轻松读、方便用。
出版社：旅游教育出版社

Travel Information

旅行必备品

护照

护照是一个国家的公民出入本国国境和到国外旅行或居留时，由本国发给的一种证明该公民国籍和身份的合法证件。去国外旅行，护照可是必须携带的物品之一。我国护照分为普通护照、外交护照和公务护照三种，公民出境旅行，办理普通护照即可。普通护照的有效期为10年；申请人未满16周岁的，签发5年期护照。护照有效期不足6个月时需要更换护照。

护照的申请

以北京市公安局护照办理为例。

护照首次申请 首次办理普通护照时，申请人要提供：申请人近期正面免冠彩色照片（2寸白色或淡蓝色背景）一张；本人户口本、居民身份证的原件及复印件；填写好的《中国公民普通护照申请表》（可在各派出所、公安局出入境管理处网点领取，也可从网上下载）；其他特殊人员需提供的材料。（建议您事先联系相关部门确认各项资料）。工本费需200元。

签证

如果选择跟团旅游，签证可交由旅行社代办。本书提到的五个国家中，德国、瑞士、法国、意大利均为申根国家，持有申根签证即可前往。申根签证可向主要旅行目的国的驻外外交或领事机构申请，该国不一定是申请者进入申根地区的第一个目的国。

以德国为例。申请申根签证必备资料为护照（有效期应至少长于签证期限3个月）、2份填写完整并亲笔签名的申请表、3张近期证件照片（要求白色背景），以及一些证明材料等，具体可参看德国驻华大使馆网站（www.beijing.diplo.de/）。申根签证申请程序为：通过拨打签证预约电话预约签证申请时间；按预约时间前往德国驻华使领馆申请签证，递交申请材料并缴费；领取签证。申根签证申请费用为60欧元（以人民币支付）。如递交的材料齐全并被审核通过，签证通常会在5个工作日后发放。

英国尚未加入申根协定，所以持申根签证无法进入英国领土。中国公民应到英国驻华使馆辖区内所设的签证申请中心提交签证申请。具体所需资料和流程可参看英国驻华大使馆网站（http://ukinchina.fco.gov.uk/zh/）。

购买出境旅游保险

出国旅游的时候，由于气候、饮食、生活习惯等均发生了变化，游客语言不通、心理紧张，再加上各种意外事件层出不穷，可能会带来身体的不适和一些突发情况。虽然旅行社会为游客提供旅行责任险，但是由于游客个人过失导致的人身伤亡和财产损失，以及由此导致的各种费用等，不在旅行社责任险的赔付范围之内。为了保障自己的健康和安全，购买一份旅游意外保险是一个不错的选择。这类保险可自行咨询保险公司，也可以请旅行社代为办理。

在购买出境旅游保险的时候，一些业内人士建议，最好包括紧急救援和医疗垫付两项功能。目前，国内多数保险公司都与一些国际救援机构合作推出境外紧急救援服务。如果游客遇到险情，可与投保公司合作的救援机构取得联系，救援公司就会提供包括治疗救援等一系列服务。各家保险公司推出的保险种类、内容各有不同，建议您仔细了解保险产品的投保范围和所提供的服务，同时还要根据旅游目的地国家的情况，来考虑是否要搭配不同的险种。

Travel Information

现金的准备

选择什么形式？

■欧洲的部分货币

德国、法国、意大利统一使用欧元（€），1欧元约为8.1元人民币（2012年10月）。瑞士使用瑞士法郎（CHF），1瑞士法郎约为6.6元人民币（2012年10月）。英国使用英镑（£），1英镑约为10.1元人民币（2012年10月）。

■信用卡和现金

一般情况下，两者结合使用。进行金额较大的购物活动时，使用信用卡就显得方便多了。必要的时候也可以在当地提取现金。维萨卡（VISA）、万事达卡（Master）、美国运通卡（AMEX）的使用范围很广，其次是Diners卡和JCB卡。能够使用这些卡的商店，店前会贴有标签。

可以使用信用卡的场所、不能使用的场所

○一般可以使用
　酒店、大型商店和餐厅。
△可以使用，但不具有普遍性
　观光场所的入场券、咖啡厅。
×多数情况下不可使用
　小型商店、小摊、公共交通机构、出租车、小费、当地报名的自选旅行团等。
★如果您使用的是IC信用卡，在店铺结账时需要输入密码才可使用。不知道密码的游客，在出发前请一定向信用卡公司进行确认。

■国际银行卡

目前，国内各家银行都有发行带有国际卡组织标志的国际银行卡，一般的国际卡为双币账户，如"人民币+美元"或"人民币+欧元"等。使用国际银行卡，可以在境外直接刷卡消费。如果办理欧元卡，但是在非欧元区刷卡，涉及到货币转换，那么需要支付货币转换费。如果银行卡上有银联标志，通过银联通道刷卡，那么可以免除货币转换费用，建议刷卡前确认一下。国际卡的汇率结算以国际银行卡组织购汇的汇率为基准，比个人购汇划算。通过境外银行的ATM机等服务终端，也可以直接从国际银行卡里提取现金，不过要收取一定的手续费，涉及到货币转换时还需要收取货币转换费用。各家银行各项手续费的标准有所不同。按照有关部门规定，1日之内，使用国际卡取现的金额不能超过1000美元，等等，需要注意。

■旅行支票

这是为旅游者设计的一种只需要签字就可以当做现金使用的支票。安全性强是它的优点，只要您记住号码，且没有进行复签，即使被盗或遗失，也可办理补发。在大部分的银行和兑换处都可以兑换。在著名的酒店、餐厅和百货商店都可以使用。去欧洲旅游，选择欧元支票比较方便。购买的时候签上持有人的签名，使用时在商家面前进行账户签名。在境外使用旅行支票，有可能被要求出示护照，所以请注意随身携带。

■兑换外币是在中国还是去当地？

按一般情况来说，在当地的兑换汇率可能更为划算，但是在国内银行兑换既方便又安全，也更容易了解具体情况。另外，硬币的兑换问题也值得关注一下。在国内兑换只有纸币，没有硬币，所以到达当地时，在机场等兑换处兑换一些硬币可能比较方便。但是，旅游团不同，会出现到达当地时没有时间兑换货币的情况。

■中国银联卡

中国银联卡在德国、瑞士、法国、意大利、英国等国家的大部分ATM机上都可以使用，在一些商家，如瑞士的大部分钟表专卖店等，可以直接支付。贴有银联标志的ATM机上可以直接提取当地货币现金。建议出发前与发卡银行再次确认。在境外使用银联卡取现有金额限制，根据国家相关部门的规定，为单日内不超过10000元人民币的等值外币。

POINT 小提示：出境旅行时，最好不要携带大量现金，降低风险。另外，难得有机会出去旅行，实际上的消费可能要比预想中多得多，因此，预算要尽可能多些。

需要多少钱呢？

除去参加旅行团的费用外，对不同的人来说，在当地所需要的钱数堪称"千差万别"。但一般来说，这部分预算由"自由行时间"和"购物、礼品费用"这两项决定。

自由活动时间较多，除了这段时间参观景点的门票、就餐费等要全部由自己承担，购物所需的费用也会超出预算，不仅包括给他人购买小礼物的费用，还要考虑到购物时遇到"心头所爱"的情况。总之，要提前做好出国旅行会购买许多预想之外的东西的准备。

物价表格

（各国首都的物价比较，国名后面的括号内是货币单位）
※1欧元=约8.1元人民币，1瑞士法郎=约6.6元人民币，1英镑=约10.1元人民币（以上为2012年10月所取汇率）

咖啡厅里的咖啡	德国（€）	2.50	意大利（€）	1.50
	瑞士（CHF）	5	英国（£）	2
	法国（€）	2.50		
西餐厅的午餐	德国（€）	8~	意大利（€）	15~
	瑞士（CHF）	20~	英国（£）	10~
	法国（€）	10~		
地铁、巴士（一次性车票）	德国（€）	2.10	意大利（€）	1
	瑞士（CHF）	2.50	英国（£）	4
	法国（€）	1.60		
出租车起步价	德国（€）	3	意大利（€）	4
	瑞士（CHF）	6.30	英国（£）	4
	法国（€）	6		
美术馆门票	德国（€）	4~10	意大利（€）	2~10
	瑞士（CHF）	10~15	英国（£）	5~10
	法国（€）	4~10		

某日的零用钱账单

范例：最后一天的自由时间，下午参加自选旅游项目观光
（单位为欧元）

早上床头小费	1
24小时乘车费用	5
美术馆门票	10
购买博物馆纪念品	15
午餐	10
半日旅游	52
一杯白酒	2
矿泉水等	1
明信片和邮票	3
餐馆的晚餐费用	40
打回中国的电话	5
	合计144欧元

最低预算目标（约数）

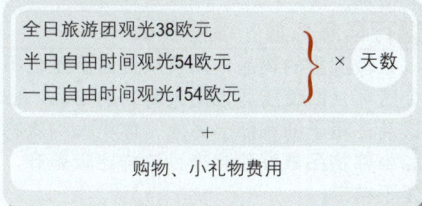

全日旅游团观光38欧元
半日自由时间观光54欧元 × 天数
一日自由时间观光154欧元
　　　　+
　　购物、小礼物费用

不包括在团费之内的费用

- 小费
- 自由时间内的一切开支
- 酒店的迷你吧、房间服务、洗衣、电话费用
- 就餐时额外的点餐费（一般不包含饮料）
- 在国内时从家里到集合地之间的交通费和住宿费
- 当地和国内机场建设费、离境税等（需在申请入团时支付）
- 乘坐飞机时所带行李的超重费用
- 医疗费等

以上费用中的某些费用，根据所选择的旅游团的不同，也会有包含在旅游团团费之内的情况。详细情况需要向旅行社咨询确认。

Travel Information

服装和行李

服装和行李

提及欧洲，英国北部和意大利南部之间的平均温差大约有5摄氏度，而意大利南部和瑞士山脉之间的平均温差大约有10摄氏度。为适应旅游目的地的天气，要注意准备相关衣物。在意大利，罗马以北的城市，夏天相对比较凉爽，冬天则非常寒冷。即使在夏季出游，也要准备薄夹克或毛衣，冬季一定要准备好帽子、手套、厚袜子等防寒衣物。无论在欧洲的哪个国家，春天和秋天的时间都短，温差很大且气候不稳定，因此，要注意准备一些方便穿脱的服装，比如短外套等。另外，夏季时，欧洲各国的日照强度比较大，所以要准备帽子和太阳镜。如果前往瑞士山区旅行，就需要准备应对紫外线和防干燥的物品了（防晒乳、防裂唇膏等）。

应对小提示

■必要时的正装/便装

去欧洲旅行时，毋庸置疑，要根据当地的气候来准备服装。同时，为应对临时状况，有必要准备正装和便装（华丽的服装是不必要的）。

■在高级餐厅就餐、观看歌剧时的服装

在高级餐厅就餐和观看歌剧时，如果您身穿短裤、牛仔裤、运动服，就违反了礼节。如果您想在旅途中充分体验夜生活乐趣的话，男性应该穿夹克和长裤，女性则应穿高雅的连衣裙（迷你裙是不合适的）。此外，前往星级餐厅、具有一等坐席的歌剧院等高级场所时，男性必须穿西裤和皮鞋，并佩戴领带，女性必须穿正式的服装和高跟鞋。总之，不要身穿与场合不相称、破坏周围气氛的服装，这是应该遵守的礼节。如果从安全性来考虑，不推荐身着华丽的服装乘坐地铁、巴士等公共交通工具。尤其在夜晚，最好乘坐出租车回酒店。

■逛街的服装

身穿休闲服走起路来确实很方便，但教堂等宗教场所是禁止穿吊带背心和超短裤等露出肌肤的服装进入的。否则，甚至有可能出现不允许进入梵蒂冈国的情况。罗腾堡和巴黎等城市的老城区中，有许多石头铺砌的道路，因此推荐穿旅行轻便鞋等行走方便的鞋。

携带高档品牌的箱包、高级商店的纸袋、高级相机等，戴昂贵饰品，尤其是还穿着醒目的游客常穿的服装，很容易引起周围人的注意，并成为抢劫和偷盗的目标。在逛街时要尽量避免穿华丽的服装。最合适的着装应该是休闲风格的衬衫和鞋子。除了必要的物品以外，为避免引起别人的注意，尽量把随身物品装进皮包里，而不是拿在外面。

打包行李

■前往旅行地时，尽量携带空箱包

旅行携带的物品全是必要的吗？有些东西，如果携带的话当然很方便，但若是在旅行的几天内，不带也没太大关系的话，就需要好好考虑一下再做准备了。携带的行李有重量限制（普通坐席一般为20千克），回国时所带的礼物等肯定会增加行李的重量。因此，在出发前，应尽量避免箱包里塞满东西的情况。

带轮子的行李箱比较方便，托运时也不必担心里面的东西会被压坏。建议再带一到两个旅行袋，以应对购物过多装不下的情况。

■行李怎么放？装些什么？

较沉重的物品，以及从上面挤压也不会压坏（即使压坏也无大碍）的物品，应该装在箱子的底部。另外，体积大的衣物和小件物品最好包起来，这样比较整齐，便于携带。

小提示 打包行李对于出境旅行来说,也是非常重要的一环。如果忘记将必需物品装进行李箱,而是装进了一些不必要的物品,导致箱子很重,这样就麻烦了。另外,要考虑到当地的气候来选择需要携带的衣服。

较重的东西放在下面,小物件和衣服尽量包起来

■选择"轻便",还是选择"舒适"呢?

旅行携带的物品中,占用体积最大的当属衣物。因此挑选携带的衣服时,主要应考虑耐脏的衣物和套穿方便的衣物。如果选择容易产生褶皱的衣物,可以将其卷成筒状包起来。带上几个塑料袋吧,使用起来非常方便,可以将脏物品和干净物品区分开来。

内衣、袜子和衬衫等,如果携带的数量比较多,换起来方便,旅行中会比较自在、舒适。但是携带衣物过多会增加行李的重量,在酒店每天洗这些脏衣物也很麻烦。因此,要在考虑到旅行的时间、旅行携带的必需品的数量和行李的体积后,再做出决定。

■逛街时要携带小型的包

逛街时,尽量准备小型的包。如果是挂肩式皮包,既不要挂在肩上,也不要斜挎着来背,而是应该抱在身体的前面。舒适的背包可以解放双手,背在后背上即可,但这样可能会出现不知不觉中被小偷用小刀把背包割裂等情况。

■注意乘飞机时携带液体物品的规定

在国际航线的飞机上,为预防暴力事件,对液体物品的携带有一定的限制。限制的物品包括牙膏、饮料、汤、果子露和香水等在内的凝胶、糊状食品、液体化妆品和喷雾剂(药品和婴儿食物除外)。如果将这些物品带入飞机内,需要将其分开装入100毫升以内的容器内,然后全部放进20×20厘米以内、最大容量为1升、可重复封口的透明塑料袋中。在物品检查时必须出示给检验员。另外,需要注意的一点是,即使是在国内机场的免税店里购买的东西,如果违反规定,在换乘地也可能会被没收。

如果携带会很方便的物品

转换插头

如要使用国产电器,必需携带的产品为插头转换器。英国的插座为BF型号,其他国家为C和SE型号。

药品、英文诊断书

从国内带一些习惯的药品过去吧。除了感冒药、肠胃药和头痛药等普通药品之外,对于患有慢性病的人来说,一定不要忘带常用药品。出发前,最好准备一份英文诊断书,以防万一。

电池、存储卡等

手机、手提电脑、照相机都会用到。在国外,寻找出售这些物品的商店比较吃力,因此最好在国内提前准备好。

应对干燥、紫外线的物品

欧洲的空气比较干燥,紫外线强度也很大。冬季要记得携带咳嗽药、润喉糖、护手霜等预防干燥的物品,夏季则不要忘记携带帽子、太阳镜、防晒霜等应对紫外线的物品。

手机

为方便起见,您可以在国内开通国际漫游,这样就可以在旅行地使用自己的手机了。但是国际漫游的费用较为昂贵,为了不会在看到付费清单时大吃一惊,建议您在国内的时候向移动运营商咨询和确认国际漫游的资费标准。另外,还要考虑到您的手机制式是否与当地相同,详细情况请咨询各移动运营公司。

Travel Information

［出发前的健康提示］

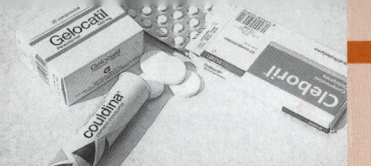

在国外，如果健康出现问题，再加上紧张不安的情绪，难得的出国旅行机会可能就被浪费了。出发前做好万全的准备工作，是享受旅行乐趣的关键。

选择旅游团的注意事项

对于身体容易出现状况和对出国旅行感到紧张不安的游客来说，应尽可能地选择旅行日程安排宽裕的旅游团，避免选择旅行计划连续数日安排得紧紧的旅游团，这样就可以拥有一些自由时间，再根据身体状况来选择观光或休息，从而让自己在旅程中更从容和安心。

另外，如果对某些旅游内容和相关事项不放心，一定要在参团前进行确认。如果还是有疑虑，在旅行开始前与导游联系时，可以再次进行沟通。患有慢性疾病等有健康问题的游客，一定要提前向旅行社说明情况。对于这些游客来说，如果有人陪同参团会比较安全，还可以适当申请调整一部分观光路线。

要注意确认的一些问题

- 当地的气候如何？该穿什么衣服？
- 每天的出发时间、归来时间分别是什么时间？
- 台阶是否很多？步行距离是否很长？观光的路线安排是否有些勉强？
- 一旦身体不舒服时，能否取消观光行程安排？
- 吃药的时间是否有保证？
- 吃药的水是否有保证？
- 飞机上是否提供少盐食物、糖尿病人专用食物等特殊的菜单？
- 在当地需要医生时，是否需要准备什么必需的材料？

在确定了旅行计划后做的准备工作

出发前，由于准备工作比较繁忙，健康容易受到影响。因此，需要注意保证生活的规律、充足的睡眠以及营养的全面摄入。

患有慢性病的人需要去医生处就诊，并向医生咨询一些有关旅行的意见。定期去医院检查、每天坚持吃药的人，需要备齐旅行中所需要的药品。同时，还要针对旅程有可能延期的情况做好准备，多预备一个星期的药量。

此外，最好确认一下牙科的医疗费在不在出境旅游保险的理赔范围内，如果不包括，最好在出发前接受牙科的治疗，国外的牙科治疗费用十分高昂。

对自己的健康充满自信的人也一定不能大意，最好在出发前接受一次健康检查。在报旅游团时，很多旅行社都要求填写健康状况调查表或者健康诊断书。

出发前需要准备的东西

■保险和证件

如果在国外生病或者受伤，只能前往当地的医院接受治疗。这种情况下，能够在一定程度上补偿医药费的出境旅游保险就显得很重要。如果不加入这类保险，一旦在国外需要就医，将会花费高额的医药费（详情请参照p.247）。但是这类保险不适用于对慢性病的治疗。

在国外，为了以防万一，一定要备齐看病时所需的证件和资料。能够派上用场的有英文旅行证件、英文病例、英文的药剂证明书等。这些可以请专业医生来出具。准备好的资料在旅途中一定要随身携带。

小提示 选择日程安排宽松的旅游团。从出发前、乘飞机直到到达当地，做好万全准备。不要忘记购买出境旅游保险。

出境旅游保险的注意要点

- 是否有必要购买组合险种？是否需要自行搭配险种？
- 保险公司是否提供24小时人工服务？
- 保险公司的紧急联系电话是多少？
- 保险服务范围是否包括24小时紧急救援服务和医疗费用垫付？

■常备药

需要随身携带的常备药有感冒药、镇痛药、腹泻药、肠胃药、便秘药、伤口消毒药品等，最好是平时经常使用的种类。容易晕车的人不要忘记携带晕车药。

■应对高山病的对策

在海拔2000米以上的高处，因氧气不足而引发的病症为高山病。计划到瑞士、德国和法国的山岳地带旅行的游客一定不要忘记预防和应对高山病的对策。登山过程中，要注意适当休息，补充充足的水分。切记严禁饮用可能导致脑部低氧症状恶化的酒和服用安眠药。为以防万一，最好准备一些便携氧气（在旅行用品专卖店可以买到）。出发前请医生开一些针对性的处方药也是很有效的应对方法。另外，一旦高山病发作（头痛、呼吸困难、恶心、无法行走等），最好的办法是尽快到海拔较低处休息。

打发在飞机内的时间

从中国直飞伦敦约需要11小时，如果是转机，在飞机上的时间就更长了。经济舱比较狭窄，所以要想法让自己舒服些。为了避免发生长途血栓症（所谓经济舱症候群），尽量不要穿牛仔裤等绷紧身体的衣服，坐定后把腰带放松一些，在机舱内换上拖鞋。可以向乘务员多要些毛毯和枕头。此外，为了能在飞机上睡得更香，眼罩和耳塞都是必须准备的。

摆脱时差困扰　出发前→飞机上→在当地

❶出发前

每天保证充足的睡眠是非常关键的。此外，从出发前的一周左右开始，最好针对当地的时间来调整生活节奏。

中国和德国、瑞士、法国、意大利的时差为7小时，由于时间比中国晚7小时（从3月份最后一个星期天到10月份最后一个星期天的夏令时期间，时差为6个小时），夜里最好晚睡一些（英国为8小时）。

❷飞机上

乘坐飞机时，要把钟表调整为当地的时间。由于飞机上的就餐和熄灯时间也是按照当地时间来设定的，所以一定要遵循这些规定。

另外，在飞机上也应该保证充足的睡眠。如果不能入睡，饮用适量的酒精饮料也是有效的方法，但是一定要适度。

❸在当地

如果飞机到达时间为早上或白天，即使有些困意也要忍耐一下，沐浴阳光对于身体节奏的调整很有效果，所以要尽量到户外活动。

反之，如果是夜间很晚到达，要尽快躺下休息。

到达当地后，如果确实非常困倦，可以小睡一会儿让大脑休息一下。但打盹时间要控制在15分钟左右。

Travel Information

入出境篇 [欧洲入出境]

抵达欧洲各国，办理入境手续

入境审查 飞机降落机场后，需进行入境审查，应准备好护照（在英国等地还需要入境卡，参照右页）。审查服务台分为"欧盟加盟国"和"其他国家"。中国游客进入"其他国家"接受审查。一般只需要出示护照即可入境。也有工作人员进行提问的情况。

●从申根条约加盟国入境时
从申根条约加盟国入境时，在最先进入的国家进行入境审查。加盟国为意大利、奥地利、荷兰、希腊、瑞士、西班牙、德国、法国、比利时、葡萄牙、卢森堡、北欧4国等共计29个国家（其中实施国为25个国家）。英国和瑞士为非加盟国。

领取行李 入境审查结束后，就要领取离开中国时在飞机上托运的行李箱等行李。行李会根据班次从不同的行李传送带上运出，所以大家在取行李时一定要确认飞机票和行李寄存证（行李牌）上的班次和编号。

●行李丢失的应对方法
如果行李箱等托运行李未能照预定计划到达，要向导游打声招呼，携带行李牌前往所乘坐飞机的航空公司的服务台或遗失物品窗口进行咨询。通常行李会在1~2天送往住宿的酒店。

海关审查 领取行李后，下一步就是海关审查。如果游客携带需征税物品，要通过红色通道，提交申报书并进行相关手续的办理。如果不需要申报，从绿色通道走出去即可。在入境时的通关流程中，一般只要不是特别大的物品就不会检查。如果没有携带申报范围之内的物品，应该就可以顺利地入境。

●携带入境的货币
携入超过10 000欧元的现金时，必须向海关进行申报（包含有价证券、支票、旅行支票）。信用卡和国际现金卡等不包括在此范围内。

●不必报关的携带物品

物品的总额在430欧元以内（15岁以下在150欧元以内）	
香烟	纸卷香烟200根和雪茄烟50根（仅限17岁以上）
酒类	葡萄酒4升，啤酒16升，22度以上的酒1升或不到22度的酒2升（仅限17岁以上）

货币兑换 机场的到达大厅兑换处可以兑换货币。如果在大清早或深夜到达，兑换处没有营业，可以使用信用卡在机场内的ATM机（通常能够24小时全天候使用）取现（参照p.248）。不管在哪里兑换，首先准备好去往市内的交通费、餐饮费、杂货购物费和预留的现金比较稳妥。

关于入境的注意事项

根据机场的不同，有时也会出现不在护照上加盖入境印章的情况。如果所携带的物品必须有入境日期证明，需要盖章，您可以要求工作人员加盖。需要注意的是，在大部分航班集中到达的时间段中，可能会排起长蛇般的队伍。

关于申报海关的注意事项

根据国家的不同，由于疏忽了携带入境的物品和货币的申报，会有物品被没收和征收罚金的情况发生。如果从境外带进新型的笔记本电脑时，工作人员会要求出示购买时的收据，所以一定不要忘记携带收据。

机场兑换处24小时营业

POINT 小提示 机场的到达大厅一般都有货币兑换处。身上要预留一部分现金,以防急用。

离开欧洲各国,办理出境手续

打包行李 易碎易损物品、办理手续时需要向工作人员说明的免税品,这些都要装进飞机上随身携带的行李箱中。水果刀等刀具类等物品需要放入托运的行李箱中。

● **托运行李的限制**

根据不同的航空公司和舱位的等级,限制的范围有所不同。如果为欧洲线的经济舱,行李箱的大小限制为长、宽、高总计158厘米,重量为20千克,个数为1个。超重的部分按1千克为单位另外计费。为了避免产生高额的超重费用,可以将超出部分的物品选择国际快递邮寄回国。

酒店退房 如果为跟团旅行,通常应该在所乘航班的2小时前安排到达机场。注意不要迟到,尤其是早晨出发的时候。另外,不要忘记处理自己在酒店的相关事宜。例如要提前在房间计算好已消费的迷你吧的费用;在前台如果有寄存的物品,要记得领取等。

登机、出境手续 到达机场后,一般情况下,需要先办理登机手续(Check In),在航空公司柜台出示护照和机票,并在经过行李安全检查后托运行李,领取登机卡。然后接受出境审查,在护照上加盖出境印章等。一般来说比起入境时较为宽松。有关出境携带金额数量及限制出境物品各国均有不同规定,如果携带有需要申报的物品,需要向海关申报。

在欧洲很多国家,有对游客购物实行退税(VAT)的规定。在欧洲各个机场究竟是先办理乘机手续还是先办理海关退税,规定有所不同,详细情况可咨询旅行社。在海关办理退税时,游客有可能会被要求出示所购物品。

● **兑换货币**

手头没有用完的当地货币的纸币,可以在当地兑换成人民币。硬币不能兑换,所以在回国之前最好找机会用完。此外,有的旅行目的地国家会要求旅客在出境时支付当地机场的各种税费,所以一定要提前准备好支付这部分费用的当地货币。

● **退税手续**

周游欧盟圈中的各个国家时,免税手续可以在最后一个出境国家的海关处办理。但是由于瑞士不属于欧盟加盟国,所以一定要记得在瑞士的海关盖章。

退税方法有3种:
① 将在海关已经盖章的退税单装进向商家索要的专用信封中,然后投入邮筒中。用信用卡户头或银行支票接收返还的税金(免税手续结束的2~3个月后)。
② 向当地机场的退税服务台提交退税单,立刻就可以获得以当地货币支付的税金。
③ 在国内机场的相关退税柜台提交退税单,获得退税。

英国入境卡的填写示例 本书所介绍的国家中,在英国进行入境审查时,必须出示入境卡。

❶ Family Name　姓
❷ Forenames　名字
❸ Sex　男性为M,女性为F
❹ Date of birth　出生日期(按照日→月→年的顺序填写)
❺ Place of birth　出生地,写上国名也可以
❻ Nationality　国籍(填入CHINESE)
❼ Occupation　职业(公司职员、退休人员等)
❽ Address in United Kingdom　在英国的住址,可填入住宿的酒店
❾ Signature　署名,要与护照上的名字保持一致(如果名字为汉字直接用汉字写)

Travel Information

当地篇 ［欧洲各国的交通］

在欧洲各国旅游，您可以依据距离、费用和速度，选择飞机、铁路、长途巴士等交通工具。各国间的出入境手续程序比较简单，大多数情况下只需要检查护照。尤其是在申根公约加盟国之间（本书中介绍的国家为德国、瑞士、法国、意大利四个国家。请参照p.254）的国境，几乎不需要什么检查就可以通过。

飞机上的旅途

欧洲各国的航线四通八达，如果您要往返于主要城市之间，只需花费1~4小时的时间就可以实现。如果您出发前就已经安排好旅行地行程，为了更放心，可以提前通过国内的旅行社购买机票。如果尚未安排好，也可以通过当地的旅行社购买机票。像伦敦或巴黎等大城市，都有国内大型旅行社的分社，所以可以随时与工作人员用中文办理机票等业务，极为方便。另外，也可以寻找网上出售的廉价机票，即使与火车和巴士相比，也算得上经济实惠。但是，这也带来了一些弊端，例如不可取消航班、机场距离较远、航班时间为深夜或凌晨等诸多问题。

火车上的旅途

如果您在英国和法国、德国和瑞士等接壤国家之间旅行的话，与飞机相比，乘坐火车更为便利。此外，如果算上去往机场花费的时间，乘火车的时间也不会比飞机长多少。再比较一下运费等因素，您大概就能决定选择哪种交通工具了。

在欧洲运行着以EC为首的国际高铁。现代化的高铁快速方便、席位舒适，乘坐起来心情愉悦、轻松。列车内设有出售零食、饮料的立餐餐厅。车票可以在售票口和自动售票机上购买，还有1等、2等席位票及单程或往返车票供旅客选择。欧洲的火车站没有检票口，但设有旅客在出发前利用检票机在车票上盖上印章的检票系统。需要提醒旅客的是，如果忘记盖章会被罚款。

如果您想乘坐火车周游欧洲各国，购买欧洲铁路通票、欧洲火车可选通票非常方便（出发前在国内相关机构购买即可）。有关欧洲铁路的详细信息，可以参考《托马斯库克欧洲火车时刻表》和欧洲铁路公司的网站（http://www.raileurope.cn/）。

巴士上的旅途

巴士最大的特点为费用低、绕行路途短。覆盖欧洲29个国家500个城市的欧洲联盟巴士公司（Eurolines）的长途巴士，有活动靠背椅、完备的卫生间，让游客能够享受到惬意的巴士旅行。如果有剩余的空位，当然也可以随时上车，但原则上需要预订车票。欧洲联盟巴士公司的办公室、站点、旅行社等信息，可以在网站（http://www.eurolines.com）上查看到。

乘坐巴士花费的时间虽然有些长，如伦敦至巴黎需7小时，巴黎至米兰需14小时，但我们不妨试着享受乘着巴士行驶在路上那种不一样的旅途乐趣。为了防止患上旅行血栓症，推荐旅客在途中停车休息时，主动下车活动活动。倘若您计划好了乘坐巴士的周游行程，选择可自由上下车的欧洲联盟巴士通票较为合算（可以在国内相关机构和当地的办事处购买到）。

 欧洲的飞机、火车、巴士等公共交通系统很发达。如果预先多了解一些有关旅途交通的信息，就可以拥有一段更加充实、丰富的旅程。

德国的国内交通

■飞机
以法兰克福、柏林、慕尼黑等大城市为中心，航线贯穿各地。柏林至法兰克福所需时间为1小时。

■铁路
在德国，几乎全部的路线都由德国铁路公司（DB）运营。从主要城市到中小城市，德国的铁路网遍布于全国，乘坐十分便利。与其他国家的火车相比，很少有必须要提前预订固定座位的火车，这也是德国火车的特点。可以事先在国内购买能自由乘坐所有列车的德国铁路通票。

■市内交通
德国市内交通的公共交通设施有U-Bahn（地铁）、S-Bahn（郊外铁路）、市内电车（tram）、市内巴士。它们的车票可以通用。游客购买一日车票更为经济，在一天之内可任意乘坐所有种类的交通工具。无论哪种交通设施，都无检票口，游客要自行将车票放入检票机中打印乘坐时间。有所不同的是，巴士和市内电车在车内打印，而U-Bahn和S-Bahn要在站台上打印。

■出租车
除大城市外，没有串街揽客的出租车，所以基本上都是要在出租车车站乘车。当然，也可以用车站设置的电话叫车。乘客为一人时，可坐在副驾驶上。这是德国专有的惯例。

瑞士的国内交通

■铁路
瑞士联邦铁路公司（德语缩写为SBB，法语为CFF，意大利语为FFS）运营着瑞士的主要铁路干线，由于其运行时间准确、车内清洁、乘坐起来心情舒畅等特点，赢得了国际上的一致好评。瑞士的交通运费比较高，因此，如果您路上乘坐次数较多的话，可以事前购买瑞士通票（在规定的有效期内可任意乘坐国铁、私铁和市内交通）。此外，在瑞士山脉地区，交通设施也非常发达，例如私铁观光火车、登山火车和缆车等。

■巴士
黄色车身、附有喇叭标志的邮政巴士（Post Bus）遍布整个瑞士。采用上车前购票的方式，乘车时告知司机目的地买票即可。在邮局可免费领取时刻表。

■市内交通
在主要城市的市内交通中发挥主力作用的是电车。车票可在停靠站的自动售票机或终点站的售票厅购买。车费采取分段计价制，游客购买当日通票（Tageskarte）比较方便。虽然无检票口，乘客出入自由，但也会临时进行检票，所以请注意不要无票乘车。

■出租车
由于没有串街揽客的出租车，所以需要在出租车车站乘车。瑞士的出租车费用在世界上位居前列，而且也有给司机小费的罕见惯例。

法国的国内交通

■飞机
主要由法国航空公司（AF）运营，航线覆盖各主要城市。从巴黎到尼斯，乘坐火车需要5个半小时，而乘坐飞机只需要1个半小时。

■铁路
法国国铁（SNCF）运营的路线以巴黎为中心呈放射状向外扩散。从某个地方去往另一个地方，虽然看起来绕远，但是途经巴黎的话会更快到达。25岁以下、老人、周末等特殊情况下可以享受打折车票。此外，可以事先购买法国铁路通票（在有效期内可以任意乘坐火车），非常方便。

■市内交通
各城市的主要市内交通设施为地铁（metro）、巴士和电车。车票通用，在地铁站内的售票厅、自动售票机和香烟店都可以购到。除了单次车票外，还可以购买多次车票和一日车票，价格便宜，非常经济。乘

小提示 欧洲的公共交通设施全面禁烟。机场、火车站、地铁、车内均禁烟，违反者会被罚款。

坐地铁时要将车票放入自动检票机内；乘坐巴士和电车时，要将车票放入检票机内打印日期。虽然没有工作人员，但临时会进行检票，所以严禁无票乘车。

■出租车

要在出租车车站乘车，不过如果在市内看到串街揽客的出租车，也可以挥手乘坐。定员为3人，4人乘坐的话需要增加费用。

意大利的国内交通

■飞机

国内有意大利航空公司（Alitalia）等数家航空公司，航线以主要城市为起点。罗马至米兰的航班所需时间为1小时。

■铁路

意大利铁路公司（Trenitalia）运营的列车线路覆盖全国。车票可以在站内窗口、自动售票机或街上的旅行社（具有FS标志的店）购买。都灵至威尼斯和米兰至那不勒斯的铁路路线呈T字形分布，成为主要交通干线。地方城市的铁路路线将其他地区连接起来。如果想周游国内城市的话，使用欧洲铁路意大利通票非常方便。但是，多数高速铁路实行指定座位制度，如果提前预订的话，必须追加费用。

■市内交通

乘坐地铁、巴士、电车时，车票通用。可以在自动售票机、香烟店、报摊购买车票。除一次性车票（在75分钟以内，可以在巴士和电车之间自由换乘）外，也有针对乘坐次数较多的乘客出售的1~3日优惠车票。乘车时，需自己在检票机上给车票盖上印章。

■出租车

基本上没有串街揽客的出租车，所以需要在出租车车站乘车。深夜、星期日、节假日需要另外多付费。乘车时，需要确认计价器是否打开。

英国的国内交通

■飞机

英国航空（BA）等运营的航线遍布于主要的城市之间。伦敦至爱丁堡，坐火车需要4小时，而乘坐飞机1小时就可以到达。

■铁路

民营的21家公司代替原来的国铁运营铁路运输，总称为"英国铁路"。铁路网以伦敦为中心呈放射状扩展。长途火车采取自愿预订制，所以只要有空座位就无须预订。夜间火车有固定席位。不同的运营公司火车种类各不相同，服务也有差别。可事先购买可任意乘坐的英国铁路通票。

■长途巴士

英国巴士路线网发达，非常便利。车票的种类分为单程、当日往返、普通往返（有效期半年）等。运费为铁路的一半，因此非常经济合理。

■市内交通

市内交通设施为地铁和巴士，全部实行分段计价制度。地铁车票可以在售票窗口和自动售票机上购买。巴士车票可以在巴士车站中的售票机购买（只有伦敦中心区有），除此之外，需要向司机或售票员支付车费。使用可随意乘坐地铁和巴士的旅游卡比较划算（分为1日、7日等种类）。在伦敦，公交IC卡"牡蛎卡"（Oyster）也非常普及，只要向里面充钱，就可以反复使用，非常方便。

■出租车

伦敦出租车（黑色出租车）上的司机是要通过难度很高的考试才能获得资格的优秀驾驶员。乘坐方法是：举手向行驶的出租车示意停下，上车前告诉司机目的地，然后自己打开车门上车，下车后，通过副驾驶座位旁的窗户，付给司机车费。

Travel Information

德国当地信息

货币和兑换

■货币的种类

由于德国为欧盟成员国，所以使用欧洲统一的货币欧元（€）。

货币单位为欧元（€，Euro），辅币单位为欧分（c，Cent）。兑换率为1欧元=100欧分。纸币有5欧元、10欧元、20欧元、50欧元、100欧元、200欧元、500欧元共7种，硬币分为2欧元、1欧元、20欧分、10欧分、5欧分、2欧分、1欧分共8种。

与人民币的汇率为1欧元约等于8.1元人民币（2012年10月）。虽然现在不能使用德国马克了，但可以在主要城市的联邦中央银行进行兑换（固定利率为€1=1.95583DM）。

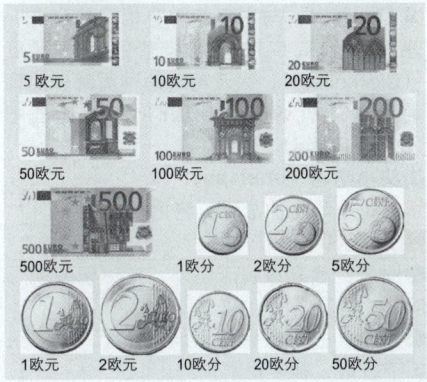

■兑换方法

可以在兑换商、银行、邮局、酒店等地兑换。一般来说，银行和兑换商的汇率比较划算，但需要注意的是有时也有汇率和手续费很高的情况。在大城市中，24小时均可使用的自动兑换机和ATM机也很多，当银行和兑换处关门后，如果急需兑换现金，这些设施就变得很方便。另外，如果有国际现金卡、国际信用卡，还可以从可使用的ATM机中以欧元形式取出现金。

电话、邮政

■国际电话的拨打方法

公用电话的拨打方法比较简单。电话机分为投币型和插卡型两种，大部分投币型电话机不设找零。电话卡有5欧元和10欧元两种，可以在邮局、书店和电话亭等处购买到。酒店的电话需先拨外线号码后才能使用，但是，需要注意的是，除了通话费以外，还要支付其他费用，最后的总费用相当于公用电话的2~3倍。

从德国打电话回中国，需拨打德国的国际字冠00，再拨打中国的国家代码86，然后拨打区号（去掉0），以及对方的电话号码。

最近，在市区出现了一些店内摆放着电话柜台的被称为"电话吧"或"电话超市"的商店，在那里打国际长途电话比较便宜。

■明信片、信件

寄往中国的航空邮件，明信片价格为1欧元，信件在20克以内价格为1.70欧元，50克以内为2欧元。邮票可以在邮局和自动售邮票机（兼做邮筒）购买。地址可以用中文书写，但在最后一定要写上"China"和标示清楚"LUFTPOST"（或者AIR MAIL）（航空邮件）。需要投递进黄色邮筒"Andere Orte"（市外）的投递口中。

平均气温（℃）和平均降水量（mm）

	1月	2月	3月	4月	5月	6月	7月	8月	9月	10月	11月	12月
法兰克福的白天气温	3.1	5.2	9.7	14.2	19.0	22.2	24.2	23.9	20.2	14.2	7.6	4.1
法兰克福的夜间气温	-2.1	-1.6	0.9	3.9	7.9	11.3	13.0	12.7	9.7	5.8	1.7	1.0
法兰克福的降水量	42.0	40.0	50.0	51.0	59.0	66.0	62.0	68.0	50.0	52.0	58.0	54.0

生活信息、习惯、礼节

■卫生间

卫生间用"Toilette"表示，女士卫生间为"Damen"，男士卫生间为"Herren"。在主要的火车站、地铁站中设有公共卫生间，所以在观光途中，无须担心急用时找不到卫生间。

公共卫生间、酒店或咖啡厅的卫生间需要收费。也有给工作人员支付小费（0.5~2欧元）的惯例。

■水

自来水中由于碳酸钙成分较多，不能饮用。推荐购买矿泉水（Mineral Wasser）（500毫升的1欧元起）。德国的饮料一般为碳酸（mit Kohlensaüre）饮料，如果你只说"给我一瓶水"时，就会得到含碳酸的矿泉水。如果你想喝无碳酸（ohne Kohlensaüre）饮料，就必须清楚地表达出来。

■电压

电压：230伏，50赫兹
插座：圆形的C型
※如果携带国产电器，需要准备转换插头。

■时差

与中国的时差为7个小时。3月的最后一个周日至10月的最后一个周日为夏令时，这一期间的时差是6个小时。

■小费

餐厅和酒店的账单中一般都包含服务费，不过，如果你想对优质的服务表示感谢，可以付小费。在德国有这样的习惯。
●餐厅：小费为费用的5%~10%。用银行卡支付时，可另外付小费，也可以将小费算进总额中刷卡支付。
●酒店：不需要给负责整理床铺的服务员小费。向搬运人员和房间服务生支付各自1~2欧元的小费。
●出租车：小费为车费的10%~15%。

饮食

■餐厅的种类

餐厅（Restaurant）
高级餐厅几乎都受到法国菜的影响，不断改善菜系风格。需要注意的是，餐厅的饭菜主要以套餐、高级料理为主，在这里吃不到太多地方美食。另外，意大利风格的餐厅也非常多，且非常受欢迎。

公共餐厅（Gaststätte）
为大众餐厅，因制作家常菜和地方乡土菜而闻名。菜价也比较便宜。

酒吧（Kneipe）
类似于小酒馆的场所，店内出售各种美酒，种类繁多。在这里也可以喝茶。当然，如果你想就餐，也可以吃到小吃类的东西。同时，与它经营内容相同的还有一些啤酒酿造厂家直接经营的啤酒餐厅（Bierkeller），以及葡萄酒种类繁多的葡萄酒餐厅（Weinkeller）和葡萄酒吧（Weinstube）。

街头小吃店（Imbisss）
是小吃店的总称，包括立餐餐厅。

■方法和礼节

●服装：除高级餐厅以外，穿休闲装就可以。
●预约：去高级餐厅和人气餐厅，或者组团前往时，需要提前预约。
●通常每一桌都有固定的男服务生，所以可以将领位、点餐、付款等事项全部交给他们来做。
●在餐厅，一般点餐的类型为套餐。按照葡萄酒（不能喝酒时，可以选择矿泉水）、开胃菜、主菜、甜点、餐后饮料的顺序点餐。
●不礼貌的行为：喝汤时出声、打嗝、端起盘子吃饭、吃饭时吸烟、大声讲话、除了上厕所之外的中途退席、脱鞋等。
●结账需在离席前进行。

POINT 小提示 德国实行禁烟法，基本上来说，在室内的公共场合都禁止吸烟。但是，在不同的州，法律有严格和宽松之分。需要注意的是，慕尼黑所在的拜恩州法律比较严格。

购物

■购物信息

一般来说，营业时间为周一到周六的9:00~20:00，周日、节假日休息。但近年来，周日也营业的商店越来越多。德国的名产有陶瓷器（迈森、慕尼黑的宁芬堡、柏林的KPM工厂等地）、刀具（双立人）、笔（勃朗峰）、泰迪熊（史泰福）等。打折时期为夏季的7月最后一周至8月第一周，冬季的1月最后一周至2月第一周。所有的商品都以原价的30%~50%的折扣价出售。

■购物的礼节

进入店内，要说"您好"（Guten Tag）来和店内人员打招呼。如果沉默无语地进店，就会给人留下不太好的印象。另外，不要随便触碰店内摆放的商品。如果特别想拿起来看看，就要和店员打声招呼，说："我可以摸下它吗？"（Kann ich das anfassen？）

■免税手续

德国出售的商品通常加上了19%的附加增值税。在有"Tax Refund"标志的店内，一次性购买超过25欧元的商品，就可以享受最高返还金额的14.5%的免税服务。

（1）在商店门口付款时，要出示护照，索取退税单。

（2）出国时（前往欧洲以外的国家时），需请海关人员在退税单上加盖免税许可的印章（出示护照、未使用的商品、收据）。

（3）在退税柜台，出示退税单，换取现金（当地的货币）。需要注意的是，商品如果开封的话就会导致无效。

※不同的免税中介公司情况有所不同，也可能采用给信用卡账户汇去人民币的方式来归还。在国内一些机场的服务台，也可以获得退税款项。

住宿

■酒店的设施和服务

●房间钥匙：分为卡式和钥匙孔式两种。大多数的门都装有自动锁，所以出门时，一定不要把钥匙忘在房间。

●保险箱：贵重物品、多余的现金不要放在客房里，一定要存入保险箱中。

●淋浴和浴缸：除高级酒店外，大部分酒店都只有淋浴。即便有浴缸，一般情况下，附带浴缸的房间也非常有限，所以预订房间时最好确认一下。

●与欧洲其他大部分国家相同，在德国，我们中国人所说的1层是"地上层"（Erdgeschoss），中国人所说的2层是"1层"（Erste Etage），中国人所说的3层是"2层"（Zweite Etage）。例如，102号房间其实是在我们所说的2层，所以要经常提醒自己不要弄错。

●高级酒店的大厅一般都设有礼宾部的专门柜台，从观光旅游方面的咨询服务，到预订西餐厅、联系租车、订购歌剧或音乐会的门票，都可以为客人提供帮助。如果入住的是没有礼宾部的酒店，一般在酒店的接待处也会有提供信息咨询和代理服务的专门人员。

●除了一般的酒店外，还有"Hotel Garni"（提供早餐的家庭式简易酒店，也被称作"B&B"）、"Gasthof"（1层为大众餐厅，2层以上为住宿施设，多数为田园风格）、"Pension"（农家等可以租赁的房间）、"Ferienwohnung"（针对一家人而出租的别墅）等。

■退房

如果是参加旅游团旅行，订房由导游代办，但退房时需由个人处理一些相关事宜。

要仔细核算电话费、房间服务费、洗衣服务费、使用酒店附加设施费等费用，留出充裕的时间来办理退房。

Travel Information

[瑞士当地信息]

货币和兑换

瑞士的货币单位是瑞士法郎。一般来说用"CHF"来表示，但也有用"Sfr."来表示的。辅币单位为生丁（法语：Centime。德语：Rappen），用"Ct."或"Rp."来表示。纸币有10瑞郎、20瑞郎、50瑞郎、100瑞郎、200瑞郎、1000瑞郎共6种，硬币有1生丁、5生丁、10生丁、20生丁、1/2瑞郎、1瑞郎、2瑞郎、5瑞郎共8种，兑换比例为1瑞郎=100生丁。

与人民币的汇率为1瑞郎约等于6.6元人民币（2012年10月）。作为非欧盟组织成员国的瑞士，没有引进欧元，但在酒店、餐厅、商店、交通机构等场所也可以使用欧元，只是零钱是用瑞士法郎找回的。

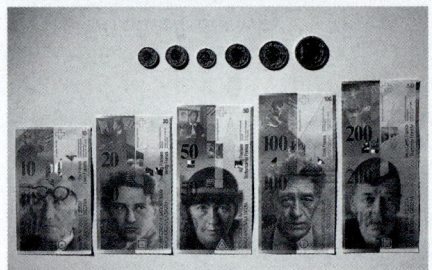

■兑换方法

在银行、兑换商、酒店等地都可以兑换。在机场和主要火车站都设有24小时工作的自动兑换机，所以非常方便（参照p.259）。一般来说，酒店的汇率相对高些，而且要收取2~5瑞郎的兑换手续费，所以除了在紧急情况之外，最好不要在酒店兑换。

电话、邮政

■国际电话的拨打方法

公用电话的拨打方法比较简单，在插入硬币或电话卡后拨打号码即可。但是，近年来，只能使用电话卡、信用卡、国际预付卡的插卡专用机成为主流。电话卡在瑞士被称为"Tax Card"，有5瑞郎、10瑞郎、20瑞郎三种面额。瑞士电信局、邮局、火车站、报摊、加油站等地都可以购买。如果可能，在国内准备好国际电话预付卡比较方便。用酒店的电话打外线的话，需要拨打外线号码（0或者9）之后才能呼出。

从瑞士打电话回中国，需拨打瑞士的国际字冠00，再拨打中国的国家代码86，然后拨打区号（去掉0），以及对方的电话号码。

■明信片、信件

寄往中国的航空邮件，明信片及20克以内信件的价格为1.80瑞郎。邮票可以在邮局（德语：Die Post。法语：La Poste）或自动售邮票机（兼做邮筒）购买。地址可以用中文书写，但在最后一定要写上"China"和标示清楚"LUFTPOST"（或者PAR AVION）（航空邮件）。

瑞士的风景非常美丽，特别是阿尔卑斯山脉地区，购买几张瑞士风景明信片发给国内的亲友吧！在纪念品商店或报摊、邮局等地都能买到，价格1~2瑞郎不等。

主要城市的平均气温（℃）

		1月	2月	3月	4月	5月	6月	7月	8月	9月	10月	11月	12月
最高气温	因特拉肯	2.4	4.0	12.2	12.8	14.7	20.0	25.2	26.0	21.9	12.7	6.4	2.0
	采尔马特	1.3	-0.6	7.1	7.1	9.9	15.2	20.9	21.4	17.0	9.6	3.9	2.0
	日内瓦	4.4	3.9	12.0	14.1	15.7	21.7	27.7	28.2	23.6	13.6	8.1	3.4
最低气温	因特拉肯	-2.9	-5.5	2.6	1.7	4.3	9.4	13.6	13.5	11.1	4.0	0.1	-4.2
	采尔马特	-7.0	-10.0	-1.7	-3.0	-0.3	4.3	8.4	8.6	6.6	-0.4	-4.5	-7.4
	日内瓦	0.1	-3.5	3.9	2.9	5.4	11.4	15.1	14.4	12.5	6.0	2.9	0.4

瑞士大部分街道上都设有旅游局办事处，里面摆放着详细的城市地图、徒步旅行路线图及活动信息等丰富的资料。

生活信息、习惯、礼节

■卫生间

卫生间被称作"Toilette"（德语）或"Toilettes"（法语），女士卫生间称为"Damen"（德语）或"Femmes"（法语），男士卫生间称为"Herren"（德语）或"Hommes"（法语）。

车站内会设有公共卫生间，但要注意，多数情况下需要收费（约2瑞郎），建议事先准备好零钱。餐厅的厕所一般设在地下，有时需要向店员询问3~4位数的密码，输入密码后方可使用。

■水

自来水可以饮用，但由于水质较硬，因此身体不适的人最好避免饮用。一般情况下当地人饮用的为含碳酸（德语：mit Kohlensaüre。法语：avec gaz）的矿泉水（德语：Mineral Wasser。法语：Eau Minérale），如果只说"请给我一杯水"时，通常会拿到这类水。如果你想要无碳酸的水（德语：ohne Kohlensaüre。法语：sans gaz）时要明确告知对方。

■电压

电压：220伏，50赫兹
插座：C或SE型号
※如果携带国内电器，需要准备转换插头。

■时差

与中国的时差是7个小时。3月的最后一个周日至10月的最后一个周日为夏令时，这一期间时差为6个小时。

■小费

瑞士是一个不需要付小费的国家，这在欧洲实属罕见。酒店和餐厅等处的账单上包含了所有的服务费用。不过，因享受到特别好的服务而觉得必须表达自己的谢意时，可以付小费。

另外，在高级酒店给男服务员和女服务员支付1~5瑞郎小费的客人也不少。对出租车司机也有支付车费的5%~10%作为小费的习惯。

饮食

■餐厅的种类

餐厅被称作"Restaurant"（德语、法语）或"Ristorante"（意大利语）。另外，也有"Stube"（小巧雅致的餐厅，德语）、"Brasserie"（休闲餐厅，法语）和"Pizzaria"（比萨专卖店，法语）等种类。如果您想吃顿简餐，可以前往自助餐厅和快餐店。

一般情况下，餐厅的营业时间为午餐12:00~14:00，晚餐19:00~22:00，午餐后到傍晚这段时间大多是不营业的。另外，城市里的餐厅每周都有休息日，夏季也会有3周左右的假期，所以您想去某家餐厅就餐，建议提前进行确认。

除此之外，阿尔卑斯观光地区的餐厅，在作为旅游旺季的夏季和冬季一直营业，从不休息，在作为淡季的春季和秋季休息的时候比较多，所以在春季和秋季前往该处的人需要注意。

■方法和礼节

●在瑞士，餐厅菜谱的语言大多为该地区所处语言圈的通行语言。高级餐厅中也会同时使用英语。

●餐厅的入口多数情况下安装手动门。自己进入后不要松开门，最好向后看一下，确认是否有人要进入，然后继续按着门让他进去，这样比较礼貌。

●在瑞士，最不受欢迎的就是在用餐时发出声音。如喝汤或喝咖啡、吃意大利面时，会无意识地发出"吸溜吸溜"的声音，所以一定要格外注意这一点。

●在自助餐厅，有一种礼节，即将冷菜、热菜、甜点分三次，分别盛在三个盘子中。如果你一次性将全部食物盛在一个盘子中，会被认为是没有修养的表现。

●在餐桌上支付费用。接受瑞士法郎、欧元和信用卡的支付。

购物

■购物信息
●城市地区的营业时间：周一到周五的9:00~18:00，周六9:00~16:00，周日和节假日一般为规定的休息日。
●阿尔卑斯地区的营业时间：作为旅游旺季的夏季、冬季无休息日，作为淡季的春季、秋季休息的时候比较多。
●意大利语圈的营业时间：9:00~12:00，15:00~18:00。由于有午休的习惯，所以中午休息的时间较长。
●瑞士的特产：体现精巧工艺的商品很多，尤其是钟表、八音盒非常有名。珍贵的饰品、刺绣、针织品、军刀的人气也很高。巧克力、牙齿保健产品、香草产品等非常适合作为礼物。

■购物的礼节
去最高级的钟表品牌（萧邦、百达翡丽、皮亚杰等）的直营店时，需要注意，如果您只看不买，是不允许进去的。先按门铃，请店员帮助开门，然后根据自己的喜好和预算请服务人员将商品从柜台里面取出来。当然，这里的店员会提供一对一的服务，既热心又诚恳。如果您的穿着不得体，也会被拒绝入店。

■免税手续
瑞士出售的商品价格中含有7.6%的附加增值税（TVA或MWST）。游客在一家商店购买了300瑞士法郎以上的商品时，就可以享受最高返还金额的6.2%的免税服务。周游欧洲各国时，由于瑞士不是欧盟成员国，所以必须在瑞士的海关处加盖免税许可章（参考p.255）。

住宿

■酒店的设施和服务
无论在瑞士的什么地方，住宿设施都是既干净又舒适。另外，一流的酒店中大部分都是小巧舒适的房间。大规模的连锁酒店很少。在这样的酒店中享受优雅的氛围，是瑞士之旅特有的乐趣。
●酒店的种类：在瑞士除了一般性的酒店外，还有山中酒店（Berg Hotel，位于山顶或半山腰上）、雅致酒店（Garni Hotel，不设餐厅的经济型酒店）、度假公寓酒店（Holiday Flat，面向居住一周以上的客人开设的租赁公寓）等。
●住宿形式："附带早餐"（B&B）最为普通。早餐采取自助餐的形式，如果入住的是4星级以上的酒店，饭菜的种类非常丰富。其他的住宿形式还包括观光地区的方便的"附带早餐+晚餐（半膳宿公寓）"，以及面向长期住宿的客人的"附带早餐+午餐+晚餐（全膳宿公寓）"。
●住宿费用：城市中的酒店按照淡季和旺季两个标准设定价格，观光地区的酒店按照淡季、中间季节和旺季三个标准来设定价格。
●酒店客房的窗户：比较多的是双方向开关型。横向拉动把手，窗户则横向打开；纵向推动把手，窗户则纵向打开。
●客房楼层中走廊的照明设施："｜"标志为打开，"○"为关闭。
●为了保护环境，在很多酒店，如果客人没有做出更换毛巾的提示，就不为其更换。客人可以通过不把毛巾挂在衣架上而是放在地板上的方法，来传达自己需要更换毛巾的意愿。

■退房
退房时间通常在正午时刻左右。退房的注意事项请参照p.261。

Travel Information

法国当地信息

货币和兑换

■货币的种类

由于法国是欧盟成员国，所以使用欧洲统一货币欧元（€）。货币单位为欧元（€），辅币单位为欧分（C，发音为"centime"）。纸币和硬币的种类、换算比例请参看p.259。另外，欧元的开头是元音"e"，会话时会和前面数字的最后一个辅音连起来发音（Liaison）。付款时要特别注意听清对方的发音，例如"un euro"（1欧元）、"deux euros"（2欧元）、"trois euros"（3欧元）等。如果听不清楚对方的意思，可以用笔写数字来交流。

■兑换方法

可以在兑换商、有"CHANGE"标志的银行、酒店等场所兑换。一般来说，兑换商的汇率不太划算，手续费也很高，所以建议尽量在银行兑换货币。在大城市银行的大型分行中设有24小时营业的自动兑换机，使用起来非常方便。如果您持有国际现金卡或国际信用卡，可以随时随地在街道上的ATM机上以当地货币形式提取现金。

另外，由于在操作自动兑换机和ATM机过程中被人盯上以至银行卡被盗取的案例多发，因此一定要小心，别让别人从身后偷窥到密码和窃取银行卡。

兑换货币的时候，最好不要兑换面额超过50欧元以上的大额钞票，因为有的时候小商家不一定有足够的零钱找给你。在法国，流通最广的是20欧元面额以下的纸币。

电话、邮政

■国际电话的拨打方法

大多数公用电话为电话卡专用机。出发前提前购买国际预付电话卡，也可以在当地使用。电话卡（télécarte）可以在邮局、香烟店、地铁站窗口等地购买。公用电话偶尔会出现反应迟钝的现象，所以在听到"请稍等片刻"（Patientez）时请不要胡乱地摁动按钮，要静静等待。

从法国打电话回中国，需拨打法国的国际字冠00，再拨打中国的国家代码86，然后拨打区号（去掉0），以及对方的电话号码。

现在，手机的使用越来越广泛，所以公共电话亭找起来也变得越来越费劲。一般情况下，可以到地铁站、巴士站、商业购物街等热闹的地方找找看。

■明信片、信件

邮局（La Poste）的标志是在黄底色上印着的燕子图案。邮筒也是黄色的。寄往中国的航空邮件，明信片和20克以内的信件价格为0.87欧元。邮票可以在邮局购买。地址可以用中文书写，但在最后一定要写上"China"和标示清楚"PAR AVION"（或者AIR MAIL）（航空邮件）。投递信件时，如果左右都设有投递口，需要投递进右侧的"Autres destinations"（市外）投递口中。

平均气温（℃）和平均降水量（mm）

	1月	2月	3月	4月	5月	6月	7月	8月	9月	10月	11月	12月
巴黎的最高气温	7.5	8.6	10.1	13.8	16.5	20.6	21.7	21.9	19.1	14.0	10.0	8.2
巴黎的最低气温	-2.7	-4.6	2.7	6.3	10.0	13.6	15.2	14.9	11.5	6.7	2.7	-3.3
巴黎的降水量	54.3	46.0	53.6	44.9	63.2	57.2	53.7	51.5	53.6	58.2	56.2	55.5

生活信息、习惯、礼节

■卫生间

卫生间为"Toilettes",女士卫生间为"Femmes",男士卫生间用"Hommes"来表示。

咖啡厅里的卫生间大多数是收费的,需要投进0.20~0.50欧元的硬币,门才会打开。街道上设置的组合式卫生间也需要付费。美术馆和酒店的卫生间可以免费使用。

■水

以巴黎为首的法国城市的自来水含有的碳酸钙成分较多,因此尽量不要饮用,可购买矿泉水(eau minérale)(1.5升0.18欧元起)。分为含有碳酸的(gazeuse)和不含碳酸的(plate)。

■电压

电压:220伏,50赫兹
插座:SE型或C型
※如果携带国内电器,需要准备转换插头。

■时差

与中国的时差为7个小时。从3月的最后一个周日到10月的最后一个周日为夏令时,这一期间的时差为6个小时。

■小费

● 餐厅:小费为费用的5%~15%。用银行卡支付时可另行付小费,也可以将小费算进总额中一起支付。在自助服务餐厅不需要付小费。
● 酒店:需要给床铺整理人员、男服务员、房间服务人员和门童每人1~2欧元的小费。
● 出租车:小费为费用的10%~15%。
● 公共卫生间的工作人员:0.50~1欧元的小费。
● 剧院和电影院的向导人员:0.50~1欧元的小费(但是也有不需要付小费的剧院)。
● 行李:每一件行李需付0.50~1欧元的小费。

饮食

■餐厅的种类

餐厅(Restaurant)
基本上按照开胃菜、主菜、甜点组成的套餐点菜。在这里,您可以悠闲地享用美食,但不适合时间紧张的时候去。

小餐馆(Bistrot)
与普通餐厅相比,其料理和服务都有很大的差别。大多数为洋溢着家庭和乡土气息的餐馆。

啤酒店(Brasserie)
通常都设有宽敞的露台席位,是可以就餐的酒馆。在这里您可以点些简单的菜肴。大多数情况下营业到深夜。

咖啡馆(Café)
在这里您可以单点饮料,也可以品尝三明治和水果馅饼等零食。在这里就餐可以节省时间,而且经济实惠。

自助餐厅(Cafétéria)
这类餐厅位于大型超市和百货商店中,可以从柜台上自由地挑选喜爱的食物,然后放在托盘中,最后结算总账。

各国风味餐厅
法国有许多异国风情的餐厅,尤其以意大利、希腊、亚洲(很多为提供中国菜、泰国菜、越南菜等各种风味菜肴的餐厅)、中东地区的餐厅最为丰富。

快餐店
除了常见的快餐连锁店,还有提供一些非常受欢迎的简餐的快餐厅,如在棒式法式面包中夹上蔬菜和肉做成的三明治,以及在皮塔饼中放入配菜做成的希腊三明治。

■方法和礼节

● 主要的方法和礼节可参看p.260。
● 其他礼节:面包如果没有放在面包盘上,而是直接放在桌子上,一般来说用面包蘸着菜的汤汁食用是可以的,高级餐厅中不可以这样做。甲壳类、贝类和带骨头的鸡肉,可以用手直接拿着品尝(用洗手盘的水清洗)。

在法国，公共场所全面禁止吸烟。需要注意，美术馆、电影院、火车、地铁、公共汽车、咖啡厅等场所全日禁烟。违反者需要交纳数额较大的罚金。但在咖啡厅的露台席位上允许吸烟。

购 物

■购物信息

一般商店的营业时间为周一到周六的10:00~19:00。周日、节假日休息。周一上午休息的商店也很多。

百货商店的营业时间为9:00~19:00，一周中有一天可以营业到22:00。超市为9:00~22:00，早市为7:00~12:00。打折（Soldes）时间一年两次，分别为夏季的6月下旬~7月末，冬季的1~2月。所有的商品按照原价的20%~50%出售。

超市是最能反映法国人生活状态的好地方。这里有调理用品、桌布、手套、鞋垫、装饰品、陶罐菜及香草类商品等，这些小商品精致有趣，让人难忘。另外，一般在周末上午开设的跳蚤市场上，可以淘到古董、古籍或一些意想不到的宝贝。

■购物的礼节

进入店里，要向店里工作人员说"您好"（Bonjour）来打招呼。店员问"您需要什么"（Je peux vous aider?）的时候，如果没有什么具体要买的东西时，就要回答："我先自己随便看看。"（Je voudrais regarder,merci.）注意不要随便碰触陈列的商品。找到适合自己的商品，需要试穿时，必须向店员打声招呼。另外，进入高级品牌店购物时，要尽量避免帆布鞋配牛仔裤这样的装束。想要购买连衣裙或套装时，一边和店员亲切地交谈，一边购买，是比较有礼貌的做法。提着许多其他品牌店的纸袋，可能会遭到店员的厌恶，而且这也容易让您成为偷盗或抢劫的目标。

■免税手续

法国出售的商品通常都加上了19.6%的附加增值税（TVA）。在标有"Tax Free"的商店，一次性购买超过175欧元的商品时，可以享受最多返还金额的12%的免税服务（退税手续详情请参看p.261）。

住 宿

■酒店设施和服务

● 房间钥匙：参看p.261。
● 保险箱：参看p.261。
● 淋浴与浴缸：1星级酒店一般共用一个淋浴室。2~3星级酒店可以选择入住带浴缸的房间还是带淋浴的房间。4~5星级酒店带有浴缸，但卫生间与其在同一室。如果浴缸旁没有浴帘时，应该尽量别把水弄得到处都是。也有许多酒店，浴室里设有女士坐浴盆，这是专供女性用的洁具，可用热水冲洗后使用。
● 在法国，把国内所说的第一层称为地上层（rez-de-chaussée），国内的2层为1层（premier étage），国内的3层为2层（deuxième étage）。一定要注意，不要弄错酒店的房间号和楼层。
● 礼宾部：参看p.261。
● 网络：现在在客房内可以上网的酒店越来越多，有的是有线设备，有的提供无线网。如果自己带了笔记本电脑，建议在预订房间时确认酒店网络设施的相关情况。有些酒店的客房内提供电脑，客人可以使用，但是一般的电脑均为法语系统。
● 自来水管：开关分为两个，"C"为热水（chaud），"F"为凉水（froid）。
● 门禁：3星级以下的酒店，夜间在出入口处上锁的情况较多。您可以让酒店人员给自己一把备用钥匙或请其告知自动锁的密码，或请工作人员开门。如果回来较晚时，请事先告知酒店人员。
● 巴黎的酒店原则上早餐是要另付费的。当然，也不附带午餐和晚餐。在以地方菜餐厅闻名的酒店中，也有住宿费用中包含早餐、午餐（Pension），甚至含一日三餐（Pension Complète）的情况。有的酒店也提供不住宿仅就餐的服务。

■退房

详情请参看p.261。

意大利当地信息

货币和兑换

■货币的种类

由于意大利是欧盟成员国，因此只使用欧洲统一货币欧元（€）。货币单位为欧元（€，Euro），辅币单位为欧分（C，Cent）。纸币、硬币的种类和兑换比例请参看p.259。

■兑换方法

"兑换"的意大利语为"Cambio"。一般来说，银行和街道上的兑换商的汇率比较划算，机场的兑换处和酒店的汇率不太划算。但是需要注意的是，还要考虑手续费的有无、兑换金额的大小，这些也会影响到最后兑换的数额。虽然在车站和机场设有24小时的自动兑换机，但由于汇率不划算，不太推荐使用它们。银行的营业时间较短（平时8:30～13:30，14:30～16:30），紧急需要时可以利用24小时受理兑换业务的酒店。另外，兑换所得的金额，必须当场核对清楚。即使是银行，也有弄错的时候。如果持有国际现金卡或国际信用卡，可以从街上随处可见的ATM机上取出现金。

电话、邮政

■国际电话的拨打方法

公共电话一般为电话卡（scheda telefonica）专用机。电话卡可以在酒吧、报摊、邮局、香烟店（Tabacchi）购买。也可以使用事先购买的国际预付电话卡。从酒店拨电话的方法可参考p.259。在意大利，即使拨打市内电话，也需要在电话号码前加拨区号。

从意大利打电话回中国，需拨打意大利的国际字冠00，再拨打中国的国家代码86，然后拨打区号（去掉0），以及对方的电话号码。

意大利的公共电话有时候会出故障，不过好在数量较多，很快能够找到可以使用的公共电话。如果投入硬币或者是插入电话卡之后没有发出提示音，说明电话有故障。另外，在各大城市，可以找到国际电话吧，在那里拨打国际长途比较便宜。

■明信片、信件

寄往中国的航空邮件，明信片和20克以内的信件价格为0.52欧元。意大利的邮寄费用在欧洲可以算得上便宜了。邮票可以在邮局或香烟店购买。地址可以用中文书写，但在最后一定要写上"China"和标示清楚"PER VIA AEREA"（或者AIR MAIL）（航空邮件）。需要投递进航空邮件专用的蓝色邮筒里。

平均气温（℃）和平均降水量（mm）

	1月	2月	3月	4月	5月	6月	7月	8月	9月	10月	11月	12月
罗马的最高气温	9.3	11.9	15.3	19.2	25.4	27.2	29.5	29.2	26.5	20.7	14.1	10.7
罗马的最低气温	5.1	4.5	6.6	9.9	13.7	17.5	19.8	19.7	17.3	13.0	8.4	5.1
罗马的降水量	74.0	87.0	79.0	62.0	57.0	38.0	6.0	23.0	66.0	123.0	121.0	92.0

POINT 小提示　在意大利，西餐厅和酒吧等饮食场所，以及美术馆、火车、地铁等所有公共场所中都严禁吸烟。写有"VIETATO FUMARE"的区域不能吸烟。

意大利的邮局标志是"Posteitaliane"，用蓝色字写在黄色底上，很好找。邮局的营业时间是：大城市的中央邮局一般为周一~周五8:30~19:00，周六8:30~12:00；其他邮局为周一~周五8:30~14:00，周六8:30~12:00。

生活信息、习惯、礼节

■卫生间
卫生间用"Il Bagno"来表示，女士卫生间为"Donna"，男士卫生间为"Uomo"。在主要的火车站和地铁站都设有卫生间，旅行过程中急需时可以放心使用。

公共卫生间、酒店和咖啡厅的卫生间大部分都要收费。也有些场所需要给工作人员付小费（0.50~1欧元）。

■水
意大利的自来水从阿尔卑斯山脉流出，可以饮用。但因碳酸钙成分较多，身体不适应的人可以购买矿泉水（acqua minerale）（每升大约1.50欧元起）。不含碳酸的水称为"Naturale"或"non gassata"，含有碳酸的水称为"gassata"。

■电压
电压：220伏（一部分为125伏），50赫兹
插座：圆形两孔的C型
※如果携带国内电器，需要准备转换插头。

■时差
与中国的时差为7个小时。3月的最后一个周日至10月的最后一个周日为夏令时，这一期间时差为6个小时。

■小费
●餐厅：小费为费用的5%~15%。即使费用里包含服务费，最好也留下1欧元的小费。
●酒店：给整理床铺的服务员和男服务员各0.50~1欧元的小费。
●出租车：小费为费用的5%~10%。
●剧院：给寄存员0.50欧元的小费，给指引员1欧元小费。

饮食

■餐厅的种类
餐厅（Ristorante）
在西餐厅，可以悠闲地享用美食。惯例是点包括开胃菜、第一道主菜、第二道主菜、甜点、咖啡的套餐。

饮食店（Trattoria/Osteria）
当然也有比较高级的店，但一般来说，比起餐厅来，氛围更为休闲、随意。在这里不一定非要点套餐，只点沙拉、意大利面和葡萄酒就可以了。

自助餐厅（Tavola Calda）
做好的食物预先摆放在店内，客人可以根据自己的喜好挑选。适合希望节省用餐时间的客人。

比萨餐厅（Pizzeria）
专门做比萨的餐厅。一般来说，这类餐厅比萨的品种在普通的餐厅是找不到的。

酒吧/葡萄酒屋/小酒馆（Bar/Enoteca/Baccari）
这类酒吧提供集餐厅、酒吧和副食店为一体的服务，非常方便。喝咖啡时一般是站着，坐着饮用的话，费用会比较高。葡萄酒屋和小酒馆是兼营售酒商店的酒吧，在这里您可以悠闲地品尝盛放在玻璃杯中的高级葡萄酒。

■方法和礼节
●预约：在餐厅就餐时，可以当天直接去，也可以提前进行预约。
●点餐：在餐厅不一定要点套餐。例如，只点开胃菜、第一道主菜和甜点就可以。用餐量少的女士可以将一人份的套餐分成两份，两个人来食用。
●点酒：如果不知道该怎么选红酒，可以请服务员推荐一下。餐厅内除了名牌红酒之外，还有用酒杯盛装的便宜的红酒。
●在酒吧站着饮用时需要先付款，之后拿着收据给橱窗前的店员看，才能拿到购买的饮料。
●其他的礼节请参看p.260。

购物

■购物信息

一般来说，商店的营业时间为9:00~13:00，16:00~20:00（冬季为15:30~19:30），周日、节假日、周一上午休息。在意大利，如果想买优质的商品，还是建议到专卖店购买。尤其是套装、饰品、内衣和提包等，与百货商店相比，专卖店的商品品质更好。折扣季节（Saldi）为夏季的7月上旬~8月上旬，冬季的1月上旬~2月下旬。所有的商品都以原价的30%~60%出售。

■购物的礼节

最好把商店当做是别人的家。进店时要向店员打招呼。如果想触摸店内摆放的商品时，要先询问对方是否可以触摸。想要试穿时，也要询问店员。店员从里面帮你取出商品时要致谢。离开商店时不要忘记对店里的人说"再见"。此外，商店的工作人员会从接待开始一直为您服务到最后，所以最好不要在中途换其他人员为您服务。

■免税手续

意大利出售的商品都会附上20%的附加增值税（VAT）。游客在标有"Tax Free"的商店中，一次性购买超过154.94欧元的商品时，就可以享受最高返还金额的14.50%的免税服务。详情请参看p.261。

住宿

■酒店的设施和服务

●房间钥匙：参看p.261。
●保险箱：参看p.261。
●酒店的意大利语为"Albergo"。意大利的酒店等级从1~5星共分为5级，星级不同，设施和服务也有差异。除了一般的酒店外，还有"B&B"、膳宿公寓、租赁公寓、休闲观光农业公寓等。尤其是休闲观光农业公寓，作为住宿设施的一种，可以一边在田野中帮忙做些农活，一边享受大自然赋予的悠闲、慢节奏的生活乐趣，近年来受到人们的欢迎。
●迷你吧：客房的冰箱中的东西，除了饮料外，还有一些零食。注意记清楚自己吃过的东西，退房时在前台结算金额。
●自来水管：开关分为两种，"C"为热水（Calda），"F"为凉水（Fredda）。一定注意不要弄错。
●淋浴与浴缸：淋浴时，为了不弄湿浴室的地板，可以将浴帘放进浴缸中。没有安装浴帘时一定要注意不要弄得到处都是水。
●女士坐浴盆：一般来说是女性专用的洁具，但在意大利，男性也会使用。可以用清水清洗脚等下半身。

■退房

详情请参看p.261。

Travel Information

英国当地信息

货币与兑换

■货币的种类

英国的货币单位为英镑（£）（单数为"pound"，复数为"pounds"），辅币单位为便士（P）（单数为"penny"，复数为"pence"）。兑换比例为1英镑=100便士。纸币分为5英镑、10英镑、20英镑、50英镑共4种。每一种上面都印有伊丽莎白女王的头像，不同之处为颜色和尺寸。硬币分为2英镑、1英镑、50便士、20便士、10便士、5便士、2便士、1便士共8种。与人民币的汇率为1英镑约等于10元人民币（2012年10月）。

■兑换方法

在设有外币兑换窗口的银行、兑换商、酒店都可以兑换，但根据场所的不同汇率会有差异。即使是通济隆、托马斯·库克这样的大型兑换商，不同分店的汇率也会不同。另外，即使汇率很划算，但如果手续费很高，最后到手的金额也会变少。建议仔细比较店面上标示的汇率（"BUY"一栏中人民币的金额越低越好）和手续费，在最合适的地方进行兑换。一般来说，大众百货店马克斯宾塞百货公司里的兑换处，没有手续费且汇率较划算（位于伦敦、爱丁堡）。银行的营业时间比较短（通常周一到周五营业到16:30为止），银行关门后可以利用24小时均可兑换的酒店。如果有国际现金卡或国际信用卡，可以从ATM机中以当地货币的形式取出现金。

电话、邮政

■拨打国际电话的方法

随着手机的普及，公用电话机越来越少。英国电信公司（BT）也因此停止了电话卡的生产，使用公用电话时需要使用硬币或信用卡、国际预付电话卡等。另一方面，街上利用宽带网络的公共电话数量在增加，按照提示进行操作即可。除了一般的通话外，还可以发电子邮件和上网。

从英国打电话回中国，需拨打英国的国际字冠00，再拨打中国的国家代码86，然后拨打区号（去掉0），以及对方的电话号码。

■明信片、信件

寄往中国的航空邮件，明信片价格为0.67英镑，信件10克以内为0.67英镑，10克~20克为0.97英镑。邮票可以在邮局窗口或自动售票机、车站的商店中购买。地址可以用中文书写，但在最后一定要写上"China"和标示清楚"AIR MAIL"（航空邮件）。投递的话，要投进写有"First Class and Abroad"（市外）的红色邮筒里。当然，也可以请求酒店的前台人员帮助自己投递。

平均气温（℃）和平均降水量（mm）

	1月	2月	3月	4月	5月	6月	7月	8月	9月	10月	11月	12月
伦敦的最高气温	7.0	7.0	8.0	10.0	13.0	18.0	19.0	19.0	16.0	13.0	9.0	8.0
伦敦的最低气温	-3.0	-2.0	3.0	7.0	10.0	12.0	15.0	14.0	12.0	8.0	5.0	2.0
伦敦的降水量	63.0	2.0	16.0	75.0	32.0	44.0	62.0	85.0	77.0	59.0	87.0	36.0

生活信息、习惯、礼节

■卫生间

餐厅的卫生间（Toilet）很多都位于地下或2楼等与餐厅所在楼层不同的楼层中，如果找不到的话可以向店里的工作人员询问。

公共卫生间设在主要火车站、广场、观光地等场所，分为免费和收费（0.2~1英镑不等）两种。紧急时可以借用附近酒店的卫生间（如果有工作人员则需要付费），或者大众酒馆的卫生间。

■水

自来水可以饮用。餐厅里的自来水"Tap Water"也可以免费饮用。但是水里的碳酸钙含量很高，身体不适应的人可以买瓶装水或矿泉水来饮用（350毫升1英镑起）。分为含碳酸的（sparling）和无碳酸的（still）两种。

■电压

电压：230伏，50赫兹
插座：方孔3项的BF型号
※如果携带国产电器,需要准备转换插头。

■时差

与中国的时差是8个小时。3月的最后一个周日至10月的最后一个周日为夏令时，这一期间的时差为7个小时。

■小费

虽然没有明确的规定，但接受服务时要付相应的小费是一种礼节。
●餐厅：如果账单没有包含服务费的话，大致要付费用的10%~15%作为小费。用银行卡支付用餐费用时，既可直接刷卡支付小费，也可以用现金另外支付。
●酒店：引导你去房间的客房服务员、行李员和整理床铺的服务员等各自给1英镑的小费。
●出租车：车费的10~15%作为小费。
●剧院、大众酒馆、咖啡厅等不需要付小费。

饮食

■餐厅的种类

餐厅（Restaurant）

从大众餐厅到高级餐厅，划分为不同的等级。高级餐厅中基本的要求为点套餐。意大利面食专营店等非正式餐厅，可以随意点菜。另外，高级餐厅有着装的要求，也要求客人遵循符合场合的礼节。

小酒馆（Pub）

虽然叫小酒馆，但是也可以喝到咖啡。营业时间通常为11:00~23:00。除了便宜且非常受欢迎的午餐外，也有提供真正意义上的正餐的餐厅。

咖啡厅（Café Restaurant）

主要提供咖啡和红茶等饮料，也提供三明治等零食。有许多可以外带（Take away）的餐厅。

快餐店（Fastfood）

说起英国特有的快餐店，当属"炸鱼和薯条"最受人欢迎了。炸白肉鱼和干炸薯条可以蘸着醋来吃。

除此以外，可以选择面包和配菜的三明治专营店、比萨店、中东地区风味的烤肉店也很多。

■方法和礼节

●预约：参看p.260。
●关于礼节的详情请参看p.260。
●付款：参看p.260。
●现在，在英国（除了英格兰之外，也包括爱尔兰和威尔士）的大众酒馆、酒吧、咖啡厅、餐厅、公共交通设施、出租车等大部分室内公共场所中都禁止吸烟。在室外吸烟虽然没有关系，但要注意的是，胡乱扔弃烟头会被罚款。

■下午茶

英国从早到晚有多次茶歇时间。下午四点左右是下午茶时间，人们聚在一起，一边喝茶，一边吃点儿搭配用的蛋糕、三明治等，十分惬意，建议您也试试。

POINT 小提示
除了礼仪繁多的高级餐厅，非正式餐厅和快餐店里的食物种类也非常丰富。推荐到小酒馆中品尝一下家常风味美食。

购 物

■购物信息

商店的营业时间一般为周一到周六的10:00~18:00，周日、节假日休息。很多商店在周三和周四会延长营业时间。最近几年，周日也营业的商店增加了，但老字号店铺大多仍然在周日停业休息。

英国的名产有陶瓷器（韦奇伍德）、棉和羊毛制品（巴宝莉、雅格狮丹、DAX）、古董、红茶（福南·梅森）、巧克力、酥饼等糕点、亚麻布制品等。

打折出售的时间为一年两次，分别为12月28日左右开始至1月末结束，6月的最后一周开始到7月的第二周结束。

■购物的礼节

小商店的入口很少安装自动门，因此大部分情况下都需要客人手动开门进去。其中也有一些商店需要等客人敲门后，由店员从里面帮客人打开门。进入商店时，需要对店员说声"您好"（Hello）来打招呼。沉默无语地挑选商品是不太符合购物的礼节的。通常情况下，付款时除了现金，也可以使用信用卡和旅行支票，但在地方上的小商店不能使用。另外，如果买很少的东西，还要使用银行卡，可能会让店员不耐烦。街边市场只接受现金支付，所以在购物之前要提前准备好现金。

■免税手续

英国出售的商品通常都加上了17.5%的附加增值税（VAT）。游客在有"Tax Refund"标志的商店中，一次性购买了超过30英镑的东西时，可以享受最高返还金额的10.50%（扣除手续费）的免税服务。免税手续详情请参看p.261。

住 宿

■酒店的设施和服务

在英国，除了一般的酒店外，还有"B&B"（附带早餐的简易酒店）、自助式公寓（针对长期居住者的公寓式酒店）和庄园酒店（位于郊外的幽静的贵族宅邸）等。入住庄园酒店，欣赏美丽的田园风光，可以在享受旅行乐趣的同时感受浓浓的英式贵族生活氛围。这些酒店都可以提前通过网络预订。

英国酒店的住宿费用随季节变化会有很大浮动，通常7~8月旅游观光地的酒店价格最高，11~2月最便宜。如果入住时间较长，有的酒店会提供折扣优惠，可多加注意。
- ●房间钥匙：参看p.261。
- ●保险箱：参看p.261。
- ●室内的设施：通常客房都会备有烧水的水壶和茶包。有些酒店没有吹风机，如果需要的话，可以在预订房间时确认一下。拖鞋、浴衣等物品只有高级酒店才提供。
- ●迷你吧：是客房里设置的装有饮料的小型冰箱。注意记清楚自己喝过的饮料，退房时在前台结算。由于这些饮料比外面的价格高，所以还是建议在街上的便利店购买。但是，如果你将在外面购买的饮料喝完丢弃在房间里，就要额外支付费用，这也是一个惯例。
- ●淋浴与浴缸：有设有浴缸的客房和只有淋浴的客房，各家酒店情况不同。在淋浴时，为了不淋湿浴室的地板，可以将浴帘拉到浴缸的内侧来使用。高级酒店才会提供沐浴露或洗发液等物品，通常只有香皂。
- ●直接穿着睡衣就走到客房的外面（等于公众场合）是不礼貌的。另外，要特别注意以下不合乎礼节的行为：在走廊上大声讲话、在房间内胡乱开关门、电视声音开得很大、给其他客人造成麻烦等。

■退房

参看p.261。

当地的健康提示

Travel Information

小提示 毕竟是异国他乡，和国内环境差异很大，旅行的时候一定要谨慎。当身体不适时，需要做好取消原定计划的准备。

保持身体健康的方法

■保证充足的睡眠和休息

在旅行中需要注意保证充分的睡眠和休息。由于时差、气候的骤变，饮食和生活习惯的不同等原因，身体容易疲劳，请一定注意。

■防晒和补充充足的水分

欧洲的夏季日照强度大，因此可以预防中暑的帽子、太阳镜和防晒霜成了必备品。此外，欧洲整年空气偏干燥，所以也要注意随身携带矿泉水等补充水分的饮料。

■控制一日三餐

欧洲餐厅中提供的一人份餐量较多。如果吃的太多就容易出现肠胃病，因此一定要多加注意。

例如，如果在餐厅预订了一顿丰盛豪华的晚餐，那么就要合理调整好一日的用餐量，早餐可以清淡饮食，午餐可以吃三明治之类的东西，也要注意控制零食的数量等。

另外，一定注意不要吃不习惯的食材，以及加入辛辣香料制作而成的食物，以免引起肠胃不适。

■注意空调的使用

酒店、餐厅、公交设施等会安装空调，不注意的话容易引起感冒。夏季最好带上开衫。另外，在冬季，酒店房间非常干燥，将热水放入浴缸中，湿毛巾放在暖气片上，可以有效防止睡觉时喉咙疼痛。

■身体放在第一位

患有慢性病的人一定不要忘记携带常备药和英文诊断书（参照p.251）。如果在旅途中感到身体不适，一定要取消参观计划，在酒店中静养，不要因勉强而造成病情恶化。

紧要关头

■欧洲的医疗情况

欧洲的医疗水平很高，无论在哪个国家都可以接受到高水平的医疗救护。但是，一般情况下，滞留期间所有的治疗和医药品费用都必须自己全额承担。即使不需住院和手术，也需要一笔数额较大的费用。所以，在旅行出发之前，建议提前加入出境旅游保险。

在欧洲的大部分国家，如果人们身体不舒服，一般不会立刻去综合性医院，而是首先与街道上个人开设的诊所中的医生进行预约（急救情况时除外）。在那里诊疗后，拿着医生开的药方自己去药店买药，或者请医生帮忙介绍其他的综合性医院和检查机构。不过，即使不是重病，但需要立刻接受治疗的话，也可以前往综合性医院进行急救治疗。

■就医

●买药时

在大部分国家，感冒药、退烧药、肠胃药、止咳药、维生素冲剂等一般性药品，由于是非处方药，可以在药店买到。但是，诸如抗生素、消炎药等就需要有医生开的处方了。另外，欧洲的药品，对于亚洲人来说药效可能有些过大，因此，为了避免产生副作用，特别是身材矮小的人和高龄者，最好向医生咨询用量，或按照比说明书指定的用量稍微小些的用量来服用。

●自己去看病

患肚子疼、感冒等较轻的病症，可服用携带的药品后多加休息，如果没有好转，就需要马上联系旅游团的导游或酒店的工作人员，请求他们介绍酒店医生或附近的诊所。但是，即使在大城市，能用中文沟通的医疗机构也很少，必须要用当地的语言或英语传达病情，听取医生的诊断。如果在出发之前加入

不适应时差、紧张的行程引起的疲劳等众多问题，都是在旅行地造成身体不适的因素，因此要特别注意。

了出境旅游保险，可以与当地的支援机构取得联系，寻求帮助。自由时间中单独外出时，如果突然出现身体不适的情况，也要采取同样的做法。所有的保险公司24小时均营业。也有的公司可以提供医疗垫付服务。建议在选择保险的时候详细确认相关条款。

● 出现重病的情况

出现心肌梗死、中风等疾病或发生交通事故时，拨打紧急电话（p.276）可以立刻叫来救护车。但是，由于对方完全不懂中文，因此最好请求导游、酒店工作人员或者居住在附近的当地人拨打电话。

急救与一般性的治疗一样，在治疗时需要护照。如果加入了出境旅行保险，可以提前与当地的支援机构取得联系（因身体不适而不能自行联系时，可以请求附近的人帮忙）。

另外，如果患有慢性疾病的话，需要在出发之前制作英文诊断书和英文药品证明书（p.251），在旅行的过程中随身携带。欧洲各国的救护车大多数是有偿使用的。

需要记住的短句

请呼叫救护车。

英语　Please call an ambulance.

德语　Rufen Sie bitte einen Krankenwagen.

法语　Appelez une ambulance s'il vous plaît.

意大利语　Chiami un'ambulanza per favore.

想请医生诊断病情。

英语　I would like to see a doctor.

德语　Ich möchte zum Arzt gehen.

法语　Je voudrais consulter le medecin.

意大利语　Vorrei consultare un medico.

就 医 流 程

在欧洲所有的国家，看病时的流程几乎都相同。以下为自行前往医院看病时的流程。需要急救时，首先要拨打急救电话（p.276），由工作人员护送到医院，之后再按照以下的流程接受治疗。

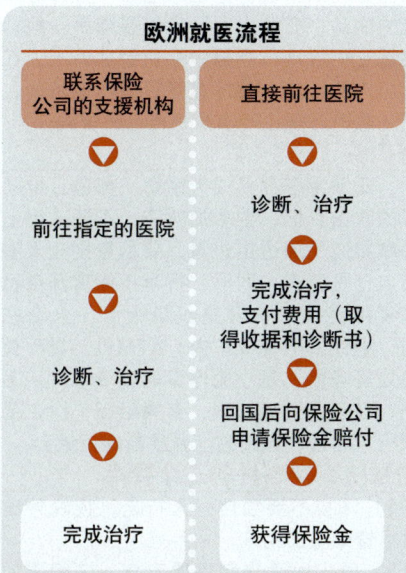

带着方便、有利于健康的物品

★退烧片：发烧时有效。

★口罩、漱口水：有效应对干燥和预防感冒。

★粉末型运动饮料：比起水，能更快速地补充水分。

★洗浴剂：速进血液循环，温暖身体。

★药膏：足部等疲劳时有效。

Travel Information

[当地的安全提示]

预防突发事件

欧洲的治安情况较好，但亚洲游客容易成为犯罪的目标。无论住在酒店还是逛街，都要加强防范意识。

■酒店里

现金、护照等贵重物品要放在保险箱里保管。照相机、笔记本电脑、首饰等昂贵的物品，在外出时一定不要随手一放，要把它们放进行李箱中并用钥匙锁上。在酒店内的大厅、餐厅或是订房、退房时，要注意千万别让行李离开自己的视线。

■街头

亚洲游客容易成为偷窃、掉包、抢劫等的攻击目标，要多加防范。不要在街上手拿导游手册边走边看，要尽量别让人看出自己是游客。同时，行李不能离开自己的视线范围。尤其是机场大厅、火车站内、地铁的电梯或车内、ATM机、货币兑换处等场所，是小偷作案的高发地带。另外，在意大利和法国，有人沿街乞讨，要求行人给钱，如果碰上要果断地拒绝。

■预防突发事件的三个要点

（1）深夜不要独自一人行走。夜晚外出时尽量乘坐出租车。
（2）外出时手提包不要离身。名牌店的纸袋容易让人成为目标，因此要尽量把东西转移到其他的袋子中。
（3）护照、回国的机票、多余的现金必须放进酒店的保险箱中。

被盗、遗失时的应对方法

护照、现金等贵重物品被盗，首先要与团队导游取得联系，请求帮助。如果是自由活动时间，可前往附近的警局，填写被盗、遗失证明书。紧急情况时，可拨打报警电话（见下文）等，获取帮助。

如果丢失护照，要前往中国驻当地使领馆，提交使馆要求的各项资料，如遗失证明书、原中国护照或旅行证的复印件、填写好的旅行证申请表、照片等（详细信息请参看中国驻当地使领馆网站），申请旅行证，回国后重新申请发放新的护照。

如果银行卡丢失，为了防止银行卡被他人非法使用，要立即同银行卡公司联系，申请挂失。

紧急时刻的联络方式

■德国
警察 ☎110
急救、消防 ☎112
中国驻德国大使馆 ☎030-27588-0

■瑞士
警察 ☎117
急救 ☎144
消防 ☎118
中国驻瑞士大使馆 ☎031-3527333

■法国
警察 ☎17
急救 ☎15
消防 ☎18
中国驻法国大使馆 ☎33（1）49521950

■意大利
警察 ☎113
急救 ☎118
消防 ☎115
中国驻意大利大使馆 ☎06-96524200

■英国
警察、消防、急救 ☎999
中国驻英国大使馆 ☎020-72994049

参考网站

中国驻德国大使馆网站 www.china-botschaft.de/chn
中国驻瑞士大使馆网站 www.china-embassy.ch/chn
中国驻法国大使馆网站 www.amb-chine.fr/
中国驻意大利大使馆网站 www.fmprc.gov.cn/ce/ceit/chn
中国驻英国大使馆 www.chinese-embassy.org.uk/

德国

城市、地区

- 奥格斯堡············50
- 丁克尔斯比尔············46
- 法兰克福············20
- 菲森············53
- 海德堡············26
- 莱茵河下游············30
- 浪漫大道············36
- 吕德斯海姆············34
- 罗腾堡············41
- 慕尼黑············58
- 讷德林根············49
- 施望高············53
- 维尔茨堡············38

景点

- 3-D美术馆············48
- 博物馆大街············24
- 大教堂（法兰克福）············24
- 德国博物馆············59
- 帝国城市博物馆············44
- 富格尔之家············50
- 高天鹅堡············54
- 歌德故居············24
- 古代绘画陈列馆············59
- 海德堡城堡············27
- 海德堡大学············28
- 侯爵大主教宫（维尔茨堡）············38
- 卡尔·特奥多尔桥············28
- 老美因桥············39
- 里斯陨石坑博物馆············49
- 历史博物馆············48
- 罗马大楼············21
- 玛利亚城堡要塞············40
- 慕尼黑皇宫区（慕尼黑）············59
- 宁芬堡城堡············59
- 普法尔茨选帝侯博物馆············28
- 人偶和玩具博物馆············44
- 森肯堡自然博物馆············24
- 舍茨勒宫殿············51
- 圣乔治教堂············47
- 施塔德尔美术馆············21
- 市政厅（奥格斯堡）············51
- 现代绘画陈列馆············58
- 乡土博物馆············49
- 新绘画陈列馆············59
- 新市政厅（慕尼黑）············58
- 新天鹅堡············56
- 学生监狱············28
- 中世纪犯罪博物馆············44
- 主教夏宫············54
- 主塔············21
- 自动演奏乐器博物馆············35

瑞士

城市、地区

- 伯尔尼············74
- 采尔马特············94
- 采尔马特周边············92
- 格林德尔瓦尔德············86
- 卢塞恩············72
- 迈恩费尔德············70
- 米伦············84
- 日内瓦············100
- 少女峰瞭望台············89
- 少女峰周边············80
- 苏黎世············66
- 翁根············85
- 因特拉肯············82

景点

- 阿里亚纳陶器博物馆············103
- 艾格北边悬崖站············90
- 艾格冰川站············90
- 百达翡丽钟表博物馆············103
- 班霍夫大街（采尔马特）············94
- 贝伦广场············75
- 伯尔尼历史博物馆············77
- 伯尔尼市立美术馆············76
- 布里恩茨湖观光船············83
- 大教堂（伯尔尼）············76
- 大沙伊德格瞭望台············87
- 费尔斯特瞭望台············86
- 骏劳大教堂（苏黎世圣母大教堂）············66
- 戈尔内格拉特瞭望台············96
- 格罗斯大教堂············66
- 国家博物馆············68
- 海蒂草原············71
- 海蒂村············71
- 海蒂霍夫酒店············70
- 卡帕尔桥············72
- 老城区（日内瓦）············102
- 梅利菲瞭望台············88
- 美术历史博物馆············102
- 普芬斯蒂格瞭望台············87
- 瑞士交通博物馆············73
- 瑞士山岳博物馆············77
- 少女峰瞭望台站············90
- 施尼格普拉特高山植物园············83
- 狮子纪念碑············73
- 时钟塔（伯尔尼）············75
- 史尼加瞭望台············95
- 市立美术馆（苏黎世）············68
- 市政厅广场（迈恩费尔德）············70
- 斯普罗伊尔桥············72
- 图恩湖观光船············83
- 威廉泰尔露天剧场············83
- 乡土博物馆············86
- 小马特峰瞭望台············96
- 小沙伊德格瞭望台············89
- 熊公园············76
- 雪朗峰瞭望台············84
- 英国公园············102
- 自然史博物馆············76

法国

城市、地区

- 巴黎············108
  - 埃菲尔铁塔/荣军院············135
  - 歌剧院/罗浮宫············128
  - 蒙马特············137
  - 蒙帕纳斯············137
  - 圣日耳曼德普莱区/拉丁区············134
  - 西堤岛/雷阿勒区/玛莱区············132
  - 香榭丽舍大街············126
- 凡尔赛············144
- 卢瓦尔河周边············150
- 圣米歇尔山············148

景点

- 阿拉伯世界研究所············134
- 阿泽勒丽多城堡············153
- 埃菲尔铁塔············135
- 爱丽舍宫············126
- 昂布瓦斯城堡············152
- 奥赛美术馆············136
- 巴黎圣母院············132
- 巴黎市立现代美术馆············136
- 巴黎市政厅············132
- 巴士底广场············133
- 毕加索美术馆············133
- 布卢瓦城堡············152
- 大皇宫············127
- 大特里亚农宫、小特里亚农、玛丽·安托瓦内特的离宫············147
- 杜乐丽花园············129
- 凡尔赛宫············146
- 孚日广场············133
- 歌剧院············128
- 古斯塔夫·莫罗美术馆············129
- 皇宫············129
- 吉美美术馆············127
- 橘园美术馆············129
- 凯旋门············126
- 拉雪兹神甫公墓············133
- 雷阿勒商业中心············132
- 卢森堡公园和宫殿············134
- 罗丹美术馆············136
- 罗浮宫············129
- 罗浮宫博物馆············130
- 洛什城堡············153
- 马德莱娜教堂············128

马蒙丹·莫奈美术馆············ 136
蒙马特墓地················ 137
蒙帕纳斯墓地··············· 137
蒙帕纳斯塔················ 137
蒙梭公园················· 127
蓬皮杜中心················ 133
荣军院·················· 135
尚博尔城堡················ 151
舍农索城堡················ 153
舍维尼城堡················ 152
圣礼拜堂················· 132
圣罗奇教堂················ 128
圣米歇尔山和修道院············ 148
圣日耳曼德普莱教堂············ 134
圣心大教堂················ 137
索米尔城堡················ 154
泰尔特广场················ 137
庭园（凡尔赛）·············· 146
瓦尔德格拉斯教堂············· 134
希农城堡················· 154
夏悠宫·················· 135
先贤祠·················· 134
香榭丽舍大街··············· 126
小皇宫·················· 127
肖蒙城堡················· 152
协和广场················· 128
雅克马尔·安德烈美术馆·········· 127
于泽城堡················· 153

意大利
城市
佛罗伦萨················· 188
罗马··················· 158
米兰··················· 200
威尼斯·················· 194
景点
安布罗西亚纳美术馆············ 205
博尔盖塞美术馆·············· 179
布雷拉美术馆··············· 205
大教堂（米兰）·············· 201
斗兽场·················· 176
法国圣路易教堂·············· 174
梵蒂冈博物馆···········172、180
感恩圣母教堂（《最后的晚餐》）··· 204
古罗马广场················ 174
国家古代艺术美术馆（巴贝里尼宫）······················· 178
君士坦丁凯旋门·············· 176
卡拉卡拉浴场··············· 177
卡皮托利尼博物馆············· 176
科隆纳宫（科隆纳美术馆）········ 178
科斯梅丁的圣玛利亚教堂（真理之口）······················· 177
里亚托桥················· 198
领主广场················· 192
罗马国家博物馆（马西莫宫）······ 178
梅迪奇礼拜堂··············· 192
纳沃纳广场················ 174
乔托钟楼················· 192
人民圣母教堂··············· 178
圣彼得大教堂··············· 173
圣马可大教堂··············· 195
圣马可广场················ 195
圣乔凡尼洗礼堂·············· 192
圣天使堡················· 173
斯福尔扎古堡··············· 205
斯卡拉歌剧院··············· 204
特拉斯提弗列地区············· 179
特雷维喷泉················ 177
图拉真广场················ 176
万神殿·················· 173
维琪奥宫················· 192
维琪奥桥················· 192
维托里奥·埃马努埃莱二世长廊····· 205
乌菲齐美术馆··············· 189
西班牙广场················ 178
学院美术馆················ 198
朱利亚别墅伊特鲁里亚国家博物馆··· 179
主教堂（佛罗伦萨）············ 189
总督府·················· 198

英国
城市、地区
伦敦··················· 210
　布鲁姆斯伯里·············· 229
　霍尔伯恩················ 229
　伦敦城周边··············· 226
　圣殿·················· 229
　苏荷周边················ 228
　威斯敏斯特周边············· 224
伦敦近郊················· 238
　埃文河畔斯特拉福··········· 242
　格林尼治················ 239
　科茨沃尔德·············· 241
　里士满················· 239
牛津··················· 241
景点
BA伦敦眼················· 225
白金汉宫················· 224
白厅··················· 224
大本钟·················· 224
大英博物馆············228、230
国会大厦················· 224
国家美术馆················ 228
汉普顿宫················· 240
基尤植物园················ 239
旧伦敦市政厅··············· 225
考文特花园················ 228
伦敦博物馆················ 227
伦敦城·················· 226
伦敦塔·················· 226
伦敦塔桥················· 226
皮卡迪利广场··············· 228
萨默塞特宫················ 229

萨瑟克·················· 227
摄政街·················· 228
圣保罗大教堂··············· 226
市政厅·················· 227
苏荷·················· 228
泰特现代美术馆·············· 227
泰特英国美术馆·············· 225
特拉法尔加广场·············· 229
威斯敏斯特教堂·············· 224
维多利亚和艾伯特博物馆········· 225
温莎城堡················· 240

人物（重要人物）
阿格里帕················· 173
埃迪特·皮亚芙·············· 133
爱德华四世················ 240
爱德华一世················ 227
奥古斯都··················50
查理二世················· 239
忏悔王爱德华··············· 225
古斯塔夫·莫罗·············· 129
哈德良皇帝················ 173
加尔文·················· 102
教皇克莱门特十四世············ 172
教皇尤里乌斯二世············· 172
居斯塔夫·埃菲尔············· 135
卡拉瓦乔·················178
凯瑟琳·德·梅迪奇············ 153
里门施奈德················· 28
列奥纳多·达·芬奇············ 153
路易十六················· 147
路易十五················· 127
拿破仑一世················ 127
纳尔逊上将················ 229
尼禄皇帝················· 178
蓬帕杜夫人················ 147
乔治·瓦萨里·············· 189
乔治三世················· 239
让·雅克·卢梭·············· 102
圣马可·················· 195
托马斯·沃尔西·············· 240
维多利亚女王··············· 225
维克多·雨果··············· 133
尤金·乔治·奥斯曼············ 129
约翰·纳什················ 229
征服王威廉················ 227

乐游全球丛书 翻译委员会

丛书翻译统筹
　　潘寿君

翻译审订（以音序排名）
　　陈燕生　程长善　侯　越　潘寿君　王　怡
　　谢立群　张文颖　张志军　周　洁

翻译成员（以音序排名）
　　陈　晨　迟晓春　董娜娜　宫　静　郭攀霞　郭文雅　韩佳梅
　　黄叶清　黄奕纬　凌　艳　刘东婧　刘　芳　柳慕云　罗芳芳
　　满新茹　潘　丽　裴　玺　任二青　王丽珠　吴媛媛　徐　超
　　徐　琳　徐珊珊　阎婷婷　杨　欢　张静超　张　楠　张亚林
　　张　永　张　玉　赵　丽　钟萍萍　周　微　宗文玉

Staff

制作
久保田耕司
葭原麻衣
㈲テクスタイド
　田浦裕朗
　武藤贵志
成田志麻
小岛彰子
能井聪子
田中裕子
TOMOKO FREDERIX

最上真美子
大場智雄
飯田敏子
月舘はな
GB London Office
　瀬戸環
　堂山優子
　前野有香

写真
つちだ耕平
箕輪均

デザイン
アイ・デプト
　伊藤明彦
カバー・表紙デザイン
下川雅敏
カバー写真
JALフォトサービス
地図デザイン
㈱チューブグラフィックス
地図制作
㈱千秋社

北京市版权局著作权合同登记图字：01-2011-1607
审图号：GS（2012）214号

总策划：刘权
执行策划：陈凤玲
责任编辑：梁爽

WAGAMAMA ARUKI TOURS FOR PACKAGE TOUR series:《ヨーロッパ》

Copyright © 2011 by Jitsugyo no Nihon Sha, Ltd. All rights reserved. Original Japanese editions published by Jitsugyo no Nihon Sha, Ltd. This Simplified Chinese edition is published by arrangement with Jitsugyo no Nihon Sha, Ltd, Tokyo,Japan through Tuttle-Mori Agency, Inc., Tokyo, Japan in association with Eric Yang Agency Beijing Representative Office, Beijing.

图书在版编目（CIP）数据

欧洲/实业之日本社海外版编辑部编著；王怡，杨欢，郭文雅译.—北京：旅游教育出版社，2013.1（2014.3）
（乐游全球 跟团游系列）
ISBN 978-7-5637-2526-7

Ⅰ.①欧… Ⅱ.①实…②王…③杨…④郭… Ⅲ.①旅游指南—欧洲 Ⅳ.①K950.9

中国版本图书馆CIP数据核字（2012）第287931号

乐游全球 跟团游系列

欧 洲

实业之日本社海外版编辑部 编著
王怡 杨欢 郭文雅 译

出版单位：	旅游教育出版社
地　　址：	北京市朝阳区定福庄南里1号
邮　　编：	100024
发行电话：	（010）65778403 65728372
	65767462（传真）
本社网址：	www.tepcb.com
E-mail：	tepfx@163.com
印刷单位：	北京利丰雅高长城印刷有限公司
经销单位：	新华书店
开　　本：	880毫米×1260毫米 1/32
印　　张：	8.75
字　　数：	397千字
版　　次：	2013年1月第1版
印　　次：	2014年3月第2次印刷
定　　价：	48.00元

（图书如有装订差错请与发行部联系）